華東師範大學古籍研究所古籍整理項目

山東大學——華東師範大學東亞寫本文獻研究中心階段性成果

尺海 第一輯 · 主編 丁小明

葉恭綽友朋尺牘

上

丁小明 整理

鳳凰出版社

圖書在版編目（CIP）數據

葉恭綽友朋尺牘 / 丁小明整理. -- 南京 : 鳳凰出版社, 2025. 7. --（尺海 / 丁小明主編）. -- ISBN 978-7-5506-4527-1

Ⅰ. K825.72

中國國家版本館CIP數據核字第2025EX5174號

書　　名　葉恭綽友朋尺牘
著　　者　丁小明　整理
責任編輯　單麗君
裝幀設計　陳貴子
責任監製　程明嬌
出版發行　鳳凰出版社(原江蘇古籍出版社)
　　　　　發行部電話025-83223462
出版社地址　江蘇省南京市中央路165號,郵編:210009
照　　排　南京凱建文化發展有限公司
印　　刷　江蘇鳳凰通達印刷有限公司
　　　　　江蘇省南京市六合區冶山鎮,郵編:211523
開　　本　890毫米×1240毫米　1/32
印　　張　28.5
字　　數　534千字
版　　次　2025年7月第1版
印　　次　2025年7月第1次印刷
標準書號　ISBN 978-7-5506-4527-1
定　　價　198.00圓(全二册)
(本書凡印裝錯誤可向承印廠調换,電話:025-57572508)

《尺海》第一輯序

要説起《尺海》的創設緣起，就不得不提到鳳凰出版社《中國近現代稀見史料叢刊》的導夫先路之功。作爲鳳凰出版社重點出版的大型史料叢書——《中國近現代稀見史料叢刊》（下稱《稀見史料》），二〇一四年至二〇二三年十年間，共出版各類史料一百二十八種一百七十八册，其内容以一八四〇年至一九四九年間稀見而又確有史料價值的日記、書信、奏牘、筆記、詩文集等文獻的整理爲主。應當説，經過十年生聚，《稀見史料》收録文獻不僅體量巨大，更形成了自己獨特的學術風格。例如，在這一叢書的幾種常見的史料體裁中，主編張劍教授、徐雁平教授、彭國忠教授顯然更鍾情於日記類史料，所以，在《稀見史料》中整理出版了七十餘種日記的基礎上，又推出了《日記研究叢書》。毫無疑問，日記的整理與研究是《稀見史料》的重中之重。

衆所周知，在浩如烟海的近代各類私人史料中，日記之外最大宗者當爲尺牘。《稀見史料》能在系統挖掘各類史料的同時，勠力於日記類史料的整理已實屬不易。同時，正是《稀見史料》在日記與尺牘這兩類史料所投以不對等的關注，纔促使我們考慮在《稀見史料》之外再推出一種以尺牘文獻爲主體的史料叢刊。如果說，《尺海》從《稀見史料》中獨立而出的内因，是主持者對日記與尺牘關注程度不同，那麽，學界對尺牘手稿文獻的重視則是我們啓動《尺海》的外因。

當下學界對尺牘有着『文辭、書法、史料』三重的關注視域，而『史料』無疑是這三者之重點。譬如陳恭禄《中國近代史資料概述》、馮爾康《清史史料學》、曹天忠《中國近現代史史料學》、嚴昌洪《中國近代史史料學》等書中，無不闢有專節來討論尺牘中的史料内容及價值。近十年來，出版界也積極回應學界的這一關注，在致力於影印出版各類公私收藏尺牘寫本文獻的同時，先後推出系列的尺牘文獻整理叢刊，如鳳凰出版社的《國家圖書館藏未刊稿叢書·書札編》、浙江古籍出版社的《近現代書信叢刊》、上海人民出版社的《中國近現代書信叢刊》等。凡此種種，無不說明尺牘寫本文獻的整理已成爲當下出版界的熱點話題，并漸次發展成一股應者甚衆的潮流。所以，我們在此推出《尺海》就不僅僅是種種内外因緣交匯的産物，更是一種廣義上學術預流的體現。

當然，在推出《尺海》之前，有必要對創設宗旨、收録對象、整理者隊伍作一申說。

首先，《尺海》將秉承『回到原信』的宗旨，專力於尺牘寫本的整理，力求爲學界提供更多包含歷史真相的第一手材料。進言之，《尺海》所收録尺牘的首要標準必須是『原信』。『原信』的概念就是胡適所説『尺牘墨迹』，其意義有兩重。一重是胡適所以爲，我們也深表贊同的『尺牘墨迹是最可靠的史料』這一理念，而這一理念的基石就是我們所見到的必須是『尺牘墨迹』的『原信』，而不是那些尺牘的刊本。『尺牘墨迹』作爲一種即時性的製作，其真實性與這一文獻本身是互爲表裏的。而那些意在公開的尺牘刊本就大有不同，作爲延時性的製作物，其刊行的過程中，極有可能對原文有所删改。如黄濬《花隨人聖盦摭憶》記載，有人購得曾國藩與其弟曾國荃尺牘墨迹三通，以行世刊本書校之，有一通未輯入，餘二通皆經删改，且爲曾國藩本人所删，其中一信删了一百零九字，且將『余亦必趕到金陵會剿，看熱鬧也』中的『看熱鬧』三字删去；另一信删去二十三字。這説明曾國藩知道這些家書將來必定傳世，一些對兄弟説的話不能讓外人知道，事先就作了删改。事實上，這些不能爲外人知之的『悄悄話』中或許正隱藏着某些重要的信息，這些信息甚至關乎我們對曾國藩的認知，不過經此删改，我們所看到的其實是經過修飾的曾國藩形象，并非那個真實全面的曾國藩。這是一種情況，屬於對尺牘内容進行有意爲之的删改。另有一種情況，則屬於無意爲之的錯訛，如聞宥與劉季平討論音韵的通信被胡樸安發表於《國學周刊》上，但聞宥讀後發現校勘不精，致信胡樸安云：『《周刊》所登宥與季平先生通信，訛字極多。而最不可通者，爲第二十行「以韵理言之」一句，之後尚有「阿音引喉張口。自宜以平上音爲多」二句。訛奪之後，文理實不可解，故望即飭印人刊正。』從這兩例可知，無論是有意的删改，還是無意的錯訛，這些刊行的尺牘就不能算是十分可靠的史料了。换言之，尺牘的私密性與尺牘的公開是一種天然的對抗關係，公開的印本或抄本從尺牘撰寫的角度也非即時性的行爲，因爲背離了尺牘的私密、即時這兩種特性，其最終的真實性能否得以實現是令人懷疑的。所以，《尺海》首要强調整理『尺牘墨迹』的原由正在於此。另一重是强調整理的是『尺牘墨迹』，特别是整理的『尺牘墨迹』最好是有公開影印出版。這是因爲尺牘整理出來後，可爲學界所用，但如使用者對整理文本存有疑問的話，也可與『墨迹』影印本再行比對。我們以爲，這樣的比對對於《尺海》也算是一種變相的監督機制。

其次，在確立以尺牘墨迹爲整理對象後，有必要對這一對象再作一梳理。此處的對象可分爲兩類人物來理解。一類是具有重要歷史影響的人物，如翁同龢、梁啓超、沈曾植、張元濟、鄭振鐸這些編有年譜長編或年譜的譜主，這些譜主存世尺牘已得到較多的關注與整理，但仍有一定的輯佚整理空間。與此同時，我們以爲，只有重要人物尺牘而缺乏相應往來的友朋尺牘的話，研究者所掌握的材料只是『半壁江山』而已，無論是相關的叙事還是解讀，其還原的歷史難免會顯得不够全面，甚至不够清晰。因此，《尺海》將會儘可能地挖掘和整理與第一類對象相對應的友朋尺牘，而這些友朋尺牘的撰寫者就是我們所説的或許并不重要，甚至已被歷史所遺忘的第二類人物。但作爲運用尺牘材料進行文史研究的學者，自然會關注往來尺牘的問題，或者説重要人物友朋尺牘的問題——擁有更多的友朋尺牘，并將之與譜主尺牘進行聯繫與對讀，就有可能擁有更全面的歷史細節，最終築起的還原歷史事實的大厦纔會更加堅固。基於這樣的認知，《尺海》在重視重要人物尺牘整理的同時，也會充分關注重要人物友朋尺牘的整理。

再次，需要説明的是，基於『原信』的概念，《尺海》要做成系列與規模的叢刊，就必須要有相當體量的『尺牘墨迹』以提供給整理者使用。按《稀見史料》每輯十種左右來計算，出完《尺海》十輯，至少需要百種尺牘。通過檢索，我们發現近年來所出版的尺牘寫本影印類書籍中，約有三十種頗具史料價值的尺牘尚未得到整理。同時，晚清、民國所出版的影印尺牘書亦有數十種左右有待整理。當然，更重要的是，在全國圖書館及文博系統收藏着超過百種的、具有重要史料價值的『尺牘墨迹』。所以，以每輯十種的體量來計算，目前有待整理的尺牘有着近五萬通的數量，這一數量足以支持《尺海》連續數年的出版需求。

所謂『巧婦難爲無米之炊』，現在有了足够的食材可做成『有米之炊』，那麽擁有一支能整理尺牘寫本的專家團隊則是維繫《尺海》發展的關鍵。事實上，尺牘寫本整理的不易之處，特别是筆迹出於衆人之手的友朋尺牘的整理難度，但凡整理過的學人都有所體會。至於這一問題的解决就不得不感謝上海圖書館創辦的《歷史文獻》集刊。《歷史文獻》自創刊以來，在整理上海圖書館所藏近代名人尺牘方面功績最著，二十年間先後整理公布了近五千通尺牘，极大地推進了學界關注與重視尺牘文獻價值的同時，更培植了一批識讀與整理尺牘的專家。如《尺海》第一輯的整理者柳和城、鄒西禮、魏小虎、丁小明、尹偉傑等人，都曾是《歷史文獻》的作者。當然，這一專家陣容隨着《尺海》持續推進還會不斷擴大。可以説，過去凝聚在《歷史文獻》周圍的這批尺牘整理專家正爲《尺海》得以啓動提供了充足的人才資源。

行文到此，筆者只是不揣淺陋，將《尺海》創設緣起、立刊宗旨、收録範圍、作者隊伍作一簡介，以期增進大家對這部叢刊的瞭解。筆者忝厠編務之列，固然頗勞心力，亦略知其中甘苦。尺牘寫本整理之難度是公認的，特别是《尺海》第一輯主要以友朋尺牘爲專題的整理，整理者會面臨諸多不同寫信之人的筆迹與寫法的識讀，這是尤其難上加難的挑戰。所以，在《尺海》第一輯面世之際，請允許我向參加整理的柳和城、孫海鵬、鄒西禮、魏小虎、吴欽根等諸位師友表示最誠摯的感謝！能在日新月异的當下，依然堅守在書齋中董理這些泛黄的尺牘寫本者，大都會有一份尊重先賢、敬畏文化的品操。在此，不能不提到已年過八旬的柳和城先生，他在承擔《張元濟友朋尺牘》的艱巨整理任務時，已出現視力不清的問題，爲了不影響進度，他最終還是堅持到交稿纔去問診。這一輯整理者中還有我的學生尹君偉傑與孫君嘉奇，儘管他們剛上手時還有些步履蹣跚，沉潛半載，已然可以獨立完成各自的整理任務，看着他們在尺牘整理領域邁步向前的身影，一種後繼有人的欣慰感油然而生。最後，要特别感謝鳳凰出版社對《尺海》的鼎力支持，從開始動議到每種選題的落實，每個環節無不傾注着樊昕兄與諸位編輯的統籌推進之力。當然，隨着學界越來越重視尺牘中的史料價值，相信會有更多的同道進入尺牘寫本的整理與研究隊伍，也期待更多的學者關注與加入《尺海》的事業之中。

目録

整理前言

葉恭綽先生的大名，對現代史稍有興趣者，想必都會有所耳聞。不過説來慚愧，整理者當年對葉恭綽先生所知甚少。仔細想想，恐怕還是在二十年前拜讀鄭重先生《海上收藏世家》一書後，才稍知葉先生其人其事的。如他在晚清、民國及中華人民共和國三個時代都曾入仕，處尊居顯，特别是在民國北洋時期的交通系中頗有影響。

只是，相較葉恭綽先生在現代中國的影響，我們對他的研究却遠遠不够。遲至今年，才有了一部《葉恭綽傳》面世，此書作者鄭重先生在爲葉恭綽立傳時曾説：『我感到面對的是一株大樹，而且是枝葉繁茂的大樹。但是我能撫摸到的只是大樹的主幹及一些大的枝叉。』所以想要爲葉氏立傳的想法，只能是『想了多年，真可謂「有此心而無此膽」』，至於鄭重先生最終能寫成《葉恭綽傳》，則是因爲他讀到了上海圖書館收藏的兩百多人寫給葉恭綽的九百多通尺牘，鄭先生説正是因爲這批尺牘中所富藏的葉恭綽史料，才讓他『看到這株大樹的枝幹密葉及末梢，乃至大樹的根鬚。葉恭綽這棵大樹生長在中國傳統文化的沃壤中，盤根錯節，各類學人組成的多種文化群體，都和葉恭綽脉脉相通』。

誠哉斯言！整理者在整理上圖所藏葉恭綽友朋尺牘之後，對鄭重先生以『繁茂大樹』來比喻葉恭綽深以爲然，在這批友朋尺牘中，我們不只可以看出葉恭綽爲官、爲人、治學的操守，也可以看出那些尺牘作者的品德、學養及獻身於文化的精神。所以説這批葉恭綽友朋尺牘不僅是我們還原葉恭綽人生與志業的一座豐碑，更是透視現代文化的一座寶庫。

同時，上圖這批葉恭綽友朋尺牘有兩個關鍵問題需要辨明，一是這批尺牘是何時入藏上海圖書館及其基本情況如何，需在此略作説明。據沈津先生的《顧廷龍年譜》轉引《顧廷龍日記》一九四七年八月七日的内容：『訪葉恭綽，其朋輩函札有一箱半，可相贈，約日送來。』此處葉恭綽所説的有『一箱半』之多的『朋輩函札』無疑就是現藏於上海圖書館的這批葉恭綽友朋尺牘，引文雖未提及葉恭綽捐贈這批友朋尺牘所約定送來的具體時間，《顧廷龍日記》在這之後也没有明確載記，不過據此推測，筆者以爲在一九四七年八九月入藏合衆圖書館是大體可信的。當時葉恭綽所贈機構爲顧廷龍所服務的合衆圖書館，合衆圖書館於一九五三年併入上海圖書館，所以這批友朋尺牘也就自然而然進入了上海圖書館了。再者，這批尺牘最初的狀態應當是比較散亂的，在五年前受上海辭書出版社委托整理這批尺牘時，筆者所見到的是裱裝成二十七册的狀態。同時，這批尺牘也基本上是以事分類歸册，如提及上海文獻展的内容歸於一册，而整理《全清詞鈔》的内容又基本上歸於數册。特别有些尺牘可能是因中間缺頁而上下文義不通時，均有人在尺牘的裱邊間有批注加以説明，凡此種種，都説明這批尺牘在入藏之後已經過一定整理，且整理者對尺牘的分類與識讀頗具水準。

當然，此處又面臨另一個問題，那就是這批近千通的友朋尺牘之外大概還有多少葉恭綽友朋尺牘，儘管此問題一時難有準確答案，筆者還是想試着推測一番。因葉恭綽交遊廣衆，學涉多門且熱心公益，所以葉恭綽一生中所收到的友朋尺牘可能會超過四千通。之所以這樣判斷，是因爲上圖的這批友朋尺牘的時間主要集中在二十世紀三十年代葉恭綽在上海居住的這一時期，極少有他二十年代甚至更早時期的友朋尺牘。同時，因爲他捐給上圖的時間是一九四七年，而在此之後長達三十年的友朋尺牘亦不在此列，這一前一後兩個時段所收到的友朋尺牘的數量保守估計怕是也要兩千通以上。再者，就是據筆者近年來的收集，與上圖這批尺牘同一時期與同一上款，而散見於拍賣及各種公私藏機構者尚有六百餘通之多，且隨着時間的推移，這個數字極有可能會突破七百通。此外，我們發現，作爲政界顯要的葉恭綽在中年後退出官場，就有意在淡化與政界往來的痕迹，比如他與絶大多數政客往來的尺牘就消失得無影無踪，筆者相信葉恭綽友朋尺牘中這一類型的尺牘的數量也是頗爲可觀，只是存佚情况不得而知了。所以，粗略一點的統計，葉恭綽一生中所收到的友朋尺牘超過四千通當在情理之中。

既然葉恭綽友朋尺牘有如此巨大的體量，如是再加上葉氏寫給友朋的尺牘，我們説這是葉氏研究甚至現代文化史研究的富礦是不爲過分的。只是面對這一大宗文獻，我們如何能保持自己不眼花繚亂而又最大程度地使用這一文獻來推進葉恭綽研究呢？我想此處來做一些積極的探討。記得冒鶴亭先生曾説過葉恭綽：『葉某的腦子大概像一個貨倉，把各種貨物分類地存儲，要用時一樣樣地取出。』這段話在對我們如何將葉恭綽友朋尺牘用於研究亦有啓發意義。進言之，就是將這近千通的尺牘按事項進行分類，然後再進行專題研究，或許不失爲一種比較有效的研究路徑。此處不妨以《全清詞鈔》的編纂過程來説明之，關乎這一過程，學界經常引用的是葉恭綽在《全清詞鈔後記》的一段話：

時夏閏枝、邵伯絅、譚篆卿方旅北京，柳翼謀、吴瞿庵、盧冀野、蔡嵩雲、唐圭璋、夏耀禪、石弢素皆在南京，而楊鐵夫、汪憬吾在廣州，張艮盧在吴門，邵次公在汴粱，而徐積餘、潘蘭史、金籛孫、吴湖帆、易大岸、黄公渚咸在滬，皆任搜集之勞。郵筒日再至，余復廣向各圖書館、書坊及私家購借，一二年間，詞之總集、别集及附見者麇集余所，凡逾五千種。〔一〕

這段話無疑提供有關《全清詞鈔》編纂的基本信息，借此我們可知這一著作編纂的大體情况。也就是説，葉恭綽是依仗北京、南京、廣州、吴門、汴粱、上海六地的詞學友朋們襄助始能成之，具體方式則是靠『郵筒日再至』的頻繁通信向葉恭綽傳遞這六處友朋廣爲搜集各類清人詞集。當然，這裏也只是提供了《全清詞鈔》編纂的途徑，至於這些『郵筒』中的主要内容，作爲編纂《全清詞鈔》過程的第一手材料，也就是葉恭綽與這六地詞學友朋往來通信的尺牘，我想無論是做葉恭綽研究還是《全清詞鈔》研究的學者，都不曾夢想過這些材料有朝一日會集體涌現。只是當筆者整理完上海圖書館所藏這批葉恭綽友朋尺牘時，才猛然發現，這近

〔一〕 葉恭綽《全清詞鈔》，中華書局，二〇一九年版，第二〇六八至二〇六九頁。

千通尺牘中有相當數量的内容正是葉恭綽當年編纂《全清詞鈔》過程中那些『郵筒』往來中的内容。經過檢數，大體上有葉恭綽三十五位友朋的一百零二通尺牘是與《全清詞鈔》的編輯有關的[二]，這一發現無疑是近十年來《全清詞鈔》研究中極重要的成果，以這批涉及《全清詞鈔》編纂内容的友朋尺牘與葉恭綽在《全清詞鈔後記》中所載的襄助他編纂此著作的六地友朋相對照，共得十人四十六通尺牘，其中尤以譚祖任（譚篆卿）二十五通、張茂炯（張艮廬）十一通有着豐富的細節材料，九十餘年之後讀之，仍讓人對《全清詞鈔》編纂一事有着如臨現場之感。

此處就以譚祖任二十五通尺牘中《全清詞鈔》編纂内容爲主要考察對象，葉恭綽在《全清詞鈔後記》中提及『夏閏枝、邵伯絅、譚篆卿方旅北京』，也就是説，北京地區至少有夏孫桐、邵章、譚祖任這三位友朋參加了《全清詞鈔》編纂工作，那麽除此之外，有無其他人參加這一工

[二] 經整理共得三十五位友朋的一百零二通尺牘涉及《全清詞鈔》編纂事宜，他們分别是王謇五通，王式通四通，仇埰二通，向迪琮二通，李詳一通，汪兆鏞二通，沈宗威二通，沈恩孚一通，邵章二通，邵鋭一通，周達一通，周岸登一通，易孺一通，林葆恒一通，冒廣生二通，郭則澐二通，唐圭璋三通，唐益公一通，陳柱一通，馬叙倫三通，曹經沅三通，張茂炯十一通，黄孝紓二通，曾傳軺一通，蔡嵩雲一通，鄧之誠一通，趙尊嶽一通，劉成禺二通，潘飛聲一通，奭良三通，龍沐勛四通，諸宗元一通，儲皖峰一通，譚祖任二十五通，闞鐸七通。按：此處參考了門生張雨欣碩士的統計資料，并在此基礎上增加了闞鐸七通尺牘。

作呢？檢之這批尺牘可知，譚祖任在尺牘中明確提到朱師轍參加《全清詞鈔》選任工作，具見以下兩通尺牘：

此間選詞者少，近擬添約朱少濱師轍充任。朱爲仲我孝廉哲嗣，人極篤實，酷喜爲詞，任已將選詞略例告之。此後當較敏捷也。專叩鈞安！祖任謹肅。八月八日。

刻已將第一批借出，分交夏、邵二公矣。前函所陳，添約朱少濱師轍選詞，刻彼已欣然擔任，并聞。鈞從返滬已有期否？敬念。專肅，恭叩崇綏。祖任謹肅。九月三日。

兩通尺牘的時間分别一九三〇年八月八日與一九三〇年九月三日，由向葉恭綽提出『近擬添約朱少濱師轍充任』到『添約朱少濱師轍選詞，刻彼已欣然擔任』，前後不到一月時間，其時北京《全清詞鈔》編選工作剛剛完成輔仁大學圖書館所藏清詞的采選工作。

再者，在整理這批譚祖任尺牘過程中，我們發現，北京《全清詞鈔》編纂同人在譚祖任寓所舉辦過系列的『《詞鈔》茶會』，這一茶會内容以討論《全清詞鈔》的編纂事情爲主。譚祖任在一九三〇年九月三十日致葉恭綽的尺牘中有『《詞鈔》茶會本在任寓中舉行，此次炸彈盤空而會議不輟，皆諸公學養精神，而任不得居其功也』的內容。這通尺牘是這批譚祖任尺牘中首次提及『《詞鈔》茶會』一事，而在其後的十月二十二日與十二月二日兩通尺牘中均有在任寓舉行『《詞鈔》茶會』的記載，其中尤以十二月二日這通的内容爲具體，兹録如下：

今日舉行《詞鈔》茶會，閏枝、伯絅、纕蘅、哲如、公達均到，提議選總集辦法。閏枝主張與我公正同，謂非在一處彙辦不可，因互見者多，若分開數處則益多手續。此外諸公更無表示其他辦法也。至附見者祇可隨見隨采，就令稍有遺漏，然佳作必少，似無甚大關係也。此間燕京大學藏詞業已借到，現正分任選録中，預計一月之後必可畢事。此後總集應如何支配，静候鈞示遵行。哲如謂尚有難得之詞集十數種，俟燕京藏詞畢事後伊即送來，然亦不過旬日内外亦可選畢矣。專肅，恭叩鈞安！祖任謹肅。十二月二日。

由此牘可知，任寓『《詞鈔》茶會』的參會人員除了譚祖任，尚有閏枝、伯絅、纕蘅、哲如、公達等五人，此處閏枝即夏孫桐、伯絅即邵章、纕蘅即曹經沅、哲如即倫明、公達即孫宣，對比已知《詞鈔》編纂同人，此處又可增加曹經沅、倫明、孫宣三人，再加上之前已辨明身份的朱師轍，北京地區的《詞鈔》編纂同人已達七人。同時，在十月二十二日這通尺牘中有『今日《詞選》茶會晤鶴亭，知最近兩得鈞函，氣體益見康復，爲之雀躍。今日到會諸君極盛，除邵次公未到外，一一均請其在任寓中映一小照矣』這樣的内容，於是我們在譚祖任、夏孫桐、邵章、曹經沅、倫明、孫宣、朱師轍這七位選詞同人之外，又可增加冒鶴亭與邵次公這兩員詞壇名宿。至於這些『《詞鈔》茶會』的與會者參加《詞鈔》編纂的具體工作情況，在譚祖任尺牘中也每有可見，如其中一通云：『孫公達近常到會，其先代琴西太僕、蕖田學士、仲容比部之詞均已抄來，即轉交伯絅任選。』孫公達將其先人孫琴西、孫蕖田、孫詒讓等人的詞作抄來，譚祖任將其轉交給邵章選用。另一通中所説的『關於北平圖書館者，向歸鶴亭主持擔任』云云，則説明冒鶴亭在北京地區的選詞分工，凡此種種，都説明『《詞選》茶會』中的『茶客』事實上都參加了《全清詞鈔》的具體編纂工作。

同時，上引尺牘中更爲重要的是對『《詞鈔》茶會』内容有所言及，如尺牘中所説，一九三〇年十二月以後的一月内，從清詞專集中徵選作品的工作基本可以完成，接着就是從清詞總集中擇選《詞鈔》所需内容，如何順利推進這一工作，尺牘中説夏孫桐關於此事的意見與葉恭綽正同，即『謂非在一處彙辨不可，因互見者多，若分開數處則益多手續』，而其他參會『諸公』亦表示同意這一方法。按此後的譚祖任尺牘所言，一九三一年尚且操勞於《詞鈔》選事者爲夏孫桐。可以推測，從清詞總集中擇選相關詞作當是夏孫桐一人所獨任。言之至此，我們可知，這些選詞同人在『《詞鈔》茶會』上交流編纂心得，討論編選事宜，甚至安排具體分工等，而任寓『《詞鈔》茶會』就是北京地區《全清詞鈔》編務會的這一事實基本上也是可以確定了。

以上只是通過對這批譚祖任尺牘中關於《全清詞鈔》北京地區參選人員及『《詞鈔》茶會』這一獨特編務會議的内容稍加梳理而已。事實上，揆諸譚祖任尺牘，我們發現還隱藏着另一類頗爲重要的内容，如這一通所説：『日來輔仁藏詞業已選竣，將及燕京，俟燕京卒業，再及圖書館也。專此，肅叩鈞安！祖任謹肅。七月廿七日。』之所以説這通尺牘重要，是因爲從這通尺牘中我們能看到《全清詞鈔》北京地區的工作路徑，即大抵上是以當時幾所公藏機構的所藏清人詞集爲主要選編對象，其編選順次是先輔仁大學圖書館，再燕京大學圖書館，最後再及其他圖書館。譚祖任此信的落款時是一九三〇年七月二十七日，顯然此時北京地區選詞同人已完成對輔仁大學圖書館所藏清人詞集的選編整理工作，似乎即將對燕京大學圖書館所藏清人詞集進行編選，但是再細查譚祖任其後的尺牘，似乎這一工作路徑有所變化，如一九三〇年九月三日與九月二十九日兩通尺牘所云：

此間選詞，輔仁大學所藏諸詞業已選畢。任當往北平圖書館，擬與趙萬里接洽商借。適趙赴滬，遂晤徐森玉，述明緣由，承其慨諾，刻已將第一批借出，分交夏、邵二公矣。九月三日。

選詞事近極踴躍，北平圖書館藏詞已選過半，大約一月内即可卒業，皆緣借書手續便利之故。倘將來燕京亦復如此，則今年必可將單開專集全數選出也。專肅，恭叩崇綏。祖任謹肅。九月二十九日燈下。

從上第一通可知，在輔仁大學的詞集選編好之後，并没有按照一九三〇年七月二十七日尺牘中所説的，將對燕京大學的詞集進行整理，而是選擇先整理北平圖書館的，并如有信中所説經過趙萬里、徐森玉兩人的襄助，一九三〇年九月三日已將第一批借出，分交夏孫桐、邵章二公着手選編。而從第二通内容來看，北平圖書館選詞工作進展得頗爲順利，到九月二十九日『已選過半，大約一月内即可卒業』，至於北平圖書館之後的選編工作移師何處，在譚祖任尺牘中亦有尋到踪迹：『諸公選詞本極踴躍，適輔仁大學遷入新校，暫停借書，不免稍爲停頓。現商之哲如先行借給，已得伊之許諾。今日且携來數種，分給夏、邵兩公矣。十月二十二日。』由此牘可知，輔仁藏詞業并未如七月二十七日尺牘中所言的『已選竣』，而是因學校遷入新校，暫停借書而停頓，現商於倫明而得以繼續進行。這是十月二十二日的一通，緊接着十一月一日一通尺牘有云：『現輔仁藏詞已續借來，不至停頓。』又同一通尺牘也有燕大藏詞的内容：『燕大藏詞似無甚佳品，目録中將曾王孫所刻之清初《百二名家詞》殘本及徐積餘所刻之《閨秀百家詞》逐種分列，遂驟覺其宏富耳。』如此看來，燕大藏詞其時雖未着手梳理，譚祖任其實已看到具體目録了。而譚氏在十一月底的尺牘中談到輔仁藏詞的選編情況：『輔仁藏詞雖多，凡稍冷僻者，其詞多不堪入選。近日選得甚快，大有薙草芟藤之象。月來因閏老家中有不如意之事，不免進行稍遲，否則輔仁一部分可早了矣。』如此看來，輔仁藏詞選政至十一月底尚未竣功，其緣由是主持者夏孫桐因『家事不如意』而稍有延遲。至於燕大選詞之事，在譚十二月二日的尺牘中亦有交代：『此間燕京大學藏詞業已借到，現正分任選録中，預計一月之後必可畢事。』也就是説，時至一九三〇年十二月初，燕大藏詞選編工作始着手進行，如譚牘所推說，大概一月之後可以完成。儘管燕大藏詞何時選畢，在其後譚牘中未有明確信息，不過通過以上梳理，我們大致可以厘清北京地區的選詞工作路徑與時間表：

輔仁大學選詞（一九三〇年七月—八月）、（一九三〇年十月中旬—十二月初）；

北平圖書館選詞（一九三〇年九月—十月中旬）；

燕京大學圖書館選詞（一九三〇年十二月初—一九三一年初）。

至於選詞工作何時告一段落，其實在譚牘中也有交代，譚祖任致葉恭綽尺牘中說：『《詞選》寫定者已有九十四家，茲另交郵局寄上。』這是譚一九三一年十月十四日致葉恭綽尺牘所言，大體上是北京地區以譚祖任、夏孫桐、邵章爲核心的選詞群體在一九三〇年下半年到一九三一年下半年的基本情況。

以上只是擇取譚祖任尺牘中有關《全清詞鈔》編纂中幾個最主要的内容稍加揭示，其實這批尺牘中尚有諸多待發之覆。如在編纂《全清詞鈔》的同時，這批詞侶選家也在爲葉恭綽另一種清詞著作《廣篋中詞》的編纂而助力，但是同一批選家同時爲這兩種詞學總集而工作的情況，學界過去只是一種推測，并無真正有分量的證據，有幸的是，在譚祖任這批尺牘中我們找到『明明可掬』的證據。再者，久聞葉氏選詞之時亦倩畫師繪《選詞圖》以紀其事，但其圖既未睹，其事亦未顯。今檢之譚氏諸牘中，亦有關於此事來龍去脉的材料，此足又爲學界添一佳話矣。當然，凡此種種只是立足譚祖任這批尺牘而言，所關注也不過是北京一隅的編纂活動，而上圖所藏葉恭綽友朋尺牘中更有涉及蘇州、南京、廣東、福建、天津、上海等七地《全清詞鈔》徵選過程的往來尺牘近百通，假以時日，在深入挖掘與研究這些尺牘的基石之上，全景式還原《全清詞鈔》編修過程必是指日可待。

行文至此，不禁讓人想起這五年來與這批尺牘周旋久之的歷程。二〇一八年四月，我在上海圖書館第一次看到這批尺牘的完整樣貌，足足有二十七册之多，一個下午的翻閱，既驚歎於内容之豐富，又眩目於人物之廣縱與各類尺素之五色繽紛。一時之間，探求的衝動與整理的壓力雜陳於胸中。接着便是從辨識寫信人到整理全部文本的漫漫長途，這其間有讓人嗟歎的人事反復，更有百思不得其義的識讀苦悶，當然更多的是忽有一得便覺欣喜無量的愉悦。五年中，我幾同置身於葉恭綽的那個時空，反復遊走在這近千通尺牘所建構的文化、文學、藝術與鑒藏的多維城堡中，漸次理解了葉恭綽以『人文精神』爲志趣的偉大一生。從他起初以政治活動居多，到中年後向藝術文化方面遷移，直至三十年代寓居上海，魂夢牽繞處只在保護古迹、傳承文化、流布文獻等方面，其藝文成就之宏大實非片語可盡説。譬如，以上所聚焦的《全清詞鈔》編纂活動，相較於他如山如海的藝文世界來説，不過是弱水三千中的數瓢而已。就整理者目力所及，如按事迹進行分類，在本書的葉恭綽友朋尺牘中尚有《清代學者象傳》的編輯、上海文獻展覽會的舉辦、《醫籍考》及大量佛學著作刊刻、諸多文化古迹的保護等事件的細節材料隱身其間，有待學界全面的考證與還原，從而爲葉恭綽研究與現代中國文化研究增添新材料與新内容。

最後，需要説明者有兩點。一者是在本書整理之前，梁穎兄對這批尺牘中的部分内容已有整理，并發表在上海圖書館的《歷史文獻》之上。與此同時，我的學生張雨欣同學去年也選擇這批尺牘中關於《全清詞鈔》編纂的内容加以整理與研究，他們的成果對於本書對這批尺牘的整理甚有裨益，前修之功，是所莫忘。再者，本次所整理的葉恭綽友朋尺牘共有二百六十三家七百七十三通，儘管這已是目前葉恭綽友朋尺牘最大宗的集結出版，但事实并非上海圖書館所藏葉恭綽友朋尺牘的全部内容，其中尚有部分已整理好的佛教内容尺牘此次忍痛未收。之所以如此處理，實是因在整理完成之後，整理者在拍賣會上又發現大量有關佛教内容的葉恭綽友朋尺牘。就其内容來看，這些尺牘與上海圖書館的這批佛教内容尺牘之間有着諸多聯繫，與其現在分散出版，不如以後將之彙成一種以佛教内容爲主的葉氏友朋尺牘合集。當然，對葉恭綽友朋尺牘的輯佚，如同我們對諸多近代名人尺牘的搜尋歷程一樣，是一項但盡心力，莫問終點的事業。在此，整理者也希望學界同人對這一事業給予更多關注。

丁 沂（五通）

一

遐公部長鈞鑒：數月來，以注重個人自修，未涉外務，致疏蕪牘，罪罪！頃奉來諭，一切拜悉。另銀百元已轉交研究社會計主管人，寄呈收據乞察收。關於變更圖樣事，前晚特約請道冲、剛久、飛卿三君詢及大概，已隨時肅函稟答，諒已達到。俟剛久兄説明書草成，當再寄呈。好在前圖尚未招標，仍可從容計議，謹再將個人所知者及進行辦法略陳數事：

（一）倓師本係請其來青專辦建廟事，記我公上年來諭有籌備處居後援地位，庶幾賓主分明之説。但現在實際倓師仍存客氣，以致各事進行甚緩。擬請我公再來一書，付與全權，請其不必事事牽就。當辦者即可舉辦，無庸謀諸大衆，以免坐失機會。

（一）一旦興工，交付款項必多，展轉核簽，未免需時。可否支出成數，交由倓師另立一摺，由其隨時支付，將來彙總核銷，因倓師曾向沂計及此事故也。

（一）監工人選已由倓師招來一出家人名能和，曾在極樂、楞嚴任監工之責。

（一）現在捐款實收之數約兩萬元，必須再籌兩萬，勉强始可成一局面。近因王一老、靳翼青總理均在青，正在設法請援助，可望略有所獲。

順以奉聞，匆匆布肅，敬請勛安。丁沂謹稟，八月七日。

再者，請宋藏經所開支票，此間未見，不知我公寄交何處？梁君既未蓋章，交行未必支款也。

二

遐公部長鈞座：前上蕪函，計登記室。日昨正與道冲、飛卿、剛久諸兄計議間，又奉到大諭。旋即改訂辦法，已由飛航肅答，諒達尊鑒。此次圖樣與前圖兩歧之故，其咎似在繪圖人未能明瞭真像。繪成後，道冲兄事忙，又未暇細細核對，致有此錯。現已商妥，仍由剛久兄主持，改托一許君重繪，約兩星期可成。屆時倓師講經亦可圓滿，擬請其來滬一行，與我公接洽圖樣與夫其他未盡各事。歸來後再着手興工，以免展轉誤會。請宋藏款已由少廷兄與仲拔接洽，説明前支票作廢，該款由滬行轉帳，徑交尊處，轉交另補支付手續。再沈市長興趣仍不佳，一時恐難談及建廟事。關於一切進行各事，仍求大力維持，是所至盼。匆匆布肅，敬叩勛安。丁沂謹稟，八月十二日。

三

遐公部長鈞鑒：先後奉到賜諭，均拜悉。因圖樣未畫成，致羈遲肅答。日前已隨袁、葉諸兄同上一稟，計達典籤。俟得復示，即可着手招標。惟需數較多，是一問題，或請倓師出面（因出家人化緣措辭較易）募緣。前沈市長、王一老與王金鈺軍長口頭均允爲力，渠現赴黄縣傳戒，擬俟歸來與計。公來書亦可商托。再一老在青，曾索去捐册一本，我公如晤面，便爲一提更佳。至動工一節，今年萬來不及。能僅年内將一切工事布署妥當，來歲二三月着手已算最快。山上水源尚有問題，有謂可蓄山泉，有謂可通自來水管，兩層均待研究。日前倓師已率同工匠到山破土，作爲開工，因有明年不能動工之迷信故也。餘詳前稟，肅請勛安。舊屬下丁沂謹啓，十月十四日。

宋藏預約收據單暫存鈞處，頃又爲葛静岑君經手購請一部，款已直接匯去青市，連此已請三部矣。

四

遐公部長鈞鑒：日前袁道冲兄南旋晋謁時，對於此間工事各節想已縷陳。包工人昨晚始算解決，現改由恒信公司承包，因標數最少之濱記所送各種材料多不合式。恒信向在北平開設字號，對於前清大内工程包辦多次（如光緒陵工等），送來磚瓦獸頭等件，亦均係由平帶來者，將來匠人亦由北平招來，惟標數比濱記多兩千餘元，計爲兩萬兩千五百元。當由倓師前往取决，於沈、葛兩公咸不主省錢，而主工事認真，同人亦多主此議。現已命恒信去造小模型，來後即與正式立約據。謂今年已不及開工，約在明年舊曆二月中旬着手，端午節前後可以全部完工。關於工事詳細情形，已托葉剛久兄另草報告，用特先陳大略情形。現在存數除一萬元定期款外，昨日見交通送來存款單爲七千五百餘元。預計工事完成連同佛像、器具、傢具等，恐需兩萬四千元出頭。從前已經認捐者能否收齊尚無把握，若比照實收之數尚少七千元。現查已認未繳者約四千元，假定可收半數，實際尚短五千餘元。將來此數惟有請沈、葛兩公爲力矣。

再者，現有王居士湘汀因常來研究社聽講經，見辦法尚有條理，願獨出萬金，在市内建一佛教機關，包工、繪圖等事均由其自辦，并已商得沈市長之同意，准領保留地一處。地金由其負擔，已由王君與財政局酌定，地點在福山路、魚山路之間一小山上，占地約五畝，四圍皆樹，風景甚佳，交通亦便，距湛山約五里許。落成後，即將研究社全部移去，作爲永久基業。惟名稱尚未妥定，同人等擬名爲『青島佛教居士林』，倓師主用『湛山寺下院』或『祇垣精舍』，王君本人無成見，公意云何？乞爲一酌。至該山本來無名，沂擬即定爲魚山，取『陳思王登魚山聞梵音』之意，大約此處可在湛山寺之先落成。青市本彌利車地，前年經我公提倡後，佛法日見光昌，同人等飲水思源，無不感戴盛德。餘由葉君另詳，謹先布肅，敬請勛安。丁沂謹稟，十二月六日。

再陳飛卿先生如尚在滬，乞將賤函付與一閱，不再另告。

五

遐公部長鈞鑒：行節在青，獲教甚多，私衷至慰。兹有數事禀陳如次：

一、倓虚法師半月前已回青，現率其徒衆暫住湛山寺小軒内。

一、湛山寺新工業已着手采取碎石事，由沈市長到山親自指定開采之處，將來連圍墻用者均可無問題矣。

一、湛山精舍房屋已完工，甘肅路研究社全部即日遷入辦事。

一、湛山寺佛像來後，王湘汀居士及各同人看後謂雕刻尚好。

一、湛山精舍改塑釋迦文佛像前已陳明，現擬仍由佛學書局代辦，并屬其俟臉開好後，仍就近送請審定再運青，計連阿難、迦葉兩尊者，共四百元，爲華新紗廠吴君一人功德也。

一、前贈湛山寺傢具，曾由本路代修理，現尚未全好，已先送來數件矣。

一、前致殷相聲信已托葛委員長另加一函，連捐册一併寄去，尚未得回訊。

一、我公前捐助研究社月費計付至本年三月爲止，前謂有錯誤，不知查明否？嗣後仍盼接濟是感。餘再續陳，敬叩勛安。（林文忠公所書文經石印本，求賜給一本。）丁沂謹啓，九月廿六日。

丁 淇（一通）

遐公鈞座：接奉七月廿四日手諭，敬悉一切。藉稔禔履綏龢，式符私祝。承命佛象，前托洛友代購，昨始送到。長途周折，幸未損殘，二像細審當爲夾侍夾侍似爲藥王菩薩象，而非韋陀，極類木雕，實爲泥和苧麻所塑。夾苧是否此種？淺識殊不能知。本星期六夜車擬來滬晋謁，當即携呈。木雕像，前在汴洛間所見頗多，當再托友訪之。洛陽法院推事張君頗好古，前在洛識之，如有所需，此君能爲搜訪之助。淇在部服務如常，餘容面稟。溽暑伏冀珍攝爲禱，專肅，祗請鈞安。丁制淇謹上，七月廿八日。陳君宇棟函已轉交，陳君在工務司工程科服務。

丁文江（二通）

一

玉甫總長鈞鑒：適奉手諭，敬悉一切。江于二月杪自礦回津，旋即來京。本擬即時趨候，因欲請將錦朝支路警察段長與他段長對調，托人調查各段警長歷史，尚未得覆，故擬稍俟數日一併陳述。礦場進行狀况甚佳，日可出煤四百噸。惟支路缺少貨車，本地大車多供軍用，銷煤因之不暢，尚須設法救濟耳。厚生於前日到京，現寓福來飯店，因胃病大發，嘔吐不能飲食，故未出門。昨日已介紹張福泉君就卧榻一見，厚生亦極称許，一俟江回津，當即照派，勿以爲念。《天工開物》因製圖加注，故至今未能出版。現著一小册子，名《中國軍事近紀》，一俟抄胥完竣，擬呈請指正。日内貴恙稍愈，懇即電示，以便走陳爲荷。專此，敬頌痊安。丁文江頓首，二月四日。

二

譽虎先生座右：奉七月廿一日函，藉悉起居，至爲欣慰。兩廣無可采之煤，貴州亦極少希望，四川則川東或可供給，雲南則産煤甚豐，非其他西南各省所能比擬，惟煤量亦遠不及北方耳。本問題拙作《川廣鐵路報告》中曾略言之，兹奉上一册，乞指正。外寄上《獨立評論》一至十期，中有舊日游記，或可供暑日消遣。現寄居西山秀峰寺，交通極不便，又無筆墨，不恭草率，諸祈原諒。此頌暑安。丁文江頓首，八月一日。

丁傳紳（二通）

一

遐庵先生左右：不見復多日，惟起居安愉。近聞李木齋先生遺書，冀東擬以一百萬元購之，轉贈日本，爲固位計。公當有所聞，如能進言政府，設法阻止，其功不僅保存舊籍已也。專布，敬請道安。名心印，四月廿一日。

文六得明萬曆時人潘志省爲其父求冥福所書《金剛般若經》，施之天台國清寺，囑題册後，輒成一詩，別紙寫奉一粲，即乞斧政。文六當有徵求題跋啓事致尊處，公如有作，必遠越時流，甚冀先睹爲快也。再請遐庵先生吟安。傳紳再拜。

佛言父母恩難報，百味上服安足道。兩肩荷擔周四海，千年猶未酬覆幬。善哉潘子能報恩，薦親悲泣奉三尊語見《佛説孝子經》。但憑虞褚雍容筆，頓入瞿曇解脱門。一念暫修般若行，六波羅蜜皆攝竟。况復書寫首尾完，即爲是塔應恭敬。天台山色鬱青蒼，中有安禪古道場。寶笈幾時流世上是經爲國清寺故物，琳宫寒夜失光芒。屈侯施經意何廓，不將瓌迹秘私囊。料渠已無人我相，是故洞然破取著。回溯神宗三百春經寫於萬曆三十五年，距今三百三十年，朱明宗社久成塵。雲藍箋紙如膚薄，獨示金剛不壞身。開卷馨芬時溢目，觀之如食防風粥。矚累山僧須善藏，更咒天龍護重櫝。傅紳初稿。

二

遐庵先生左右：奉教誦悉，公詩造詣極深，乃猶自視欿然。此不獨足示襟度之虚，亦以窺治學塗術之至精至博。卓論謂吾國文藝當擷取固有，與外來之精英而融化之，所見極大且確，此實東西文化結合演進必循之軌。昔嚴幾道僅見到取所得於彼者，反以證諸吾古人所得，乃澄湛晶瑩，如寐初覺，不復能於此更進一解。《人境廬詩》略摭新義，限於時會，未窺西方文藝之本原，遑論鎔冶。公既洞矚幾先，則倡導之責，固賢者所應直下承，當先河既開，自成風氣，豈唯文藝，它日凡百政術亦將受此影響，而日形璀璨，公之功施，云何可量。俶仁不常來上海，數月一至耳，贈書當轉寄杭州所，複《梁代陵墓考》一册，謹拜嘉惠，嫥布，敬頌道安。丁傳紳頓首，十二月二十日。

丁福保（二通）

一

玉甫先生侍右：敝處編纂《四部書目總録》，創稿迄今，倏已五載，草稿粗具。前承俯允，借鈔尊藏《醫籍考》，殊深感荷，現因整理子部醫家類，擬乞賜假以供參考，鈔畢當即奉趙。專此肅懇，尚祈勿却是幸。久晴酷熱，驟得大雨。已入新秋，保陽氣候清嘉，漸當却箑。清池美蔭，珍衛維宜。敬叩著安，不宣。弟丁福保頓首，八月廿四日。

二

玉甫先生有道：賜書拜悉，内政部禮俗司長如能爲一佛教中人，自於宏揚佛法大有裨益，惟人選方面自應注重。弟意蔣竹莊先生於政界既有經驗，於佛學尤深造有得，覺尚相宜；次則范君古農，於佛教中亦有聲望，但政界資格稍損，不知尊意如何？弟則因才疏學淺，絶不願輕於〔下缺〕

于世琦（一通）

玉甫先生台鑒：客冬接讀華翰，於舍間詳述各節，謹悉。琦於本年三月返校，一病幾殆，故遲遲未能即時奉覆。今特將鄉先輩沈宙泉先生殘詩奉上一本，祈爲收納，傳略另紙書寄。前寄《藏山詞傳略》多所缺略，兹特爲書一紙奉上。耑此，藉頌台祺。于世琦鞠躬。五月五日。

《沈宙泉先生傳略》：《登州府志》：沈迅，天啓辛未進士，授新城知縣，廉潔有聲，調蠡縣，獲妖民朱國相，檢其約會姓名數十册，悉焚之，民情帖然，行取入都。掖人王萬象，爲御史嫉之，抑爲兵部主事，轉兵部郎中擢兵科給事中，劾萬象把持朝政，萬象遂斥爲庶人，乞假歸。崇禎十六年，清兵入山東，破萊陽，迅居孫受設堡自守，攻之不克。順治三年，有以迅將起義兵謀不軌，出首者萬象矣，爲順天府尹授以入告。時迅父時亨卒，四年五月，方營葬畢，而大兵猝至，圍攻三日。迅登樓自焚，闔門死者二十七人。乾隆間賜謚『烈愍』，著有《沈書別集》《沈詩九集》，皆毁於兵。其存者爲龍阜殘稿。

琦按：沈迅，字宙泉，號捷郎，又號隼公。萊陽人，入復社，倡正義，聲馳南北，所交多一時俊傑。《明史》有傳。

《〈藏山詞〉作者宋大塗先生傳略》。《宋氏族譜》：宋俶，初名元伯，字大塗，號蕢庵，入復社，順治乙未歲進士，候選訓導。著有《獨石居焚餘詩稿》《獨石居詞》《獨石居文集》《藏山詩》《藏山詞》《漆湄草》行世。生於萬曆戊午三月初三日子時，卒於康熙壬戌四月初九日丑時，享年六十五歲。

《登州府志》：俶，字大塗，出名元伯，字蕢庵復社録作正伯蕢庵，歲貢生。《獨石居》爲古文集，《藏山集詩》爲宋璉選定，《漆湄集詩》則宋琬爲之序。文有逸氣，詩爽拔不浮，詞亦細熨，而乏逸韻。

于省吾（三通）

一

遐老賜鑒：積年未克通候。日前友人商承祚君來平，就諗台履曼宜，諸符頌私。吾自鄰閣督辦逝世，即閉户讀書，東省事變後移居北平，鍥力鐘鼎彝器之學。前曾有《雙劍誃吉金圖録》之作，因手下無副本，皆在外間寄售，無以奉寄。近有《吉金文選》及《尚書新證》二書，兹特托書局付郵，祈賜收并匡其不逮爲感。聞公收藏甚富，内中一簋吾前在尊古齋見過，銘文秀美。商君所撰《十二家吉金圖録》本月底即可出書，吾以寥寥數器亦挂名是編，愧甚愧甚。公所藏彝器如有拓本，尚乞見賜爲矚。耑肅，敬請道安。于省吾再拜，四月二日。

葉注：北平東單新開路75于思泊

二

遐老道席：奉賜書并墨本敬領，謝謝。承索拙作《吉金圖録》，兹特覓一部寄呈教正。吾以限於貲力與時間，所得視公所稱劉、程兩家瞠乎後矣。惟劉、程真僞雜糅，難免爲世詬病。吾所藏古兵間有精者，如康侯斧、太公戈、穰侯戟、商鞅鐓、越王劍皆於史籍有徵。近得公子光戈，即吴王闔閭之戈，已印入《十二家吉金圖録》。此戔戔者於寂寥之時聊以自嬉耳。我公濟時偉略，擥古高懷，素所心儀。如承時賜教言，至爲跂矚。耑肅，敬請崇安。于省吾再拜，四月十五日。

三

遐老賜鑒：頃承惠緘，敬悉。楚王戈錯金完整，毫無剥落，色澤淺緑，計十八字：『楚王畬璋嚴龔寅作
戈以邵（昭）𧊒（揚）文武之戊用。』畬璋即《史記·楚世家》之熊璋，凡楚王名畬（飲）字，傳記皆作『熊』，音近字通也。承賜新莽輦器墨本，篆文樸茂，惟輦制他書不經見，《漢書·王莽傳》言之較詳。耑復，即頌道安。于省吾再拜，八日。

王震（二通）

一

譽虎先生有道：日前趨候，聞尊駕尚未莅滬，近想貴體清吉爲頌。弟小恙初愈，尚在静養。前求法書對聯兩副，款賡成，倘荷得便乘興大筆一揮，再當走取，不情之請，尚乞鑒諒。此上，敬請道安。弟王震謹啓，十月六日。

二

譽虎先生有道：昨奉書敬悉，并來紀念塔評判，書當即蓋章寄京。知貴體尚未復原，還望珍攝。弟昨由京返滬，感冒風寒小恙，不克趨前晤談。陳君畫照走謁數次，今再持照來前請示，如合意，祈囑其照繪。其畫潤可照潤格減半，不識尊意如何？此上，即頌道安。王震謹啓，十月廿一晚。

尊處所藏畫像，請與陳君一觀，又及。

王蘧（九通）

一

手翰備悉，籌勞至仰，真海上一壺也。文教垂墜，所待於公綱紀正多。尚冀節重，以留有用精力。蘧嘗見公做事疲神苦役，所得實不償勞，而公範圍至廣，所事精審，過諸茶蒌，群衆往往成辨莫協，而公苦矣。印老謂法寶即經典，意法物爲贅疣。殆不察法物亦屬興感，今不收拾，任其摧毁，間接亦爲滅法之一。印老鑒於時髦好名，匪所論於賢者，各做各事，不當與解辯也。漢畫象事前函既誤洪喬，當補述。此畫象多屬舊拓武梁孝堂，俱乾嘉拓本，計百張，已裱十之八。蘧積藏初意，原欲考其圖案制度，影印成册，因彙集漢畫象尚無專書，武祠象《萃編》《石索》皆木刻。容庚近影，惜不备。至孝堂、朱鮪等則從未影過。尋復因循扃鐍，至惜。前聞公言博館下半年可購物，故有托介。藉供後人整理，畏广亦曾談及，款到亦無問題，酌減五十，以重雅意。實則此等舊物，識者良罕。若以新拓本論，三元餘一張，亦不算昂。蘧以此款爲兒輩下半年學費。博館經費既緩，蘧當下不迫，遂希至注。至公前函云可暫墊款，足感厚誼，似無需矣。法寶徵物，自勉赴緣。敝藏兩件，一爲廣州光孝寺出土小陶塔，一爲北齊武平像坐拓附，可先呈陳。關君來書，稱木刻可交船上妥人帶滬，梁某回粤尚遲，鄙意擬先囑其徑交尊處，俟物看過無缺，再行撥款。届時當照市價折合，近悉粤幣自中央整理已高，或不使其吃虧泰甚，如何？仍望示辦。俾覆前途，大千日間抵蘇，并聞，即惟尊候，興息珎益，不備。蘧頓首，遐庵道丈先生文藝，六月廿二日。

二

手教敬承，一昨與圓珎詢新華保管公債事，據該行稱當時保管有證，必須三人中有二人來信簽名，乃可取出。三人一爲執事，一甘翰臣，一郭錦坤，圓珎稱郭爲永安公司中人。是否郭順？翰臣本熟人。錦坤晚則不認識。兹如命將意擬稿附呈，合否請酌寫寄辦理。翰臣現病重，不能簽字。晚可托其家屬勉簽，否則由執事另函郭君，使圓珎持見，諒亦易事。又圓珎稱母故後，喪費及生活已借債千餘公債票面二千八百餘，市價現值千五六元，賴此償還，該摺尚押于人也。文物展覽若限于廣東，則敝藏粤迹已散盡，別物可交大千帶上，大千畫債未了，聞又延期至月半乃啓程，如何。統祈示遵，并候道履，不備。遐公詞丈先生，無念頓首。十二月一日。

三

屈君沛霖，愛重先哲手墨，搜集頗夥。比將屈、梁、陳、程四家自寫詩詞付潢成册，敬以撮片呈鑒，代求署耑，并爲一跋。大庵、秋枚曁不慧已各題一紙。屈君久欽椽筆，藉增光寵。我公提倡鄉邦文獻，當荷贊許。書就望即寄還，俾早影印，分貽同好。肅布，伏承道履不既。遐公仁丈閣下，蘧頓首啓。五月望日。

四

昨尊府送來前月廿八號手示，并款二百，頓首領悉一切。文物會期近，惜不能奮飛，一瞻喬采。鍾學及成仁録等件，另托别人帶上，并黄子静所帶之《孫西庵集》及《梁夢環札》、二樵山水當徑交丹林，鄧壯節影片，大庵遲遲未檢，没奈何也。編目印出，希飭先寄，慰渴爲盼。此間生活米珠薪桂，居者朝不謀夕，不慧本欲南歸省親，亦難諧願。即承道履萬福，不備。遐庵仁丈上善人。蘧頓首。二月十五日。

五

示領。新華函，因翰翁病，由敬脩代答。已交圓珎，偕湯臨澤往辦，度妥。文物會已代徵有《翁山成仁録》未刊、《孫西庵集》《鍾學畫》《古噩字》等迹，屬取敝藏弘瑜、海靖、趙嘫三件由大千帶上。大千又延期，新曆年頭必到港，此次畫展全場半日賣盡，空前未有。目録附察。敬候遐庵詞丈道履萬福。蘧載拜。十一月廿日。

六

前函度達，比惟道履康勝爲慰。日前港友何冠五托映江岳巒所藏老蓮畫卷，已屬其曬一分就近呈覽。此與清笈爲前後卷，亦櫟園上款，神妙同之。不慧、資生、無巢書畫斥售殆盡，尚餘自翫數事，亦欲易粟。尊者如能作緣，當録目上。暑中伏承興居，不次。遐丈先生教下，蘧和南啓。五月十八日。

有以無念義趣徵問因答

深於無念念無著，自性元同佛一家。譬彼天空過鳥迹，隨其心浄有蓮華。聰明幾輩常慚愧，習氣易生費檢查。無計喻君真實智，祖師禪印在楞伽。遐翁正，無念具稿。

七

手書，知占勿藥，欣慰不任。善子嘗晤，其失竊事已在夏間不止一次矣。逮善子回始發覺。其重要者有梁楷卷，唐寅、朱耷等軸，聞所失止一部分書畫，亦無統計，須大千回乃明白。現追回僅微物，牽扯不少人證，空穴來風，弟曾屢與其學生言防盜，而彼不悟也。華山寺去歲曾有居士議以數百金買下，欲請報國寺之德森和尚住持，嗣以印老不願其離開，無人校對文字，乃作罷論。今聞該山僧須千金乃肯讓，大約籌募二千便可重振山門矣。贈竹坪聯甚見精思，惟珊網究未及墨池之渾成，即以《珊瑚網》對《墨池篇》，不論聲諧較爲大方，未審以爲何如。紀游大作一如敓稿，望飭抄讀爲快。日前弟游宜興庚、桑兩洞，亦作古體一首，小皇山并有一首，容呈教。惠心可屬托詢前交題手卷，否有收到，因係家物，前塗頗注重云。蘇地已寒，非爐不温，公來須先囑報备，方便起居。即維珎衛，不次。遐庵先生侍右。弟蘧頓首。十月廿七日。

八

頃潘圓珍來稱，持尊函往新華，因原底簽證係大名，用别號認爲不合，且以甘翰翁不能代簽，又以敬修代表爲手續不合，致不能取出該債票。嗣與磋商，該行謂止由我公徑函霞飛路該行，即不須翰翁簽名，亦可取出云云。即乞我公直郵該行，再囑圓珍去取可也。瑣瀆清神，至感德愛。大千廿八南下，并聞。敬叩遐庵道丈道履康益，不備。蘧載拜。十二月十二日。該公債票面爲三千元，前誤爲二千八百餘元，如去函，望寫三千爲合。

九

滋圃逡人得惠遺墨，感極思報。蒧以公非較量區區者，惟彼意甚誠，蒧即屬其以尊所之方密之書軸作答。諒當雅意，各得其所也。前晤秋枚，代徵文獻，彼有上海砂器數事及嘉定六君子墨迹，并嘉定四先生書畫册，侯氏一門死節七人合卷，侯峒曾、黄淳耀長卷等件，均精湛希見，容到滬同過風雨樓選取，何如？前呈漢畫像一尊價四百，多屬舊拓，搜積有年，海内藏家亦不易備，甚望代介博物館購儲。緣以兒輩暑期在邇，需款升學，藉謀挹注，祇可割愛，尚煩撮成。不勝感盼。敬承尊候，興居百益。蒧頓首，遐丈先生道座，四月十九日。

王 謇（十五通）

一

遐老賜鑒：來青閣書已由該號郵呈。《小緑天盦詩詞》《松陵絶妙詞選》《詞學全書》《陶詩彙評》《張南軒文集》《元文類删》六種，諒已鑒及。如不需用者，便即寄回。《春雲堂詩詞》僅有一首，當鈔交仲清先生加入。厥賈八元太昂，既屬蘇人，擬屬滄浪書庫購之。補瓢詩詞，寒藏已有，廿八元昂至無倫比矣，不必購也。《瞶瞶齋書畫記》熟人有襯裝四册者，價可略廉，將來可以代諧其直。《草堂詩餘（新、續）》、玉津《南唐》均售去。《玉雨詞》向所未見，亦已售去，至可惜耳。日本文求堂有《蒼梧詞》四册董元愷，價十六元。汪懋麟《錦瑟詞》三册，價八元。石鈞《梅清閣詞鈔》，價六元，均無折扣。又有《古今詞匯》初二編十六册，十五元。我公如須往寄，此間有熟人可以設法。如能徑寄尤善。大華書店《濯纓室問原目誤作向字月詞》，武進李寶泠撰。《一家詩詞鈔》即《虛白舫詩存詩餘》，寒藏均有之，容交仲清先生。《永和室》係無聊抄本，《宋詞選》尚不如《謙益堂詞鈔》也。《碧蘿吟館唱和》，詩甚多，而詞僅八首，謇已得之，容併交仲清先生。如總集必須交尊處，示明再寄。秦緗業《虹橋老屋詞》，正憶顧巍成先生目中有之，請一檢核，疑亦已選也。張惠衣先生與振華校主意見頗深，下半年擬來申就校課，兼爲我公編《棲霞山志》及其他著述，能爲之一汲引於暨大等校否？振華校主誠不易於共事，謇之有去志，亦爲此耳。葉函容即探明地址寄去，伊女在振華肄業，可以訪問也。小兒蒙披瀝訓誨，至感！謇亦願其留申，因下半年東吳法科仍有夜校，伊可肄業三年，兼得法律知識，將來辦事必有裨益。章公爲人大好，而機關則窮，不知能否仰仗尊威，漸獲發展耳。經會教部合辦之事是否在申？若得略有發展，則調任亦佳。農村不景氣，此間小康之室均告衰落。辱在知己，故敢塵瀆。中央各機關或内、教兩部有關於文化事業之參簽職務否？謇如不得圖書館事，亦願一出而問世。僻居里巷終非久計，非封建思想好爲官吏也。祈鑒其境遇而諒之！《篁村集》收到，退去。仲清先生函已轉交。舊詞之附於單本詩集中者最不容易檢得，因單本詩集寒藏最多，無力買書，聊以解嘲，故二十年來專致力於此類書耳。故黄公望《畫堂春》、余心禪《感春詞》兩種尚未檢得。《畫堂春》終須破數小時之力翻得之。余詞則可向其孫女借全稿之謄正者一選，更勝於《感春》一種矣。《屈翁山詞》，國學扶輪社清季有鉛印本，寒藏遍尋不得，疑爲人借失。尊處或可設法搜羅也。倘得《道援堂集》原刻亦佳，因兩刻名稱不同，而附詞則一，可通用也。昨得金匱許巨楫少期《聽香仙館詞》，未識已否著録？乞示。專布，敬請鈞安。晚學王謇再拜。五月七日。

前假去之陳聶恒《栩園詞》，便中請檢還。如尊藏印本不善，可以互易。卷尾缺一葉，聞公已據尊藏補入，感謝不盡！

杭州城站清和坊抱經堂**詞目**

《雪鴻吟館詞》珠浦韓聞南

杭州城站復初齋詞目

《汪硯山詞稿》墨本二册六元 光緒朝人

《徐氏一家詞》徐氏花農藍格精印本 四册三元

《藝芸詞》俞芝恬 二册 一元二角

二酉書店詞目

《甜雪詞》二卷歸安戴文澄 乾隆刊一册 四元

《情田詞》三卷大興邵柯亭 道光刊二册 三元

《麗瞻亭詞》二卷 半酣居士 光緒刊二册 一元五角

《寄影軒詞稿》七卷建德張觀美 四本三元五角

《韻麋詞》二卷未識與《國學萃編》本同否？無撰人 道光刊 二本二元

《雙花閣詞鈔》丹徒錢之鼎 一本一元

《暗香影齋詞鈔》崇仁黃金鏞 一本六角

《龍湖詞》李培增 一本五角

《笛椽詞》二卷夏寶晋 道光初 一本一元

《寸灰詞》一卷高郵桑靈直 一本一元四角

以上各種中，謇僅願得《笛椽詞》一册，餘擬請我公自購。尊處如已重複尤妙。請代購後於退來青閣書時一同寄蘇，批明封面，屬其交謇。

二

譽老賜鑒：張文裕箄友來申，便道囑伊携奉《漢唐地理書鈔》四册，乞察入。是書楊惺吾《叢書舉要》著録，注明未刊。王文敏《續彙刻書目》亦然。可寶之至。油素將毁，其甚者非統褾不可。集寶齋善治毁油素，已與譚及，將來或可付之裝治也。勤廬兄函奉，乞閲核。倘蒙推愛嘘拂，感同身受。吴古保會，我公已與印泉言及，伊深表贊成，稍遲或可實現。現唯玉剛卯及孝友之弟以破壞爲職志，略可慮耳。餘容郵罄。專布，敬請著安。晚學王謇再拜。十二月七日。

丁選《詞綜補》，前呈八册，適公出，從者誤書七册回證，特附聞。

敬再啓者：有《西儒耳目資》一書，幾等孤本，係明清之交意大利人金尼閣撰最早之中西翻譯字典，且有音韻圖表數十種，與音韻學極有關係。北平圖書館前曾以千金與鄭振鐸商議，而鄭不肯。兹吴中故家有較鄭藏更足之本，有原目可核，鄭藏尚以不足本著於時也。雖國難期間北平圖書館未必景氣，然失此機會，甚爲可惜。倘尊意以爲須告知袁守和館長者，即希代如須觀書樣，可將目録攝片奉呈，以證明足否，將來可案目核勘。爲一詢爲禱。謇可任磋商之職也。又請著安。謇又奏。

三

遐老賜鑒：白石坊表事中執會七月卅一號下午已奉國府文官處公函，奉國府批復，請中央黨部轉飭制止，并分飭注意保存等因，相應抄檢原件，函達查照，轉陳飭遵云云。此事大約可以告一段落。青年會演講師每期二人三人均可，亦早有先例，即就講稿節删爲時間之伸縮，我公儘可於六日來蘇。是日李幹事楚石赴京口，一切招待介紹均由謇代爲擔任，且可自由調度。故可無須改期矣。下學齋尚難查到，容博訪通人再復。玄妙觀事尚無下文，公可來實地考察之。尊藏如有東西洋原文或譯文考古學或考古圖畫、書籍、照片等，并乞携蘇，俾蘇人士多得直觀，不至偏於激烈破壞，則銘感無既耳。又謇一方雖注重保古，一方亦未嘗反對革新，玄妙觀三門縮進至念公尺即營造尺六丈，而觀前街道照最新最闊標準祇要十四公尺，即四丈二尺。保存象魏雙闕，即俗稱山門八字墻。與革新路政毫無妨礙。即有妨礙，亦須根據條例專案呈由内政部核辦，然後可拆。私擅拆毁，終不甘心也。台從隔日到蘇後，請即以電話（一四二三）電話簿上，仍係强齋先生名義（『錢崇固律師』五字）示知，俾出城來旅館奉迓。道教傳授之源流派别，尊處如有專書，并乞携蘇。鄙意保存古迹，須先整飭僧道。倘俗僧惡道充塞寺廟，雖有捐款修葺，仍無用也。而整頓僧道，尤在佛道兩教會之健全法令，注重教會，然已不正，奚能正人？道教會組織若何，公知之否？有無全國總會？如能改組健全，則將來傳法宫院，或可改爲選賢，一切惡業自可消弭於無形耳。尚希仁者明以教我。此請台安。晚謇上。八月三日。

四

譽虎先生賜鑒：《昭陵石迹考略》、郎園《明進士録》與半巖刻本合册等五種，今日號郵寄呈。《平江圖考》知尊處已有，謹寄叔雍先生處一部，乞轉達爲荷。雙塔經中委陳君立夫來電制止，已不成問題，惟一波未平，一波又起，黨部已面奉。日前來蘇之中委張君道藩諭知，對於黨部現住在地舊皇宫門首之牌坊，屋面已有損壞，應函請古物保管委員會修理，否則立予拆除。謇意此項牌坊不過屋面稍損，而青石架構則堅固異常。以小眚而害大端，現代人物何好於破壞如是？此等事件各省各縣知必甚多，能否請我公會同蔡孑老專電中委會及國府，請其重申保存古物法令，凡有建築美術等物，有歷史藝術價值者，不得專輒毁壞。而對於吴縣黨部，則多加舊皇宫牌坊一語。或竟以此事爲由，通飭各地黨部及地方政府益覺鄭重。否則枝枝節節，終無如此輩何也。兹特抄録《大光明報》一則，以見此事之梗概：中委張道藩因改任青島特别市秘書長，過蘇縣黨部，各委員以皇宫前之石牌坊勢將坍傾，但又修葺乏資，除之去，又恐古物保管委員會有異議也。乃商諸張委員，張委員遂命黨部函告古物會速來修理，否則可拆除之。如是與保存古物，黨部觀瞻可得兩全云云。『坍傾』二字實係危詞聳聽，其實祇屋面挑角略有損壞耳。吴縣古物保管委員自經陳去病非法解散後，即由伊自行兼管，經費竭蹶，斷無餘款可供修理。應請中委、國府令飭吴縣縣長籌款修理，最爲得宜。蓋此項修理不過一二百元之工料。吴縣財局臨時費極大，豈有不能籌款之理？其各縣通令亦宜補入此意。我公提倡文化不遺餘力，興滅繼絶，薄海同欽，故敢奉求耳。蔡孑老景仰已久，并祈我公先爲代致拳拳之意。異日來申，當請爲紹介，修士相見禮也。專此敬布，順請道安。弟王謇再拜。六月五日。

五

遐庵先生賜鑒：頃奉復札，讀悉壹是。蘇州舊皇宫係康熙五十六年巡撫都御史吴存禮建，爲朝正祝釐之所。雖同治間因洪楊兵毁後而重建，然是坊純係青石製成，架構顯非清代制作，宋元明叢林古刹前多有牌坊，如《平江圖》所圖之覺報寺，《吴郡志》有覺報坊，今西園戒幢律寺門首亦有巨大牌坊，則是坊之發端實遠在清代改建牌坊以前，而爲是地古寺院竹堂正覺禪寺原有之坊可知。竹堂寺迭見古志，自經清代專制後復營建，皇宫後僅存東西兩院，西院又爲清代改建，其半爲日月星辰、風伯雨師殿，現被教育局占有；東院除殿宇外，有基地尚廣，幾盡被前蘇州市政府占去，踰垣建椿。後寺僧控諸法院，判决確認該寺基地所有權及占有權，訟費歸市政府負擔。直至市府移交，并未見其上訴。此事對於保存皇宫事件有唯一的歷史關係，用特將油印訴狀暨是寺故僧師真鑑上人所撰《小志》印稿寄呈，同日另郵。皇宫故實盡在此志之中，尚祈察鑒。與蔡孑老等竭力設法，或請陳果夫、立夫兩先生提出中黨會議，諭令各級黨部不准私擅直接拆毁一切建築品、美術品，當更爲籠蓋一切也。敝鄰徐姓水木作，即係此次承拆之人，以百餘元之繳價得標，實則從未登報招投，私擅論拆，實爲不法行爲。黨委亦人民之一分子，豈能不守黨國法律，保存古物法令有刑事論罪明文，惜人民畏黨部若虎狼，不敢攖其鋒耳。我公能商諸元老，俾古物得以保存，則全國將蒙其庥，豈直蘇地已哉！此事議拆卸報效經費後，徐姓秘不以告，後經他同業中人泄出，謇始注目此事。不久，果有《大光明》所載之文，從知雙塔之空穴來風亦非無因而至也。總之，黨部係監督機關，絶非行政機關。彼等非蘇人居多數，何得□爲住户資格？且住户亦豈容違犯法令拆毁古物？幸吴縣長官尚係『圓滑畏葸』此四字，係吴縣人民公上此公之徽號。之人耳。設亦如平湖縣官之附和黨部，則更不可收拾矣。平湖人民大爲蘇人代抱不平，呈省飭縣查復雙塔事件。前日報中所載旅滬平湖人關於唐塔事件，平湖縣官有仍行拆塔，惟立一小碑以爲紀念古物，此等高妙手段亦作俑於我吴。從前市井無賴串同劣紳土豪號稱設立市民公社，拆毁旱橋賣錢，乃立一『某某橋故址』小石碑，以爲塞責之計。蘇地旱橋最多，不知得到多少金錢，盡飽私囊而已。平湖人巧者述之，乃竟遷地弗良，被旅滬同鄉會察破，亦可謂心勞日拙矣。謇人微言輕，平湖事件不敢有所論糾。我公文化泰斗，倘蒙遥爲聲援，將蘇、平兩事併案，設法以此爲由，俾全國永絶毁滅古迹之事。一面并鼓勵各地人士出資修復古迹，并請中央另訂褒獎條例，即援國府、教部頒布之興學褒獎條例。

此亦社會教育事業也。則一勞永逸耳。中央大學建大禮堂募捐，可照褒獎條例。君謀校長委募蘇富户，竟得王駕六之子弟吴子深昆仲慨捐巨款。而湯文正牌坊，則七百元之捐款盡出諸公家，彼等絲毫未應命也。不過，公家亦以大帽子募來耳。賜還款已如數收到，何必汲汲如此？《平江城坊考》如蔡孑老處，或他學術前輩尚未藏儲，尊處究已有否？乞示知，以便補奉。專此，敬請台安。弟王謇再拜。六月八日。振華照片印不甚緻，便當寄奉。

六

遐庵先生賜鑒：大札讀悉，容與仲老等商榷後再行奉告。侄在黨部必俟陳去病答復後再定行止也。縣古物保管會，曩謇亦在委員之列，且兼秘書，陳某以曹氏《懷米山房吉金圖》原刻石爲洪楊嵌入盤門月城，適逢蘇市府議拆五門月城，不恤倒行逆施，一致主張市府、縣會分呈，部省力阻。亦自恃其科長沈某與某樞要有戚誼，遂毅然從事。陳與某樞要亦有戚誼，遂以『阻撓市政，食古不化』八字函縣，解散縣保管會，原函有『令飭公安局』字樣。前縣長彭公，少年英雋，富有思想，見而異之，遂爲積擱不發，而另以根據内政部條例名義立縣古物保存會，仍聘謇張仲老、李印老等數人再加入。陳某見計不克售，大恚，立逼新縣長黄某停止進行。北平考古家馬叔平教授閲報見此事，大抱不平，函陳，婉曲質問，陳亦置諸不理。嗣經極峰訪悉，面諭文官處訓令省政府轉飭蘇市府不准拆毁。某樞要在省府亦占重要位置，至是亦噤若寒蟬矣。此事始末一切，報章函牘，謇均保存，將來可以奉閲。便中祈先與蔡孑老、蔣夢老等一道其詳。張溥泉先生亦知。謇特以礙於陳某情面，故無如之何。目下惟吴縣可謂無保存會，至多可稱爲省會兼辦耳。尊示所稱新組古物保管委員會，是否指全國總會而言？便中乞示知。《平江城坊考》另《平江城坊考》另緘郵寄四部，一贈孑老，一贈夢老，餘請分贈諸老爲感。倘值不敷，請再示知，以便續增寄奉。專此敬布，順請台安。弟王謇再拜。六月十五號。

七

遐老賜鑒：迭接惠書，敬悉。松師事，謇已函托君謀等多人推轂，重以尊言，當更有效。拙政園事尚無眉目，不過年久失修。日前竟坍屋傷人，松師遂有歸公之説。不過歸公亦未必能勝於歸八旗會館。公家須籌有的款，方可辦此等事。内部條例所稱，市縣政府會同地方團體籌資修葺直須强迫實行，列入預算。今日貴同宗致函張孝友，謂事關教育，須與太邱商酌。太邱處并鵷雛已有三人均薦烮，松岑師決有希望矣。天水一老恐舊人尚未盡失，特剴切致函，屬其行，浮雲蔽日，盡在此時，仲謀接任，適際其時。天水一老恐舊人尚未盡失，特剴切致函，屬其留意。嗣得消息，知秘書馬某及馬某之近人吴劍虹者均不在廳，仲謀致尊處原函謂陳去病偏聽道士，更非事實。道士亦謀禄利，與奸商等耳。仲謀復著心腹信人來蘇調查，而孝友爲人可欺，以方向查辦員所言，均不啻代拓跋氏建局長作留聲機器。天水一老聞之大不滿意，已函仲謀力辯，其亦受蒙蔽。我公如能爲同人於仲謀力爲解釋，并聲明拓跋氏之文爲孝友改文，弟子阿私所好，故竟受其愚耳。白石牌坊事，中央黨部有批令，遞蘇蕭家巷五十一號王君謂府第內，開呈候訓，令省黨部查復飭遵，兹將兩呈文稿奉閲。天水致仲謀第一函亦奉閲。白石牌樓呈文後復加補充理由書一通，爲專駁黨報辯護之文，暇當鈔呈。宜興蔣氏《替竹軒》《醉蘊臼》兩詞爲謇所新得，未識尊處已有人任選否？謇平日牽於教務，比日復牽於俗冗，竟未能多致力於選詞，辜負青眼，歉罪之至。會當以此自課，并覓妥人如詞社同仁者，爲之分任其事。俾早竟全功，庶可少答摯誼之諄諄耳。鈔胥決當覓人，祈釋錦念。我公事事體貼入微，謇惟有心感而已。黨部呈省黨部文極平淡無奇，陳去病復力促内政部與國、省兩黨部交涉，此事當有效力。我公如能再托孑老函果夫、立夫賢昆仲力查此事，當更有效。日前雙塔之不拆，賴有此耳。玄妙觀道士顔覺滄、奸商許恂如等奔走寧鎮，一鼻孔出氣，此等道人，實宗教之魔障耳。新印《玄妙觀志》有照相石印道光本詳圖，照墻中并無商店，奸商等辯護廣告，謂商店已開設不知幾千百年，實非事實。并徐君、陳某兩函之賄買等字樣，彼輩作爲辯論之資，以質問徐等何所根據者，已著論痛駁之。許書『奸』从『干』，《左傳》《漢書注》均僅有犯法之意，彼自保古法律當然稱犯法之商；《史記索隱》『儈』爲『合市』，彼十五家商號聯合勾結，極爲切合此兩名稱。行賄事適黨報另有新聞登出，爲有二萬元之巨，題爲《奸商賄賂道士》，而并未牽涉省方、市方及今縣方。我等即提出該報語句，附入評論，彼等亦從此不再辯難。而所投評論稿，遂漸次主張力求諒解速了。我人不理會之，奸商之計遂窮。仲謀之特派員前日偕天水來舍，力言商場決不中止，照壁可以保存，當答以人民意旨，在觀内舊蓬灘基址上蓋平屋，或可允許；拆壁或反靠壁上，則不能允許。彼謂靠壁反造或可解除，吉祥、如意兩門亦可保存，惟須稍拆寬照壁之八字墻角度太大，擬稍縮短。然照壁八字，最出極端，已有街面一丈五尺，所呈報紙反面有略圖一幅。正不必動。照墻八字之外，仍闢東西兩新門以通觀内東西兩大道，則吉祥、如意兩門何必拆？大八字墻何必縮短？而轉以蹈破壞古迹之嫌乎？我公能專函仲謀，力争此二端，則欽感無既矣。天水亦將請其再作一函。又三清殿露臺計畫書中均保存，兩旁廟宇亦然，而正山門至三清殿甬道忽改爲草坪，原係磚街。殊嫌新舊不符。擬請爲石坪，較草坪約多費二百元左右耳。彌羅寶閣廢址最好建一道教圖書博物館，以儲《道藏》道經及道教美術品，則更善。不過，提倡文化藝術之權在教部、教廳，我公須與孑、夢兩老及孟釗熟商後，内政部、民政廳兩處與此次牌坊、照壁兩事亦極有關係，故呈文每次至六七件之多。我公如能直接或間接函錬老、樸安、楚傖三公，一爲道地，則更善矣。牌樓照片容續呈。專此奉布，順請□安。晚王謇再拜。（整理者注：此處原有年月，照相時由於紙折未能攝入。）

八

遐老先生賜鑒：月城確係甕城，理由備詳呈文三種中。建自張士誠，而擴充於洪楊。今政府尊重革命先烈，當不棄其遺迹也。至於湖匪猖獗之秋，有此項多加一重之防禦工程，於軍事上當更周密。日前楊總參謀杰在鐵路飯店之演講，可謂盡量發揮矣。印泉赴鄉七天。楊氏最近復函如到，當摘其大要以奉告耳。京訊省府仍須改組，聞專爲仲謀而發，被連累而及者爲安定。此訊令人如墮五里霧中。既有此令，前日何必必與以面子，而傳者言之鑿鑿，謂今日星期三必發表，且看翌日報紙可耳。玄妙觀案現有好事之徒，從行政院令文『愼防奸人投機』及『注重國貨計畫』兩語著想，製就呈文，歸地方黨政機關，公設管理委員會，仍不准騶儈惡道等逞其地產公司奸謀。謇與范君等以此事與保古宗旨業已不同，故決不加入。未知孝友、西蠡輩對此作何感想耳。孝友卵翼委鬼，西蠡崇拜剛卯，雖表面上對於地產公司尚持反對論調，實則不啻爲地產公司造機會耳。吴人士歲出縣道及建設費附加税臻二十七萬之九成，上下忙，每兩加一元，計九萬。漕米每石加一元，計十八萬。○吴中舊三縣太、靖兩廳田百八十萬畝，實徵得者九成。而成績僅蘇吴至江邑、蘇木至木瀆兩路。餘款不知如何銷繳。吴人士亦熟視之若無睹，蓋田業會至最近始得立案，自居於地主地位，深恐激烈分子取消其資格，故巽懦而不敢言耳。類於此等事件者，各處諒不在少數，不知上峰何以聽其自然？殊可異也。我公遇要人時能否一道及之？滬上文廟尊經閣，《晶報》載其圖象極精，旁注有『縣府無款修理，已擬拆毁』云云。滬人士何以全不提及？我公知其源委否？總之，此項事件枝枝節節，而爲之更覺困難。我公如能告知要人，雷厲風行以處之，或稍知斂迹耳。楊杰、陳儀輩在滬晤印泉時，極恨此輩托名建設濫拆古迹之人，我公如能聯合蔡、于諸公，爲之請命，以爲一勞永逸之計，或尚非無機緣也。邵氏甚激烈，不可與之言。并聞。專布，敬請痊安。詞目校明後仍賜示。晚學王謇再拜。十九、十一、廿五。

九

遐老賜鑒：疊奉手札，均敬悉。《青浦縣志》關於頤浩寺記載，暨托友人實地調查之頤浩故實，敬奉察鑒。查者爲金君志守，朱家角人，距金澤僅一湖之隔耳。久寓吴中，與松岑師爲文字交。我公如欲親莅考察，金君願詣申迓往，或約代表同往亦可。《金澤小志》四册，金君亦可設法鈔得，大約需費不及二十元。得示再定可耳。寒藏清詞，搜得需選者數十種，已送仲青先生處，附刻在詩文集後。較難尋覓者，已極少矣。日内亦正在狂索中。寒藏書籍不甚分類，加以課繁俗冗，多病善忘，遂至稽延，汗愧無已。所幸我公能鑒諒之耳。近復得詞二十餘種列目，請閱，乞摘示需選與否，以便連前所未搜出者一併送仲青先生處。顧巍成先生又搜得向未列目之清詞二十種左右，已告知仲青先生列目，轉達左右矣。梁任先生處承徑寄恤金，謹代爲感謝！未識伊家有無謝柬寄滬？今日開吊在報恩寺，當一問其婿查君東初也。傅子文兄境地更不如粱任先生，老母寡嫂，煢獨堪憐，撫恤會屬代達實況，并徑寄募摺一通，倘荷仁者慨予援助，不勝銘感。疊荷推惠，無任惶悚。專此敬復，順請鈞安。晚學王謇再拜。十二月十七號。

一〇

遐老賜鑒：前日敬上一緘，諒蒙鑒及。寒藏檢送張仲青先生者，約三十種左右陸續檢得。不日可彙送者，約再有四十種。顧巍成先生徑檢送仲青先生有十餘種。兹再續開一單塵閲。統前後計之，約在百家左右。來青閣楊壽祺書友又收得僻詞數種，居奇其價，且表面上作爲欲自行彙刻清詞叢書，堅不肯售。昨伊夥有肯售意，未識有無誠意？便見楊估時，乞我公一詢之，即問其陸續所得清詞數種，是否已售與王某？且云王某即我公委托在蘇搜羅詞集者，售王即不啻售與我公。則彼之詐不肯售，可以免矣。蓋居奇，謇所願受，而擯不使售，則謇所不願者耳。重以尊望，此後當可免有錢不能得書之棘手矣。方君事能推情賜一函否？至懇至懇！頤浩寺事，金君已切屬其弟招待。片後且附地圖，殷勤可感。兹併附呈。敬請著安。晚學王謇再拜。十二月二十櫱次。

一一

遐老先生賜鑒：曩留申邸，備承優渥。復蒙賜還滄浪書庫所填三人旅費，感謝感謝！金氏《龍江船廠志》，已由謇介紹中央圖書館。次册早經寄去，言明書全匯款，蔚堂近又函催，可否懇我公出具簡據，代爲領出，仍由子清來申領物時補繳收據？一面即懇將是書一册徑行快遞號郵蔚堂，書到款即可匯蘇。以資簡易。倘蒙惠許，即祈施行是荷。三小女令嫻畢業燕大化學系，專研藥物化學，擬在滬上大廠得一輔佐藥劑師位置，我公對於五洲大藥房等處可否代爲留意？此外，有半俸半學之化學研究機關亦所願入，或無俸而有研究獎學金者亦願投考。種懇指示爲荷。戰氛日迫，心緒不寧。晼華博士已否南來？前言欲得蘇屋一節，此時能否進言此事不成？無論世平世亂，謇終爲涸轍之鮒耳。風雲略定，即懇仁者爲之一援手。感篆心骨。專此敬布，順請鈞安。晚學王謇拜上。八月八日。

如事變而子清不能來申領物，則寒藏較善本三四種曾列入簡目者，并《西儒耳目資》下册，即希抽出保存尊邸爲感。又及。

一二

遐老賜鑒：疊奉華翰，未克奉答，歉罪奚如。可園應徵文獻圖籍目録已全部檢出，不日由子清先生將登記表寄呈。兹先呈目録一紙，并方志目一紙。如有不需用者，請加入墨勒，徑交子清先生，以便檢齊，於二十號左右賫呈。寒藏《吴淞風雅》《三槎風雅》等總集及雲間周氏藏書文獻，高麗方志曰《衍山海經證注》者等約二十餘種，已交可園主事者，當亦由子清先生携奉也。王蔭嘉有明刊子書，係上海顧氏刻書文獻。又有民初上海紀念銅元；王韶九有侯峒曾印；陳子彝有王韜印、陳眉公梅；張辛楣有程序伯《小松圓閣詩》舊鈔本；王韶九又有董思翁金星硯、錢竹汀字軸；趙學南有瞿木夫硯；劉公魯有徐紫珊《建昭雁足鐙》、陸耳山《寶奎堂餘集》稿本、《陵陽徵獻録》稿本、露香園繡《鍾馗》。可園現收到之出品有一百件，已函滬上續寄收條矣。張辛楣之張瑶星、楊大瓢兩集可代鈔録，賽已托其著手。《林雪集》則伊願以原本奉贈，《四朝成仁録》則賽立勸伊以副本奉讓，而伊尚未允也。葉調生先生又葉氏印章五十餘方暨潘氏各稿本全部分，微窺其意，有善價亦可讓去。公如欲得，容徐圖之。便乞示知爲荷。專上，敬請籌安。晚學王謇拜上。

徐紫珊《雁足鐙》圖卷有同時人題記及江建霞輩跋語者，向藏吴中錢氏，今藏宗子戴之長君處，已托集寶齋徵借，我公可徑促之。又及。

一三

遐老賜鑒：迭奉手札及《梁朝陵墓考》印本，均照收到，當按址分送。皇宫、闕壁，中央黨部發省轉飭縣黨部明白聲叙具復，不知所復者若何。前送另照皇宫者四張，能否再懇老申報館檢出，一爲印登？援助之力，當不小也。玄妙觀事，彼方以《申報》所載專電有内部奉某要人令字樣，遂竭力從此一字發揮，托海上三大俠中之浣花草堂後人致函微子啓，瑣瑣姻婭之首。以直達三徑。此間已托印泉由杭游中致書歸德文武二聖，邵、楊。并致公電，三徑或有斡旋希冀。蔡孑老極熱忱於文化美藝，能於此時繼戴公之後，即作一通電登諸報端，以爲聲援否？意旨如下：（一）蘇省府不應曲徇建設廳局及奸商惡道之意，於府令制止後，未經呈准以前，專輒下令縣府拆毁。（二）玄妙觀三門闕壁有保留之價值。（三）公共寺廟不得爲私人地産公司，亦非道士所能私擅處置。（四）府令無效，國將不國，紀綱何在？法律何在？張静老處已托唐仲芳詳致兩函，轉恐人微言輕，不能有效。其侄君謀，中大校長，素畏事，已致函托之，并托其私人秘書周君韻霄，亦恐不能有效。我公在杭熟人中有能告張老以事之原委者否？蘇州孝友一味受委鬼之包圍，爲之種種設法，及太邱以政事堂欲加害中山等親筆原函，登入《革命博物館月刊》，彼始不敢有所論列，而忽遷怒於騫。比托仲深竭力解釋，彼猶未能釋然。不知騫與太邱始終未謀面也。騫向不做落井下石之事，孝友雖固執，究係好好先生，此次及甪直兩事，不過受人包圍耳。倘太邱真欲羅織，亦將盡力爲之，托人道地洗刷。政見不合，而即以鬼蜮度人，孝友亦未免淺之乎視人矣。保古派尚未到失勢地位，而蘇州毁古案又層見疊出。尹山、金山及尹和靖讀書處，暨城内善堂、公所、義阡均爲官産局賄通管理人員盗賣，幸邑宰膽小，未許會印。此間已協助尹山鄉民及保墓會吴穎老主持。爲之據理力争，俟有端倪，當再奉告。尹山案有潛伏土劣爲之後盾，較爲棘手。義阡案則純爲腐化惡化之官僚耳。力子處能得我公代求蔡孑老一函尤要。代電鈔奉，乞轉孑老，并力懇之。文化之與政治不能併爲一談。孑老當允爲維持也。敬請台安，晚騫叩。十一日。

歸德總司令行營邵力子先生代呈蔣主席鈞鑒：蘇州玄妙觀爲駔儈惡道勾結密合，侵毁古迹，謀占廟産，陽爲振興商場，陰實組地産公司漁利壟斷，大背先總理平均地權，節制資本之遺教。破壞美藝，變更廟貌，亦背信教自由黨綱、保存勝迹法令、監督寺廟條例。而建設廳局受其蒙蔽，違法藐令，顢頇偏袒，業經具呈府院都省，奉諭令飭保留，電省先行制止，静候發交行政院查明辦理。并令内政部亦秉承此項意旨，電飭民廳制止。一面復派員徹究，俟查明後另擬辦法各在案。而省府不察，竟於未經呈報府院部署核准以前，與建廳分令專擅拆毁雙闕周垣，闕垣隱進，無妨路政。意氣用事，悍然不顧。是何居心？殊不可測。惡例一開，全國文化美藝，不難蕩焉無存，騰笑鄰邦，莫此爲甚爲迫。瀝情電籲，伏乞鈞座迅下手諭飛遞京府，明令保留玄妙觀全部古迹。一切善後事宜，交由行政院會同内、教兩部核議辦理，并嚴飭省、縣政府妥慎奉行，以杜藐抗，而昭威信，實爲公便。范君博、于守中、王謇同請願全體人等公叩報。

一四

遐庵先生賜鑒：吴門枉顧，諸多簡慢，歉罪至深，惟賢者鑒諒爲幸。《清詞鈔》選法以十首爲率，尊見誠是。竊有貢議於左右者：十首以施之中才至名大家，則不妨略多。而名姓翳如者，略選一二首，以存其名可矣。顧名思義，非擇之至精，似亦無當於詞林文藪也。尊見以爲何如？知必有以教之也。莫楚老遺書又搜得與邵、葉二老明季清初進士録題跋著述有關系九科《明進士録》兩巨册、《明季鄉試録》一册，連盛族道光間精刻之《昭陵石迹考》，略共五巨册，以卅五元代爲購成。至遲借讀十日，必可雙掛號郵，徑達左右。以原示兩書，以卅元爲度，今增有用書三册，故斗膽增益五元耳。

一五

遐庵先生賜鑒：枉顧吴門，正以招待簡慢爲歉。乃從者謙冲，轉承藻飾，益覺汗愧無地矣。雙塔之廢，尚係空穴來風，未必如報載之直情徑行。惟既有此説，自不得不防患未然，已擬稿交由張、費兩仲老推舉，吴穎老領銜，金松岑、彭漢三諸先生暨弟等，均署名致函縣政府力阻矣。黨部常委主席係東吴現肄業生，謇任教授，不便直詢。已轉托同學戚友中與之交好者，向之婉曲質詢矣。斯人木訥，諒不至如何激烈。知關廑注，謹以奉聞。專此敬復，順請台綏。李根源、王謇再拜。五月廿五。

王大隆（一通）

譽虎先生大鑒：敬展五月十九日賜書，久稽作覆爲罪。《辛巳叢編》南屏先生爲徵得百股，仲琴先生尚未有聞。承吾公允爲竭力，不勝幸甚盼甚。今年工料奇昂，所獲之股尚不及半，然志在必成，是所賴於大力扶助爾。綏之年丈遺象僅有用於派司上之徑寸攝影，今在放大，稍遲寄奉。叔彦師近甚强健，今年七十又四，正值重游泮水。其著述已刊不少，惜外間流傳甚罕。近著《復禮堂述學詩》六百首，言經術之總龜也，刻已成，以紙貴未能印行。垂問拙輯《五代文》，前僅據金石、方志及群籍隨見隨録，積稿盈尺，未加詮次，丁丑之亂散失無存。惟以耳目所局皆習見者，至當時有專集行世者本擬全部散入，故未别録，異族外國亦擬編附全書之末。今尊輯將成，他日付刊，甚願與於校字之役。潤蕢遺象遍訪未得，繼莊後人亦無從訪問。婁縣張聞遠先生錫恭喪禮專家，其《鄭氏學》三十鉅册，前年由隆集資刊木，僅成三之一，事變猝起，遂告停頓。其遺象當摹奉。君直世丈《箋經室集》印成過半，別有雜著十餘種，擬別編《箋經室叢書》，將來集資，一視前例。願宏力微，奈何奈何！祇覆，順請著安。後學王大隆頓首。六月廿日。

王永江（三通）

一

譽虎總長仁兄台鑒：盧局長歸，奉所言三事督辦一事。總司令亦屢言應裁，弟以爲煩，疏忽未果行，大部可以徑辦罷呈報。公文一事，因借債關係，弟亦認爲可行，唯須與總司令説明，請就近言之，諒無不可。泌公一事，現在病中，不能勞頓，已囑盧局長代陳一切。多承關愛，謝謝。餘統由盧局長面陳。即請大安。弟王永江頓首，二日。

二

示悉。數目不知，即吉長之借項也。奉榆實行取消及每月六十萬由部協撥均可。至存款官銀號一節，亦無關重要。洮各事盧并未言合同，即令抄一份送上。譽虎兄左右。弟江頓首。

三

譽虎兄鑒：頃在前署提及晝間所談之二百可以撥來，再吉頓一事亦可商量。聞九時請兄前往，大概即商量此事也。即候大安。弟江頓首。

王序梅（一通）

遐庵先生道鑒：憶十年前，先生在津，曾擬從未刊印清代先賢傳續集之舉。先祖半塘公獲在甄采之列，當將仿《漁洋戴笠圖》畫像一幀送呈鈞處。此後人事變遷，序梅南北奔走，迄無定所。聞大旆亦由北而南，遂致音問睽阻，通訊無從矣。比者序梅重來故都，從友人處探悉先生在南中主持文化事業，多所提倡，私衷竊以爲慰。惟刊印先賢傳事，不知其後結果如何，殊以爲念。至先祖畫像現在是否在滬尊寓存放？抑仍存津沽？尤爲系念，尚祈惠示一二，以便設法領還也。再序梅近從汴中携來先祖所用印章七十餘方，均係當時友好所鎸治者，先人手澤所在。擬爲拓印成册，俾昭示後人，知所保守。拓成并擬分贈戚友，藉爲紀念。素仰先生道德文章，爲當世所宗，擬求撰賜序文，藉光卷册，不勝感幸。又先祖尚有未刊詞稿暨奏議稿各若干卷，將來擬設法付梓，以成先人未竟之志。惟屆時亦擬求公代爲勘定。冒瀆奉陳，不識能邀鑒允否？耑肅，祗叩著祺。後學王序梅謹啓。七月一日。

王式園（二通）

一

湖濱小叙，忽又入秋。惟動定佳鬯爲頌。皖南汪采白孔祁，擅詩書畫三絶，有聲於藝林，任北大及中大藝術系主任教授，前後亘十餘稔。去冬離中大後，即遄歸黄山故里，有久隱之意。蓋采白向不喜與時下畫家争一日短長也，山居後，成《黄山圖》數十幅，許静老與弟等慂付印，公諸大衆，擬懇大雅賜撰一序，爲斯圖增高聲價。夙仰熱心藝術，奬掖藝人，特將様本及預約辦法附奉青察，以代奉求。諒荷不吝金玉，予以藻飾也。稍遲再當趨教，匆匆不盡，拜上。玉甫道長左右。王鯤徙再拜。八月十日。

青年會一見，匆匆未畢言，翌晨趨訪又相左。悵甚！上海文展承雅意列入鄙名，自應效力以襄盛舉。旋杭後，予與此間同人商譚，胥有限境稍嚴之感。頃圖館館員挾執事致陳君叔諒書來就商洽，擬定用叔諒、越園，二君現下鄉未返。及弟名義發函，邀集當地同人暨收藏家討論徵品辦法，容再詳陳。聞公畫品極超逸，附扇面敬求妙墨。越園鮮作隸書，別具風格。想公以書法入畫，尤擅勝場也。越兄頗有入故宫博物院觀盡古物之意，恐非加入委員不能辨耳。專此奉達，祇頌玉甫道長台安。徙頓首。六，八。

附：王式園致陸丹林

回杭後與文展會在杭同人相談，愈以限於範疇，出品較難，又乏熱心負責人，幾無成績可言。嗣玉甫先生致書陳叔諒，囑與越園及僕商榷進行，而越園適又歸里，乃就商于僕，始決定由僕與越園、現尚未來。俶仁、叔諒等具柬邀集同人既收藏家，在青年會茶叙，當時認定出品約弍百餘種，方告一段落。僕知雲間蔣大鴻、藜照堂《地理秘本》等書均屬罕見之籍，亦已檢交圖館彙送矣。聯芩玉翁諈諉，然甚愧對也。凡舉一事，一要有辦法，二更有人助，上海文展會得諸公主持，定有極好成就耳。僕日前有一扇面寄請玉翁越園隸書法畫，便中幸詢及，匆承丹林兄時綏。鯤徙手啓。

王式通（四通）

一

遐庵先生左右：前誦六月十六號復書，至紓懸想。天琴老人遺稿因其家庭涉訟，無暇及此，俟其家交出後，當將詞稿寫塵備選。頃誦八月十八日賜翰并附兩函，尊意采用第二三法較易集事，極佩卓見。承屬先與夢齡接洽，望其於會議時提出決定，遵即向商。公謂當此時勢，應做之事做一件是一件，再一因循根本無望，此至言也。海濱避暑，已屆秋凉，返滬前能作北平之游否？詞社同人都殷翹企，書不盡言，肅頌大安。式上。八月三十日。

樊氏因兩房争産致起訟端，比經傅君治薌等從中調解，可望撤銷原訴，和平了結，大約以西安所有全歸承繼一房。

二

遐庵先生左右：奉九月二日賜書，敬譒尊旨，先得夢齡復函贊成弟二項辦法，附塵覽察。余君戟門亦文達門人，現任大學教授，與夢齡時晤，托其將廣場立象一層再與切商。據言校内有一處可用，有荷花池。俟校務會議時提出公決，象須便服。惟會議之期恐不能速，此時正可著手籌款云。知關係念，專肅奉復，祇頌大安。式上。九月十一日。

碑記必不可少，能以古文專家爲之較易生色，如無其人，當勉擬一稿，塵請削定。聞諸治薌，樊宅訟事屢説屢翻，其家視詩詞稿若奇貨，恐不易交出，奈何？

三

遐庵先生左右：久未貢函，憙奉賜翰。八月十七日寄，昨由篆兄交到。敬譒入夏小極，編校如常，秋高氣夷，與居嘉鬯，至慰遠懷。今夏苦熱，南北所同，賤體亦患瘧累月，三十年未服中藥，有以姑試勸者，頗見效驗，近已霍然。詞會月集二次，同人多到，過承奬譽，殊覺汗顔。選事得公以精心倡之，故人皆樂於搜采。借書不易，詞人之歷史歸任選諸公隨時寫出愈詳愈妙最關緊要。此間選家皆知兹意。將來彙編兩種名録，當與閏老盡力以爲，冀副盛意。金熟於掌故，丁留意冷僻，皆可備訪問也。曼仙自去冬患咳，漸至失音，龍友投以肉桂，未能見功，遽爾奄化，八月十六逝世。良堪傷歎。其詩詞稿乃兄擬爲編定付刊，幼點亦作古人，此詞家厄運也。又錚詞稿曾由其孤鈔寄古微丈求作序言，又錚之尊人爲古微丈之業師。公可就近取閲。文達詞恐祇有一首。舊編《弭兵古義》四卷，近爲北海圖書館友人好事印行，附塵一册備覆瓿也。肅頌大安，不盡。式通謹上。卅一日。

四

遐庵先生左右：日月不居，懷思曷已。前聞從者將有冀北之游，翹盼頗切，嗣知行期尚早，爲之悵然。比維集福匡時，曷勝引企。湘中胡子靖先生因事抵平，目睹嶽雲別業頹敗狀況，感喟萬端，思商諸執事進行鑄象及規畫以後辦法，屬作一函略陳大意，其詳統俟面罄。文達功在興學，深入人心，大學英才後先蔚起，經營祠象尚非難事。儻仍主狹義，則一步不可行矣。子靖先生誠意熱心，令人欽佩，然非公有以倡導之，亦無從措手也。天琴老人平時諱言身後，去歲則頗有戒心，曾赴津住楊味雲家，托以兩事：一則遺産乞味雲代爲料理，一則請其轉致下走代爲删定遺稿，謂如歸他人必乖其意旨，能深知甘苦者惟此一人，届時必須説到云云。因憶前年曾見贈一詩先言將有一詩奉贈，意極鄭重云：『壽并名高八十三，一生司命坐天饞。靈雲聖解何人會，獨有山陰王志庵。』則蓄意已久，并非無所豫備，但不願明言耳。走筆雜陳，祗頌大安。式通拜上。五月五日。

王君鶴（一通）

玉公長者道席：前承垂示紫柏大藏一事，已得圓師函復，附呈察閲。查原留經款八千五百元，存銀行八千四百元，又存長者處一百元（即江藏二卷轉讓之款）。本足敷清藏、紫柏藏二款，因購明南藏支去一千六百元，除以息金二百餘元挹注外，今計不敷二藏之數，約差一千四五百元，應如何設法，至請核示。範成法師來會，所囑各節特辦稿并支票式千六百元，一併送上，至祈察收，并請核行爲盼。此上，敬請净安。晚王君鶴拜上。三月十六日。

王培孫（一通）

譽虎先生大鑒：茲據徐幼楚君説，徵求登記表尚不敷，請再賜三百餘張應用云云，該表請直接交敝校圖書館徐君可也。弟意敝處書籍如屬泛泛之本，似可不必陳列，此類書亦無價值也，未知尊意以爲然否？此頌日祺。王培孫頓首。六月七日。

王景春（二通）

一

玉公部長鈞鑒：久未通問爲歉。惟景在外數年，實無一日不在念念中。祇以終日忙迫，除鐵部代表兼委員職務暨料會主任事務外，前年又經鐵部將其駐歐辦事處前須三個專員所辦之事務完全飭由景一人擔任，并未增加一員或薪津。晚間又爲喘病所累。是以對於各方好友均少通問，確非因懶也。茲奉三月十九日手諭，敬悉貴體康健，服務社會，提倡文化，不勝欣慰之至。蒙示購料各節，萬里關懷，愛惠殷切，景雖不敏，能不慨然！再讀之餘，惟有感謝，并當格外奮勉，一以維護國家權利，一以答報關懷厚意。蒙詢各節，茲謹遵照，分別陳述：

（一）料價問題。謹查購料以成色與料價最爲重要，景自到會以來，對此二事，無不隨時注意，幫同各委竭力進行，對於招標之辦法，審核之手續，均經力求周密。所有各項較爲重要料價，均經勉爲查詢比較，凡力所能及，無不力辦。所惜中英相距甚遠，國内各方對於此間料價，有何見解，苦少所聞。年來曾經數度向鐵部索詢料價之比較，按照開示同樣材料之價格，據景記憶所及，此間料價，大致尚屬不差，例如數年前國内自購之鋼橋，每噸約廿二鎊，同時此間爲津浦所購者約合十六鎊。又據報，近兩年間國内所購鋼軌，每噸多在捌鎊或略高於八鎊，而此間同樣之鋼軌，每噸爲柒鎊十五先令，其最近者。近來鋼價略漲，亦祇柒鎊十七先令半。此間選標辦法，除因國内機關之特請及成色之特殊、最少數之件外，向係選擇最低者。是以年來景方以爲此間所出料價大致尚稱公道。兹聞綜合調查，此間料價之高已成定論，聞之不勝心痛。在景責無旁貸，惟有力覓善法，以盡職責而維國家權利。

（二）現行辦法。前因换文規定料價須在英支用，吾方本恐有抬價之舉。景自到會之初，既經秉承部意，商同主席及各委，對於招標驗料各事，均經竭力規畫，擇要呈報。大致辦法，除因國内購料機關指定某家之特品，或因國内特殊情形，先由購料機關商訂草約者外，其餘向係按照國内需要之緩急，或登報，或函請各廠家寬與時日，公開投標。開標時由景及英方代表與顧問工程司三方當場在標函各頁上簽字，由專員將各標價等項登記專册後，即交由顧問工程司審核，列表比較，於料會開會時交由技術股股長是東北鐵路總局長，人極幹練審查，經主席及各委討論，當場選標。英委四，華委二，照約多數取決，加之彼等對於本地情形較爲熟悉，其發言立論，固有絶大的力量。然對於吾方意見，尚能力爲容納，實際上雙方向係開誠布公，和衷辦理，尚無以多抑少之弊，所有議案，亦向係全體一致。

（三）防止抬價之準備。爲防止抬價起見，景自任事以來，當經秉承鐵部意旨，對於較爲重要之料價，均經商由料會將所選之標價先行電知鐵部，經其復可，然後訂購。此外，對於他項材料，亦經陳明鐵部開列各件之估價。凡遇標價超過估價時，均經商由料會，一律先行電達標價，再爲訂購。此外，其他購料機關亦用此法，由料會先電董會，得其許可，再爲訂購。此種手續之本意，本係一面給董會及各購料機關最末後之審核權，以便對於料價不滿意時即時電達料會免購；一面藉令廠家明瞭料價須經吾國内之審核方生效力。

（四）改善辦法。現行辦法既如上述，此後自應更爲加緊。現擬商由料會函請董會，將此間料價與國内自購同樣材料價格，勉爲搜集，列表詳示，以資比較，并轉請各購料機關，除每個料單總數之估價外，此後對於每項或每件亦一律估價，以便商由料會。亦將各項各件之超出估價者，每擇其爲數較鉅者，一律先行電達。此外，景擬再向鐵部提議，前已向數方面提議數次矣。

遇購重要及大批材料時，酌將其分爲兩部份，以一部份商由料會代購，其餘一部份在國内用同樣的規範書、圖表及成色等項，同時自行標購。照此辦法，庶可得料價真確的比較。所得結果爲吾方及料會均有絶大的用處。實以成色、産地、規範、時期等等，均與料價有密切關係，非用同時同樣開標之法，誠恐難以斷定廠家抬價之真像也。

（五）料會内容。據景觀察所及，郭使材長心細，愛國殷純，勇於任事，對於料會主席職務向極關切，竭力要好；對於國家權利盡力維護，各英委亦係此間向負聲望之幹練人物，深知大體，對於材料之成色及價格，亦均力爲求好。在廠家雖難免偶有抬價之舉。在料會同人，不論中英，景敢斷言，向係一致，力求公平，力主公道。景亦向未看出英委有偏袒廠家抬價之行迹：例如關於數次國内業經訂購之重要機器價格，英委對於吾方核減之主張，亦均詳加考慮，一致贊同核減。對於吾國利益亦能力爲維護：例如料會所存現款之經營，除較存銀行所得，每年利息當多得數萬鎊外，其基本之增加，現已達十七萬鎊左右。有此種種情形，景意以爲國内各方果能善用『逐項估價』『先電後購』之辦法，則權操在我，似可不怕廠家之抬價。更有進者，料會由中英合組機關設在英京，確爲衆目所視。一舉一動，與國家權利、兩國邦交暨吾國吾族之榮譽，均有密切關係。辦理稍有失當，不但損失國權，更必貽笑大方。景早見及於此，故於組織之初，即經百般謹慎，并經建議，將會所設在『全英實業聯合會』內。因此乃全英各種實業之總會，各業各廠均有重要代表隨時來此集會接洽。景意藉此俾各方得知料會辦事真像。一以預防操縱抬價，一以增進辦事精神。實以明能破暗，公能勝私。辦理此種複雜困辦的事，祇有用此公開的辦法，打破一切的詭謀。例如每次招標，得者只有一家，失望者必有多數，辦理稍欠公允，勢必怨聲載道，群起攻擊。所幸者，五年以來，會中辦事，雖難免舛錯，而各方對於料會及吾方之信用及名譽，似均有相當的尊重，此幸差堪告慰者也。以上謹據景在此邦所能見及者，約略陳述，敬請我公俯允，由國內立場上詳加指示，以便有所遵循。是爲至盼。國家窮殆，已達極點。景自幼受國厚恩，自應竭盡全力，勉效忠精。我公知我最深，愛我最切，用敢披瀝陳情，切請詳示，是爲至禱。再景仍苦爲喘病所累，迄未除根，所幸體氣尚稱不壞，切望年底能返國一行，面受訓示也。耑此，敬頌勛安。王景春謹上。廿五，四，十八。

二

總長賜鑒：昨奉七月十一日手示，敬悉一切。承示董會對景等不滿情形一一詳告，剴切指導，百般維護，足證愛我至切。再讀之餘，至爲感激。除遵照進行外，兹謹將此間狀況擇要陳述，用備參考。

（甲）隸屬問題。對此問題，景始終毫無成見，并深佩我公所謂隸屬董會有伸縮餘地之見解，施使意見想亦大致相同。而前此之所以未與董會常通函電之最大原因不外下開數端：

（一）料會組織之初未有會所，今日在使館，明日在客店，繼則會所雖空，而諸事草創，手續無所依據，對於各方文電難免參差不周之處。

（二）換文對於隸屬問題之規定不甚明瞭。在政府未有明文知照，施使指明移轉董會之前，施使自應按照向來貫例與外部接洽。

（三）董會代料會所擬規章及其他各項文件，當初均係直接封郵施使。在施使因其外交地位時須審慎，未能一律即時提出會議，而各該項文件在未經施主席提出會議或囑景承辦以前，在景不論因鐵部代表或委員及常務主任資格，亦絕無干預之權。此理至明，而董會諸公因景對於該項文件未有声復，竟有不查而誤指景爲獨立或漠視者，殊屬冤枉之至。

（乙）目前情形。料會辦事手續現已漸入常軌。自接董會會址之後，所有董會徑寄料會文電均經一律按照貫例由會入收，并一面声復收訖，一面送交施主席核批，按照案情或提出會議，或擇要譯送各委員查閱，所有結果亦經施主席徑飭館員擬復，并時有約景會簽者，案檔俱在，董會諸公便中一查，自能明瞭。惟董會尚無電報掛號，而會址又太冗長，故電報仍須由外部轉交。

（丙）此後辦法。以景愚見，隸屬問題似可按照普通手續解決。查此庚款問題發生以來所有事件既均由外部與施使接洽，現即任定董會承管，似應仍由外部函達施使將此移轉案情知照料會。

（丁）隸屬成度。以景愚見，吾方注重之點似不在隸屬機關，而在隸屬成度。政府現即董會與料會間之關係究竟係何性質，并係達到如何地步，此節自應以換文爲根據，而換文對於此節之規定又甚簡單。除二號換文第四條所開料會每年應呈報政府之賬目及事務大要報告外，似無其他之明白規定有此情形。在吾方自欲擴張政府與料會之關係，而料會英員均甚拘謹，在其認爲與換文不符。事件雖經吾方提出，亦時難通過。爲一了百了計，似應由吾國各方平心静氣，對於換文及事實妥爲研究，俾在契約與情理可能範圍之内，擬訂具體的方案，然後函交料會主席，相機正式提出會議，對於各條之能通過者自無問題，其不能通過者應即按照貫例用外交方式解決。惟不論如何，所有争持疑點似以歸總一次解決爲妥。否則離拉不止，僵局日現，不但有違交還庚款之初旨，而且阻擾事務之進行。此則吾方所應格外注意者也。

（戊）董會之態度。董會對景等之態度實係誤會，施使及景對於董會絶無漠視之意，而始終極欲合作。前此設或稍有隔閡，亦均是開辦之初手續未定之故。查料會諸事均須平地起，景自到此以來，終日奔忙，或接見應付各方，每日時有數十起之繁；或草擬會章，竟須修正八九次之多。此外，斟定會所、審訂租契、草擬各種招標方式、選訂運輸保險，聘用工司查賬、各項合同，加之批閲草擬繁離的文電、督辦工司調查物價、管理日行事務、預備提案、參予各項小委員會，爲預防事權外落，計在創辦之初勢須如此。雖異常忙迫，而對鐵部文電無不趕速遵辦，按時呈復，盡心盡力，未敢稍懈。設或稍有遺漏之處，亦忙迫及力違所致，那裏有絲毫『自居獨立地位』之事，實亦并無似此之思想。景廿年來受國厚恩，薪位向優，對於職務向均樂爲盡心盡力，以圖報稱。前次歷充各種代表，祇以多蒙我公及諸位上司信任，故能爲祖國稍增榮譽，爲同胞略争利权。此次料會事務，景本預知困難及種種猜疑，祇因一欲趁機來英診治喘病；一因歷史及經驗關係，自信在此創辦之初較能效力祖國，故經斷然前來就事三月，自問尚無隕越，將來基礎確定，自必早讓賢能。至於薪水一層，幸蒙我公解説，群疑方釋，實以景之薪費雖優，然因旅居及種種特殊情形，實際上與在美充任監督反毫無出入。因在美薪費除醫藥費外係五百五十元，而此間薪費係百八十三鎊，約合美金八百八十元。除去在美應領之數外，家眷在美用費不能因景來英稍減分文，下餘旅費只有三百三十元。所有店賬車資、交際捐獎均包在內。知者自能認爲不多，前陳伯莊等來英旅費均是百廿鎊，約合美金五百八十餘元，比景每月多支二百五十元。若家眷來此，每月子女教育費，又須增加三百餘元。因在美受該省以居户待遇，中小及大學均一律免費，又能同居。至於施使，則始終未由會支用分文津貼。愛我如公，用敢拉雜詳陳，敬祈便中代爲説明爲叩。再有進者，董料兩會均係創辦，内外情形實非函電所能説明。景意於此間辦事手續稍完之後，擬即呈由鐵部電調返國一行，以便報告，而備各方咨詢。我公若以爲然，擬請遇機酌爲代達下情爲叩。須於九月底施使由國聯會回來後，方能起行。實以事關鉅款，加之國際觀察勢須内外合作，效果方能美滿。管見所及，用敢詳陳，敬希荃察，并賜方針爲禱，耑此，敬頌鈞安。

景春謹上。廿年八月四日。

王榮年（一通）

玉老賜鑒：違教愈一年，今夏謂公當北遊，嗣晤志剛計長，始知爾時尊體微有不適，冬令北地寒，當期公來夏矣。榮傭書爲志，既感□詫，來日大難，所幸頑軀粗健，勵志未渝，聊瀆清聰。庶寬愛注。附呈近作詠史八首，聊抒胸臆，豈敢言詩。倘承不棄，痛予糾繩，翹首龍門，曷勝感戴，耑布，敬叩道安。伏希垂察，不儩。榮年謹上言，乙亥小寒日。

王蒼虬（一通）

遐庵先生史席：景仰道範，久思趍謁聆教。祇以莫爲先容，未敢冒昧。兹有啓者，《新光泉幣郵票雜誌》，猥蒙寵錫鴻題，不啻榮比華衮。其去年全份及本年第一期已托由集寶齋轉呈外，兹將第二次三册另郵續呈，至祈哂納。敝會同人素欽先生酷好郵泉，熱心提倡，意欲以會長一席敬推屈就，其章程除公開研究外，别無他圖，倘蒙俯允，不特敝會之光，抑亦文化學術界之幸也。上海文獻展覽會，敝藏如顧竹泉、徐紫珊舊物，無足輕重。惟嘉靖八年顧定芳刊《人物志》三卷流傳尚稀，允稱善本，如承采及，當再奉鑒。專此，請道安。王蒼虬頓首頓首。五月十二日。

王獻唐（一通）

譽虎先生撰席：辱承手教并《梁代陵墓考》二册，感幸無既。獻唐南遊逾月，頃始返濟，奉答稽遲，幸鑒諒。承示海源閣書籍事，深紉先生扶翼文化之盛意，外間傳聞多失真象，率爾捉筆，深爲惶恐，擬於下期另文更正之。各家畫象豫計可得者，有孔廣森、孔葒谷、陳簠齋諸家，已得者有丁竹君一家。精于古韻學，太炎先生新撰墓表極推仰，張紫雛兄已代達。其他諸人容再分別搜集，一併寄奉不誤。劉君墓表末二字當如先生定爲『神道』，讀《陵墓考》，益信墓表體製爲何如也。不特此種柱式不始于六朝，其云反書字亦不始于六朝。今所見之漢代磚瓦、周秦泉幣作反書者，指不勝屈也。歷城新出北齊造象二種、雒邑新出漢畫石六種，皆歸敝館，畫石甚粗，擇其有字者一種，連同造象拓本寄呈鑒定。畫石初不見字，拂洗乃露文二行，爲『客少飯無酒各在孟節』九字，筆勢如《石門頌》《楊淮表》，惜刻甚淺，拓本不清晰，然由此石刻可知漢石刻法有二種，一如普通碑刻，一則用鑿直衝，一衝爲一畫，不加修飾。此刻歷歷可見，更以推知各摩崖刻辭時有此種也。在、自音假，孟、勉同訓，末句謂各自勉節也，幸進而教之。專此，敬請著綏。後學王獻唐再拜。十月三日。拓本另郵奉寄。

尹炎武（一通）

來訪不值，留下一單，祈快函寄葉遐庵總長，請代致鄭劭覺秘書長擬求續聘加入三期國難會議會員爲感。敬上証剛道長座右。弟尹炎武頓首，廿六日。

國難會議　以下各委擬請提出加入

柯鳳孫　劭忞　山東　北平太僕寺街
周學熙　緝之　安徽　北平後細瓦廠
夏壽田　午詒　湖南　上海静安寺路民厚北里四百卅九號
楊增犖　昀谷　江西　天津法界義德里五號
邵章　伯絅　浙江　北平温家街一號
沈兼士　兼士　浙江　北平輔仁大學
尹炎武　石公　江蘇　北平後泥窪十一號

傅增湘	沅叔	四川	北平石老孃胡同
孟森	心史	江蘇	北平東城馬圈胡同
景耀月	太昭	山西	北平東城香餌胡同
盛成	成中	江蘇	南京支那内學院歐陽先生轉
雷光宇	道亨	湖南	北平顯靈宫
王瑚	鐵山	河北	北平輔仁大學

包承志（一通）

譽虎總長勛鑒：邇來聞謝絶諸緣，專修净業，欣佩無量。海上居士現迎請大愚法師在中修法。愚師俗時留學日本爲化學家，國學亦極好。歸國治各種學問，均爲海内外學者所稱道。出家後，在廬山静修七年，得無上密宗秘密灌頂。此次法緣自惠果大師、弘法大師以後，未曾有也。我公若能抽暇來此請益，必獲大受用。承志十年萍梗，一無所成。痛自懺悔，閉關修法，追思舊德，故作此書。若不以人廢言，則未始非供養海中之一滴也。專此，敬叩道安。包承志啓，十六日。

我公來求法時，只須直赴法租界金神父路花園坊八十六號，請陳元白先生接引，法師即可接見，并無分文供養等俗例。又及。

仇埰（三通）

一

譽虎先生有道著席：久欽雅望，未獲趨談，至深歉仄。近稔道躬禔福，盛業炳然，無任翹企。埰濫竽教育逾二十年，丁卯以後，蟄居里門，罕聞世事，與二三知友商量舊學，聊遣歲時。猶憶曩年貴門下曾克耑兄數次過舍假近代詞集，乃知公有輯《清詞鈔》弘願，并以餘力輯《廣篋中詞》。其時埰正有志爲《金陵詞鈔補編》，旋承公録示鄉賢之作多首，此心嚮往，歷久彌深。戰端既開，首都騷危。埰於前年秋間挈眷赴漢，去夏轉港，未知台從駐港，致失請謁，殊爲可惜。抵滬以後，詞壇舊友時相過從，承榆生兄惠贈尊輯《廣篋中詞》，細心展誦，於近代詞家搜羅十九，詞風盛於晚清，近時猶蒸蒸日上。此編於昭示近代詞學之趨向其功甚鉅，復堂所輯猶無此偉大關係。篇末載遐庵大作，尤足示範詞林，極佩極佩。於拙作亦荷采録，并於蓼辛詞社守律擇言謬加獎許，彌深慚愧。當時諸友只藉以遣興耳，亦何足道？兹因社友來書索閲此卷，而榆生兄及映庵、訒盦諸老處於公所贈者都已散盡，爲此函懇賜贈五六部，以便轉送，不勝跂盼。《清詞鈔》何時可以出版？極念。敝寓上海同孚路同福里十號，惠書請徑寄寓中。專此布肊，順頌撰祺，諸惟雅照，不備。仇埰頓首。七月十九日。

二

遐庵先生有道箬席：日前沈君過寓，出示惠書，拜聆種切，辱命指導。沈君關於輯録《清詞鈔》事，以埰學識淺薄，安勝此任。惟以先生弘願毅力辛苦數年，成兹偉業，繼往開來，功在千古。凡從事於詞學者，均當竭其能力以效雅命，埰雖不才，何敢靳此義務？爰與沈君約昨於三日上午詣府第，承沈君出示輯録原本及全部總目人名索引等，略事瀏覽，大體均備，條例亦復井然，諸家中選定各作極見矜慎，適乎大中。此後之事，只累録諸家所選之作，留意排列，精心校勘耳。至時代、籍貫、仕履不能詳者，亦居少數。沈君所示卡片，埰僅知一二，謹爲記入，試觀《歷代詩餘》所附詞人姓氏及其不能碻知者，亦無從判斷。竊思此事亦不成重要問題。至其次序先後，有現在發現其誤者，有至今無從考訂者，良由以文學著聞者，不必皆於史乘有關。在當時輯録家不得其正碻根據，只得想像定之，後之讀者亦不能不諒。爲今之計，可先就史乘有關者、仕履可考者加意排列，其有時代可考而其他不詳者，則附於該時代之後。至兩代接續之間，或歸於前，或歸於後，只稍參酌之，似無不可。三者均不詳，則附於總目之後，但於例言中分别言之。昨晤吷盦先生談及之，亦同此意，未審卓見以爲何如？沈君初過談，埰尚以爲可先印一全部諸家次序總目，徵求海内詞家意見，或可收補遺、糾誤之益。昨經參閲全部大概，并詢求輯録經過，乃知原有四千餘家，經選輯僅得半數以上，是則印總目徵意見，恐轉生糾紛，此説亦可以已。詞集雖有四千餘家，勢亦不能不事删割。因清代光宣以前諸家固多，而以詞爲餘事，以詩爲詞或於詞曲界限不明者亦所在皆有，不有甄别，何以示後。并知先生於未入選諸家擬留其目，具見輯録忠厚之苦心，洵對前人無歉，佩甚佩甚。此次匆匆一覽，未能窺見高深，埰亦愧無絲毫貢獻。以後如有委任爲埰學識所能及者，謹當勉盡義務，已與沈君言及之，想沈君已函達左右矣。

最近逝世詞家若邵次公、吴瞿安、鄧孝先、蔡師愚諸君想在先生徵選意中。兹有聞者，蓼辛同儕孫君濬源，號太狷，其人品學識埰於前函曾爲介紹於先生，乃於九月初旬病逝於雲南馬龍，遺箸不一端，而《秋影庵詞》尤其精力所萃。太狷繼其先君正礽先生，攻詞近三十年，近與南京如社，尤爲朋輩所欽，非以詞爲餘事者。埰已函渝友爲就近太狷之子在渝選録若干調録寄埰處，陳請鑒教，以備采録，仰賴宗門，藉彰沈鬱。又同鄉夏仁沂，號梅叔，六十餘年研詞，與太狷均如社唱和至友，避難前年，到無爲病逝。其稿已交梓，人恐亂中尚未梓成，會當函北平其弟蔚如一詢之，倘徵詢有得，亦當呈教。凡此雖近文字私情，或亦先生憐才闡幽之意所容許也。拉雜奉復，不盡縷縷，祇頌道茀，不一。仇埰頓首，十一月十二日。

三

玉老左右：一昨奉示并法書便面，銘感之至。另紙異日便冀餘瀋，永爲世寶，未敢迫促能事，一笑。袁稿當即覓底，日内重行録奉。頃偶檢篋中，得往日鄉人〔下缺〕

犬養毅（一通）

葉大人閣下：台候萬福。蒙贈乾隆御用金花箋，再新出土顔碑，昨日從萱野氏入手，即時展觀，驚喜無已。深感閣下垂念之厚。肅此奉謝，順頌勛安。犬養毅頓首，五月二日。

白堅（三通）

一

昨得《烏臺詩案》讀過，其所根勘皆東坡四十四歲以前所爲詩，因以責居黄州也。其譏龍慵不雨詩，干涉李清臣守徐時《沂山龍祠祈雨有應》作，案内有之。白堅頓首上。遐堪先生執事。

三月十三日。

二

比日秋清，伏惟起居佳勝。時擬詣候，未果。近見荆門王某藏唐永泰寫《護國仁王經》，此經之妙在當時嘗講之資聖、大明二寺，有却吐蕃之效，按之《舊唐書·代宗本紀》可見也。兹何幸得見之，不可以不奉聞。《宋高僧傳》或《續高僧傳》，道席有此書乎？《仁王經》卷末有不空、良賁以次十八尊大德，思欲究其行迹，苦不審注紀何書，乞教之。此種靈迹，震旦何處庋之爲適？投筆四顧，不勝慨然。白堅頓首上。遐堪先生道席。十月四日。

三

比日温和，江南桃杏方華。伏惟玉體復元矣。近得一漢竟，銘詞絶妙，得未曾有。銘曰：『心與心，亦誠親，終不去，子從他人，所與予言，不可不信。』小篆極峻整，西漢器也。俟覓得精工，拓出奉上，先此奉聞。白堅頓首上。遐堪先生侍史。廿六日。

史久光（二通）

一

總長鈞鑒：敬肅者，叩别後於四月八日托庇安抵柏林，旋赴巴黎，往見楊耿光上將。數日後耑返柏林，于當月廿日率所屬赴威廉港，考察海岸要塞炮兵需要觀測器材及高射炮射擊學理及射法。復於其間歷赴西陸、北塘、汪根六各島參觀實彈射擊，并在基爾港勾留兩星期，研究實體視觀測法，與當地上中級將校往還。詢悉李文忠出使各國，在該地盤桓甚久，撫今懷昔，祖國情形每况愈下，言之慨然。漢堡距威廉港甚近，曾因昇天節與過路之便到過數次，該地現爲捷克租界，訂有九十九年專管條約，易北河可由捷克自由通航，是以該地繁盛情形亦稍稍凌夷衰微矣。距威港稍東，基爾港之西，有戈克斯港，昔時與基爾同爲著名之海軍港。戰後海軍縮減，今爲有名之漁港，當地魚市規模極爲闊大，形形色色，殆皆國内所未聞。由威回柏林住七日而赴哥尼斯堡，該地爲廢帝威廉皇家發祥之地，在德國最東北，華人足迹所罕至。勾留五日，參觀數處炮台，并看野外演習一次，得睹新式僞裝烟幕及戰時飛機用法。兹于七月十一日復來柏林，除參觀數處工場，復率所屬日赴距柏林約百里之猶太博炮兵學校，聽講古今要塞、戰法沿革。月底蕆事，尚須歷赴捷克、瑞典參觀有關係之工廠。此後或與同人歷赴比、法、義考察，或另行單獨考察義國要塞情形，先行回國，尚未一定。輒敢臚述經過大概，用當面陳。專肅，敬請福安。舊屬史久光謹肅，七月十八日。

如蒙賜示，求寄柏林使館轉交爲叩。久光字母頭字請用 C. K. Shi，不誤。久光又及。

二

總長鈞鑒敬奉者：頃閱報章，欣悉燕老到滬，未知確否？久光近日胃病，專辦無益之事，乏味已極，頗思抽身赴滬一行，而家中大小皆病，恐不克如願。日前在鄉人處宴飲，正客爲鈕惕生，過時未到，聞鈕君在大樹處參與訓練軍隊，異常忙碌。其來路以光揣之，必爲黄膺伯無疑。此君者，節不甚皎然，而頗能喫苦；見地不佳，而間帶魄力。所謂成事不足、敗事有餘者，亦良可注意也。又一個月前，湯爾和突然見訪，數日之後，特往答拜。湯以高定庵事見詢，疑我總長未肯恝置前事。光答以葉總長人格，世間自有真評，以管見測之，深信葉公爲才華最富、宅心最厚、纏綿悱惻、一往情深之人云云，湯默然。此君爲廿年前同在林畏廬門下之人，學問無根柢，而口才便捷，足以顛倒是非。異日蔡孑民如有驚人舉動，其唯一健將，必此人也。半個月前晤唐執夫，唐推重燕老備至，以爲燕老數年之後，必爲收拾殘局之一人。光以受寵過深，對于此等議論，全未置答。惟觀近日研究係之有縫必鑽，深爲燕老捏一把冷汗。左右思維，仍覺燕老此時總當于當時人才未露頭角者，選三數人，如漢高之于陳平，捐以萬全，恣其所爲，庶各方聲氣，可以聯通。即搜羅人物範圍亦可較闊于今。否則僅可于經濟一方徐圖發展，而我輩所望于燕老者，決不祇此耳。又樂書曾有設書局以搜羅智識階級之論，驟聆之嫌其無聊，細思之亦良具至理，未知燕老于此等事，倘少加注意否？光與芾卿平日最喜誦曾滌生大處落墨、細處入手之論。其實大與細有時原不可分，研究係頗識此旨，惜其無憂國之真誠，遂將此論打成兩橛耳。然以此生心害政，則恢恢乎其有餘地矣。近在委員會細聆軍界同人議論，益歎合肥左右實無一人。誠不知萬緒千條，即今究何以善其後。嫠婦不恤其緯，而憂宗周之隕，想公餘之暇同不免壓覆顛躓是慮耶。除夕前一日，季典先生語光以總長有蓋世之才，而不免于相如之病，疑其故由于茹素，深以鈞座殺生之戒太嚴爲憾。季公所言，似非無見，曷酌加采擇，以重千金之軀，何如？冒昧併及，肅請鈞安，諸惟霽照，不備。參事上行走史久光謹奉，二月廿五日。

史量才（一通）

玉虎先生：言笑久曠，忽奉手書，并支票叁萬元，當爲轉致。公身弱多思，又處此不快之環境，安得不病？專治身無益，非兼治心不能奏功。諸凡放下，凡屬隱幽之疾無不愈也。先此奉復，再圖良晤，收條後由該會徑奉。即頌健康。弟量才頓首，十月十八日。

任　峋（一通）

總長鈞鑒謹肅者：久暌樾蔭，時切蟻忱。敬維春風靄吉，勛福崇隆，至以爲頌。峋猥以輇才，謬膺教務，愧無樹建，藉補文明。爰不揣譾陋，草箸《新體國字》一書以供國人研究。惟倉卒脱稿，訛誤諸多，兹謹檢呈拙箸一册，仰祈鈞覽，俯賜指謬，并乞寵錫親筆題詞，以增光榮。俾爲再版之需，不勝感禱之至。專肅叩懇，祇頌鈞綏，伏維垂鑒。平漢鐵路管理局車務見習所所長任峋謹呈。

任家豐（一通）

夫子世伯大人鈞鑒：家豐昨自東京回神，得奉賜諭，迴環捧誦，如坐春風，曷勝欣幸。并諗福躬違和已有三月，現在神經衰弱，尚未復元，聆悉之餘，萬分馳系。此症首宜加意調養，滬上倘無閒静之處，深盼鈞駕於春暖時莅東一遊，藉資調攝，福體必易康復，而家豐得重親絳帳，常侍慈顔，尤所企盼者也。聞安德臣君四月間有來東之意，大人如能偕臨，敬乞先期諭知，以便恭迎。家豐供職領館，愧無善狀，近來因金價騰昂，國内匯出經費受匯兑影響，猶不及日幣之五成，以是吃虧頗鉅，惟諸項開支，力從節省。倘此後部中能將經費按月撥出，尚可勉强維持。遠承垂詢，仰徵關注，實深銘感。傅伯時常晤面，已將鈞意轉致，任君聞福體違和，至爲懸念，囑代陳惓惓之意。翼君赴港尚未回東。鄭祝三君前年因同孚泰號停業，已回粤省。李君現在四洮鐵路主任通譯課事務。家豐與李君等通信時，敬當將鈞意轉達也。氣候嚴寒，伏冀珍衛，臨穎瞻溯，不勝依馳。專肅，敬請鈞安，諸惟崇鑒。受業任家豐謹肅，一月二十九日。

猥以前禀字體拙陋，乃蒙温諭奬借，實增悚慚。伏乞不遺愚陋，俯賜訓正爲叩。受業家豐再禀。

任鳳苞（四通）

一

敬啓者：鳳苞蟄居津上，夙嗜聚書，所收方志較爲豐贍。海内單行志目止有學部圖書館及涵芬樓，而涵芬樓尚非通行之本。瞿君兑之欲作方志提要，乃盡出吾家天春園所藏，資其披覽，不半載而成巨帙。瞿君自謂隨筆箋記，不敢居提要之目，乃依朱竹垞《經籍考》之例，名曰《方志考稿》。先印直、奉、吉、黑、魯、豫、晋、蘇八省，署曰《甲集》，以就正於有道。兹者殺青甫就，敬呈左右，成書倉卒，遺漏舛誤在所不免，尚祈斧落徽引，不勝厚幸。其乙、丙等集，正在賡續編印，容再奉達。專肅，即頌台綏。任鳳苞拜啓，十二月二十六日。

二

玉甫吾兄大鑒：月前到滬，擬走談，有人言公已赴京。瀕行之際晤衆異，始知所聞乃屬讕言，竟未一晤，甚悵悵也。頃奉手示，敬悉一一。單開四志，弟有康熙《太倉》、乾隆《鎮洋》二種，可以出展，但以不損壞及剋期交還爲條件。非有所吝，因二書甚少，三年前以巨價得之，不得不稍愛惜，且《鎮洋》爲初印珍本，尤難得也。公能保障，便當照寄。候示。手復，順問起居。弟鳳苞頓首，六月十七日。

見徐十先生手携公書畫一扇，甚佳。便間能爲弟作一扇見惠，感謝不盡。

康熙《太倉》實即崇禎本。

葉批：天津法租界35路78。

三

玉甫吾兄大鑒：手示奉悉。康熙《太倉州志》一函、乾隆《鎮洋縣志》二函分三包交郵寄上，收到示復爲感。書畫扇幸勿忘。另函二紙，請酌辦。餘頌起居百益。弟苞頓首，六月廿一日。

四

昨復一緘并《太倉》《鎮洋志》三函，計已入覽。頃承寄下書畫扇面，揮灑之妙，不同凡俗，謹當配以嘉木，奉揚仁風也。感謝感謝。書寄到，祈示復。玉甫吾兄。弟鳳苞頓首，六月廿四日。

任繩祖（三通）

一

遐公大人鈞鑒：年前奉誦還諭，欽感莫名。欣諗福履多綏，慰孚下祝。印師行述業由德森法師撰有傳記，將次成書，自當儘先寄呈。菊公因患癃閉，特至大華醫院療治。高年施用手術，親朋多爲憂慮，幸經曹晨濤醫師診治得法，日臻康復，不久即可出院。近在院中撰詩八章，詳叙經過，但係初稿，或尚須略加修改，再爲分送。因知仁座關念綦殷，亟爲録呈，藉紓廑係。繩祖自幼失學，面墻滋恨。昔歲仰蒙特予垂青，引爲平生第一知己，稍思奮勉，故在館內外輯書多種，聊盡曝獻。然皆不成片段，浪費楮墨。費範翁憫之，囑令編輯《清高僧傳》，成一整幅，同人中亦多慫恿者，不揣陋劣，擬約二三道侶，黽勉爲之。體例悉依《明高僧傳》，專以山志、寺志爲根據，不加褒貶。惟惜東方圖書館自經國難，方志甚鮮。微聞海内收藏山寺等志，首推鄴架，想均庋存滬寓。謹特冒昧瀆懇，可否轉囑主管准令繩祖就近商借，擇其著要，至多不過三四十種，每次去借二三種，隨借隨還，俾得輯成完帙，感沐高厚，益無涯涘。專肅，恭叩福安，諸惟垂察。任繩祖叩上，一月二十九日。

二

自昔文人多水厄，散原海日兩相矜。手揮目送渾無事，欲往從之病未能。義寧陳伯嚴、嘉興沈子培二公均患此疾，具均在高年，但時發時止，幾若行所無事，余所患似比二公爲重。

十年癥結蹉跎甚，差幸禍根猶可除。人道藏珠曾剖腹，我翻剖腹取吾珠。曹晨濤醫師語余病爲膀胱内攝護腺肥腫，若不取出，難期痊愈。

故道九河盡窴減，鑿山鬼斧有神工。新流轉使宣房塞，舊迹仍還微禹功。余入居醫院後，小溲全阻，頻頻以金屬管通導，痛苦殊甚。曹醫師爲施手術，先從小腹啓一小穴，以皮管插入膀胱中，使小溲得改道自由泄出。越若干日再施手術，將攝護腺取出，使正道復通，逐漸將小腹小穴封閉，於是悉歸故常。

素衣縞袂宛天人，病榻周遭撫視頻。佛無慈悲耶博愛，西來文化此精神。院中諸看護女士均曾受高等教育，并實地練習數年，故能於病人心理體貼入微，其照料之周至，尤能脱盡恒蹊，直視爲神聖之職業。病人受惠若此，不能不有感於泰西文明之輸入矣。

有報報道天下事，讀罷耳熟余能詳。偶聞與國戰必勝，刀針餘痛全相忘。看護莊繼静女士每日閲報，在床前爲余講誦，余聞英希兩國捷音，輒爲之歡欣不置。

故人聞訊倍關情，知是衰年一險程。每近奏刀前後日，屬垣幾未駐機聲。友人酈安堃博士在巴黎習醫有年，語余此病除割治外，别無他法，法國名人克利蒙梭、霞飛諸人均以高年患此，亦以割治而愈。余入院後，親朋多爲憂慮，遠道者通電紛馳，同居滬上者日夕存問，至施行手術之際，電話探問尤爲絡繹不絶，情誼懇摯，感何能忘。

臨床慰問意殷拳，果餌紛貽户限穿。最愛筠籃花掩映，盎然生意滿當前。

天寧許我長偷活，國豈容人作冗民。莫負殘生任虚擲，試看世事正更新。

三

【己卯　庚辰　辛巳　壬午　癸未】

遐公大人慈鑒：竊繩祖久荷知遇，愧無寸報。比與費範公遊詳述峻德，益令欽遲。繩祖服務商館，頗思流通佛典，苦於人微，未獲增展。昨歲印有《高僧山居詩正續編》《緇林警策》，又《振灾輯要》，均皆撮録成篇，附呈指誨。《振灾輯要》由河南路廣益書局出版，該局主人魏炳榮君好行其德，廉價發行，每册祇售捌分，多購并可多送。王一老、朱子老前均經呈送，謹加附四册，其他振灾機關如有所需，乞噓拂及之，俾廣流傳。繩祖親近印老法師將及廿載，追隨馮蒿老、魏梅老、王一老諸公，亦閱多稔。無奈不自振拔，毫無成就，前歲接管常熟蓮花庵，庵址不大，惟原有放生河池，活潑潑地，洵爲魚樂。曾蒙印師、一老撰寫碑碣，謹各呈一帙，仁座救世事忙，下列請求儘請從緩，或俟冬定略加修整，再行稟懇。擬懇極暇時賜一横額，永留紀念。常熟蓮花庵，放生池，全國動物會會長葉。并擬請求鈞會咨請常熟縣政府給示保護，大德曰生，想爲仁座所樂許。第是繩祖廿餘年來盜竊虚聲，從未實踐，淪墜堪虞，夙夜抱疚，决於最短期間擺脱塵累，堅誓鍛煉，仰副高厚於萬一。另附先外祖孫竹堂觀察書牘輯要一册，同光外交頗多史實，幸瀏覽及之。本月稟詣猶恐語焉未盡，謹肅寸椷，瀝陳感戴微忱。恭叩福安，諸惟垂察。任繩祖叩上，六月十七日。

朱　英（一通）

譽虎先生賜鑒：尊論感佩無似。保存國粹，深冀鼎力有以促成。英在《樂藝》發表《整理國樂商榷各點》，承先生贊助，始信將來必有成功。但蕭校長對於國樂未必有先生之熱心。聞蕭校長現正敦請先生爲本校基金委員會委員，敢請先生晤蔡院長與蕭校長時，極力提倡此説，國樂不致有就堙之嘆。英以人微言輕，非大力援助，恐無濟於事也。仍祈時賜教言爲幸。肅此奉復，順頌鈞綏。朱英敬上，十二月十二日。

朱家驊（一通）

玉甫先生大鑒：十七日惠函及俞君函敬悉。輪渡加價至數百倍，郵局實難負荷。若祇求收現與清理積欠，而費率儘可改訂，自可商量。惟照原額加倍，郵局已覺過鉅，若照新額減半，仍增至一二百倍。折衷論定，亦屬難事。諸承周旋，當囑郵局分案洽商，以期早日解決。至郵包加費一案，路局計算根本錯誤，郵局曾逐點詳細解釋，無如先入爲主，郵局解釋未邀認許，亦未駁復。鐵路運費在郵運中占極小部分，因中國地面之寬、鐵路之少，非特路運甚少，即大小輪船以及汽車所運，亦復不多，大都均用民船、騾駝、脚夫搬運也。各路所收郵件運費，每年是否五十餘萬元，一時不能記憶。若云僅郵包一項每年約需弍千伍百餘萬元，則郵政全年收入僅三千萬元，除付郵包運費外，祇餘五百餘萬元，何足以償付郵包以外郵件之鐵路運費。其他聯郵匯兑及輪船、汽車、民船、騾駝、脚夫之運費均將無着，各局經臨費及員工薪水等開支更無論矣。以云郵資加費，則往歲增百分之二十五已煞費周章。南洋華僑郵資實行減半收費，亦歷時數年始勉强商妥，然實行開始有無問題，尚屬難料。至郵局積虧千萬，固尚未籌得彌補之方，即預算收支，亦迭經上年及本年兩次緊縮，始勉强適合。先生是舊令尹，用以一吐爲快。俞君主張輪渡加四百倍，郵包增四十倍，事實上無法辦到，勢將終成爲懸案矣。俞函附繳，乞察收是荷。此復，敬頌台祺。朱家驊拜啓，八月廿一日。

葉批：有函可寄滬寓，綽。

朱啓鈐（二十通）

一

譽兄賜鑒：昨奉手書，敬悉尊體康復，日來照常治事，甚慰。弟入春以來舊疾又作，心震神眩，病似怔忡。出居野外習静，亦無非適當解脱。年來心血益虧，肝陽上乘，人事乖忤，有觸即發，西醫謂精神衰弱，如再不能寧息腦筋，終有迸裂之日。病中苦况非過來人不知，然知之亦無法自療，梟梟腦絲亦唯聽其迸裂而已。承示陳清文調任津浦副車事，論其資勞，屈居王下，中心不免戚戚。渠言爲滬寧訟案在倫敦奔波年餘，回京初有家室，遷徙殊爲不易。故爾懇辭，但願在部補一散秩或僉事視察之類，得以效力左右，如不獲已，暫就聯運處股長，擔任國際一股事務，俾盡其長。又言聞部長近有調充京漢副車之意，此次奉令在京漢疏通車輛，各方尚稱洽愜，如令就近兼充，若言整頓，似較津浦易於着手，非敢自擇善地也。此子志趣堅定，審慎出處，亦自有説。惟官場閲歷尚淺，其固執己見，不能因乃岳一言屈耳。再津浦現狀整理尚非其時，而軍事當局方以順應爲正。清文憨直，事上接下，實非所宜。而弟家兄弟子侄在該路四五人已爲人所側目，而車務要職又位置女婿一人，更足以速衆謗，設有齟齬，轉於所事不利，徑情奉達，惟希曲諒。至於陳清文懇請下情，務求量予成全，毋令因此失所，尤爲企禱。徐建侯之子雨生到津，其家族率之來見，譚悉一切。盛德所被，感幸萬狀。渠輩今日晋京展謁，留學官費如何辦法，尚待部示。燕志明日可抵津門。度公當先來此間相見，餘俟晤譚。不盡，順候台祉。弟啓鈐頓首。三月初三日。

二

遐庵青鑒：晚景不堪，遠荷存注。偈言曲譬，打穿頑鈍不少。月來索居，惟以修譜自遣，往事如塵，緬懷先德，又愧不文。兑之閒暇，暑中助吾點勘，他事皆無暇顧慮矣。頃讀致士能書，爲社事又累公考論，兹今兩主任合議，具答如別函，數米量沙，頗費思索，量而後進，如何？

完成重在後盾，但此目不瞑，總當努力也。三几圖式，聞公有意仿作，好事得無如我弟。於燕几曾以硬木製成，陳吾齋中，想經寓目，蝶几去歲先作小樣。又作大式，几面易切，合而裝足，總不如法。因原書於裝足無所説明，弟作兩式皆以螺絲紐活足，可高可矮，雖成一套，缺點甚多，尚須改良。以心緒不佳，置之未繼思也。且蝶口原則爲三角形，以幾何原理裝足應退後數寸，几面角度始能切合，用方足絶不宜，遂改圓足。因圓足而施螺旋暗榫，又以銅螺絲冒之。俾取携弛張，均易收檢。再進一式，圓分兩節，腰節亦施螺旋，高之則爲几，低之則爲兀，合低兀又可爲坑，低加高者又可爲架，此鄙人之涉想試作，未完成者也。公如同嗜，能與海上巧藝繼思之，毋令莊樂書，但供文人竄取，幸甚。寄上小樣二，乃初作圓足小樣，面作洋具式，不脱俗，後改直接几面裝足，去其欄版，使易收束。另有照相，亦以奉寄。惟照片取光定形都不合法。棄置案頭，姑取寄以供參考。又諸足合陳，側觀頗不爽眼，此原理無可避免之象，亦當於裝足外觀有所改進者，信筆代口，不覺絮刺如此，設譚他事，則又不願自答，亦見心情之無聊矣。匆復，敬侯起居。如青居未善，何不再到海濱一遊。弟中元當往作盂蘭會也，并速大師。弟鈐頓首。八月九日。

三

遐庵大鑒：接十八日手書，敬悉。審查會消息進行無阻，於心少慰。開成事又有波折，清算處不知如何主張，已另函伯文探聽。渠已由山東回滬矣。本社於二十一年呈教育部立案時提出簡章寥寥數條，原則確以理事會爲主體，但理事會議細則未經制定耳。原案抄送審核。弟昨又大暈一次，或由於氣候轉變之故，夏至前二日。仍由鄭醫施注射强心劑。今日憊甚，强起作書，殊不能耐。思成、士能均未歸，并聞。此候夏祉。弟鈐頓首，六月廿日。

四

遐庵二兄大鑒：月前郵寄社章數份，祈代酌定，諒塵左右。此次學社請求中英庚款補助，得獲原案通過，皆兄與騮先、潤章諸公將護之力，感戢無量。日來酌量情形，擬就本年度經費草案及促進理事會辦法數種，但是否可行，尚祈卓裁，是所感盼。

一、經費支配　社中甲項中美庚款補助費萬五千元，歷年來皆劃作經常辦公費與主要研究人員薪俸，未便遽予變更。丙項中英庚款萬八千元又僅供調查出版之用，故乙項自籌之款仍須另行籌畫，供額外編輯與研究生薪俸及其他雜項開支。際此社會經濟淪於絶境，各方籌募談何易易。然厲行裁員減政，將乙項全部删除，又爲事實所不許可，因以往進行之工作一旦中途廢輟，固屬可惜，即以丙項補助之圖籍出版而言，苟使人手不足，必使圖繪粗率，考訂疏漏，影響社譽，無殊飲鴆止渴。日來幾經考慮，擬定補救方法三種：（甲）裁汰少數人員，并停止不必要開支。（乙）工作人員暫停加薪一年，另以工作效率獎金代之。（丙）一部分研究繪圖生薪俸，擬援前二年之例，列入丙項圖籍編輯費内，惟是款原以印刷出版爲主，每月薪俸祇能以二百元爲度。根據上述三項，擬定本年度預算如次：

（一）甲項補助費一萬五千元，供經常辦公費及一部專任研究人員薪俸。

（二）乙項自籌之款約七八千元，暫定五千元作額外編輯及研究生薪俸，餘款供再版圖籍與獎金雜支等費。

（三）丙項補助費一萬八千四百元，照請求原案分調查旅行及圖籍出版二項，現擬於後者内列入繪圖人員薪俸二千二三百元，以資挹注。

上列概算數目，係根據事實，於無可如何中力求解決之策。然丙項預算，即使能獲當局同意，如數認可，而乙項自籌之款現有着落者，亦僅《文淵閣全景》售價收入與關頌聲代募之款，約計二千餘元，不足之數，尚待同人等努力捐募，始能渡此難關。

二、理事會　理事會主持對内對外一切重要社務，其組織能否健全、人選能否適當，即此後學社能否充分發展之關鍵。故本年度起，擬定改進方策數項：（甲）理事會人選原則以中英、中美庚款董事爲主體，再輔以學術界、實業界、建築界關係較切之人物，似最爲合理。兹敦請兄與寄梅、潤章、守和、頌聲、新六、新之、濟之、叔誠、子元諸兄仍舊蟬聯，此外再加聘朱騮先、葉揆初、孫洪芬、林行規、趙深五人爲本届新任理事。（乙）前在滬討論增設常務理事，爲社事嬗遞準備。但弟意修訂社章，從事選舉，手續繁頤，耗時頗久，故決計先行敦聘常務理事三人，便於籌劃一切。兹推定兄與寄梅、騮先二兄爲首届常務理事，附致騮先一緘，乞費神轉寄前方，并希加緘勸駕，以免唐突。（丙）理事會細則久懸未決，祈椽筆代擬。（丁）社長、副社長及理事長、會計、幹事將來應由理事會推選始爲合法，惟就目下情形言之，弟精力日衰，而社務進行，百端待理，私意欲以此席相煩，以息仔肩，幸勿遜讓。如萬不獲已，亦望暫時擔任副社長一席，諒不以不情見却。以上各項，統希斟酌示復，俾便實施。至於社中賬目財産，刻正重新分類清理，以專責成。刊物出版，自思成、士能返平後亦加緊進行。知注并聞，即頌暑祺。

弟朱啓鈐頓首，廿五，七月十日。

五

敬啓者：本社年來辱承台端熱心襄助，着着進展，無任銘感。兹爲規劃社務、促進工作起見，擬自本年度起增設常務理事三席。夙諗執事對於本社事業素具同情，且荷獎掖於前，特此敦聘擔任首届常務理事，尚希俯諾爲幸。此致葉玉甫先生，中國營造學社社長朱啓鈐，廿五年七月十日。

六

遐庵二兄賜鑒：前寄滬一緘，討論社中本年度預算及組織常務董事方案，并請朱騮先擔任首届常務董事，聘函一件，祈兄加緘轉致前方，不知已塵左右否？中英庚款會補助費已有正式通知寄平，惟弟前擬預算內列入助理人員薪俸二千餘元，恐違會中原則，不易通過，擬以《文淵閣藏書全景》再版墊款名義暫時彌補，將來售價收入仍可陸續歸還。其餘各項刊物印刷部數酌量實際情形，亦略有更動。惟助理薪俸爲數不多，擬分期攤入刊物成本內，不立名目，以免駁斥。兹寄上本年度預算草案及復中英庚款會緘稿一份，祈費神斟酌賜復。又前上一緘并致騮先緘托公轉交，聞公赴青，恐適相左，特重録附後，以供參考。專此，即頌暑祺。弟朱啓鈐啓，七月廿二日。

附：致中英庚款董事會函稿修正預算案

此函及修正預算草案請核覆再發出，螋。

敬啓者：前奉一九三二號大緘，祇悉敝社請求補助編製圖籍一案，荷貴董事會第三十九次會議議決，自二十五年度起，補助國幣五萬四千元，分三年平均撥給；并詢原請求額年差四百元應如何籌措，以資查考等因。竊惟敝社已往工作辱承貴會熱心扶掖，曾爲有效進展；本年度復荷撥給的款，繼續協助，銘感奚似。惟查前次敝社所提出版物概算，核之最近售銷情形，每嫌部數過多，而遺迹調查，又因時局關係，不得不提前調查北部諸省。凡此種種，均足使原案有修改必要，爲此提出本年度實施預算如次：

（一）《中國建築設計參考圖集》

原案每年六集，每集印刷一千部，惟根據最近國内外推銷狀況，每集擬減爲五百部，而收回之印刷成本，則僅及六成。

（二）《古建築調查報告》

本項刊物年出二輯，每輯五百部，已屬無可再減。惟據編輯結果，圖版數量每較預定增多，故每部成本應加至五元。又因刊物内容過於專門，將來售價收入祇能以五成計核。

（三）《中國營造學社彙刊》

《彙刊》預定每年四期，每期印刷一千五百部。茲擬自本年度起，仿國内各文化機關前例，所有團體及私人贈送一律停止，故每期部數減爲一千部。餘仍舊。

表一　印刷費

項目	每年出版次數	每次部數	每部成本	全年成本	收回印價成數	收回款數	補助額
《中國建築設計參考圖集》	六集	五〇〇部	一.七元	五一〇〇元	四成	三〇六〇元	二〇四〇元
《古建築調查報告》	二集	五〇〇部	五.〇元	五〇〇〇元	五成	二五〇〇元	二五〇〇元
《中國營造學社彙刊》	四期	一〇〇〇部	二.〇元	八〇〇〇元	五成	四〇〇〇元	四〇〇〇元
補助額							八五四〇元

（四）調查費

敝社鑒於最近華北環境日趨惡劣，決於本年度内集中全力，調查河北、山西、山東、河南四省古物，因此旅程減短，約可撙節旅費九百元。

表二　調查費

項目	每組五人每日	每組每次七十五天	兩組全年四次
旅費	一五元	一一二五元	四五〇〇元
照相測量費		五〇〇元	二六〇〇元
意外費		一五〇元	六〇〇元
補助額	全年七一〇〇元		

以上出版、調查二項，共計一萬五千六百四十元。節餘之款，擬移爲下項出版物墊款之用。

（五）《文淵閣陳設全景》再版墊款

《文淵閣陳設全景》自春間出版後，除贈送及銷售外，存書無幾，而國内外索購者猶絡繹不絶。嗣檢鄙人前在巴黎所製彩色圖，尚餘三百餘份，而其餘圖版俱可利用，因決計重版三百五十部以應需求。估計每部印刷成本六元四角有奇，共計二千三百六十元，擬以本年度補助費餘款，移爲本項刊物之墊款，俟售價收入後，再行歸入下年度圖籍出版項内。

所有本年度預算變更原案之處，特此緘達，即乞審查見復，實紉公誼。此致管理中英庚款董事會。中國營造學社社長

中國營造學社二十五年度預算草案

甲項

收入　中華文化教育基金會補助費　一五〇〇〇元

支出

（一）辨公費

房租月支五十元　六〇〇元

電燈電話自來水月支二十五元　三〇〇元

夫役工食月支四十元　四八〇元

（二）職員薪俸

法式組主任一人梁思成月支四百五十元　五四〇〇元

文獻組主任一人劉敦楨月支三百五十元　四二〇〇元

研究生三人莫宗江、陳仲篪、麥儼曾各月支六十元　二一六〇元

書記一人韓振棠月支三十元　三六〇元

庶務兼收掌一人喬家鐸月支六十元　七二〇元

（三）文具費

筆墨紙張月支三十元　三六〇元

（四）雜支

新聞紙、煤球、茶葉月支三十元　三六〇元

煤炭全年以冬季四個月計算　二〇〇元

以上四項共計一萬五千一百四十元整，不敷之數由社自行彌補。

乙項

收入

上年度結存款　一一〇〇元

《文淵閣全景》售價　一二〇〇元

普通刊物售價　五八〇元

關頌聲先生募款　一〇〇〇元

以上共計收入三千八百八十元。

支出

（一）職員薪俸

助理一人邵力工月支一百四十元（但十一月以前由丙項支出）　一一二〇元

研究生二人王璧文月支五十元，趙法參月支四十五元　一一四〇元

書記四人林爔田、蔡申之、韓仲文月各支三十元，單少康月支二十元（但十一月以前林爔田由丙項支出）　一二〇〇元

貼寫一人月支十八元　二一六元

（二）稿費　四八〇元

《清代建築大事年表》稿費單士元月支四十元

《營造法原》稿費　九〇〇元

（三）出版費

《明代建築大事年表》印刷費　八〇〇元

（四）工作獎金　六〇〇元

（五）雜支每月以五十元爲最高限度　六〇〇元

以上五項共計七千〇〇五十六元，出入相抵，不足計三千一百七十六元，由同人等設法籌募。又《營造法原》與其他再版圖籍費在未募得的款前暫不計入。

丙項

收入　中英庚款補助費　一八〇〇〇元

支出

（一）調查費　七一〇〇元

（二）印刷費

《建築設計參考圖集》補助費　二〇四〇元

《古建築調查報告》補助費　二五〇〇元

《彙刊》補助費　四〇〇〇元

《文淵閣全景》再版墊款　二三六〇元

以上二項共支出一萬八千元整，出入相抵。

《文淵閣藏書全景》一書，初版五百部，本社於廿四年十二月即開始發行，除預約購賣及贈送社友與各大圖書館外，所存無多，而樣本發出後，國内外購買者頗有供不應求之勢。嗣檢朱桂莘先生在巴黎所製彩色圖完整無缺者，尚餘三百七十餘套，其餘圖版亦可利用，爰委托觶齋書社照初印款式重印三百五十部，并加譯英文説明一册以備歐美人士之需求。估計印工裝潢每部約合計六元四角有奇，計共需成本二千三百六十元。此款擬於二十五年度丙項編製圖籍費内墊付，將來售價收回，陸續歸還丙項，爲續印他項圖籍之用。

再，《文淵閣藏書全景》初版標價四十元，實際收入平均不過六折有餘，而邊遠省份文化機關及各處讀者來緘，僉請減價，以惠同嗜。此次再版，擬劃出一部廉價發行，以期普及。縱有虧折，絶不令侵損成本限度。合併聲明。

又本年度編製參考圖集與古建築調查報告之助理劉致平月支一百四十元（自十一月份起不在丙項支薪）、研究生陳明達（月支五十元），應共支薪一千七百二十元，擬於丙項刊物出版費内按月攤入，不另立名目。

附寄上海緘稿

騮先先生偉鑒：春間再奉惠書，於敝社工作垂注甚殷，感荷無地。原擬赴滬之便面述謝悃，因旅中勞頓，未獲如願，殊深悵耿。曾托玉甫兄代致拳拳，諒達左右。此次社中請求中英庚款補助，承鼎力多方維護，垂絶之學得以日就昌明，凡屬士林，靡不感忭，非僅弟一人所當致謝。惟斯學方始萌芽，而弟年事日增，精力衰退，凡百施設，每虞隕墜，尚希高明不吝指教爲幸。本月初間，社中因年度更新，推選理事，除葉玉甫、周寄梅、李潤章、袁守和、徐新六、錢新之、李濟之、張叔城、裘子元諸先生連任外，同人等又公推執事與孫洪芬、葉揆初、林行規、趙深五先生爲本届理事，并舉台端及玉甫、寄梅二先生爲常務理事，主持社務，提掣後進，共策進行。素仰執事熱心文化事業，且於敝社已往工作關注彌切，用特專緘敦懇。尚祈慨諾，無任禱企。耑此，順頌台綏。

七

遐庵二兄大鑒：十四日手書奉悉一切。近歲社中調查之古建築亟待修理者，無如薊縣遼獨樂寺觀音閣，去夏弟曾提請故都文整會撥款三萬元，期於年内着手，不意忽有冀東之變，無形擱置，應縣佛宫寺木塔前次募款未成，當地士紳竟將各層木骨灰墻内有斜撑全部撤去，易以槅扇，設遇勁風，難保不無傾側之虞，然無鉅款，恐不易恢復原狀矣。此外北平古物稍具歷史或藝術價值者均提交文整會辦理，此時亦不便越俎代庖，惟趙州大石橋與正定龍興寺佛香閣宋塑壁二處修葺費用，尚與尊處規定數目相差不鉅，已囑思成等擬具圖説計劃提出，并擬將去秋中央古物保管委員會交社修理趙州橋之三千元一併加入，但尊處如恐賬目淆混，或將古物保管會之款專劃作保護正定壁塑之用，亦無不可，統希酌覆爲盼。其餘擬修古物如大同善化寺大殿西樓、正定龍興寺藏殿、摩尼殿、天寧寺木塔、陽和樓、花塔、山東神通寺四門塔、朗公塔、嵩山三闕浄藏禪師塔、定興石柱、蘇州雙塔、大同城樓、宣平延福寺大殿、北平智化寺萬佛閣、法海寺大殿及雲岡、龍門等處石刻，雖一時財力不逮，亦擬另列簡單概算，附帶聲述，希望引起一般注意，分年進行，或於古物防護前途不無小補。本年度英庚補助費，前參酌實際情形提出局部更正預算書，徵求當局同意，尚未獲覆，不知已提出常務會否？弟昨朝暈眩復作一次，仍用梅醫士注射劑，并聞。即頌道祺。弟朱啓鈐頓首，八月十九日。

再者，趙州橋詳細預算須由思成帶領石工前往實地估計，始有把握。但刻下正届雨季，河水泛濫，道濘不便旅行，最早亦須九月底始能登程，未識與提案截止日期有妨礙否？

八

遐庵再鑒：弟接尊書，正在考慮。昨聞西安劇變，感觸國事，忽又暈眩，頻施注射，今始强起。特召集梁、劉二人，并與關繫較切理事作一度討論，均覺此時觀念較重較切在國家整個問題，社事存續亦不僅在二人之去就已也。内務部之發端在前一月中，士能於調查魯豫途中，屢接中央大學同人來書，邀其反校擔任建築系主任，彼曾却之。後又接内務部徵調渠往充技正兼組織建築科之事，渠又却之，歸平曾與弟聲述經過。弟在病中，以爲過去之事，未曾追問内容，兹奉來書，陶君仍殷殷不已，雖云二人，其實注重在士能，蓋主動在中央大學，同系師徒，所切望士能回南京，以内務部技正而兼校務也。士能若去，思成一人不能獨擔社務，弟亦更無所倚重者，前功盡棄，坍臺必矣。士能在社，事勞而薪少，上下調協，且自刻苦以勵同事，從未提及薪資厚薄。弟爲應付難得平衡，亦實愧對。中央挖脚手段，亦知校薪不過如社中待遇，若兼部員，則可增多不少，且以弟之衰病，社易摇動爲聳聞，想亦意中必有之説。士能對弟表示，如社不關門，絶不放棄研究功作，其堅决可佩。故正函屬其代草，請以轉示陶公，如尚不能諒解，是非迫我關門不可也。再，中樞百忙之會，組織建築科或亦因局勢變動從而緩辦，更可虚作委蛇，唯請婉達是禱。社事前途可慮，美款中人放言社中工作爲不急之務。弟病日深，非有澈底討論。想兄既不可北來，弟體如此，萬難南去，相見無由，悵鬱不堪。擬過冬至新年假中，遣士能赴滬一行，就近商洽一切。再候冬祉。弟鈐頓首。十二月十四日。時局看法望便中示一方針，此間近日消息悶悶。

九

遐庵先生青鑒：滬上養疴，諸荷匡掖，潭水深情，臨别惘惘。是日同車適遇令媛携小外孫北上，兩家會合，談笑頗解寂寞，且幸氣候凉爽，暈眩未作。抵平則覺煩躁，祝醫温劑竟不能受，擬過夏至暑雨作時再試前方。梅醫胃藥每食必服，隔日不瀉，胃囊滿時便起暈象，下導之法仍未能竟廢，習慣使然，未如何也。注射劑遵梅醫屬過十針須停兩週。此間繼約鄭鶴先診察，依方注射。津榆道上種種變態，人心惶恐，海濱悠遊，恐不能如我意，衹好閉户潛踪，消此永夏。士能、思成分道赴豫、魯調查，七月中方能歸。社中無人，日行瑣事亦須兼爲料理也。社中乙項經費廿四年度僅獲捐款一萬有奇，不敷甚鉅。此次赴滬展覽及調查出組，旅費又超過預算四千餘元，挪支保管會指定修理觀音閣款，亟應有所彌補，弟竟一籌莫展。在滬承公指示開成清算，餘緒可以酌措補助，行時曾向唐伯文探詢。據云劃給開成成數至多在叁千五百元，再增恐爲債團所不許，處分内容困難，若爲道及焦點所在，應使包工方面欣然具結，乃獲圓滿解决。伯文言當詣公面譚，已晤商否？弟昏眊，不耐思索，士能等出遊，下年度如何布署，都無計算。如英庚提案不能如數通過，非大加節縮不可。至於在滬面商遞嬗方案，歸檢歷年所草社章，都不適合環境。最近士能所擬一案，有理事會却無常務理事，組織側重社長，開會亦由社長召集，現在列名理事皆係社長通函延請，殊無何項責任。微有不合原案，附呈審正。社員種類係采用其他學術團體通例，本社實無如許社員，運用選舉既難適合，然不用推舉理事，社長如何產生亦是問題。本社成立六七年，對於社之組織章程悠悠忽忽，總覺説不下去，處此絶續之交，欲覓經久方案，對内不亂固有步趣，對外又不失社會之同情，過渡津筏，懇公爲吾社圖之。原草此間無副本，請就稿批乙擲還，俟思成、士能回平討論，再采取若輩意見。此外同人非不暇及此，即無關痛癢者，竟無法請教也。耑布，敬頌箸祺。弟鈐頓首，六月二日。

一〇

遐庵二兄大鑒：四日手書奉悉一是。尊恙如何，殊切馳係。古物保管會裘善元、董國賓二君前函詢思成，就會中餘存三千元修葺古物辦法，思成回信，聞以個人名義向保管會建議修理獨樂寺屋頂。現該會委托學社、抑思成私人，無從懸揣，衹有待發表後再作計較。惟屋頂揭瓦後勢必牽及椽望梁檁，三千元是否敷用，尚須詳細估算。本年度乙項籌款由揆初、新之、震飛諸君認捐，興基奉關頌聲代向建築工廠代集五千元，兩數合成不足萬元，此外尚費周章，尚祈隨時鼓吹。徐仲宣刻未晤面，其人是否仍在平綏服務？抑尚羈滿南方？故不知尊意所示如何。犧牲而求一當之喻，盼另函指示機宜是幸。復請痊安。弟鈐頓首，七月十日。附寄上年度工作報告。

二一

遐庵二兄青鑒：弟於八月廿一號携眷屬來海濱，到此精神差好，惟跋涉則不能如往時奮興耳。尊書自平寓轉來，聆悉，益增感喟。開成餘款捐入社中，實拜嘉惠。收據具名不欲顯寫開成，社中往來經手捐款，亦有事例可循。如霍初曾捐萬元，則書弟經募，四行會捐來一筆閒款，則書周作民等經募，載在社刊，皆前證也。此次捐款擬援案書公經募，略紀事所由來，使後進生徒知所觀感，較另立堂名者爲恰當。唐伯文曾有函去通知，囑將該款徑匯社中，刻尚未到，已授意士能在平接洽辦理。修葺古建築提案前數日由梁思成具稿，寄至海濱核定，送平繕正，已於九月一日遞發。另以副本屬士能加函徑寄尊處，想先入覽。大石橋工事頗鉅，絶非萬元可修，基脚埋沙中，應掘視其舊石券，基礎最當研究，地方人事亦頗繁複，如果施工，必須有意外費用，故列爲二萬元。如分配不敷，再爲核減。工作範圍弟意非另覓土木梁橋專家及當地石工逐細勘查，不可輕舉也。附表所列，皆最近劉、梁調查各地，認爲有保護修理價值者，藉此可供會中參考。如他處請修款内有重複者，即委托當地較有認識鑒别之機關分類分年進行，社中人少事多，絶不能獨攬此許多工作也。專復，敬候秋祺。弟鈐頓首，九月三日在海濱。

附社中捐款統計表，在概况册内。

一一

遐庵二兄大鑒：昨奉十六日手書，備譱一是，弟自夏間返平後，身體時感不適，九月又一度入協和割治鼻瘤。最近暈眩常作，精力益衰，致久未以社中工作奉告，殊深歉仄。學社接受中英庚款第一期補助費事在去冬十月下旬，翌月始遴聘助理人員開始工作，原與普通年度稍異，業於工作報告内再度向董事會聲明在案，惟實際工作因編輯印刷困難叢生，致出版日期較預定計劃稍遲。現《建築設計參考圖集》已印就一、二兩集，即日郵呈，三、四兩集正在印刷中。《古建築調查報告專刊》一、二集亦大體編竣，其圖版一部且已付梓，至遲來春可以問世。經費一項前後三次共收到補助費一萬五千元（二十四年度下期五千元未領），專款儲存浙江興業銀行，與社中原有甲、乙二項開支不相淆混。現除助理員薪俸暨印刷雜費等共支四千餘元外，尚存一萬元有奇。以上經過情形，祈便中代向諸董事剖解，俾免誤會。承示下年度提請補助辦法，銘感無似。弟原擬提出發掘壽州古物一案，嗣因思成、士能二人對於考古發掘既乏素養，尤無經驗，恐難肩此重任。此外調查全國民居建築與完成北平故宫測量，又恐題材過於專門，不足引人注意。抑弟尤爲偲偲過慮者，即新事業增加後，所有助理人員薪俸與雜項開支不能仰給於補助費者，必另行設法籌募。際此社會經濟瀕於絶境之時，社中每年捐募乙項事業費一萬五千元已感十分困難，將來支出日增，勢必難以爲繼。再四籌維，與其另立名目，不如將《古建築調查報告》及《建築設計參考圖集》與《營造彙刊》三種刊物使之賡續進行，成爲學術上與實用上重要參考圖籍，或與環境更爲切合。故下年度擬仍用編製圖籍名義申請繼續補助，不知尊意以爲若何？壽州周末遺迹發掘關係甚鉅，社中决計參加，惟現在南方中堅團體擔任野外工作者爲何人，組織有無具體方案，亟欲知其概要，因思成，士能均難長期駐外，且對發掘技術極形隔膜，祇能待工作開始後發現與建築有關之遺物時再行南下耳。即祈代爲接洽，并希賜覆爲禱。專覆，順頌道祺。弟朱啓鈐啓，十二月廿日。

一三

遐庵二兄如握：數月均在病中，又受種種刺擊，苟活亦復無聊。前日暈眩劇作，繼以嘔吐，醫謂心臟衰弱，胃囊增壓，心房跳得快時可在百數以上，遂有此等現象也。刻養病三女家中。書來，授思成、士能酌度，此與社事前途信譽有關，須若輩努力繼進，乃能得社會之助，不然殆矣。美庚款明年補助與否，在此時局之下殊不可必。乙項自籌之費弟任五千，今缺半數，幸關頌笙以生力軍向各營造廠家籌得五千，差可渡過殘年。明春用度尚費躊躇，而未完工作、積稿待印頗多，近以故都文化機關俱感恐慌，印布店亦有相率停歇之勢，社事所受影響不少，曾有收檢書箱事實。英庚款補助應出圖籍，因而延期。包工而不交活，非特公意不安，弟亦覺愧對也。明年對英款提出請求，别開新徑，不知如何方可入彀。據梁、劉腹案，欲測故宫或調查南中民間建築，弟既嫌其不合時勢，而前年度核準編印之圖籍或因新題目發生轉致拋棄，更不成話，故弟主一貫前請，繼續編印圖籍爲得策。時日迫蹙，不及往復討論，已令具稿，待命再發。壽州發掘組織必甚擴大，參加團體以何人爲中堅？野外工作要有經驗而能應付地方，人選極難，思成、士能書生耳，未必能勝，如參加其中爲一部分之考查遺物工作，或有相當貢獻。發掘組織何時進行，故望詳示者也。往年赴巴黎時曾印成文淵閣内外全景十二幅，去歲商務印書館發售《四庫珍本》，原擬托菊生、雲五接受附入廣告發行，菊生覆函不要，兹與世五合力籌畫，裝潢成册，又加《文淵閣實測圖》一册，統名之曰《文淵閣藏書全景》，出學社發行，以免廢棄，收回印貲，爲補助學社乙項經費不足之用。樣本初成，特先郵呈一册。弟作後記一篇，叙述當時印書經過，平鋪直叙，文字本無足觀，且無作用。但不知於時人眼光有何刺謬耳，再，精神就衰，或竟一瞑不起，前月曾將家務自作處分，授林斐臣撰成遺囑，遺留文物亦推數友，將來爲之整理或贈與。現在亟欲完成而不得者，惟家乘及自訂年譜耳。知注，并以附聞。鈐頓首，十二月廿日。

一四

遐庵二兄青鑒：覆書敬悉。英庚款請求書正副本譯成，準於月底寄出。人事之當盡者自應於會外努力。騮公非素識，間接遊説又不知如何而可。美庚請求亦在同時并進，寄梅爲會内中堅，繼續一年原案或冀通過。《文淵閣全景》知邀鑒許，推銷殊感不易，廣告附寄廿分。（另寄。）英庚、美庚諸董事以及曾捐助巨資，社中擬各贈送一部。裝訂因凍工遲滯，舊臘未能發出，而會前必達。順以奉聞。賤體久坐必眩，眠食均減，如上述瑣瑣，不自區分，便無條理，雖拜嘉言，排遣之術尚未得間也。新居當較安適。公超時將歸省，渠來敝齋，每譚移晷，必能具述近狀。專上，敬候春祺。弟鈐頓首，一月十四日。

一五

遐庵先生賜鑒：奉接手示，殷殷爲學社前途謀出路，籌劃周詳，至深感戢。查學社受中華教育文化基金會補助，移平工作，始於十八年冬季，自是以來，每年領受補助金一萬五千元，不足之數，前數年由私人隨時籌墊，每年約四五千元不等。迨廿一年秋間，即本年度伊始。改組文獻、法式二組，聘梁思成、劉敦楨二君爲主任，研究工作雖云進展，支出亦隨之膨脹。除以文化基金會補助金列入甲項外，其《彙刊》編輯出版、旅行調查、購置參考圖籍及事務上臨時之支出，統納入乙項。本年度承社員捐助萬元，聊資應付，而研究論文與編譯稿件猶以款絀不能全部付印。兹將本年度預算大綱臚列如次：

甲項支出屬於庚款補助者

（一）薪俸

（二）辦公費

（三）雜支

（四）文具

以上每月約一千二百五十元，全年共一萬五千元。

乙項支出屬於本社自籌捐款者

（一）出版費　五千元

（二）編輯稿費　二千元

（三）旅行調查照像繪圖等

（四）雜支

以上約需一萬五千元

前項（乙）項支出截至本年五月底止已支九千五百餘元，預計年度終了，《彙刊》二期出版費與其他待支之款尚須三千餘元。根據以上數目，下年度預算除甲項仍向文化基金會照案提出請求繼續補助外，非另籌萬五千元不足供研究工作之進行，而實際需要隨工作之進展必日益增多，殆可斷言。年來同人等受經濟制限，不敢急趨旁騖，拘拘如轅下駒者，職是故也。至於出版一項，從前《彙刊》一、二各卷每期印費不過三百元，三卷以降，因内容充實，圖版增多與紙質改良，每期印費自六七百元增至千元以外，超過預算幾達三倍。現印四卷，方擬擴大篇幅，精製圖版，估計工料每期千册非二千元以上莫辦。如果年出四期，出版一項即將近萬元，而此項費用更有繼長增高之勢，故《彙刊》精印一議，祇能留備專箸特刊之用，普通四期，仍依雜誌體裁每期以千元爲度。專及特刊待印之稿則擬歸入不定期刊物内，另以募捐之法行之，何人捐貲，即以何人名義誌之卷首，校印發行仍由本社負責辦理。諒此辦法或能通行。

美庚款以撥付尚有阻力，致董事常會臨時延期，本社補助問題懸而未决。雖前途希望未曾斷絶，然未免使人顰蹙。數米爲炊，既如上述，設竟無米爲炊，更不能不别求出路。

尊緘所示，亦以接受美款補助爲前提。在美款未决之先，謹就尊提方案爲下列之商榷：

（一）假定中華教育文化基金會下年度補助費照案通過，本社對於該會繼續之維持當然須遵守已定之原則。前送該會之申請書及預算案已將梁、劉二君薪俸列入經常費甲項内，此時未便變更。如果接受他方面委托事項及補助金，亦應向該會聲明情由。在該會補助將决未决之際，本社實不能不維持如是之立場，故擬定美庚款補助金仍充本社甲項經常開支之用。（即第一補助金。）

（二）中央研究院酌給維持之款列爲第二補助金。其用途由研究院指定研究題目，本社根據款額編造預算，或增加專門研究主任，或在同人等指導之下酌添研究員及助手協力進行。所有搜集材料及調查報告概歸研究院發表，印刷亦以院中名義行之。

（三）本社自籌捐款爲編纂調查出版之用者，作爲第三補助費。其籌集、支出遵照社約，取决於幹事會會議。會計獨立，細則另定。

以上原則，係尊重各個立場，分清前後順序，故有此擬議。如果美庚款不能繼續補助，上述方式便難成立。研究院方面如以整個力量接受本社之事業，梁、劉二君本以終身研究斯學爲職志，獻身國立學術機關，從事永久之探討，尤爲得計。至於區區私衷，只務耕耘，不問收穫。十數年搜集之圖籍材料咸庋社中，作吾門之衣鉢，但從前與文化基金會有成約，畢世之後，無論研究有無成就，所有圖書材料概歸國立北平圖書館保存，信約在前，繼承斯業者似宜履行。如研究院將來與前方磋商變換保管方法，同爲國立機關，同爲保存公物，諒無不可辦到之事。惟弟刻下立場不便自食其言，故社址所在，根據前項約定與目前工作之便利，似暫以北平爲宜，中央機關未嘗盡遷，似亦不必徙置而南也。以上諸端，一唯卓裁是仰，并乞代表學社及弟向研究院諸公接洽。其餘研究題材與預算用人等項，一俟回示到平，即派士能前來磋商細目。專覆，即頌道祺。朱啓鈐啓，六月七日。

再者，五日曾寄一書，仍寄吕班路，不知先到否？爲定蜀續假。現尊寓新遷何所，住址不甚記憶，覆復故交中興探投。連日陰雨，飛機不至，航空快信仍由陸行，此書到時必稍遲也。對于尊函答案，與同人細密討論，具覆各條，由弟草定，付士能代繕。未竟之意，本擬推士能兄赴滬説明，并備前途諮詢，適其婦臨蓐在即，未能遽行，故先以答案奉告，美款董會聞改期七月十四在滬開會，撥款問題不決，其本身亦無辦法也。餘再達。鈐又啓。

定蜀假期聞新局長允准十日，務屬早返爲要。

附一

本社職員及擔任之職務

社　長　朱啓鈐

幹事會　朱啓鈐　葉恭綽　周貽春　孟錫珏　袁同禮　陶　湘　陳　垣　華南圭

周作民　錢新之　徐新六　裘善元

文獻主任　劉敦楨

編　譯　瞿祖豫

研究生　單士元搜集明清營造史料

書　記　喬家鐸　陳仲篪　韓振堂

法式主任　梁思成

助　理　邵力工清工部工程則例圖釋

繪圖員　莫宗江　麥儼曾　宋麟徵

編　纂　瞿兑之《中國建築史》

梁啓雄《哲匠録》

謝國楨《營造書目提要》

會　計　朱湘筠

收掌兼庶務　韓振魁

事務員　劉家祺

附二

待印稿件

《清式營造則例》一册　梁思成

《宋李氏〈營造法式〉新釋》

　第一册　石作大木　梁思成

　第二册　彩畫　　　劉敦楨

編譯未完稿件

《營造法原》　姚補雲著　朱啓鈐校編

《支那建築史》　伊東忠太著　劉敦楨譯

《漆工術》

《明北京宫苑圖考》

附三

中國營造學社民國廿二年度預算書本年三月提出中華文化基金會之預算

甲　經常門

第一款　辦公費

（一）房租　洋五十元

（二）電燈電話自來水　洋三十元

（三）工役工食　洋三十元

以上每月洋一百十元，全年一千三百廿元。

第二款　職員薪水

（一）法式主任一人　洋四百元

（二）助理一人　洋一百二十元

（三）繪圖生二人　洋七十元

（四）文獻主任一人　洋三百元

（五）助理一人　洋一百元

（六）收掌兼庶務一人　洋五十元

（七）書記一人　洋三十元

以上每月洋一千零七十元，全年一萬二千八百四十元。

第三款　文具費

（一）筆墨紙張等　洋三十元

以上每月三十元，全年三百六十元。

第四款　雜項

（一）煤炭　洋三十元

（二）雜支　洋三十元

以上煤炭四個月計一百廿元，雜支每月三十元，全年四百八十元。

經常門四款預算共洋一萬伍千元，由基金會補助範圍撙節支配。

乙　臨時門

（一）旅行照像調查費　洋三千元

（二）出版費　洋四千五百元

（三）編譯費　洋三千元

（四）繪圖材料　洋一千元

（五）參考圖書　洋二千元

（六）設備費　洋五百元

（七）雇用匠作工食　洋五百元

（八）雜支　洋五百元

以上臨時門八項預算共洋一萬五千元，由本社另行設法籌募。

附四

中國營造學社民國廿一年七月至廿二年五月底止支出結算表

甲　經常費由中華教育文化基金董事會補助費項下支付。

（一）辦公費　一千零七十一元一角

（二）職員薪水　一萬零九百四十三元

（三）文具費　三百十九元一角七分

（四）雜支　一千二百十五元四角七分

總計洋一萬三千五百四十八元七角四分。

乙　臨時費由捐款項支付

（一）旅行調查費　一千零三十四元二角二分

（二）出版費　二千五百六十三元八角四分

（三）編輯費　三千二百零五元六角

（四）翻譯費　二百五十一元九角四分

（五）繪圖材料　一百七十七元四角四分

（六）雇用匠作工食　一千零二十五元二角

（七）參考品　五百三十九元二角一分

（八）遷移設備費　九百三十六元九角八分

（九）雜支及其他　二百八十二元五角六分

總計洋一萬零十六元九角九分。

附五

中國營造學社經費歷年統計表

中華教育文化基金董事會補助費之數

甲、一　十八年度　十八年七月至十九年六月　洋 15000.00

　　二　十九年度　十九年七月至廿年六月　洋 15000.00

三　二十年度　二十年七月至廿一年六月　洋 15000.00

四　廿一年度　廿一年七月至廿二年六月　洋 15000.00

此内有廿一年度第四期補助費三千七百五十元未經領訖。

補助費共計　洋 60000.00

乙、本社歷年捐款之數

一　十六年　陶蘭泉先生捐助（出售重刊《營造法式》版權）　洋 6000.00

二　十七年　朱桂辛先生捐助（出售弘治《本草類證》）　洋 4000.00

以上二款在本社未成立前供給研究及繪圖之用。

三　十八年　朱桂辛先生捐助　洋 3400.00

四　十九年　朱桂辛先生捐助　洋 4321.10

五　二十年　朱桂辛先生捐助　洋 3650.00

六　廿一年　朱桂辛先生捐助　洋 2030.00

七　廿二年　錢新之、周作民、徐新六先生經募捐款　洋 10000.00

以上五款在本社成立後供給臨時支出不敷之用。

捐款共計　洋 33401.10

甲乙總計　洋 93401.10

本年四月至六月乙項預算不敷約五千元。

乙項結至五月底止，相差約三千元。

中華民國二十二年三月二十日製。

一六

遐庵有道：接七月三日手翰并寶俶塔内陣照相二紙。中心柱非塔朽不得照見，尤爲珍貴。士能近著《説塔》之中心柱，得此佳證，爲之狂喜，將照相登入四期《彙刊》，著録版權爲公贈予。特爲致聲。社事尚待美會解決，董事諸公均於日内去滬開會，補助金之存續與否，在此數日可以揭曉。守和所譚言外之意，似難望中央合作，然否？公之前函係交何人轉寄，五日函有『前函計達』一語。竟未收到，殊懸懸也。譚巽卿博聞弇雅，當然羅致，酬報如何，社中刻未敢必定。謝剛主酬金原與圖書館分任，今年已不能續供，故辭去耳。北平雨多苦熱，想南方尤甚。

暑期惟珍重，不盡。弟鈐頓首，七月十日。

梁燕老紀念會通知函已閱悉。基金未交到，尚不少促進之法，如何如何。

一七

遐庵二兄賜鑒：承示英庚款進行辦法，甚感。頃擬就修正補助案分寄會中各董事，措辭悉遵尊意，以發揚固有文化，爲國内新興建築闢融貫中西之塗徑爲主旨。惟聞英款用於補助一項者爲數有限，故僅請求酌量補助，未確定數目若干，俾有伸縮餘地。如能成爲事實，不問多寡，衹求與庚款發生關係，將來即有進一步請求之希望，未譾高見以爲如何。各董事處已另緘諄托，并各寄刊物數種。李書華、休士、丁在君聞尚在平，擬日内分頭接洽。惟李四光已南下，與朱、宋二處均乞公與鶴卿先生代致拳拳，是爲企禱。專覆，即頌道安。弟朱啓鈐啓，五月二日。

再，公超來，述及公欲作北地之遊，亟慰渴想，敝寓已掃榻以待。牡丹時節是否果行，未得覆電，是否在庚款會後方能抽身，盼示一確音爲企，又及。鈐又頓首。

附一　致中英庚款會各董事緘稿

逕啓者：啓鈐自民國八年影印宋《營造法式》以來，由私人講習改爲中國營造學社。區區願望，惟冀繼往開來，發揚民族固有藝術之精神，爲新中國建築界闢一塗徑。年來對國內新興建築不無相當貢獻，而國外研究斯學者，發疑問難，及探索材料、交換刊物，莫不認敝社爲標的，惟爲財力所限，社中研究工作尚未獲盡，如預定計畫進行。前曾請求中英庚款董事會撥給補助費在案，兹因事距二載，復提出修正案送會，請求酌量津貼。素諗先生熱心文化事業，敬祈賜予援助，俾中國營造學之前途不因經費竭絀，斬其一綫希望，臨穎不勝企禱之至。此致〇〇先生

附二　致中英庚款董事會修正案稿

逕啓者：敝社於民國廿一年三月，爲設立建築學研究所及編製營造圖籍二項計畫，曾請求貴會補助在案。兹因事隔二載，前所請求事項業經局部實施，不得不另提修正案，敬祈貴會

仍予援助。竊敝社同人以國内建築隨時勢要求日就繁興，而營造方式迄無融貫中西、發皇民族固有文化之塗徑，故數載以來，不揣棉薄，以闡明我國建築藝術爲唯一職責。所有工作，首重調查遺迹，次及搜集文獻，整理舊籍，并計畫修葺古物，及爲國内外學術團體供給參考資料。

其已測繪之古建築計有：

隋趙縣大石橋

遼薊縣獨樂寺　寶坻縣廣濟寺　大同華嚴寺、善化寺　應縣佛宫寺

宋正定龍興寺、陽和樓、天寧寺　正定縣文廟

金正定臨濟寺　應縣净土寺

元正定府文廟

明大同鼓樓、城樓　北平智化寺　趙州柏林寺

大小建築三十餘所。研究成績與整理舊籍之出版者計有：

《營造彙刊》一卷至四卷

《清式營造則例》

《營造算例》

《元大都宫苑圖考》

《哲匠録》

《牌樓算例》

《園冶》

《梓人遺制》

《工段營造録》

《一家中之居室器玩部》

《燕几蝶几圖考》

編製與整理中者有：

《清欽定工部工程做法補圖》

《宋營造法式新釋》

《明北京城及宫苑考》

《營造法源》

其參與各機關團體計畫修理之古建築物有：

薊縣遼獨樂寺
應縣遼佛宫寺塔
北平故宫南薰殿角樓、景山亭及内城東南角樓、鼓樓等處

此外供給國内外學術團體及私人參考材料則有：

國立中央大學講授用中國建築模型及彩畫標本
國立北洋工學院講授用中國建築模型
國立交通大學唐山土木工程學院講授用中國建築模型
上海華蓋建築事務所彩畫標本
丹麥加爾斯堡研究院中國建築模型

諸項惟敝社經費年支約四萬餘元，數年來除受中華教育文化基金董事會每年補助一萬五千元外，餘數概歸自籌。第際此國事蜩沸，百業凋零，集款極屬不易，行見此略有生機之絶學，受經濟打擊，不能遂其充分之發展，而國内青年學子研究斯學者亦將受其影響，用特請求貴會每年酌量給予補助，俾敝社研究工作得以賡續進行，則中國建築界之前途亦將永拜其賜也。

此致管理中英庚款董事會。

一八

譽甫仁兄大鑒：連接惠書，敬悉。中法協會捐款事最後決定由王兆熙赴歐經費内酌量應付，如此辦法最爲簡當。我公可否再親致一書與班樂威，表明此款用途。協會組織與救濟學生辦法皆爲班所主動，但協會法文名稱此次法領譯爲中法友誼會，如何？弟游法文卷爲韓汝甲携去編纂，是以中法協會緣起及公交帶往會章均在韓手也。韓現在何處，數年不通消息，公知其行踪否？去春中法協會秘書歐□君來華，原爲巴黎遠東公司總理，與公甚熟。述知會中募捐之意，彼時傳譯爲章篤臣，不知因何誤會，謂弟認捐壹萬兩，或一萬佛郎之誤耶？此次班樂威以極左黨復出組閣，公亦重莅閣席，我黨似難漠然置之。萬金之鉅，非個人力量能勝，太少又不足以表示親近，是以法領來函至今未復。公電兆熙往捐若干數，并希示知爲幸。聞公赴奉會議，整頓路事，目前有解决希望否？浦口煤荒，由於徐州以南軍人把持車運，嶧煤不能南下已六閱月，本礦積存之煤將近三萬噸，運輸阻滯，營業不振，路礦交受其病。根本救濟之策，唯盼公於此行圖之。復請台安。弟鈐頓首，五月一日。

一九

遐庵賜鑒：此次出山，爲國犧牲，精神可佩。惟年來獲得之腴養，從此又復消瘦，又可念也。鐵城作次，實爲良助。聞篤臣任津浦，起衰振廢，可稱健將，路礦互救之夙策或能實現。兒子沛頻年株守津門，不定遠圖，挂名北寧，抑鬱無聊，久困思奮，力請諧公效用指臂之任，惟祈有以裁成是幸。社事基金會補助祇餘半年，勢須停頓。弟之固定生活爲公債牽動，進益將竭，心緒惡劣，他無足語。此候新祉。弟鈐頓首，一月三日。

二〇

侍紫江朱公游吉敦路看紅葉敬呈

遐庵總長清誨　闞鐸謹上

山行鎮日不逢人，遠樹平岡盡可親。大隧重重隔雰霧，那知世上有紅塵。

吉敦路有隧道四，曰六道河、曰老爺嶺、曰威虎嶺、曰黄松甸。

自有丹青通畫理，翻嫌雕飾損天然。滿山霜葉紅於火，反照殘陽色更鮮。

經行之地無人工之設施

松花江更牡丹江，平陸飛馳氣未降。信是山深林更密，莫辜好景到晶窗。

過老爺嶺以東山景致佳目不給賞

桃源畢竟非靈境，鷄犬林中鎮日喧。争似山深人徑絶，更無鴉點繞孤村。

穿黄松甸森林無人烟者殆百里

縱有萬牛回首重，竟如一葉泛舟輕。浮沉一任中流放，徒負盤根錯節名。

牡丹江漂木不編筏土人謂之趕羊

敖東城址剩培塿，平挹江波土一抔。誰謂窮荒厭文物，爲供憑吊築層樓。

牡丹江岸有土阜相傳爲敖東城址其側有新樓

朱愷儔（一通）

譽虎會長大鑒：接奉快郵，囑送《嘉靖太倉州志》及民十九《太倉志》兩書，查《嘉靖州志》即桑悦《州志》，爲太倉圖書館所缺，能否覓到，當在此三五日内搜羅後再行奉復。至民十九《州志》一書不知何所根據，查民二十敝邑有修志之議，至今并未蕆事。僅於民廿四時先將『人物』一門刊印成册，即爲乙亥《志稿》，兹先寄奉。耑此，祇頌台綏。弟朱愷儔謹啓。六，廿五。

朱慶瀾（二通）

一

玉甫先生惠鑒：前復一電，計達左右。昨又奉七月八日手書，誦悉壹是。宋藏在長安已查三部，皆有殘闕，擬再搜求各縣大寺，連北平各圖書館所藏，務成一完帙，再付景印。滬上及各方不審尚有藏此者否？此間查竣，當將詳目寄上俟酌。觀堂扁額曾將紙寄滬，如未到，請照每字見方二尺五寫寄。尊處續交捐款千元，已接上海濟生會來電收到，俟捐款人姓名示下，當刻碑記以垂久遠。秦中古迹古物現與佛化社諸公設一法物保存所，先調查各縣所存，能移省者移之，不能移者登記拍照，使衆周知，自不至再爲盜賣。陝西水利，涇渭兩河漢唐以來皆有故渠，足利民生。華洋義振會所開涇河明年即可告成，中外交相稱頌。渭河施工較涇河爲易，所溉之地亦較涇河爲多。兹將上游要工分作元、亨、利、貞四段，所經皆陝灾最重之區域，以工代振，尤爲益民。計元字一段，需款四十八萬元；亨字一段，需款五十五萬元。如能將此兩段先開，則利貞兩段以後不難爲力。倘嫌費鉅，則先開元字一段，將渠口石堰鐵閘做好，亦能大利及民。祈公商諸何夫人轉達，前途果能發此悲心，弟當負完全責任。先請華洋義振會洋工程司及建設廳李儀祉先生詳測水量，勘估實工，不令款有虚縻。渠成，即以捐款之人名名之，期流芳於萬世。弟今日自終南山回，三二日即往甘凉。歸來當至上海，藉聆德教。兹將《導渭計畫書》一本、《關中水利芻議》一本寄呈，當知此渠救人之多、利民之溥。各件仍懇公轉，似較徑寄爲好。今日上一電，請公島行暫留，想已收到。耑此奉復，敬頌暑祺。弟朱慶瀾拜啓。

七月十八日。

附呈《導渭計畫書》一本，《關中水利芻議》一本。

二

譽虎先生勛鑒：前晚奉讀惠書，比擬趨晤罄譚，乃以瑣事，未克分身。昨爲振麥换糧事邀集有關中外各方開會集議，後驅車奉訪，始悉大旆已於中午赴京，榮膺特命，從此新猷丕煥，駿績昭垂，遜聽之餘，良深忭頌。宋藏會事承示種切，具佩畫籌，祇以佛藏流通，事關宏法，甚望公檀菠蘿蜜，廣大布施，庶金裝貝葉功德圓成。凡所顧念，苟爲力所能及，無不儘期改善，總盼勿萌退志，務求貫澈。京滬兩地交通至便，政務餘暇，仍可兼顧。會計方面，現既覓定人員，即可專司負責。吴藴齋君再三竭誠表示，一隨尊旨辦理，一亭、文六、静仁三公所認之數，一二三月内准可繳清。瀾所認兩萬，已於年内措齊照交，以踐前約。目前問題僅在藏經能早日運滬。範成法師一周内可往長安，邱居士現亦在陜，可就近整理，協力進行。瀾已另函康寄遥居士，切實奉托多方解説，三秦善信，或不致十分堅執也。星期六常會届時若台從不獲莅止，尚希就近委托代表到會，毋任感盼，总此復達，不盡一一。敬頌勛祺。弟朱慶瀾頓首。十二月卅一日。

吕保如（一通）

總長鈞座拜啓者：竊保如新奉部令，派充迪化無綫電報局工程司兼局長，駑駘下駟，驅策謬膺，慚感交縈，益懷報稱。伏念新疆一地，僻處邊隅，昔在遜清，視同甌脱。除駐訪遣戍以外，絶少内地行旅之人，所謂烏魯木齊充發罪，僅減死一等。海通以還，英俄漸思涉足，新疆之名始稍稍見稱世人。迨及今日，裁兵實邊之聲揚溢全國。無論朝野，莫不以此爲解紛弭亂之大經，新疆地方之重要，乃頓爲舉世所共認。然凡一地方之啓闢，實當首利交通，而欲圖交通利便，又非通訊敏捷不爲功。乃一察今日新疆通訊情形，郵政之遲緩，無論電報號稱利器，一電往還，亦復動輒兼旬。即弗論國内今日情勢，新疆不容膜視，同屬行省之一，益以密邇强鄰，似亦當注重通訊設施，爲鞏固國防之計。國家興亡，匹夫有責，矧保如〔下缺〕

呂美蓀（二通）

一

湛山寺成，有廟而無經費，佛須香火，僧要飯喫，不久而和尚盡散，豈非諸大護法白費一番苦心。茲有一策，似屬可行。查青市人口日增多，屬上中等之家所居主皆狹小之洋房。每看人家搭席篷於院，停靈辦喪，甚至棺木不能上樓將死者由樓窗吊下，樓梯多盤曲，靈床不能下。此無殯儀館之故也。湛山精舍倘能闢三數間屋，專備人家入殮停靈唪經之用，既便於衆，而廟又有收入，量非一舉兩善之事？高明以爲何如？刻有友來談，苦無殯儀館，市民不便，故有此建議。玉甫先生惠察。蓀拜上。

二

多年胃病，奄奄久無生氣，忽有友人教食生葱白，蘸以甜麵醬，不旬日，眠食俱佳，精神焕發，喜極。願廣傳世人，以濟同苦。執事儻亦因胃弱致疾，曷試之。如有效，更願廣傳親友，亦一樂事也。玉虎先生鑒。美蓀再拜。二月晦日。

友人云，生葱白久食不獨健胃，因問久食不將昏目乎，曰北人量盡盲目。且尤有清血殺菌消除肺疾之功，不可不信也。

呂碧城（一通）

玉甫先生：走訪不遇爲悵。鄙人所捐保護動物會之基金三千元，務請從速發還爲盼。可按港幣核算，比昔年市價僅收回五分之一耳。此會已停辦四年之久，不得謂爲暫時之停頓也。所索之書亦希擲下，此請大安。呂碧城拜上，七月五日。

附：葉恭綽復呂碧城（一通）

惠臨失迎爲歉。前者寄來各書久存敝處，弟因遷徙無定，難以照管，久欲交還，兹從者來此，祈即全數取去，以省枝節。但如擬寄存上海法寶館，則務請索取該館之正式收條，否則該館不能負責。至該館之負責人係鄙人，而非任何人。其駐館辦事人爲錢君重知，亦弟所委任，此外任何人所做之事，弟不能負責，亦無人可代表該館對外也。弟與錢君除外。至保護動物會捐款一節，弟廿六年冬倉促離滬，因特別注重該項基金，故將債票携在身邊。弟自己衣服均未及多帶。當時未料到一戰四年，滬地至今淪陷，故兢兢祇能求基金之勿失。至會務之不能進行，事屬不可抗力。至何時方能照常，亦無人可以前知。今承示云云，弟年力就衰，諸事皆怕經手。以個人意見，亟欲立依尊囑辦理，因此數每年所生之息數并不大，難以辦何等事業，而久擱不定辦法，又恐辜盛意，久費躊躇故也。惟該會係一法團，曾在政府立案，非可起滅自由。其內容爲理事制，非弟一人可以專主。尤其係該會產生以後，方始承助基金，并非因有該基金而始產生該會。與僧醫院者不同。故此返還基金一事，須决諸公議。目下理事散在各處，能否開會固無把握，但不能因此遂謂弟一人可以專主也。如尊意必欲索還此款，應請具一致該會之正式信函，以便提議，俟商定如何辦法，弟即遵行。惟弟私有奉告于執事者，則假如具函與該會時，請千萬不可以該會停辦爲辭。因凡團體之停辦，不外違法解散與自動解散兩種。今因時局之障礙，不能執行會務，與上海市政府及他團體相同。若左右必謂該會已經停辦，勢必徒生爭論，轉滋誤會也。再該款前經開會議决，購入公債，期收益稍多。今即使交還，亦無法復舊，至能否按港幣核算，更説不到，此亦應附帶聲明者。總之，捐款出自盛意，無論如何，必不願令左右有何不滿，但事實所在，亦望左右能以照察。且尤不願鄙人數年兢兢保管之苦心，乃令左右與一般胡鬧之徒等量而齊觀也。鄙人平生經手款項，爲數至少十萬萬以上，從無一事令人致疑，中外具瞻。來書斤斤于停辦與停頓之殊，似疑弟以停辦爲口實，不欲交還，此乃大笑話，請勿如此輕量天下士。弟雖窮困，不致爲該會捨不得奉還此款。須知該會若承認停辦，則以後要執行會務尚須另起爐灶，此爲任何會友所不能承認者，且左右非政府、非法庭，亦無判令該會停辦之理，故此奉勸立言宜慎耳。專復，即頌碧城居士道安。卅，七，七。葉恭綽上。

江昭（一通）

譽虎部長賜鑒謹肅者：來英已逾兩月，未能早日報告，實深罪愧。昭於五月下旬抵英京倫敦，晋謁兆熙博士，當將囑帶各物轉交。承詢鈞座起居飲食及近日行動頗詳，愛戴之詞，溢于言表，惜未能詳答也。實習事因北英機車公司所製津浦機車已將竣工，該公司營業蕭條，去亦無工可做，乃决計先來 LEEDS 之 HUNSLET 廠。該廠近代我國杭江鐵路製造機車六輛，方始進行，所得或可較多也。該廠規模不大，鑄件皆由外間供給，每年約能製機車十餘輛。因規模較小，易于維持，且采用多數童工，故年有盈餘。設備亦逐漸擴充，工人智識程度及技術經驗等皆較我國爲高。待遇既佳，失業又有保障，廠中又施行件工制，故工作效率與我國不可同日而語。回顧我國，則設備既差，技術管理人員又感缺乏，駕馭工人亦未適當，成績焉能滿意？我國大學研究鐵路機械者，僅有交大一校，而畢業生在國内鐵路、工廠實習者，一限于缺乏指導人員，再限于技術幼稚之工藝及落伍之設備，所得能有幾何？此爲昭所親歷，尤非積極設法訓練不可，深望鈞座加以提倡，庶幾有濟。英國鐵路營業所以便利旅客者無微不至，各種附業成績亦佳，旅行游歷列入大宗，惟外國風俗不同，設備各異，且國家財力富裕，故以游歷爲樂事。我國則民生凋敝，此種營業尚難期望實行，仍以疏通貨運爲急務。我國機務除訓練技術人才不能速成外，其餘尚有辦法，車務則積弊至深，必須破除情面，澈底改革。若會計能實行獨立，則擴充計劃方可討論，前途當能重見光明也。我國國際信用破産，LEEDS 地方不大，對于中國更多膈膜，不勝其解釋辯駁。生而何不幸爲中國人耶？潦草作書，幸恕不恭，尤望時賜箴言，俾資遵行。肅此，敬頌鈞安。江昭謹肅。八月七日。

江瀚（一通）

礐虎先生鈞鑒：揖别浹旬，未拜手教，未知興居若何，正深馳系。昨午後令嫒持示遵諭，敬悉台旆行抵大連後，履綦佳暢，甚爲忻慰。瀚在府一切粒平，足以上慰錦注。承示旅順漢城疑爲漢得高句麗降開置樂浪等四郡，尊見甚是。瀚客中携書無多，未能詳爲考答，惟徵之《前漢書·地理志》與《三國吴志》，旅順口似即漢遼東郡沓氏縣，縣之西南有渚臨海，名曰沓渚。《吴志·陸瑁傳》，吴嘉禾二年，孫權欲親征公孫淵，瑁疏陳有沓渚，至淵道路尚遠，語沓渚爲自海登陸處，以地望準之，似即今旅順口。知者以遼東望平縣爲大遼水入海處，而西安屬縣又爲濡水入海處，即今營口與直隸永平府地。沓渚地在西南而臨海，似爲旅順無疑，質之高明，未知以爲何如。令妹等本國地理頃已講畢，擬續講地文學，與地文學以植物種殖處處與地文有關故也，未知當否，尚乞教示爲荷。至人品處無問題，亦時與諸同學講及，與尊意似亦相同。惟學識有限，恐多貽誤耳。肅復，敬頌旅安。瀚拜上，六月四日。

江小鶼（三通）

一

譽虎先生大鑒：一别多日，殊以爲念。自公出山，屢欲趨候，惟念新膺艱鉅，握沐必忙，而公京滬往返，駐驂又暫，故迄未獲晤。甪直工程最近新曾赴勘，塹壁髹色均已竣事。技工頗覺滿意，惟象身擬再修補顔色。兹因方在修理水泥地面，木架已拆去，須俟地面修竣，重搭木架爲之。建築方面，平頂裏外均已修好，筒瓦部分尚未改，未知是否不須再换。全部工程不久即可完畢，只須布置内部陳列一切，春暖當可開幕。惟斗拱一部分殘缺不全，拼湊較爲不易，新當負責試爲之。開幕前如有應行準備之事，專待示及，以便進行也。北站銅像事，荏苒兩載，猶未妥定，擬懇公得有機會，設法玉成，實至盼切。舍戚潘志原姊夫任鐵道方面職務已廿餘年，去年由津浦路局調部辦事，今在鐵部統一鐵道會計統計委員會，襄辦翻譯事宜，人極老成誠篤。不擬再回津浦，頗思在滬局或部中求一較優位置，所希望者不過一高級科員而已。倘荷渥允，感同身受，履歷一紙附呈察鑒。又舍弟紅蕉，渠頗欽遲左右，部中如有在滬宣傳之處，可供驅策，候公到滬，渠將專誠趨謁，關於鐵部新猷可即示彼，必不辱命也。天馬會岑寂已久，擬重振旗鼓，于本年四月或六月間舉行第十届美術展覽會，放一新采。正在奔走，至盼箴教。高軒何日來滬，倘有片暇，盼以電示，以便趨候，統祈亮察爲禱。專肅，敬頌勛安。江新頓首。

一月五日。

二

譽虎先生鑒：來示敬悉，用直事，滑君去後，已增加工人着力進行，隔日有報告。上星期滑君來滬，新等已擬定大局布置，可得原來塑壁之八九，今附上計劃圖樣攝影，惟不甚清楚耳。北站事，兩象均呈送中央審定，日前在南京已見立夫，并得見張所造之石膏模型，非但面部不肖中山先生，即人形亦未象，可笑。石基之木模型亦看見，粗俗不堪，中央對於石基模型尚須考慮也。金剛殿事，用直當地匠人重開之賬較前更大，原賬附上。因此只得仍商姚新記，但尚未得確實答復，新決于日内前去解決之。貴恙初痊，精神未復，故未敢走談也。專此敬復，并祈痊安。江新頓首。十月六日。

三

敬復者：滑君在用工作頗勤，隔日有報告來，照相兩次附呈。工作進行尚速，天井布置事曾晤范君，不談估價，似覺茫然。金剛殿事已與姚新記直接談判數次，非但可減，即以前所開之價，亦不能辦理，商之數次，允重開最簡單、最詳細之估價表，迄今亦未送來。鵜前日自京返來，尚未去接詢也。貴恙已痊否？頗欲面見一談，盼賜示，至禱。此復，順頌痊安。江小鵜頓首。十月二十二日。

江孔殷(一通)

譽虎老先生座下：不晤多年，遥想起居康勝，動定安詳，至以爲祝。弟自民十九，即不涉英美貿易事，固由省港閉塞交通一役影響，營業一落千丈所致，亦未始非因。民十六冬杪恢復交通後，承宋部長托，居間勸導英美商人墊損，湖北開府以至定鼎南京，成立捲烟統稅，雖派兒子往滬隨同規劃，而當時爲避嫌，曾以謝某出面與西人接洽。不料大功告成之後，兒子不肯居卑，令他人坐享優席，且迸英美一席取而代之。此種舉動吾輩固視之可詫，但以言輓近，固又甚爲等閒耳。于貴邑蘿岡置有果坊千弍百畝，六十六歲人乃由商而農，今已七年屆矣。本春各項果花均盛，望此旬内勿多吹大東南風及有暴雨，收成則有可觀，衰年自贍或有所賴，不則真弗可思議矣。忝附知交，敢以瀆聽，當亦爲我故人所不及料也。閱報知公與政府諸要人新組一古泉會，弟所欲知者，以爲同道研究事業，抑或政府對於幣制有所必需處。早欲函請示教，以舊曆開正，自蘿岡場返舍，一病兩月餘。初患胃病，時作暈眩。初服西醫藥不效，仍遵中醫，服藥至七十餘貼方愈，又感傷寒，風温繼續。今雖能執筆，仍尚未斷藥也。弟收集古泉前後卅餘年，初在粵收得梁緝蝦幣、潘澂湖及大良何氏圜錢三副、東官莫氏刀幣一部。挑選精品作底，繼南關孔氏專剔去歷代舊版圜泉。所有奇品異泉，均以字畫模糊或剥蝕太甚，擯出不要，弟則以重價輾轉得之。而歷年會試入都，鐵路初開，除搜集諸城劉氏、山西初氏暨戴文節遺泉外，而向所未見之新出土奇異精品，衹圜泉一項已不下數百種。泉譜久已塌成，且已將刀布注釋，人事匆匆，至今尚未付印。同道中則如鄧秋梅、陳仲璧二君皆曾見譜。或見真相，爲詫賞不置者。弟年事已老，環境日劣，兒輩無一懂此道者。近日所藏古磁精品，間亦爲友朋割愛，不求甚解，務得其主而已。古泉一項，生平心血最多，費貲亦至鉅，如政府需要，或同志收羅，皆可割棄。但手集已有五千品以下，不欲分散，以全副承受爲宜。公能爲我道地，約得同志來粵，品鑒全部古泉，固甚歡迎，亟盼示復。專請鈞安。弟江孔殷上。四月卅。廣州河南同法里十二號。

江兆槐（一通）

遐庵先生有道：去秋兩奉還雲，敬悉種切，事冗未即答覆爲歉。家先祖慎修公遺像，辱蒙賜題，并承别延名家題詠，甚感。如已撰成，敬希惠下，俾便增印。敝校之址，即戴東原先生故里，其讀書處在校之東隅，屋遭兵燹，僅遺頽垣翠竹，令人憑吊耳。前讀尊編《清代學者象傳》所附啓事，待訪各象中未列東原先生之名，想係遺漏，兹奉《東原圖書館紀念册》一本，即請察收，内有遺像、遺迹影片數幀供編輯資料。吾徽學術，當有清之世，彪炳海内，若金榜輔之、俞理初、程瑶田、汪雙池諸先賢遺像。槐曩在歙縣中學時，曾搜求摹繪，用誌景仰，嗣爲駐兵所毁，兹擬重訪寄奉，不知能獲得否。專此奉復，敬頌撰安。晚江兆槐再拜。另寄《紀念册》一本。

五月五日。

何東(一通)

玉甫先生大鑒：奉讀遠章，敬聆一是。具審籌履休暢，忭慰曷似。承示北票煤鑛事，詳將經過情形及目前事勢條縷指導，殊深紉感。台從智燭幾先，籌無遺策，敝代表張君昧于事情，坐失機宜，致尊處不克合作，殊屬可惜。至于執事函示，弟素無成見，兼之平時于偉論向所欽承，大約當日或在旅游，或事體繁劇，尊札之投，參差擱誤，亦未可料。原書已無從查得，歉疚奚如。現在雖處特殊形勢，亦當擘求辦法，徐圖補救，執事長才偉略，必有高明之計劃。股友方面，倘有欲請我公出而處理，以謀晚補，未審能俯就代爲借箸否？查該股份現新華銀行出盤四十元買入，惟應否售出或再買入，統希卓見示教爲荷。專此陳謝，祗頌台綏。弟何東謹啓。廿四年三月十八日。

向迪琮（二通）

一

遐公先生嗣宗吟席：數日前接奉大簡，并已選詞人姓氏録，適友人壽石工君自平來津，當即交其帶回代爲徵集，頃得來書，謂於平津車中將原稿倉卒遺失，屬轉懇從者飭鈔一份，以便從事搜集，用特專函，奉祈飭寄，以便遵辦。後此當付油印，分寄同好，俾免再有貽誤，幸恕疏忽爲禱。北平詞流據琮所知者，以工力言自當以壽爲最深。惟壽學夢窗，且創爲换筆换意之説，故其病不免晦澀，不成片段。邵次公自言工力不及壽深，但其詞筆剛健，年來規撫汴京，寢饋三變，集中《長相思》《柳初新》等頗能得柳佳處，至其小令偶效花間、小山，尤復清雋可誦，顧其短處往往好用僻典，時有堆砌之病。然此君持律謹嚴，蕙風而後一人而已。歙縣洪澤丞君往與次公、石工等遊，極好作詞，平中詞流推崇者極衆。此君往從譚復堂游，作詞多宗譚説，刻有《勺盧詞》一卷，惟境界不高，然技較清人項蓮生輩殆無多讓，往托纕蘅兄寄奉一册，不知已蒙察及否？邵伯絅自謂作詞以北宋爲主，在詞社中頗自炫其長，實則彼之才力竭蹶，殊無俊語，恐與喬大壯較，尤無喬清逸之思也。琮往曾入平中詞社，於社中諸子所作粗知梗概，因公選集近詞，故就所知直陳，以供采擇。往晤彊邨翁，言及作詞須專力爲之，不宜苟作，尤不可以之作酬應具。此老一生得力於此，故所作究非尋常可比，今之詞流大都無此毅力，且文人結習往往博而不約，習而不專，故所作多粗獷而不精湛，披沙揀金，良有未易。鄙意尊選務從嚴格，力屏虚聲，庶幾詞學一道因公日昌。狂戇之見，伏祈垂察，前塵《逿朝歡》詞因韻律尚有乖舛，閒中復加改定，另紙寫奉諍諍，并乞賜和爲幸。匆匆奉復，祇頌著祺，不一一。迪琮謹上，四月十五日。

二

遐公詞宗吟席：頃奉四月七日惠簡，詞意懇摯，感荷無已。《逿朝懽》詞續有改定，已寫似吟正。『江淹』改『文通』極工，琮初亦憶及，惟宋人詞言江筆淹筆者多，故沿用之究不免膠柱之譏耳。已遵改矣。北宋詞選叔雍兄概示體裁，發前人所未發，至堪佩歎。惟此事至難，恐非愚力能隸。加以塵緣煎迫，饑驅無定，集事恐未易期耳。適之夙極契洽，渠於琮詞頗加獎許，拙稿不日出書，冀以一卷寄贈，非欲與之論詞也。此人敏慧，讀書頗有卓見，惜持論怪僻，未易與之强同耳。陳君詞已鈔竟，原稿奉乞察入爲幸。嘯麓詞極工緻，津中友人曾約與之接譚，因事未果，容因便往晤，催促早寄，何如？匆此奉復，敬頌著祺，不戩。迪琮肅上，四月十七日。謹空

余塝（一通）

遐老鈞鑒：久隔檮輝，時殷葭溯。敬維道履綏和，福躬康泰，至以爲頌。塝備員津浦，瞬已數年，任重材輇，時虞隕越。惟念塝自前清宣統元年，蒙梁燕老保升京張鐵路車務總管，民元復荷鈞座栽培，調充津浦南段車務副總管，旋擢全路總管。嗣邃，改調京綏、京漢、中東、京奉各路。民國十七年冬，復調回津浦。二十餘年，歷在各路，或任車務副總管，或任車務處長，洊升副局長、局長、委員等職，屈指已滿二十五年，并無間斷。自慚但能循分供職，建樹毫無。惟經過部局長官，何止數十，均蒙采納虛聲，委任要職，局外不察，或以爲别有奥援。但塝生平淡泊自甘，不求聞達，所可自信者，以廉潔爲自守之箴，以勤勞爲作事之本，以此造回，故有此結果，返求諸己而已。伏查鐵道部定章：服務二十五年，年齡至六十歲以上，准予退休。塝現年雖未至六十，而接連服務，已滿二十五年，擬於本年秋邃呈請退休，以讓賢路。回憶向沐垂青，有逾常分。今遂初在迩，懷感彌深。竊念我公書法高古，久所心折，兹謹擅擬『廉潔勤勞』

四字，并附上宣紙一卷，敬求染翰臨池，賜以墨寶。如蒙俯准，謹當視如拱璧，懸之中庭，既以自勉，亦以垂示子孫，不勝榮幸之至。耑此拜懇，敬頌鈞綏。余堺謹啓。

更有懇者。同事錢仲展求公賜書楹聯，又堺亦欲得公加書一聯，兹謹將對料并横額宣紙一併奉上，敬乞便中一揮爲叩。堺又謹啓。中華民國廿三年六月廿五日。

余紹宋（六通）

一

惠復拜承：尊疾初愈，切宜静攝，伏望深自愛重。晦聞後事陳仲恕兄迭有書來，但言目下殯殮之費無着，頗望友人幫助，至於遺族贍養，晦聞粤中當有相當資産足供其夫人及在粤子女之需。北京之妾及幼子則晦聞有遺屬，將平寓所存書籍及文房古玩悉行變賣予之。仲恕以爲一時恐難得巨數，故頗望有人贈賻，將來集成整數，另舉公正友人經手，祇用息不許動本云。現聞北京有多人發起晦公善後委員會及治喪委員會等等，新式之古誼正不知結局如何。公經驗所得，恒不討好。弟亦有同感，不惟吾輩，恐古來熱心人皆如此矣。承兄賜照片，先謝，匆復，即頌譽虎先生道安，弟紹宋頓首。

正發信間，奉到賜寄晦詩，大作深穩切摯，敬佩敬佩。刻工形式俱不佳，果不出公之料矣，又及。

二

許久未通問，伏想康順，必如所懷。茲啓者，弟近允東南日報社主編《金石書畫特刊》發行以來，頗承藝術家許可。茲自第一期起，檢贈一份，此後逐期奉寄。前數期弟因赴北平托人代辦，致編印太小，殊爲歉憾。乞察收。尊藏至富，可否擇其精者付照相館攝影見寄，倘蒙俯諾，請照一尺或尺二之片，其所需映費，乞將發單賜下，當屬報社如數奉還，如何？乞示復。聞毛公鼎已歸尊藏，弟頗欲得一拓本，不審能復惠賜否？餘不悉。冬寒，維珎衛不宣。弟紹宋再拜上。譽虎先生道長左右。廿一日。

三

日前寄上一緘，想已達覽，昨得北平來電，知晦聞兄作古，愴痛不可言。今日復接陳仲恕快函，知其身後極蕭瑟，衣衾棺木之費皆其所籌墊，已去七萬餘金，此後運柩營葬之資更無辦法。聞之益深惻怛，頃已致書鄭苐庭、陳樹人兩君，請其言於汪君精衛，設法經紀其喪，不知能生效否？夙知我公平日與晦聞甚相得。秋間，弟赴北平，晦聞亦屢詢我公動止。今日之事不審公能有以助之否？一代詩人，如此結局，思之潸然。如何？乞即賜復。再前求影印尊藏金石書畫事，可否俯許，亦盼即答。拜上。譽虎先生道長執事。弟紹宋頓首。廿六日。

四

今年杭州奇熱，不得已赴莫干山避之。日昨返杭州，始獲讀大教，藉知安善，極慰所懷。兩扇扇葉遵屬寫成，炎威相灼，實不能工，又寫竹一葉塵教，有意拋甎求公亦書一箑見賜也。兩扇另封寄上。承詢拙著，往時在南北各校講演頗有關於書畫流别之稿，所印俱小册，頃已散失無存。今檢《畫法要録》及《書畫書録解題》各一部呈誨。其《要録》尚有二編方在印刷中，容再寄奉。獎照照領，費神保存多時，感感。公所得節師詞稿能爲梓行最好，否則乞飭鈔一分見寄。敝處扇頭尚有其手寫詞數首，容檢出鈔上，以供校勘，何如？扇尚在津友處，一時未能即鈔。師常自云吾詞必可傳，詩實不若詞之美，則爲刊詞集亦不違其所願也。其家况究何若，弟亦不詳，去書恒不得復，正不知鬧到如何田地，可歎可歎。賤軀去年患漏症極劇，嗣經西醫割治，受苦不少。今雖全愈而氣體大不如前。腸胃仍有病，時發時愈，承存注，極感極感。率復，遐庵道長先生左右。弟紹宋拜上。七月廿六日。

五

遐庵先生道長大察：倭變以還，迄未通候，然時時在念中。頃奉賜書，藉知安善，極慰所懷。弟避居深山中，地名沐塵，峰巒重叠，風景不惡，深入即處州。尚稱閒適，惟平半生所蓄金石書畫圖籍隨杭州俱盡，意興不免蕭索。又以無佳楮陳墨，書畫之興亦大減，甚覺無聊賴耳。節庵先生爲詩極虚心，時命人每葉寫一詩訂成册子，請張文襄、楊叔嶠諸公爲之評隲。弟處原亦有數厚册，其中頗多重複異同。拙編遺詩多取材於是，可惜今亦已淪亡。公所云三十厚册，不審是手定本，抑係此種求人評隲之本，現沉海底，無從追究，讀來示亦不禁爲之惘惘者久之也。山中消息不靈，尤懵於國際形勢，正不知戰局何時可了。公能以所聞詔我否？三年契闊，相見不知何時，臨書但有悵惘，即頌道安。弟紹宋頓首。三月十一日。

六

遐庵先生道長左右：香港通問以後瞬已三年，時切懷念，忽奉惠函，快慰奚似。一别八年，此八年中，弟所歷困難辛苦難以盡述，亦不須述也。最近復避來此窮山惡水之烟瘴地區，往昔以充死軍役者，困苦更不堪言，安之而已。兄蒙難艱貞，極爲佩慰，先聖精義之學正須吾輩於艱苦中决然矜持，庶於世道人心有裨耳。思孝可憫，故夏間寫畫數幀寄之，俾彼售去以資補助。彼乃欲以寄紙爲償，卒亦不能寄。宣紙此間雖貴，弟處所存則尚不虞缺乏，以友人欲求書畫，必能千方百計謀得之以見貽，故絶不需其購寄。况路太遠，雖寄到，非摺皺即沾濕，亦不堪用也。作書畫本極樂事，然必須有設備及器具，方得稱心。今弟轉徙流離，所居僅堪容膝，毫無光綫，桌椅亦不可得，筆已用敝，佳墨早經淪失，顔料更不必談。如此環境焉能弄翰。即作亦多率筆不足觀，故所作甚鮮。不得已以吟詠自遣，數年來所作數百篇，惜未能録以呈教也。兄鬻藝生涯想不惡，能以潤例見示否？兄尚有舊藏物可賣，弟則數年前已經淪失一空矣。何時天明，佇待把晤，言不盡意，手復，敬頌道安。弟紹宋拜上。十月廿九日。

復示請仍寄原處，因不久須移歸雲和也。

吴宓(一通)

遐庵先生尊座：一載以來，常於公超兄處得悉起居，并蒙屢賜刊印各書，盛業卓懷，既感且佩。祇以事忙時促，久擬肅函陳謝而未果。頃因宓在清華任教職已滿五年，依例得休假，并以校中官費留學歐洲一年，擬以前半年居英國牛津，後半年居巴黎，并遊大陸各要邦。現定於八月下旬，由此徑穿西比利亞而去。兹於行前，謹肅函承教，分述如次：

(一)法國馬古烈君，在此已數次晤談，但仍擬懇先生寫一介紹函與班乘衛、葛蘭言二君，函由宓帶去面投。擬先到巴黎，住至十月底方赴英。

(二)先生在英、法等國各大圖書館，如有欲鈔寫或調查其收藏之某種中國秘籍稿本，而未得其便者，請開示。宓願負責效勞。

(三)先生歷賜刊印各書，曾隨時於大公報文學副刊登短評或新聞，以宓執筆者爲多，祇以學殖未足，且諸務交迫，俟稿急促，故多未盡其説，或所論有誤，不待高明指示，亦已自知《文道希先生詩評》一篇，雖係宓作，但皆取黄節先生面授之説，宓未盡贊同。不免一偏，《北平晨報》亦有指誤。異日當求慎重精確。宓出洋期内，《文學副刊》由浦江清君接辦。浦君乃清華助教，與公超亦熟識，今後讀刊書籍及各種消息，祈隨時交公超轉給浦君，必可迅速刊登。

（四）黄節先生與先生撰《羅癭庵集序》二篇，又陳伯嚴先生及先生撰《文道希集序》二篇，已編入《學衡》雜誌第七十、七十一期，其他序文，凡有關學術文章而辭旨淵雅者，均擬以次刊登。《學衡》爲宓一生理想事業，始終黽勉。徒以平日事忙已極，遂恒愆期。近日謝絶一切，閉門專事編輯，六十九、七十、七十一、七十二期全稿，均可於七月底以前編成，寄交中華刊印。七十三期以下，則南京方面社友續任編撰，直至宓回國爲止。先生如蒙惠稿，亦祈交公超面付浦君爲便。《學衡》原係中華完全擔任發售，同人除作稿無報酬外，尚有半價購買本誌之權。惟因民國十六年滬亂，中華停工。一二月重開後，堅謂此誌在今不受歡迎，且工資增高，印刷費重，故非本社每期津貼中華壹佰圓，不允續辦。宓當時以《學衡》究否虧損，銷數實得若干，賬目既不公開，調查亦無途徑。爲維持此誌於不墜計，乃從中華所請，自六十一期起，每期付中華津貼百元，於發稿時付給。此所以自六十一期起，改爲每年六期。一因宓兼編《文學副刊》，時力不濟；二因津貼需款，故不得如昔之全年十二期之辦法。近各期之款，除由一二近戚知友捐助已登布外，餘悉由宓墊付。其他社員實無所捐。此乃義所當爲，亦心所樂爲。惟因家庭負擔甚重，且每以恢復全年十二期爲職志，故各地賢達，或公共團體，如有樂捐經費，以助維持者，亦當感謝收受。其辦法不外長期登布於本誌中如前例式，而捐款祇用於支付中華印費津貼，不作別用。本社同人向極狷介，且以《學衡》之所主張提倡者，在今少人瞭解，不受歡迎，故夙甚審慎，未敢向外人請募捐款。惟宓年來得與先生通函承教，於先生刊印佳籍，編纂要典，提倡風雅，注重道學，深意力行，欣佩實深。又與公超常共遊居談話，得悉先生治事之切實，取與訓教之嚴，更覺其與本誌所崇奉之理想適合。故不揣冒昧，擬懇先生對《學衡》賜予贊助，於友好朋從之中，擇其可與談者。即其人確能贊成鄙誌而不以爲非者。代爲籌募捐款，不限期，不拘數。募得者，謹當隨時於本誌中登布概用真姓名。其款則不必匯下，但請示知，由宓具函，在滬徑付中華，以爲津貼印費。如先生個人自捐，尤當感謝。他日如能設法令中華不取津貼，則爲釜底抽薪之根本良圖矣。敬布區區，專請文安。後學吴宓上。中華民國拾九年七月初拾日。

吴仁杰（一通）

遐庵先生有道：久未箋候，殊深渴念。近維起居迭吉爲頌。敬啓者，六月二十四日吴俗爲觀蓮節。去夏擬請先生提倡，以是日爲顧園觀蓮節。後恐干法令而止。旋悉錢塘觀潮仍以廢曆爲原則，是以從今歲開始，擬請先生沿吴俗之舊，以六月二十四日爲顧園觀蓮節。如蒙贇許，屆期請在滬報宣傳，并請路局提倡。又，顧園南距蘇崑汽車路約一里有餘，此間倘闢公路，俾相連接，則游者得汽車直達矣。此點祈商請彭縣長百川辦理，定當事半功倍也。拙稿《辭辨》呈部審查，已准發行，并賜名『辭源辨正』。又承鈕永建先生題署，現已籌備付梓，遲至七月中出版，擬懇先生撥冗賜序，以光篇幅。如荷垂許，不勝感禱之至，并祈早日惠下。耑此拜懇，順頌台祺。晚吴仁杰謹上。五月廿八日。

吴湖帆（十四通）

一

秉筠家貧好學，雖專工刀筆，而篆書亦殊用工。侄見其所臨金文、殷虚諸書，具可造也，心甚艷羨。金文每嘆力不能致，此次應錫永之約，詣府拓金文，甚爲得意。昨來舍，述及此次拓酬，無論何方，均不敢受。懇公特許彼親手拓毛公厝鼎文字一張。此願爲莫大也，未識可否？至希亮其好學誠摯而俯允之。遐庵姻丈大鑒。侄湖謹上。

二

奉示敬悉，幸公勿誤。好在侄與非三朝兩日之初交，諒亦知我素來體弱，致身負痼疾。近三月來，更覺偃卧時多，益形倦疲，正覺自恨不能振撥。素承以相知見愛，故侄亦不自知一切舉止之不拘。但初開文獻會籌備時，侄以素未預聞過，一切大小，任何會務，不知事實之輕重多少。初應徵集，亦不過照例投洽而已，此次敝處繳來，大約幾人中最少。第二看閲説明，不料如此之多。初以爲衹盡一日之工可了，不料源源不絶，已覺精力爲之不濟。且素性既任之役，不願草率了事，以爲説明書交會之後，可以息事，且以時届陽曆六月底。種種經濟所迫，遁出時間爲奔走乞求之事。所托王季遷代能之事，此種私事本不足告。亦成利刃待俎之訊。十月之間，心緒紛亂，正不知所措。而公前日要侄參加陳列事，此中分配既難，侄何能輕諾以誤公乎？公私互迫之苦，想丈總不致再有所不諒乎？昨日會上，王佩諍兄言，叫侄當副會長之説，抑俟凡人居高名，則萬事皆可應允。此種見解，未免誤解，幸公便告之。侄豈爲此争名乎？精神已覺不够，故決不誤公所托一切。拉雜奉復，統希見諒。即復遐翁，侄湖頓首。

三

遐丈大鑒：書畫出品内容，侄已知其蕪雜程度，至於陳列方面，當然由胡肇椿先主持計劃。審查情形，侄於日常生活上有妨礙，決不能負責辦之（決無在四五小時以内可辦）。且當日徵求對外面發表，托人盡量應徵，今忽改變，爲大事删削，擯棄不列，庶必徒遭人罵。若實在不佳的，剔去當然挨駡，不去管他。今爲人名重複而剔去，在應徵人必然憤懣。侄故對删節審檢一事，即刻佩诤所云之方法。只得卸肩，如不能容，只有請陳列主任多事更换之一法也。又書畫類卷軸册之分類，辦事員決不致連卷軸册多分不清，故未分開，僅就在此之登記表與詩詞，將年代先後略事整理而已。專此奉白，即頌台安。侄湖頓首。

四

遐翁大鑒：昨日匆遽奉復，自知雜亂，不拘直陳，至訴苦之情，本不宜奉告。徒以情急不顧失態，戇直流露，伏希曲諒。侄十年以來，辱公不棄，見愛見重，底非呆子，豈有不知。實維日來心緒歷亂，更因平日疏懶成習，不獨無心，尤屬無力。且素諗丈爲事之不苟，豈可亦蹈他人因循誤事之覆轍。况搪塞輕諾，本非所好。自悉侄之精力，祇能抵他人三分之一，而蒙丈之所期，大有抵人一分之三。相去太遠，庶必失公之望。雖特别蒙允，可以間便，不與他人平衡工作，可謂至盡情矣。然内疚之情，果何能已。近日外感内應，夜眠失安，肝陽上騰，煩躁頭脹，一言以蔽之曰：處處外强中虧，以致叠逢公恕，諸希特别雅諒。在可能範圍之内，當無不竭力徇知也。登記表預算仍未全，以後者免得陸續遞送，擬俟展幕後結束清楚總檢之，何如？專啓，即請台安。侄湖頓首。廿七。

上午實太無狀，衣履未整相見，諸希原宥，因今日覺頭暈也。

今日晤善子兄，云晚間趨晤。察其情形，恐亦無暇。勢必再待子清之消息。季遷云，可助子清。

五

奉示敬悉。白杏已試，至佳，感謝感謝。敝處登記表大約今日可以定畢，内中亦抽出非書畫類二十九張。即交上，請核發佩、彝二兄。如公畢，請駕舍一叙。專復遐丈，侄湖頓首。

吴璧城登記表中僅注價值若干，被侄盡行圈去。不料另有寄售辦法，簡則中注明可以注價若干，璧城冤矣。侄真笑話。

六

遐丈大鑒：覺林謝謝。《文獻會提要》事如需要，則日内即須進行工作矣。第一批中應采之才料較多，而更換期尤近在目前，一俟捲換後工作比較困難得多也。應否即辦，乞示及，當即與邦達辨云。又前日奉懇云，徐、陳二生，一係侄之外甥，爲東吴高中畢業之高材生，又爲最用功勤。即刻得子清兄書，廿九午車來參加陳列書畫，應否添加幫忙人員。想彼居客鄉地位，獨木亦斷難支持也。所有删節問題，俟子清兄來後商量。此上遐丈台安。侄湖頓首。原函奉閲。

七

遐丈大鑒：侄日來因天時關係，差不多天天以藥爲生活品，委頓狀況，益不如前半月，終日看書而已畫都不能，常要頭暈。前日陪冒鶴老往小鶼處一次，歸即喘喘，幾等廢人。前日，徐佛士兄來滬，本欲奉訪，與陳子清兄同樣，爲其郎君欲入交大求函。悉公爲會務忙極，不敢驚擾，屬代函告，俟開會時，再詣求也。專上，即頌著安。侄湖頓首。

八

譽丈大鑒：昨日陳巨來兄來，云其弟結婚，請公證婚。昨日文獻會常務會議議定會徽，大約請公定奪。初擬十六號，今擇定五月三十號，恐公未知，托侄轉達。届時當由巨來來迎。專此奉達，即頌台安。侄湖頓首。

九

遐丈大鑒：違教三日，至關馳思。《文獻提要》今既分間於總目之中，使外界目標認識無剔除之意。然侄意鄉賢與流寓，務不必分爲前後，不致混雜爲上。如尊意爲然，請分付邦達兄就便分晰較易也。尚有其他遺物中各稱上殊有未恰當，必須一正爲上，不知公意爲然否。蘆事苟安，恐非久策。文化事業上不能不謂之得計也。不然恐北平全部將毀兵火矣。此頌台安。侄湖頓首。

附：吴湖帆致王謇尺牘

佩諍老兄大鑒：未克詣訪爲歉，工作完畢後，希偕子彝兄駕舍一小叙。尚有足下舊作乞書也弟處僅存初稿。專約，即頌著安。弟湖頓首。子彝同學均此。

一〇

昨讀湯文正手書文稿，中有爲西澗詩序。西澗姓劉，睢陽人，不知是否即程孟陽作《西澗圖》者，恐年齡不甚相符。是否一人，乞公酌之。專上遐丈。侄湖頓首。

一一

趙萬里跋《淮海詞》，尚有佚者及存疑諸作。按萬氏《詞律》所收《金明池》一首，亦作秦觀，是《淮海集》所未見者。鄙意秦詞散見各處，當不止此。公輯《淮海長短句》定本，似應將存疑及所佚各詞另補一卷爲宜。未知有當尊意否，如以爲尚可，則叔雍搜羅最稱也。此上遐庵丈。侄湖頓首。

一二

收到玉印三方，兼墊一顆，連前一枚，俱暫存敝處。聞公遷居，心較惶惑，不知遷至何處，希示及。否如仍在此區域内，則無須過慮也。附上寫詞箋二張，請遐老正。侄湖頓首。

一三

遐丈賜鑒：前上寸緘，想蒙台及。橫箋一紙，求書近作，詩詞皆可，至叩至叩。兹晤源來兄，敬悉起居佳勝爲慰。侄最近由林子有、冒鶴翁、夏劍老諸丈約入詞社，是爲孤島中無聊消遣上法，畫業勉强支持，祇够個人黑粮，奈何爲計矣。家鄉情狀，諸多閡隔，聞浮表强安，而内容不可説不可説。溥子義冤哉枉也，捲入旋渦，一肚子有難言之隱痛。侄終日與偉士、博山昆仲等相聚，徒消白日而已。前日精衛先生書寄詞箋，并附長函，甚關念。侄自問痼疾在身，不能西南之行，然處此孤島，終久非計，不知丈能報我於彼岸否？總要想一出路，萬無待斃之理。近學趙書，公以爲可教乎？專頌台安。侄湖頓首。瑣屑事附箋詳之。

一四

此橫箋求賜書近作，或舊作亦可。賞款湖帆，附上數紙，如公有可能處，或代求數張更感。

已書者祇四家，湊不上一本：精衛先生、鶴翁、吷翁、沈尹默先生。如劉禺生在港，亦乞一葉。另求書『李棻醫師』四字，每字正一尺方，借此爲診金也，謝懇謝懇。書後乞郵寄爲感。

《秦詞》跋收到，感甚。潘氏《清真》好在有二，能否仗大名大力求其一？敝藏陳侯嘉姬敦，係阮文達舊藏，曾著《積古齋款識》，文既雄麗渾厚，色亦純緑明媚，以之相易，當不負清真也。專請譽丈台安。湖頓首。

吴郁生（一通）

遐庵仁兄閣下：昨日奉到惠賜楹語一事，華詞匪所克承，撝稱尤不敢當，隆情雅意，敢不拜登，當付兒孫什襲藏之。五福之徵，自是熙朝人瑞，世亂民流，則適得其反。如僕者，世緣已盡，不幸而喘息猶存耳。蔣徑未開，醴酒不設，敬紉厚誼。手布謝忱，即頌箸安，不一。愚弟吴郁生頓首，初三日。

吴眉孫（一通）

師曾遺詩，景印告成，庠作一跋尾，録乞斧政，更乞撰一題辭，俾付印合裝，以完心願。受古書店新出書目中，有史位存《小眠齋詞》寫本一册，知爲我公購去，擬乞假一觀。遐公道長左右。吴庠頓首。五月十三。

附：《陳師曾遺詩跋》

師曾既殁，舊京朋好爲景印其所畫山水蘭竹花卉若干幀，復搜求其所刻印章若干方，聚拓爲譜。雖力有所限，要大概足以傳師曾矣。而詩則闕如，予弟静盦求遺稿付刊，不可卒得。葉遐盦爲展轉訪諸其家後，就蔡公湛篋藏遺墨先後録副以來祈。欲乞伯嚴年丈爲删定一過。總以年丈春秋已高，不敢以此事深觸其思子之悲。商之遐盦，謂傳刻在我輩，是非可待之後人。

予韙其説，爰依家稿，次第分爲二卷。凡公湛所録諸篇，删其重出，益以他篇，爲《補遺》一卷，寄弟婦江南蘋清繕一本。家稿是否師曾手訂，無從得知。作詩年月都難確定，故不以他篇羼入之。師曾恒言生平所能，畫爲上，而蘭竹爲尤，刻印次之，詩詞又次之，益稱心而出之也。然而晚近詩壇當分據片席，則又非予一人之私言。亟取清本印行，聊以抒予兄弟感舊之餘哀，亦以副遐盦促成之雅令。詞則公湛仍有録稿，遐盦方選刻《後篋中詞》，知傳我師曾，不煩辭費矣。庚午初夏，吴庠眉孫甫跋。

吴静山（二通）

一

遐庵先生：手教奉悉。敝館藏志目，當遵照開示各種出陳。關於鄉賢著作書目，刻經草編竣事，兹隨函附呈，請察閱是幸。此外尚有上海史料目録及有關上海之各書目，正在趕編中，一俟編竣，即行呈覽不誤。劉河一地，此間極少收得其資料，當再設法搜集也。即頌日綏。吴静山謹上。六月五日。

二

遐庵先生：登記表兩束拜登。博物館方面所存史料登記表亦經送來。頃已代爲歸納分類，發見表中有一部分出品，與十縣之史料關係極少，但悉爲十縣人之著作，似可歸入典籍門鄉賢著述及輿圖類中。兹將該項登記表奉上，尚請查收是幸。祇頌刻綏。吴静山頓首。六月廿三日。

附登記表十四紙。

附：吴世德致吴静山尺牘

静山先生：平快函悉。此間各藏家，業已接洽，并悉張君繼齋前三日返里，專爲此事，亦已向彼等先事接洽。出品大勢，書畫書籍較多，圓津禪院所藏書畫，有關青浦部份全部送會。據廿五日報載，圖像較少，弟業已征得王蘭泉泥像及羅兩峰爲蘭泉所寫行看子。金劍民所藏王西亭象二幅，沈城隍生象一幅，醫生陳蓮舫象及《申報》倡辦人席子佩象各一個，期前當可直接送會也。專此，即頌大安。弟世德頓首。五，廿八。

吴慧文（一通）

譽虎大居士惠鑒：竊以刊行珍本，流通古籍，原屬儒者之風雅，人間之勝事。若乃禪和釋子之遺篇，曹洞雲孫之舊簡，昔既未付剞劂，今日自成環寶。猥以書囊無底，一旦忽爾發現，寧非快事？有《洞宗寶鏡三昧三傳宗旨》一書，蓋清初卧雲禪人之所著也。與具德禮、譚吉忍諸師時代相差不遠。禪人曾參天水和尚透得洞山過水因緣，因著此書，以辨正元賢、覺浪諸尊宿舊解之訛，而申其心眼獨得之孤明。據其自記，當著書時，行年已六十七，『自恨愆期，且福輕力薄，料不能深造以担荷大事，故悟之後，時時願同諸方尊宿與在家居士共相發明此一大事因緣』云云，蓋甚有心人，固非率爾操觚者、具眼者所能知其價值。此書乃小楷寫録，共八本，惟本末有半册無文，每本有朱文『平陽季子考』『摛藻堂藏書』等印章，古色古香，宛然法物。昔爲平陽汪季青所藏（一字柯庭），今歸鄙人，因不欲私秘，願以三百二十元實價讓歸貴會，公開流通。倘台端欲觀此書原本者，亦可寄奉，但僅以二册爲限。今洞宗式微極矣，此書一出，或有中興之望乎？時節因緣，固非偶爾也。專此，祇頌台安。浙江金華城内净渠頭五十五號吴慧文謹啓。五月十七日。

又，鄙人有錢遵王注牧齋《初》《有學》兩詩集一部（内有一頁鈔配，又有缺頁一紙），并可出讓，售洋四十元，二十二本，白紙初印。

宋春舫（二通）

一

譽虎先生函丈：奉教及簽，至爲感謝。宗孟遺墨，自詡搜羅頗富，不知先生見之，又作何感想耳。惜鄧君翔處精品未能列入，此願須俟異日償之。日來正候葉扶霄、梁和鈞寄件到後，即當付灾梨棗。舫上次返滬，本欲摳謁，人言先生去沽，故爾中止。年來索居青島，日與蠹魚爲伴，人之無聊，孰有甚於此者？殆無事足以陳述左右矣。青市風景，爲黄海沿海各口冠，盛夏時直堪與法國之比夏里兹相伯仲。先生儻有意來此作平原十日遊，不勝翹企之至。匆此布謝，敬頌道祺。晚宋春舫頓首。四月三日。

二

譯件窮半日之力，已竣事，不知適用否，敢請斧正。上海銀行圖書館二額，不知已寫好否，甚盼甚盼。此上玉甫部長。春舫再拜。四月八日。

宋葆昌（一通）

譽甫仁兄閣下：頃奉惠書，敬悉一一。前談大袖子所藏之史料，係前在張家所見《乾隆六十四年憲書》。兄問張此本代價幾何，張答數十元。因以談到大袖對於憲書宫門抄等搜羅最富。弟并未言及其拟出售之説，恐兄因此意思之所向。是以前次來示，囑詢大袖所藏各史料，并請其開一目録耳。陳君在第廿七期《人間世》發表關於藝展會預展參觀後對於瓷器所指數點，可謂少見多怪，無足重輕。此君於瓷器史上，想必用工太少，大概收藏亦不多，所以未能識别瓷器。掘拾破碎瓷片，只能作參考。然尤要鑒定，因其有初中晚年之分，原質泑果以及工作方法之沿革皆有别也，不能只憑在舊窑址得到碎瓷片，就視爲典要。此等假窑燒壞所棄之廢物，何能與完成物品相提并論哉？桂老明日由平來滬，返平時深盼兄同來，得暢聚也。專此，敬頌時綏。弟葆昌頓首。廿四年五月廿一日。

李詳（三通）

一

玉符先生閣下：歲莫刺促，忽枉來書，佳集將詒，如開寶玦。莘積想獲，遂一相欣慨，交拜起立數四。道希所箸《晋書・藝文志》及《詞鈔》并得寓目，兹得詩集，沈思眇慮，宛有人在。梭東昔日南下，欲就李督軍莫府，約詳同往。剛父與居亭主人劉聚卿參議同官，詳爲劉西賓，兼辦筆墨，曾羅輓联，先後代撰，記尚不俗，似有緣分，今并其詩讀之矣。貴省神交，梅縣古公愚直與詳不啻石友，書疏往來，憐閔衰老，曲加拉拭，其學不在吴石華、黄公度下，閣下宜得聞之。前歲敝縣旱荒，公愚言之粤府主席陳真如君，先後以八百元相貺。又有侯君名過，見詳與公愚尺牘，屬訪廣雅書局刊書，侯即購十數種見贈。詳復侯書，以程木庵與錢警石故事比之，粤人何厚於詳如此！今閣下書中又舉徐篤甫先游之言，物色在昔，極可感慰，特作五古一首，奉揚盛意。令祖寫刊之書并希續寄。詳壯歲以後，自號書丐，私家精刻價值甚鉅，無力購藏，以書乞貸，罔有吝色。甫與閣下定交，即以此例奉告，希源源而來也。拙著今年彙刊畢工後，須呈大教，姑以舊印駢文，此集不備，其後尚有佳篇甚爲可觀，先印之文尤須刊落，不爲定本。及絶句兩册寄贈。冒鶴亭寓滬地址乞示。趙叔雍家有《錢牧齋全集》，爲閣下詞人社友，請索一部（杭連尚可，洋幣可厭），詳當以他書報之。天寒咳喘，作書如塗雅秋蚓，至望惠復。見似人者而喜，敝處如荒村，諸友書來亦如兄弟親戚之謦欬我側也。覼縷敬答，即請箸安。弟李祥頓首。正月三日書。刻將人日矣。

二

譽虎先生閣下：昔客上海，諸老游談多預其末，閣下時官交通，無由奉手，迨藝風、乙庵相次徂謝，蘇堪從王析津，散原僦宅湖上，弟亦移館江寧，忝爲大學教授。龍戰元黄，天地黟黷，遯迹閭里，群盗如毛，幾不免閭邱冲摯仲治之厄。近知閣下客滬，與隺亭遊踪相亞，登山臨水，每傳佳作。羊何皮陸，仿佛其人。意未嘗不羡之，而息景既久，不任馳驅，境外之交，音問殆絶。往聞曾剛父詩爲君寫刊，又乃祖先生編有名人輯略，且綴遺像不記其名，聞經發賣皆懸高值，弟素無潤屋之貲，頗覬臧山之製，平生自號書匄，向人求乞，率得佳本。弟其姓氏，自張午橋、譚仲修、繆藝風、葉鞠裳、沈乙庵、馮蒿庵、徐積餘、劉葱石、周夢坡、劉翰怡、張石銘、冒鶴亭諸君子外，别有十許人皆著《書匄録》中，閣下如錫以槧本，亦諸賢之續也。又聞君選集先朝名家詞，想與朱古微先生同操選政，容以借鈔宗梅岑《元鼎詞》寄呈。宗著《芙蓉新柳堂集》傳本絶希，漁洋之弟子也。倘荷不棄，必有新刊貺我。去年趙堯生來書，頗許剛父能詩，故欲讀其集，尤亟亟爾。手此，敬頌著祺。弟李祥頓首。十二月十六。二月三日。

三

玉符先生道席：日昨承惠尊門諸刻，一家著述具有淵源，祖德清芬，庶幾不墜。寒家插架中遂添精槧如許，東野至今不貧矣。昨又奉到賜復，具悉。文道希先生尚多遺著，渠有賢子能文蒯禮卿所説榏書可付。梭東没於醫院，身後爲名伶料理，知其家屬不振，剛父何亦如此，文人結局不過爾爾。魏文於徐、陳、應、劉都爲一集，又募孔北海遺文，此等故事，非君誰能修之？叔雍已有書來，渠無《牧齋全集》，殆傳聞之誤。古君公愚爲貴省後起人材，博雅工文，應有盡有。詳與公愚書，謂其承敝郡阮太傅學海堂餘蔭，命世挺生，可抗前輩。及與詳廿年神交，書問無間，又同好汪容父之學，沆瀣一氣。去年敝鄉際旱荒之後，一門二百指絀於人事，偶訴之公愚，公愚引爲大戚，致書粤省主席陳真如君，援孔北海與魏武書，論盛孝章之當救，而激以齊桓之耻。陳君先後以八百元相餉，且有後命。公愚文儒，虚懷善納不自滿，假其粤俠好義高於人。又有侯君名過者，在公愚所見詳與書，屬其訪購廣雅書局諸書，侯即慷慨買數十種見贈，豈非詳與粤人有緣邪？足下聲名，聞之數十年前亡友劉恂父逑。君短小精悍，近於報紙曾載偕鶴亭登山臨水，知留寓上海，門人劉季植言君寓址，乃以一書道念，果得往復，此後可通訊問矣。古君閣下不可不交，渠住廣州東山圭岡三馬路七十號，充廣州中山大教授，業已數年。古著述甚富，滬上中華書局皆有寄售之所，今以古新著《客人對箋》一册寄奉。詳舊號書丐，積餘諸君具知之，君有諸友精刻，敢援舊例爲請，著君《姓氏録》中，亦雅聞也。拉雜書復，即請道安。弟李詳頓首。正月十七日。

李仲三（一通）

呈爲資助求學研究體育事。竊學生李仲三，學名連元，年廿七歲，天津扶輪第一中學畢業，南大卒業，在河南六河溝煤礦服務有年，而性喜體育，曾代表我國參加第八、九屆遠東運動大會跳高一項，然結果均遭慘敗。推究其原，實練習不當、指導不良，有以致然也。聞之德國體育，自歐戰失敗後，勵精圖治，以科學之方法研究，大有突飛猛進、駕世界而上之之勢。痛每次之慘敗，抱雪耻之決志，遂於前歲自備斧資，來德正式修業，于德國國立體育大學已兩易寒暑矣。自來德以還，曾參加德國之運動比賽，時列前茅。今秋在意國舉行之環球學生運動大會，生亦參與，爲國效勞。查在歐能發揚我國民族之健康者，尚鮮有人，于國于己，不無榮光也。兹因斧資告罄，困守異域。中途輟學，既非初志；繼續研究，勢有未能。爲此一再上函河北教育廳，懇請補助，或以無額見拒，或須考試爲詞。想生在國内外體育界，頗着微聲，兼在國外大學修業兩年期滿，雖經考試，量亦不難及第，而無奏功者，實以缺乏門情、政治不良，信爲上進一般青年灰心且憾者也。素仰會長以培養人才爲志責，對于我扶輪畢業同學，關懷至切，用敢冒昧上稟，懇請鼎力栽培，俾學業收始終之益。來日得效力報國，爲母校争光，皆會長之賜，感德永世難忘矣。查此校三年卒業，生已兩載期滿，尚有一年，即行學成返國，用費共約三千馬克。如難能，望斟酌賜助爲幸。在生籌措萬難，在會長如草芥。然待生異日返國，或徐圖奉璧，或效力補報，皆生之願。是否有當，謹待命教。

敬再呈者。昨日閱國報載有我國文化數百件將運德展覽，而會長爲籌委委員長。倘有任用之處，願效犬馬之勞。肅此上懇，敬請鈞安。留德國國立體育大學學生李仲三謹呈。十月十五日。

學生李仲三係在柏林體育大學肄業，經本館核閱其在校証無誤，特此証明。駐德史館給。
中華民國二十二年十月廿四日。

李宣龔（四通）

一

遐公先生惠鑒：昨承寵召，以新年開始，到館事務填委，弗克分身趨陪爲歉。頃誦手示，敬悉一切。囑將《學者象傳》由尊處在滬取用，以三十部爲限，仍照特價辦理，自應遵命，業已知照敝處，兹照辦矣。耑此布復，祇請台安。宣龔稽首，一月七日。

二

遐庵先生道鑒：頃菊翁囑，將應徵上海文獻展覽會出品草目先開清單，附請察閲。惟正在發篋檢點，臨時或尚有增減。至敝館及東方圖書館在國難前所存圖畫照片，甚願送往陳列，惟國難以後毁失殆盡，現在儘量收集，以備參考。再，鐵琴銅劍樓徵品登記表亦亟待填繕，懇即檢付壹百紙，以便與瞿氏分填，至爲感盼。專頌台安，諸惟霽照，不次。六月三日，弟李宣龔頓首。

拔老以體氣不適，已赴醫院打針，謹爲代簽。師洪附注。

三

遐公先生道鑒：日前送上《南洋勸業全研究報告》《太平洋博覽全要覽》此二種不必還，想蒙察及。此等書籍散見各處，購售頗不易，兹復在東方圖書館代借二十七種計三十五册送上，藉供參考。已照單點收，用畢仍盼擲還是感。倫敦電已發，但言調英一節，係《申報》誤登，并無其事，虚領盛情，殊可哂也。耑此布謝，祇請台安，宣龔稽首。五月十八日。小詩已奉，敬乞教正。

四

遐公大鑒：六月廿二日大示拜悉，《清代學者象傳》查因印刷上種種阻滯，六月底尚不及出板，甚爲抱歉。現屬所司趕辦，極遲限十月底可以竣工。儻外間有欲先睹爲快者，或於八月底先出前兩册，至十月底續出後兩册，未知尊意如何？請即見示。俾便於決定後，將此意通告各定户也。耑此奉復，祗請道安。宣龔稽首。六月廿四。

李思浩（一通）

昨夕劉君假尊寓晤叙，擬面詢清恙狀況，適兄服藥後倦睡，不克驚擾，不知今日有稍痊可否？舊曆年關爲時已迫，今日接上海來電，孫、齊勾結，攻擊張允明，財部上海借款第二批恐生波折。貴部接濟財部之數，擬懇湊足貳百萬元，俾免支絀。又距年底甚近，并祈早賜撥交。不情之請，尚希曲諒，一切祈屬紹覺次長與弟接洽，此托。即請玉虎我兄痊安。小弟思浩拜上。一月十二日。紹覺兄均此。

李景康（一通）

譽虎先生閣下：久睽音徽，邇想東山養望，著作等身，曷勝瞻企。日昨次周先生惠示大函，内附陳文忠公詩文，均經拜領。康查小引與《送美周詩》，俱爲原稿所缺，業經如教附説補入。惟小引原題有『奉送美周翰撰先生』字樣，想必代表全體賦詩名流稱謂，以美周爲文忠弟子，補入本集。擬將『奉先生』三字從略，是否有當，仍乞印可。《題二喬墨蘭》一絶，已見原稿，惟命題僅用『畫蘭』二字，次於《畫石》五絶之後。風流跌蕩，明季士大夫本屬不諱，而二喬芳躅嘗厠於雲淙名士之間，乃文忠稿本僅曰『畫蘭』，似有所諱者，亦一趣事也。再查文忠公介弟子升，工力風格原出文忠之上，但惜《中洲集》已等廣陵散，無復人間。坊本流傳，亦僅寥寥數首耳。文忠珂里適鄰敝鄉，聞尚有文稿五卷遺存，父老珍惜，不使離鄉，已囑其僱工鈔繕。省志根據行狀，謂有經濟言《南宫集禮部堂稿》所存，或此數種矣。《練要堂集》敝邑邑會急於付刊，倘承蚤賜大序，無任感禱。專此肅泐，祗頌崇安。晚生李景康頓首。廿六年元月六日。

李經緯（一通）

玉甫總長賜鑒：日昨常務會蔣理事提出，請呂秋逸担任編訂股常務理事。因思本會常務理事每股祇定三人，今呂居士在京，一切接洽非常困難。呂君本爲本會理事，當亦能爲本會帮助。編訂股事務繁重，非深具學識、富有經驗如江味農老居士方足以稱職。江、蔣均極接近，頗能商榷。除函蔣居士，徵其同意外，特此奉聞，未識尊意以爲何如。又昨日吴寄老與緯面述明年將調南通，所有會計上事務委緯等代辦。緯意會計一職，不如請黄詡昌居士担任。寄老担任事務，緯與書局或能代替，是否可行，亦請裁奪。黄居士處業已談過，惟須會中決定之。又會中各事，書局未曾得命之前，不便增添人員，加重開支。緯路局職務頗難抽閒，沈君亦有書局事兼理事務，不免隕越，非由會中請一常務幹事主持辦理不可。如會中可以用開支，每月六十元。居士林學校主任潘人偉頗堪稱職，書算接洽，俱極靈敏，且思想新穎，作事耐勞，未識尊意以爲然否。如荷同意，請即提出。專此奉啓，即請鈞裁。晚李經緯謹上。二十，十二，七。

附致蔣君函稿。

附：李經緯致蔣竹莊尺牘

竹莊先生大鑒：昨承提議，推舉吕秋逸君爲編訂股常務理事。刻緯細加考慮，深覺吕君遠在南京，不獨不能担任經常工作，即每次開會，亦恐不能出席，似有名不符實之慊。況每股常務以三人爲限，若吕君一經推定，已經足額，將來再有相當人才，不能再請担任。此股常務，吕君已被請爲本會理事，在名義上已應輔助一切，在佛法上尤應担任法施。以緯愚見，江君味農佛教前輩，於經籍亦深有研究，且閒居滬上，如推彼常務編訂，更爲相宜。不知仁者以爲然否。現在吕君函尚未發出，并已將此意告知葉副理事長。如何尚乞即速示復爲盼。

李雲天（四通）

一

玉老左右：法寶館存裕大莊款事，弟昨已與該莊總理田玉樹君接洽。據云現先還半數，本月廿五日可持原摺向該莊清理處取款，其餘半數并息，可向周紫老如數照取。特此奉告，請台洽。或將原摺交下，由弟向取必可。敬頌台安。愚弟李雲天手啓。正月廿一日。

來件請送四川路五號雲莊即弟賬房，蓋回單可也，又及。

二

玉老左右：來函所詢法寶館存裕大莊款事，該莊經理係田玉樹君，紹興人，亦覺園净業社會員之一。股東半係江西周氏，即前鹽商周扶九君，紫珊亦股東之一份子。刻弟晤玉樹，彼亦謂此款係公益基金，擬商諸紫珊，儘先提還云云。聞股東中有趙雨亭者，頗爲殷實。錢莊係無限性質，股東有連帶責任。弟今日有事赴甬，三四天後回滬，再與閣下酌商辦法。專此奉復，順頌台綏。弟李雲天手啓。三月六日。

三

玉老大察：昨奉手示，拜悉一一。法寶館裕大存款事，已遵示函致該莊清理人。袁、王兩律師聲請登記，兹將去函、回據并函稿併送台覽，即希檢入爲荷。專復，敬頌大安。愚弟李雲天手啓。三月十四日。

附件

四

玉老大察：昨奉手書，敬悉一一。承詢一節，前據周紫老面談，因款係法寶館，故願特别辦法，即弟前函所云云是也。現該館既尚未建造，俟建造時決當履行前議，否則應與著通存項一律辦理云云。特再奉復，即希台洽爲荷。敬頌大安。愚弟李雲天手啓。六月五日。

承送下尊書金君屏聯，未經收到，尚乞一查爲荷。

李圓净（四通）

一

遐公大德道席：昨接黄茂林居士來書，述及其目下之經濟狀況，謹附呈尊覽。彼之工作狀况，據云《英文報》有詳細記載，已連譯文寄上，料收到。豐子愷君創作之《護生畫集》，年前巴黎人士曾一度熱烈歡迎。今錫蘭且要求流通，因請茂林譯爲英文。今稿已到，現在陳無我居士處整理中，擬由中國保護動物會名義發行，并托無我遍寄各國保護動物會，藉口廣布并聯絡也。校印之事由净任之，印資現有半百之譜，自屬不敷，倘仁者垂助，隨時示亦爲可也。朱子老允以宋藏十部贈海外各國，印度方面曾以詢之。譚雲山先生屬書述及創辦中印學院事，因亦順將譚信奉閲。譚君多年前曾肄業于太戈爾辦之國際大學者也，年來屢有著作發表于

《東方》及《申報》各刊物，多關于印度之文字。又日前梅擷芸居士來訪，謂宋藏可與各國交换佛化書籍，亦一辦法，但手續更繁耳。朱則希望此事由會中大家辦理云。近屢聞人談及宋藏因印刷國係固不得不横印，惟天地頭大可加闊，庶不難看云。尊見爲何，草草不恭，肅叩道安。譚函望擲返爲荷，圓净頂禮。二月七日。

二

遐公大德法席：兹接黄茂林居士八月十二來書，據謂影印宋版藏經新聞不日當譯英文，有各報發表，到時當剪一份寄來。惟歐洲方面吕碧城女士入醫院受外科手術，未知能爲翻譯宣傳否耳。現有人將拙作《佛法導論》遍寄全國各圖書館，因致函費範九居士論及將影印宋藏宣傳品附入寄發。旋接來稿，即轉佛學書局，囑其印成後移交。惟此項印刷事必須考究精致，慎勿草草，祈開會時面告佛學書局照辦爲盼。

吾國普陀、清凉、九華、峨嵋四大名山爲觀音、地藏、文殊、普賢示迹聖地，乃震旦最重要之靈迹。然聖迹有待於山志之傳播，當爲確定不易之論。顧『四大山志』之情形，《普陀志》經印光法師修訂出書，可無論。清凉、峨嵋之志印影就，當地請購亦難乎其難，且錯訛甚多。《九華志》求之較易，然出詆俗之手，謗佛之處層見叠出。盖彼非作道場志，看此点即《峨志》亦不免。净殊不解中土佛法有悠久歷史，何山志狀况如斯也。自《普陀志》出書，净即請于印光法師將清凉、峨嵋、九華三志以次校刊排印，已蒙老人允許。清凉、峨嵋二志均先後校訖，尚待略爲補訂耳。如仁者發心助印，祈直接與蘇州明道師或印老商洽爲荷。黄茂林留英難以辦到，原已兩次去信告訴。惟初曾告其可以設法。倘他有函表示謝意者，應附尚未見讀□所書之信耳，草草不恭，肅叩道安。

圓净和南。廿九日。

再者，昨閱佛學書局《出版界》一書，成績大佳，成立仅三數載，而有此長足進步。亦法門之幸。惟事業發展過速，資金至感缺乏。據經緯居士謂去冬晋京走謁者，公允爲之助，故近來佛學書局有擴充股本之新計劃，然適際時局多艱，想應無甚進展。倘大德允爲積極相助，則結果尚能滿意。無任盼禱，净又上。

三

遐公大德仁座：迩維道履綏和，榮茸休鬯爲頌。茂林居士錫蘭留學費用，年須九百元左右每月四十盧比，現由明道師募得沈心師居士年費四百元，連同仁者與史量才居士均每月廿元之助款，年中已有八百八十元。净意即可就此告一段落。黄茂林需款孔亟，似可即開始發匯矣。擬年中分作四期收款匯去，假定辦法如左：

春季 一月匯二百元，收沈心師居士

夏季 四月匯二百四十元，收史量才居士

秋季 七月匯二百元，收沈心師居士

冬季 十月匯二百四十元，收葉遐庵居士

如上作四期交匯，辦事人較爲省力。而茂林每次接款即覆一函與施主，亦甚妥當。倘仁者贊成此項辦法，即乞賜覆，便于本七月内匯出一期，未宜更延矣。前年大德曾與狄楚青居士等商及茂林事，不審到何程度。如未有著落，即可就此辦去，更不須商量，明道師或能更向沈居士每期多募四十元也。再者，六月廿二日接到茂林寄來《錫蘭留學管見》與《歐美布教計劃》一文，以其甚有關係，固即日先寄呈一閱。求看後轉交《申報》發表，其時適在貴寓遷移前數日，深恐展轉遞失，頗爲擔心。如何之處，并乞示覆爲荷。昨始從何東太太處探得住址，故奉告迟迟。何時返回青島，何居并請示及。專肅，敬叩道安。李圓净頂禮，七月廿日。

四

遐公大德慈悲：茂林居士擬留英之事，昨得林來書，始悉所以。所云此院梵文教授『不日往英調查圖書館及巴黎現存之梵文手寫大乘經典，堅囑與之同行，以便校對梵本與漢藏，留英一年，年内功課由他交接，不至間斷』等語。竊以爲就今日物質文明發展之程度以言，交通網深所及，實際上已將全球關係打成一片，梵典存歐存華無甚緊要。今日且有倡言華夏劫運開始，其禍堪虞。敦煌石室故事未可行，不若藏經海外之議。總之，今日我國佛徒責任，厥在洞悉歐美各國所藏梵寶質與量之實在内容耳。我公既決心助成茂林此行，何不即責成茂林担任此項工作之系統報告？亦一舉兩得之法門盛事也。惟此事須由仁者出面提議，親筆付囑茂林爲宜。向資助茂林留錫諸公，對于此事，除大德深切瞭解此中利害，肯力爲贊助外，餘者恐無能力助此行，關鍵且看吾公進行程度如何以爲斷，茂林留錫之初，經費無把握時，净曾量力爲資助，大悲上人赴藏，净助百元亦全交去。惟此番以滬亂遷居數次且抱恙，故陷于艱窘之境。雖家境尚好，然大家庭事不可説不可説矣，深愧無以助茂林。按林書中口氣，蓋不日成行，似應早有法果爲妙耳。净此次遷還故居，屋頂曾中鉅弹，幸未爆炸，誠佛慈垂佑也。肅叩道安。

圓净和南，七月廿三。

爲宋藏密傳廣告底稿已寄吕、黄二君，曾連國光印書局及世界新聞社二處之收款回條一并覆上，未審達覽否，又及。

李偉侯（一通）

譽公仁兄部長鈞鑒：頃聞東山再起，薄海同欽，佇企新猷，曷勝忭頌。招商局爲吾國最大航業，以完全商人股本，竟於上年奉南京政府明令，收歸國營，但國營非没收可比，依照民營公用事業監督條例之規定，應按其現有資産評價給付，乃年餘以來，關於買收股權事宜迄未舉辦，則其全部財産所有權依法當然仍屬於股東，是名雖國營，實則商本，表裏未符，虚懸無定，直蹈入非官非商，不上不下之僵局中。股東固皇皇不安，社會亦群於疑慮。是故，政府雖設專員整理，而局務輒苦叢脞，内虧日深，外債日迫，對内則業務頹落，對外則信用隳墮，雖擁有資産數千萬，然悉已押入債權人手中，受其束縛，苦於石田無法活動，除郭外峰向蔣總司令領到公債票五十萬外，始終未得其他補助。所有用項皆須就本身設法挖肉補瘡，拖延度日，舊債從未清理，新債欲舉無門，至今日已成水盡山窮之勢，匯豐銀行爲商局最大債權人，現據原訂契約催索全部債款，計本息銀六百七十餘萬兩應付。偶一不慎，彼有處分押産之權，在我有立時破産之患，其他債主設再起而效尤，前途何堪設想？凡此種之險象實爲從友商辦時期所未有。蓋招商局係屬商業機關，必須循正式商業之軌道，俾於商法、商情兩不違背，方可進行無阻。鄙見政府如能籌撥現款三四千萬，實行國營辦法，一面收買股權，一面清理債務，整頓營業，則大信既昭，觀聽頓改，凡百困難自可迎刃而解。倘以款巨難籌，則交還股東，仍舊商辦。在股東利害切身，自謀寧敢後人。聞故孫諸公在蔣政府發表國營時代，曾主張政府有款則收歸國營，無款則交還商辦，至理名言，無任感佩。今商局狀况正如病人，已屬垂危時期，醫治不容稍緩，况政局更新，尤應收拾人心，俾歸公道。吾公前任交通，商局航政所轄，曾深帡幪，所有内容早在洞察。下走仰承愛厚，四年來在商局撑持苦况，亦復時蒙關照。公義私交，惟望主持正義，爲新政府一施仁政。惟值此百廢維新之會，當軸諸公萬一對此區區商局不暇顧及，則於國營商辦之根本問題一時未能決定之間，只有由政府命令，責成商局現有之董事會負責維持，以爲緩衝，藉以打開年餘之僵局。蓋董事會受全體股東所付托，當然唯力是圖，且爲中外債權素所信任。對於市面往來，聲氣靈通，金融周轉，不致呆滯。起死回生或有幾希之望，若仍長此懸延，經濟光陰，兩受損失，一息奄奄，生氣漸盡，終有不可救藥之一日。股東血本，徒供犧牲；國家航權，亦受重創。將來雖費鉅萬資金，欲再辦一航業如招商局者，恐只徒存夢想，側聞多人營謀商局總辦，認爲美差肥缺，此者不知内情者，本無足怪，惟在尚軸諸公，甚祈加以識認，勿再任毫無航業知識之輩再來嘗試，俾保存該局一綫生機，則幸甚矣。明公洞鑒商情，用敢不避嫌怨，直陳利害，倘蒙代向哲生院長暨關係如當道，仰賴鼎言詳達下情，感戴仁施，不僅商局股東已也。專叩任喜，并賀年釐，不盡欲言。愚弟李偉侯。十二月卅一日。

李慶芳（三通）

一

敬复者：漫山閣照片俟向友人索得即奉呈，承友人贈一佛象片，已送中國旅行社，計已登出。隋開皇石寶銘原碑現存於石寺，僧云不易拓被盗矣，高欢香姜閣瓦，俟覓得再呈。千佛樓碑記拓本兹奉呈，請閲後賜還，北汉文獻留存者似只此一記，頗不易得，一俟得有資料當呈閲也。天然銅佛及天井圖案傳天井爲明初晋王府畫工所作未有照片，匆匆。敬叩，裕老鈞祺。李慶芳頓首。八月廿一。

二

抵西京後忽忽七旬，印象最深者一爲黄檗之萬福寺，爲明高僧隱元所創建，明永曆甲午八年閩僧隱元琦渡日，其修寺之年即鄭成功據臺之歲。閩人范道元所刻十八羅漢至今尚存，隱元法嗣皆支那僧，傳十三代，今已四十七代。全國宗黄檗者六百餘寺，隱元渡日六十三，其病革爲八十二，後水尾皇願以身代，其法力可知，亦爲藤井之有鄰館陳列熱河及午橋故物，其中漢瓷塔及漢銅鼓徑五六尺，爲故宫所寶，真足以表示東亞之藝術美。佛頭仰刻甚多，國人争權嗜乱，毁棄文物，真亡國奴現象也。近公从事表揚文藝，一葉之舟泛於横流，真足使故人溯洄不置也。即上遐庵先生，慶，十日。

三

敬啓者：本日睹朝鮮磚瓦陳列會，洵屬大觀，有漢時『樂浪』之瓦、晋『元康』之瓦、清順康乾嘉之瓦，皆刻中國字號，足爲反證近編之《朝鮮古瓦圖鑒》伊藤莊兵術，分『樂浪』、『三國』、『新羅』上下、『高麗李朝』五册。我國收藏家似宜豫約，價格七十圓，預約六十圓。五大册，共二百六十頁。山本湖舟寫真部。京都市四條川端北入振替大阪七二八二九番。此事於國故有關，乞以此意公之同好爲荷。遐公。名心照。廿日。

汪　溶（一通）

遐庵先生鈞鑒：久未奉候，良以爲念，比維興居曼福、道履亨嘉爲盼。敬啓者，憶自廿二年秋柏林開中國畫展會，溶曾寄上拙作花鳥册十二頁，迄今忽焉兩載，未知有否售脱？兹因曹君孔脩赴滬之便，請其趨候台端，若該件尚未售出，還祈公能將原件交曹君帶回收據三紙由曹君送上，不勝銘感之至！肅此奉懇，順頌春祺，百不一一。後學汪溶頓首。三月十五日。

汪大燮（一通）

譽虎仁兄閣下：接奉經典輯存會柬招開會，弟不克到，將來有募款集股等事，請示知。會員中請列賤名爲幸。弟今赴香山小憩二三日，歸後尚思一圖良晤，不審台駕是否早間在府？能由電話傳知敝寓尤爲盼幸。此請台安。弟大燮頓首，八月三十日。

汪兆鏞（四通）

一

裕甫仁兄世大人閣下：昨得惠箋敬悉。承詢梁子春梅歷史，順德人，優貢生，阮文達公學海堂高第，《弟子》二三集載所作詩文甚多。吴石華有《題梁子春春堂藏書圖詞》，見《桐華閣詞稿》。《嶺南畫徵初稿》未見子春此詩。嗣見何翽高《嶺南詩存》載之，而排印已成，未能録入全篇，只可摘録四語耳。《羅浮蜨》諸人題詠，粤人以吴玉臣、崔伯越爲佳，外省人以夏映盦、葉柏皋爲佳。屢促冒鶴亭，迄未寄下，何稽懶乃爾！詞只有張漢三一闋，非稱意之作。允惠題詞，欣盼之至。六兒并未奉到，想係郵失，祈就近寫交洙兒轉寄，補裝卷中，增光多矣。卷已裝成，諸人牋幅大小不一，可不必拘，勿過高可也。前蜨未及圖而丟，後蜨爲李孔曼倩人寫照并裝卷。清詞已得將四千家，搜采賅博，示以必成，時不可失，馨香祝之。廣州開書畫展覽會，足下題高望公山水立幅：『殘山寫出滄桑影，異代蕭條獨善堂』二語，爲低回久之，佩甚。專復，即頌纂祺。兆鏞頓首，癸酉驚蟄前三日。

二

裕甫姻世兄左右：久未牋候，佳想安善。輯詞已成書否？王可莊師風節政事著稱於時，近日刊行遺集，有詞一首，碎金足珍，別紙録上，似可收入，詞以人傳也。何如？弟老病疲乏，朱彊邨詞所謂：『止藥强言，今日愈耳。』書不盡意，即頌著安。弟兆鏞頓首，乙亥清明後五日。

附：王仁堪簡介及《金縷曲》詞一闋

王仁堪，字可莊，一字忍庵，號公定，福建閩縣人，工部尚書謚文勤諱慶雲之孫，光緒三年一甲一名進士，授翰林院修撰，督山西學政，典貴州、江南、廣東鄉試，入直上書房。俄羅斯索伊犁，使臣崇厚擅定條約，君與修撰曹鴻勛等合疏劾之。太和門灾，應詔陳言，極論時政，請罷頤和園工程，言尤切直。十七年，出爲江蘇鎮江府知府，治教案，設渠塘，積穀、捕蝗、興學，諸政畢舉。調知蘇州，日坐讞局，清積案，風采動一時。猝病卒，時論惜之。鎮江士民列政績，籲請大吏上聞，詔宣付史館立傳，以表循良。中泠泉爲鎮江勝迹，其源翳於叢莽。君在官日，疏剔得之，殁後三十年，郡人即泉上立祠祀，歲時無闕。德澤之入人深如此。有《王蘇州遺書》十二卷，詩集末附詞一首。

金縷曲

金碧湖山好，又天然、錦屏韻友，冷吟同調。似此年華孤負慣，一例香衾顛倒。都付與，羈遊草草。閒煞樵青無宅泛，老頭皮、準備新詩誚。雛鶴怨，野鷗笑。

望雲首向觚棱矯，那能忘净湖湖畔，白蓮風曉。忽唱歸田江水句，唤醒夢婆多少。早料理、烟蓑雨櫂。嬴女洲清香芰熟，十年來打就丹青稿。塵土債，幾時了。

三

裕甫道兄執事：前奉手牋并《詞社季刊》，此皆精心組織而成，敬謝敬謝。近人罕討詞律，邃密突過前人，誠然。惟有不得不爲足下告者。聞龍君將以某君説詞刊行，爲夢窗一家之學，彊邨之標舉夢窗爲懲抑剽滑計，如藥以治病，然非百不罕究，衹區區奉一夢窗即號大家，彊邨自爲詞體，原騷雅以周姜而兼蘇辛，尤得吴之神髓，非七寶樓臺拆下不成片段者比也。且詞人縱不必通經學，而於諸史百家及詩古文必皆有根柢，未有詞外一無所知遂高自標榜。某君説詞詆白石爲俗，士論嘩然，白石數百年未經蒙此詬謗者，倘更揚其波，烏乎可。吾兄能否告龍君，亦君子愛人以德之意也。《滄海遺音》中恐彊邨只録十家，無十一家之説。觀版心魚尾下，十家皆無字，其有字者爲刻版以獎勵之，非收入《遺音》中也。某君與鄙人至好，非揭其短，特不欲褟其短耳，幸秘之閲竟付丙。《穎紅詞》祈多寄數本，友人索者多，當審擇付之《遺音》中。夏閏枝、曾剛甫二詞尤乞補賜，散原撰《彊邨墓表》，能早日寄讀否？盼禱。暑病新痊，匆匆，詞不宣意，復謝，并頌纂安，弟名心叩。五月廿一日。

韻珊八丈仙去，日前已走唁次周矣。

四

裕甫詞兄世大人侍史：前奉手教并《羅浮蜨》詞，窈麗邈緜，意境尤蕭遠，何止魁選，當與吴澹盦争元也，一笑。惜收到稍遲，當補裝入卷中。刊《節盦詞》甚佳，間有訛字，無關宏旨，校正别紙寫上備查，給曾君和衍兒各一册，分别交付，道謝。承詢詞刊資料，摘録一二附呈。東塾先生於白石詞節拍加注今之工尺撰《聲律通考》，時聞曾以之譜笛，滬上如有善笛者，盍試令按此吹之，果能協律否？梁燕孫同年作古，感歎。曩在都下，寓保安寺，與三水館比鄰，晨夕過從，擬爲一詩輓之，只述舊而已，未知能脱稿否？時艱洛洛無好懷。倘海上無事，或初秋來滬一行，至杭西谿看蘆花也。漚老續稿刊成，已由劍丞寄到。《滄海遺音》中聞有曾剛父同年詞獨未寄，已函索，吾粤人收曾可也。補梁亦佳，何如？匆復陳謝，并頌撰安，不盡欲言。弟兆鏞頓首。三月十五日。衍兒隨叩。

沈宗威（二通）

一

遐公先生侍右：接奉兩諭敬悉，昨又得崇範君手書，并三、四、五、六四個月薪水支票兩百圓，謹領無誤。生此次痛遭先君之喪，槁木死灰，蓼莪忍廢。舍妹遠遊星洲，尚未得復信，故設奠之期暫難剋定。竊思先君一生辛劬，未得安樂，不孝傭書江海，寒素自守，束脩所入，未能奉養。此次來滬薄遊，詎意忽成永訣，半日之間，幽明遽判，一瞑無言，尤增奇痛。先君生平不信浮屠，不能茹素，而身歸淨社，永念佛恩，持此因緣，敢塵慈聽，敬求吾公賜撰銘誄，以光泉壤，殁存咸感。餘事另箋分稟，并祈鈞察，耑肅，敬請禔安。門下士沈制宗威稽顙。五月廿二日。

象贊及輓聯敬乞先施，以免臨時倉促。先君行誼敬以公一言爲重，輓聯尤切需，謹稽顙以請。先君經商卅載，一生忠介，不事居積，身後蕭條，言之隕淚，享年五十有七，家慈尚在。命查清詞若干條，因館役老楊卧病無人搬動，原由邸中搜來開箱之器，又爲根生借去未還。容稍緩续禀不誤，垂詢清詞編製體例等，謹先就稚昧所及，略述如下。

一、工作方法及程序：最好選定至無需改動，然後按照名單查出剪貼，剪貼後再校閲一過，有無錯字及名次顛倒，蓋一經剪碎，將來發現訛誤至不易檢查也。

二、選録之制：大家當然可多録，惟亦不宜太多，迦陵、竹垞以原作太多例外。小家則不妨少選，甚至一首亦不能謂鮮，再爲極劣者决可汰割，雖求存人，亦須存詞。否則卷帙過重而無價值，必遭疵議。鑒于《廣篋中詞》之輿論，自以精密爲第一要義。

三、編次方式：生意以分筆劃爲最妥，惟已定局，不敢再説，但編前代之書，就現在編書方法而論，分筆畫一法則有利而無弊也。今既以年代仕履爲標準，自是正宗，其不能查考及無名氏之類，惟有另立一卷爲附録，以俟來者。生意以帝王爲首，諸家次之，閨秀又次之，而殿以附録，更可作一分韻易檢表，以示便利。至分卷之標準，生意不能以人數爲定，當視作品多少爲準。如大家則不妨一人一卷，以志區别而存崇意。

四、名氏方面：生意須考訂者，例如龔自珍之作龔鞏祚，項廷紀之作項鴻祚，朱孝臧之作朱祖謀等，生意以最後之名爲定，稿中以上各人皆須改過。

前月曾奉師母命去大隆公司，將彙稿八百部運存館中，已加料理。至其破爛者，今置三樓與諸書箱同處，收據已開就，要否寄港？抑送存師母處？兹先附上最後存館各件之收條一頁，請察入。

上海銀行事，錢君另有函陳述，中國書店現仍開設于虞洽鄉路大慶里卅二號，主人爲金祖同，經理郭石麒。

仇亮卿先生選來《午社詞》一册，另郵寄呈。王培孫所編印之蒼雪大師《南來堂詩集》已出板，未知公處曾寄到否？

聞公主編《廣東文物》一書早經出版，能否賜寄一本，以擴眼界？至禱至叩。并如有近賢詩詞刊物存有複本者并祈頒閲一二，俾涵新知，無任感企，瑮瀆清嚴，主臣主臣，稚昧之處惟望垂亮。五月廿二日。門下士沈宗威再叩。

二

遐公先生侍右：接奉三日手諭，敬悉。并蒙賜撰先君輓聯，拜領謹謝。此聯擬即付裝池爲小軸，以志永寶而可視親友。敢懇重寫以佳紙，并加上款『先君蘭孫公』，俾成一別緻之精品，度公必能鑒閔宗威之志而不以爲忤也。上聯語氣太大，先君泉下必不敢安，能否并請酌易，則没存皆感矣。瓅瀆清嚴，無任皇悚。

命查選清詞，謹力疾從事，業已查得者：一、戴鑑《潑墨軒》。戴鑑，道光人，字賦軒，一字石坪，其先三韓人，高祖遷于濟，故世爲濟寧人，一應州試旋即棄去。二、王敬之。查《三十六湖漁唱》及所刻《淮海詞》皆不見有其他關於詞之著作。三、吴蔚光《小湖田樂府》。選十首，另紙呈定。其餘李福《花嶼讀書堂詞》、喬松年《蘿摩亭詞》、顧子山《眉緑樓詞》、唐贊衮《鄂不齋詞》四種，皆遍查不得。李、唐夙所未見，殆非已有者。喬、顧示作已有未知，是否根據生去年所編《詞籍草目》而言，此草目即用鉛筆寫在練習簿上者。如草目中有者，係在何者一類，如陽台鐵架大書房鐵架等，當時生皆注明目中。請再鈞察賜示，惟生已查過數次，確未有之也，未知此間可向何人商借，并望諭知，以便照辦。《南來堂詩集》已索得，當附携港各書中不誤。《廣東文物》如有便人，敬祈賜帶一册，俾擴眼界，不勝感幸。夏吷庵先生詩詞新刊，函索已久，迄未得復。其《忍古樓詩》及《吷庵詞》，皆歸中華書局出板，恐不能送人，如需購者當即遵辦。中國書店買書事請示標準，以何種爲需要，俾有遵循也，耑肅，虔頌禔安。體虚腕弱，書不成字，敬求垂亮爲幸。門下士沈制宗威稽顙。六月十五日。

先君輓聯原文：群望所歸，有道固應標墓石。善人垂裕，遺經早已勝籯金。

再生查檢詞籍時必須將箱子打開，書籍搬動，占地自多，而範成師竟來干與，生不之理，此公在館只顧自己要如何便如何，致外方皆認爲本館即屬此公者，關於此點，生不敢不提。又王欣夫《庚辰叢編》已出書，生去函接洽取書，頃得復信，知已直接寄港，想早收到矣。附陳遐公先生。門下士沈宗威稽顙。

沈恩孚（一通）

譽虎先生道鑒：頃承惠賜初印本先集，拜賜之餘，永銘盛德。前此奉呈之本，在外集中尚發見一誤字，現已改正，特再檢奉五部以備轉贈公所經辦之文化機關及交友中留心文藝者，敬請察收，如尚有需要，再當續奉。聞公搜印清代詞彙，倘尚在徵稿中，當抄奉先祖《瘦吟詞》一卷以副雅意。此稿僅存手抄孤本，正預備印行，抄稿或稍需時日，俟得復遵行，專此鳴謝。敬頌道安。沈恩孚謹啓。二十二，十二，十九。

邵章（三通）

一

遐庵先生有道：頃奉手書，并承賜新刊《淮海長短句》一册，拜領謝謝。六月四日下午先詣古微前輩處，次太炎處，均得晤長譚。及至尊邸，則云適出，悵悵而返。是日車馳廿餘里，所訪僅三家，及歸振華，已夕陽在山矣。次日登車來京，曾至湯山竇蕭山一遊，兩日後入城，寓三元巷班禪招待所，大約仍有半月左右之勾留也。倘台從來此，務望飭知，以便走譚耳。復頌纂安。邵章再拜。六月十一日。

二

遐庵先生侍史：頃得手書并委作《廣篋中詞》封面，勉作兩紙請擇用可也。印本如出，請即惠寄爲盼，弟自去秋患氣管支炎數月方愈，近則精神如常，亦能作詞，唯難調尚怯爲也。火神廟亦無甚佳物購得。李願，字慰堂，篆聯係道光丁未致祁文恪者，未諗執事可查其人否？再近出曹素功製五色錠，大者每元五十定，小者百定，云出自喇嘛廟中，各朋好各買一二十元不等，餘無特别之品，專復，敬頌箸安。弟章頓首。二月初六日。

三

遐庵先生惠察：得手數，知精神已暢適，并能看我詞，撿出訛字，快慰之至。嘔啞之音，豈能當法家一粲。所喜若干首能於最近期間開示尤感。小兒詞聯已囑擇尤寫寄，幸教之。選詞有若干家，此間官藏諸册尚未著手，雀翁之責也。專此，敬請愈安。弟章頓首。庚午仲冬幾望。

邵鋭（七通）

一

遐厂尊丈大人侍右：在平臨行曾肅一箋，計登籤掌。侄於十八日啓軨，廿二日抵江，暫寓龍江飯店。廳長龐公頗加優禮，惟邇年商務凋敝，稅收日減，財政情形迴不如前，廳中因費绌減薪，侄任秘書，每月合獎金不過三百金耳。駑末鷄肋，真無足戀。圖南之想，頻勞夢轂，倘有抽揚之便務乞賜以提挈，俾得嘗親諄誨，籍資楷模，幸甚感甚。素蒙垂愛，知不以檮昧爲罪。邊地知交既少，風景毫無，案牘之餘，直無走處，真不知可以久居也。伏祈時錫德音，俾資循率爲叩。肅請纂安。侄邵鋭九頓首上言。五月廿六日。

二

遐厂世丈鈞鑒：前肅一牋，計登籤掌。比者獻歲發春，政局更始，我丈誕膺新命，榮長鐵道，同文軌於車書，化干戈爲玉帛，勛猷引領，抃賀莫名。侄自維樗才，久承斧藻，綢繆商榷，往復郵筒，雖面未識韓而心早御李。今秋龍江歸後，遭時檮杌，賦閒至今。蒿目孔艱，撫髀生感。兹幸東山再起，珊網收才，倘蒙賜以甄陶，不遺葑菲，俾效微勞，仰酬知遇，曷勝感幸。家嚴自秋間步躓，血壓過高，至百九十度，醫囑節勞静養，針藥并調，一切酬應文字及塵俗瑣務，悉委侄代辦，一時頗不願侄遠離膝下。擬懇逾閣裁成，於北平各路局或辦事處方面設法位置，或由鈞部酬派一駐平辦事等名義。侄并無奢望，但求月得二三百金以資事畜，俾得就近在家侍養。一俟家嚴身體康復，即當專誠入都，追隨鈞右，藉親訓誨而資觀摩。不情之請，臨穎慚皇，想丈垂愛素深，或不見罪，定蒙鼎力提挈也。宣德鼎彝會事，侄擬遍徵在平藏家同意後，詳籌奉復。《季刊》編輯各務，侄當竭其愚庸以襄盛舉也。附呈履歷一紙，敬乞察入爲叩。專肅，謹賀榮禧，虔請鈞安，伏惟垂鑒。侄邵鋭謹上。十二月卅日。家嚴命筆道賀。

三

遐厂仁丈尊右：奉諭敬悉，宣爐學會與會刊原則上侄極讚同，尊擬條例亦盡善盡美。連日捧尊函徵詢平方會員意見，如仲恕諸丈對於會費一層皆有難色，此根本問題，應請丈熟計者也。侄承乏故宮博物院古物館弟二科長，主編各項刊物，散值歸家，尚須編撰友人特約稿件每月略有稿費，晨夕歷碌真無暇晷。爐刊編纂之役所以躊躇不敢奉命者，深恐精神有限，不能兼顧耳。前於復綗伯先生函中詳述下情，度已轉陳鈞聽矣，伏乞格外鑒原，俾免隕越，幸甚歉甚。如秉筆有人須侄略加臂助，每期酌撰短篇，則無論如何必當竭力以赴，藉襄盛舉也，如何？仍候諭遵。肅復，祇叩纂安。侄邵銳九頓首。十月廿六日。

四

遐厂仁丈尊右：仰德頻年，趨風何日，海天凝望，雲樹縈思。頃讀致家大人書，殷勤以拙著爲問，并許通函賞析，互餉見聞，欣逢暖眼，彌感中心。侄嘗慨宣爐迄無專書論載，因按尋圖譜，搜訪舊聞，率成《彙釋》，訛脱實多，頗擬更輯補遺，或成續集，而資料苦少，匆匆尚未遑也。今丈宏願推唱，廣爲考鏡，開孺衷之茅塞，大爐學之聲光，遜聽之餘，歡喜讚歎，伏乞賜示，俾快先睹，别呈《彙釋》一帙，略以朱筆增校，續有見聞，拉雜記入，俱瑣屑不足道，敢向長者請益耳。家藏廿卷、八卷、三卷各譜并附《宣爐零拾》。彙集各家談爐詩文合成一帙，名曰《零拾》。已借陶涉園丈石印，不日訂行，當首奉一帙，藉供瀏覽。是譜初擬照原本大小，嗣涉丈欲列入《涉園叢書》，乃改縮印。爐款各圖，由其介弟心如丈重摹上石，約小原樣三分之一，於是耳邊口足之混淆、字體筆勢之舛錯如宣德篆款方圓殊樣，而是譜悉摹成一體。層見叠出，心丈復嫌譜圖閒有與肆售爐樣不合者，如臺几爐、天鷄錦邊彝等，悉據原器改畫，實則今所見者未必即爲真宣，盧山面目，遮過半矣。侄適從事津橋，未與校理之役，比歸，見其樣本則已印成大半，欲罷不能，涉丈亦引爲缺憾，約佗日重印大本，拭目望之。宣爐真精之品，近益不復易得，今春在海王邨虹光閣見滲金蚰耳中彝爐并帶原盤爐盤各有六字，長方印款完好無暇，索六百金後爲人以三百金持去，計值之昂，倍蓰疇昔。丈海上訪爐，亦曾得佳製否？侄焚香聽雨，長日閒窗，玩爐清暇，輒詠詩餘，信手拈詞，曰心屬對，乘酣趁健，忘劣與工。隔歲以來，計集宋詞三千餘聯，每發狂想，竊欲編集唐宋元清各家詞句，作長短聯，彙寫鉅帙，供椽筆之横揮，備藝林之清賞，而千條萬縷，脱稿未知何日耳。另寫集詞摺箑一頁，隨函呈正。雕蟲小技，知無當於大雅也，即祈笑納。倘蒙許爲小友，塵誨時頒，俾資模楷，幸何如之！涼秋氣清，或作遠鄉之計，定當摳謁崇階，面承教益也。溽暑多厲，伏惟倍萬珍攝爲禱，臨穎神馳，不盡百一，專肅，祇叩禔安。侄邵鋭久頓上言。家大人命筆道候。六月廿一日。

五

庚午六月二十一日，邵鋭頓首，奉書遐庵仁丈侍右：碧宵仰企，甞懷頭角之慚。紫曲琉狂，頗假尊罍之末。君前鼓軫，應同劉子之見知。天外鳴銜，更請孫陽之細看。彙百家旨趣，聊云具體而微。求一字品題，匪曰藝成之美，運斤藻匠，宏獎風流。磨壁鈍工，略陳固陋。鋭愧非苟令，偏喜宣彝，圖譜摩挲，烟雲供養。陳陳堆案，鹿鹿終朝。敢誇墨客之閒情，合署爐奴之别號。小窗鵲麝，著意熏聞。大地龍蛇，任佗飛動。比受用於彦遠，擬作閑居。感同恨於茶邨，獨無專載。平時手弄，頗積叢譚，此日心編，遂成彙釋。何辭物玩，寧解世嗤。屬稿粗完，削銘纔竟。定價售於結緣，未獲片辭。鎮尖頂於浮屠，尚虚九乳。爰呈草本，并附素牋，伏祈錫以鼎言，俾光爐學。或填詞闋，或趁詩機，或短簡數行，示垂規誨，或長篇累幅，牖啓研尋。歎唾皆珠，拜嘉叠玉。紛緼會萃，恍洞天清禄之書。甲乙平章，賡衆妙名賢之集。邵鋭謹狀。

六

遐厂世丈侍右：頃奉賜復，辱承獎飾，皇恐皇恐。宣爐精品市肆固不多覯，即一時藏家，據侄所目擊者亦復寥若晨星，《彙釋》所舉之王福厂、方鷀仙、袁文藪、吴錫候、楊拜蕪諸君所藏不過一二，且或轉售他人。張耕汲則已作古，余太翁所藏頗富，雖色質尚佳而款式尋常，奇形異製未得其一。侄以爲玩爐宜首重款式花紋，次尚色彩，乃可考索一代之制作，比歲收爐即以此爲準，故六七十座款樣無一複者，推陳出新，乃有佳趣耳。承示聯合同志，組織研究，分出季刊以彰爐學，極佩極佩，侄意除相識者通函發起外，另登各報廣徵海内外藏家研究資料，然後確定地點不必定在北平，與專司人選，以便彙收來件，發行刊物。所知友好就藏爐稍多，或素有研究者，别紙録呈，還祈尊酌定奪。年來外人争求中國文化古物已漸注目光於宣爐，客歲有美人來寓參觀，備致欣羡，曾擬易以重金。家嚴以有數國粹，不願外輸婉謝。近因干戈爛漫，風鶴頻驚，藏爐太多，移從不便，頗思分讓一部，公諸同好，附上擬售各爐目録一紙，即乞察入。倘有意收藏，可謂物得其主，幸何如之。集詞聯句，以端緒紛繁尚未定稿，暇當先録數十聯以報尊命，恐瑣屑不足觀耳。拙著《宣爐彙釋》在西泠印社寄售過滯，擬提出四五十部存在《清詞鈔》辦事處，乞丈提倡暢銷，并可酌減書價，每部實售三元，以期早償印資，惟重瀆清神，非所敢請耳，如何？鵠候復書，不勝感幸。宣君子埜及海上名家藏品中倘有奇型異款，乞丈轉懇攝影或拓款見貽，備補《彙釋》之闕爲幸。秋風初勁，伏惟杖履倍万珍攝。肅復，祗叩纂安。侄邵鋭九頓上言，家大人命筆道候。九月二日。

七

遐厂世丈尊右：侄於八月初辭職旋平，幸免邊警。還家以後俗冗蝟集，致稽肅候，罪歉方深，乃荷手翰先頒，殷勤垂問，迴環雒誦，感悚交縈。就審喬遷有喜，餐衛多宜，緦苻遥祝。家嚴月前以步躓微傷，觸發足疾，延醫調攝，刻已復健，承注感謝。宣德彝器，韜光閉彩垂四百年，今丈登高呼倡，組會研究，海内藏家聞風興起，珍品奇文，季刊流播，雅人韻事，發揚絶蓺，宣德有知，當引爲知己，佩仰何如。侄一得之愚，自慚窺管，乃蒙謬采，俾與盛會秉筆，所不敢當。倘在領導之下，稍效微勞，略參末議，固所願也。會中簡章、季刊凡例如已擬就，伏乞賜示，俾有遵循，曷勝企幸。前承允以尊著《宣爐札記》批注《彙釋》眉端寄示，翹盼至今，侄擬益以續得資料彙編《爐釋補遺》，即舉以實《季刊》，未識尊意謂宜然否也？專肅，敬叩纂安。侄邵鋭九頓首上。家嚴命筆候謝。十一月廿六日。

邵元冲（二通）

一

譽虎先生有道：昨晤教，并以神州女校事奉瀆，承允予以贊助，殊感大惠。兹附上校章二册，并希察閲。曾否以商之雨帥，結果若何？均盼示及。前聞張漢卿言雨帥曾有贊助北京大學之言，則神州初非唐突，以冀台從之善爲説項耳。孫公今日稍差，醫言須休養五、七日乃可行動，并以奉聞。瑣瑣奉瀆，無任主臣，藉頌道綏，不儩。弟邵元冲再拜，十二月十一日。

二

玉虎先生惠鑒：比奉手教，殷勤之誼甚厚。默君近況無恙，并謝注存。《寺廟管理條例》瑣屑無關政旨，尊論閎闡精微，自當轉達同人以爲指南。遲日走談，先此奉復。即頌道綏。弟邵元冲拜啓，中華民國十八年六月十八日。

邵瑞彭（一通）

遐庵先生蓮座：奉誦損書，猥承奬借，感極感極。床下蟻鬥，窌中牛鳴，俯仰之間，羌無佳緒。聊托鉛素，消揺假日，藏山名世，奚敢妄冀。所望外物不攖，塵网暫脱，以一二年閒暇光陰，稍事撰造，雖槁項黄馘，猶足自慰。

大賢鴻論，先得寸衷矣。湖颿樂府向已見之，亹然可觀，今才知爲窓翁後人，彌益欣契。拙題即當屬草奉政，并邀伯向及徐、姜兩生同作，亦不取熟調，希避復緟。少瀨微有宧情，此行係胡朴安兄所約，暫時爲公佐助，當無不可，或正承乏文中舊司。夏間文中返滬，首佗相逮，校覓生人爲愈耳。今年春間，弟與茫甫、伯絅有庚午春詞之作，琭卿、守白、少瀨及徐、姜兩生皆同喁，亏儗付石印，原藁非月餘不能整釐，俟寫成寄請題識。先録題目，望公隨意拈豪，不限多嗇。盄邕、湖颿諸公，肯降心同作，尤所樂聞。餘再慺陳，敬容撰喜。

弟邵瑞彭再拜，五月六日。

附庚午萻詞目一紙，殷曆一八一八紀戊午蔀首歲。

《歸國謡》二首儗温，和均否聽便，下同。《虞美人》二首，《望江南》四首儗李後主，《采桑子》二首馬嘶畫堂燈，《臨江僊》三首儗馮正中，《女冠子》四首儗韋相，《雪梅香》，《古傾杯》儗柳，《蝶戀花》二首，《定風波》好花須落去儗歐陽，《雨中花》儗東坡，《下水船》，《石州引》儗東山，《六幺令》弟一首，《緑陰》，《滿庭芳》儗小山，《沁園春》，《八六子》儗淮海，《御街行》儗晁無咎，《早梅芳近》，《鏁陽臺》弟一首《山崦》，《尉遲杯》，《芳草波》，《鏁窗寒》，《解語花》專詠元夕儗清真，《一剪梅》儗易安，《八聲甘州》玉京嚴儗遺山

周　達（二通）

一

惠書并《梁代陵墓考》拜領，謝謝。公之好古不遺鉅細，而江浙當局乃屢次毁壞古迹，聞不知其視我輩骨董鬼爲反革命否，一笑。宣爐舊有二三具，僅此一具非贋，以示識者，或云出自内製，或曰此江南甘家紅也。僕雖欽其寶，而莫名其器，然留之爲焚香讀畫之用，似亦不可少者。友人某君蓄爐至夥，獨缺此品，議以他物相易，乃縱觀所陳，渠之所捨非我之所貪。我之所欲，又非渠之所捨。五雀六燕，卒難持平，遂相與一笑而罷，此七年前事也，可見互易所藏雖風雅之舉，而實不易辦。陳叔通印《百梅圖》獨缺清湘，而拙藏恰有一軸，紙本潔白，長題極精，叔通乞互易，乃并戴文節一幅，亦不肯捨，此事遂又不成。且俟得暇走詣，縱觀寶藏，再議可也。連日爲買屋事奔走殊苦，百營而無一成，或將暫時賃廡而居也。《嶺南三家詩》中有梁佩蘭者，素有書名而絶不知其能畫，近得一册，編臨各家，居然作手，詫爲創見，暇擬持乞鑒定，并請賜題，餘容面叙，敬頌遐庵先生道安。達再頓首。中元前二日。

二

遐庵先生惠鑒：近來稍暇，將《廣篋中詞》涉獵一過，覺遠出譚選之上，亦不僅關於選手之優劣，實緣劃時代之重要性不可以挈比也。晚清詞流之盛，超越國初元明，直接兩宋，此選一出，足以代表此一代之盛，與竹垞《詞綜》可以雙峰對峙。復堂當絶續之際，無甚重要人物，又不免加以偏見，如姚梅伯《疏影樓詞》不乏傳作，乃僅選兩闋，而多數聲名不出里閈之人，以朋舊私暱之故存之，連篇累牘，幾於隨園、石遺之詩話矣。弟於三十餘年曾有長評褒貶，今亦不復記憶。憶在光、宣之際，弟搜羅有清一代詞集幾於大備，戊申不戒於火，全部毁失，以此灰心棄而不學，然其中甘苦，則頗知之。復堂自作之詞亦頗工整，然略嫌質實，遠不如盛製之清靈婉約。記早年以詩就正於海藏先生，先生每以傷隽規之。厥後力求樸拙，而終多隽語其實海藏詩亦何嘗不雋。惟詞則非雋不可，理不足不可以言詩，情不足亦不可以言詞。老斲輪手以爲然否。周夢坡曾與會晤多次，所議皆淮浙鹽務，未嘗作文字歈。近聞陳病樹言此君頗有詞筆，金甸丞、况夔笙爲之修飾則有之，不盡代作，然操選政者只能就詞言詞，不遑究問其來源也。前函引甘翰臣、周小松兩事，不遇過隨手寫來以資談助，別無用意，乞勿誤會。比來體中如何？至念至念。若稍覺輕安，能作一小時之晤談者，則請隨時示知。相距匪遥，先施亦便。三閲月前舍弟叔迦自舊京來，曾蒙扶病出見，然彼則關於宏法印經之大事，若我輩閒談則不必力疾强起也。病腕不能多作字，瑣瑣已嫌詞費矣。祗頌吉羊，不一。弟周達。

周岸登（一通）

遐庵先生侍史：接奉大函，知有篋中今詞之選，徵及鄙作，此事先承同校余君傳示龍君榆生函，又集美何君達安轉述龍君函，疊致尊意，自惟譾陋，何以克堪，當即凖備紙札選寫手，擬將拙稿八集選録三百餘首，此間寫人實無佳者，且不易得，紙札尤劣，只好就地取材，足傳字迹，視而可識而已，見正督寫，一俟成帙，即行奉寄。至《清詞鈔》徵及拙藏清人詞集，亦已將目録寫好，另函奉寄。民四五間，記在北京寒山詩鐘社曾一接光儀，至先德詞集及所刊《李長吉歌詩》、朱墨本《秦淮八艷圖詠》，久已雒誦清芬，謹藏篋衍矣。值此衰年，重理青壇舊業，校課既忙，意興亦減，到此二年又半，殊鮮新作，獨弦無和，理則然也。我公優游海上，時接勝流，意境既佳，新詞定必不少，儻能惠示行卷，俾海澨病夫得以昭蘇，或可藥其疏懶，勉歌獻醜耳。更希時賜教定，不勝翹企。耑復，敬頌大安。弟周岸登頓首。三月十八日。

易孺（四通）

一

遐公尊察：比聞已安適，歡喜無量。文卿上謁，敬陳唐陶造像一龕，銘記字直逼六朝，與善業異趣，叔充供養，別得舊石瑑印一方，乞賜察。近反入西漢私印一派，未審有進否。大教千萬，肅頌健康。大厂居士孺合十謹承。餞春日。

二

遐公尊鑒：我公現宰官身，復登臺閣，居士念佛，爲衆生慶祝，得慈悲主，是以不遵世法馳賀。近聞公精神微感不適，此則居士所懸懸者，萬望爲法自養，爲道自重。古所云務其大者、遠者，細事不親，亦要著也。公開悟在夙，斷不以言爲陳腐。居士糖事久已不問，鬻書畫外，客歲秋，曾與舊好任仲勤兄合造勤餘煤礦公司分銷事業，亦知白守黑之義。別有求於我公者，另簡托故人岑學吕兄代陳，唯公援助，則錫我百朋，無逾其重。任君北上，托呈聽颿樓舊藏研一端。附拙拓本一紙，研下有季彤心賞鑒印，研匣底面書畫，居士新製淺刻法，乞細鑒。又手刻舊藏田黄一鉢鈕甚古、經像一横軸，統乞留置寫經之居。歡喜無量，端承康腴。大厂居士孺和南。二月十一日。

敬再者：煤事承厚意，由文鄉兄左右之，惜彼商固利一時難以理喻，尚有可以賜爲力之處，伏乞面示。文兄俾有得而不負摯愛，以爲蠅頭之博者，感深刻骨矣。附陳瑣瀆，無任悚懼，并叩崇祺。孺再拜。

乙丑三月望淺二日游龍華園因念遐公去歲上巳相遇却寄京師

行人三月説龍華，依舊疏鐘塔影斜。碧柳枝稀初着水，紫荆寒勒未能花。園門犬認前時客，馳道塵清禮佛車。落落桃烟開未忍，石林燕語尚天涯。孺上。

三

遐公安鑒：孺恙少瘥，急趨詣問，伏企養健，前奉飭選詞已竣，在每一種中所選之一調，用鉛筆在調名上畫一輕筆，仍以小條紙夾之便檢。鈔手謄正後，即用橡皮輕輕擦去鉛筆之印，則又復完璧矣。如此似甚妥，當想公亦以爲然也。肅頌崇安。孺叩。

昭文陳氏星涵《洞仙詞》一種，留讀數天再繳呈。中華民國十九年十月四日。

四

遐公總長尊察：快郵陳牘，想登省覽。豪商壟斷，根深蔕固，利之所在，未易輕棄。而孺自潔及安貧之素，唯公知之最深，第一次事公於部爲日不多，而至所深惡痛恨者，高賊裁我博物館而鳩居之是也。睚眦必報，本非達者所爲，然以公光復固有之權，則恢復手創之迹，亦理宜尔。誠得摯愛，錫孺以館長副長題正於理亦順，駐滬征集不支薪金，雖不區區之報復舊恨，而感德爲至大。未到館前，仍以文書科長兼任，則於人亦無尤。公知我深，故不敢避嫌，直書所願，唯密賜手教。萬叩，肅頌崇綏。大厂孺上。三月十五日。上海北江西路。桃源坊一百六十七號

鶴山同鄉會。

易培基（十四通）

一

玉甫先生左右：同人發起景印天禄書籍，請兄加入，何如？其詳情請李玄伯面陳，儻其來訪，幸賜接談。此問近安。弟基啓，七月三日。

二

玉甫先生左右：手教敬悉，極感關注。此間數月前即有協助會之組織此爲外人發起，平津中外人士大半參加，外人尤多，刻正廣徵同志推廓晋行。鄙意申江人海之區，中外交通樞紐，宜有分會，共策安全，擬請兄與叔雍君在滬組織，蔡先生及膺白、岳軍均與故宮關係攸深，吴鐵城兄有地方關係，均有參加發起之必要，另有書寄，協助會一切章程文件已屬另寄，以爲何如？此問近安。弟基啓，十月三日。

三

京平兩處甚多以通訊社名義或無聊報館勒捐，款項均無法應允，乃到處造謡，如近日所載監察院劾案，皆此輩所造也。

四

譽虎先生左右：久未見爲念。故宮近出《書畫集》第一期，又《博古日曆》一本，并以奉閲。弟一月以内擬赴北平整理本院各事，有以見教否？此問近安。弟基啓，二月十日。

五

遐庵先生左右：清恙計已全愈，至念。近因部校兩處辦理移交，頗爲煩瑣，至今尚未就緒。又一月以内亟須赴平，文氏諸稿請待弟返申後，合之北平諸稿并送尊處，何如？文指曾得公主持，亟所殷盼，當向石曾兄速之。星樞仍留故宫，此問近安。弟培基啓，二月十二日。

六

不見又數日，爲念。《蝯叟日記》一册奉繳，其中言湘長李文恭喪及鄒叔績鄉舉獲選事，定爲咸豐元年，蝯正五十又三歲也，弟藏何《記》二十餘册，此頗可銜接，它日或以物事爲公交换，何如？此問玉甫先生近安。弟培基啓，四月七日。

七

譽甫先生左右：到此頗忙碌，故未致書爲歉。故宮整理稍有頭緒，倉庫建築全院辦理，消防亦在進行，大概今年十月前後可以竣工也。《天禄叢書》已提宋元本之最精者付印，約計六個月内可以出書，布置多疏，望公隨時指教，以匡不逮。再多托者，松江韓氏藏書頗欲爲故宮圖書館收購，前托人言之，有如公收購需洋十五萬元，尚嫌過昂。擬請公斡旋，如在十萬以内，尚可設法，如此盛舉，非鼎力難期有成，待命之至。此問近安。弟基啓。四月十七日。

八

本院景印《天禄叢書》第一集十五種，日内即可出書，擬請題簽，另紙附上，務望速見寄爲感。玉甫先生，弟基啓，五月十六日。

九

譽甫先生左右：曾君來奉書，并文氏抄本十八册，其餘日記各書前月送歸滬邸，日前移居江灣水電路，家人不解，雜入群書中，紊亂不堪。非弟自歸清理，不易獲緒。請稍待，當奉呈也。近日有中央古物委員會之設，委員人選六人至十人，由行政院聘任蔡孑民介紹人甚多。兄其有意乎。韓書有目録否，能以見示，尤快朵頤，何時來京？此問近安，弟基啓。六月三日。

一〇

玉虎先生左右：正欲走詣，直公返申，爲之悵惘。文道希遺著在長沙時收得數十册，惟詩文集，奏議尚全，餘均有闕，均留宛平，擬暑假後北行，或便中携來，再與公商刊行辦法也。此間諸石刻亟待設法保護，宜即商之夢麟、次溪諸君訂一辦法。知念并聞，此問近安。弟基啓。六月十日。

一一

昨日走談，甚爲快慰。北平來電，張對故宮控案似有和解，希望承乞賜書鄭次務，望詳爲解釋，托其從速設法撤銷，鼎惠所及，此事更不成問題矣。瑣屑不甚之至，此問玉甫先生近安。

弟基啓，六月十四日。

一二

前月最高法院檢察長鄭烈受溥泉夫人之托，派檢察官朱樹聲到北平故宮調查案卷，吹毛求疵、鍛煉周納，無所不至。對於玄伯尤其惡意。石兄兒子思之回館，憤鬱甚深，然不欲有所表示。稚、静諸公已向兩方調解，似有允意。法部方面乞公力言，故宮多難，敵多於友，弟真廢然思退矣。再及。故宮得彼方賄串證據，請暫勿提及。

一三

玉甫先生左右：奉示及潘、韓兩書目，至爲感謝。韓目善本夥頤，且多平江黄氏故物，尤足珍重。擬函之公家，公私合購，其價若何能見示否？文書一部分早携滬寓，移居弟不在家，假手僕役，羼入群籍之中，非弟稍暇返家清檢，不易覓獲。容遲必當寄上也。何時來京，企引之至。此問近安。弟基啓。六月二十五日。

一四

匆匆北來，未及走別爲歉。近在故宫清檢大内佛經，已清宋元本約三十餘種，録目奉閱，有無相需之處，幸示知。此問玉甫先生近安。弟基啓。十一月廿七日。

林　競（一通）

譽公尊鑒：日前奉到譚雲山先生由印度國際大學寄來手札，大意謂太戈爾先生願以國際大學爲中印學會根據，而先生之意，復議創設中國學院、中國圖書館、獎學基金、講座基金等，其經費圖書同盼由我方捐助。此事已有專函詳陳先生等語，譚君之意在囑競徵求先生意見，并隨時接洽。譚君因不知競來江西已久，故有此議。倘我公已得譚君函，似以直接答覆爲尤簡捷也。『贛匪』自去冬『第五次圍剿』計劃實行後，日現窮蹙。蓋因廬山訓練以後，士氣大振，而碉堡政策、封鎖計劃、公路發展均有利於軍事之進展，惜贛南方面封鎖不嚴，頗受影響。自經此次會議後或能糾正也。江西第一區公署設在豐城，豐古稱劍邑，干將、莫邪出現之地，今劍匣尚存。境内有羅山，山環水繞，曲折幽深，較之廬山有過無不及。夏令尤極清凉，惜人工太少耳。附此奉聞，敬叩崇安。舊屬林競謹啓。七，七。

林森（五通）

一

譽虎先生大鑒：日前中山文化教育館開會，得聆高論，甚慰。陵園建設基礎漸固，當此經費困難時期，亦慘澹經營，所創辦之植物園已歷數年，園址三千餘畝早已劃定。現集有花木二千五百種以上，薔薇科花木區及植物分類區布置可觀，惟經費萬分困難。前由總理陵園管理委員會書請管理中英庚款董事會，於本年三月份起，每月撥款六千元，作爲發展植物園經費。本届貴董事會開會，當提出討論。先生對於陵園事業素極關切，又最熱心提倡文化事業者，發展植物園於陵園，必樂於贊助也。祈請提議將敝會請求之款如數按月照撥，於纪念先總理及提倡文化兩得之矣。專此，敬請勛安。林森謹啓。三月十三日。附植物園印刷品三種、圓一張。

二

譽虎先生大鑒：送上涌泉寺捐款五百元及倣還捐册十本，統祈察收。五百元之收條，煩由滬徑寄該寺方丈虚雲親收，以清手續是荷。專此，并頌道綏。林森謹啓。附上虚雲上人原函一封。十一月三日。

三

譽虎先生大鑒：福建省政府捐款二竿收條，乞即寄敝處郵閩，因欲催其繼續匯款，不至按月間斷，漢卿寓滬，請勖渠多作功德，如肯樂助三兩萬，則克日可以興工。專此，并頌台綏。林森謹啓。三月二十一日。

四

譽虎先生大鑒：接誦手書，備聆一是。盧君所製各細圖當交陵園管理委員會審定後，即可登報投標，《誌公墓誌銘》已由陣亡將士公墓建委會擬好，交葉楚傖兄修改後，便可擇期營葬。舊存各法物亦已由該會妥爲保存矣。知注并聞，承贈營造學社新刊三種，祇頌謝謝。耑此布複，并頌道綏。林森謹啓。

五

譽甫先生大鑒：違教多時，惟興居篤祜是祝。誌公遷塔之期已定浴佛節前一日，屆時務盼台從莅臨，兹送上新舊塔銘三紙，即乞察收。專布，并頌時祉。林森謹啓，四月廿九。

林庚白（七通）

一

疊至韻和不匱室主人論詩

詩與世推移，平生有獨至。今人徒泥古，自矜無俗字。豈知詩之工，要在運巧思。生熟本無擇，雅俗胥一類。失笑同光來，古法不欲棄。往往肉勝骨，甚者辭害意。身隨文物遷，句出猶故幟。不明何代人，苦戀糟粕味。

四疊至韻論詩似遐庵兼寄不匱室主人

浮海倏五年，未聞足音至。有客晨過我，示以旁行字。謂是新體詩，顛倒騁才思。無韻亦無聲，散文毋乃類。因念朋儕間，糟粕罕揚棄。新詩與舊體，刻鵠誠何意。食古號詩人，標新矜異幟。等是不知詩，徒竊他人味。

春晴二首

小園禽語弄春晴，風際游絲拂面輕。負盡平生矛盾意，英雄心緒女兒情。

飛揚三十九年身，豈意終爲南渡人。餘智探囊猶可試，不須辛苦説逃秦。

移居後，以俗冗又時小極，久未晤爲念。遐庵先生詩家正和。庚白，一九三五，三月十二。

二

余嘗語履川於詔覺，答以近經點撥，詩頗不惡云。尋詣履川，見案頭有譽虎所貽吴遊片羽，則稱爲詩家，輒成一首，似履川譽虎兼調詔覺

詔覺矜點撥，譽虎稱詩家。今見君詩美，詔覺言近誇。我交詔覺久，詩腸生槎枒。譬彼黄口兒，索乳常牙牙。亦知用詩人，携以資塗鴉。秘書識非細，愛士彌可嘉。吟成貽鄭、葉，好句或籠紗。譽虎故知詩，睹之當笑嘩。爲我語詔覺，怒兹諍友耶?!

聞移居，頗欲一詣，俗冗未果。檢篋得舊作五律，憶及此詩尚未示公及詔老，亟寫寄博粲，何如？遐庵先生詩家正和！庚白。一九三三，六，二一，於孑樓。

三

昨得詩二首絶佳，不可不以似吾詩帥如公者，能一和我否？

夏夜無寐

夜半聞人籟，招涼閏五天。跳檐猫喚急，入枕夢來偏。漸曉鳳絲細，初晴鳥語圓。相呼車過市，海屋幾桑田？！

曉色明檐際，牽懷冷暖多。艱難中歲事，浩蕩酒人歌。質勝儒冠賤，民窮國論訛。危邦生聚盡，蛇豕爾如何？！

遐庵先生詩家正！摩登和尚，一九三三，六，二二。

四

遐庵先生：報書敬承一一，乃令益公固解人也。同光以來爲詩者，多泥古不化，使李、杜、蘇、陸生於今日，必不若是，私頗同公。吾詩可空前，非必突過前人，恨古人不逢於今日耳！曩組庵先生最推重拙作，惜一九三〇以後之作，組庵先生不及見，否則未知作何欣賞矣。擬刊布近詩，顔曰《不待言齋詩存》，以紀念組庵先生。渠嘗貽書謂『詩不待言，曾乃甚妙』，故云云。新構乞正！又有絶句六首亦工，容續後面告，溽暑惟珍攝。庚白。一九三三，六，二九。

五

閏夏即事有感

近窗時有鬥牌聲，車響蟲吟各世情。更雜鄰歌來沸耳，曾無凉意與遲明。蚊雷趨熱寧知止！茗碗揚塵未許清。耐得更閒還過市，營營百態念勞生。

過菜市感賦

婢媪屠沽賣菜傭，携嬰妾婦亦相從。些須宦讀青春客，無數流亡亂世容。黨論自嘩民欲死，夷場難馳國終窮。灾多食衆吾知懼，江漢滔滔意萬重。

沙遜房子樓望有作

燈火千街夜未闌，十三層過更憑欄。群居窗似蜂窠密，俯視樓疑鳥道盤。幾竭吾邦宜有是，竟污此土豈無端？千夫汗血銷磨地，可許渠儂一息安？

書事

江山南渡復何云？政出嫖姚尚右文。强與同流民已智，便教解柄士猶紛。不勞携貴皆成亂，近利貪天只益焚。書種無多空弄舌，恨無一炬祖龍焚！

遐庵先生詩家正，庚白，一九三三，六，二九。

六

小睡

小睡能收些許凉，歌斜藤椅屋中央。當門片綠如人静，沸地驕陽及午狂。能寂差應忘可欲，居安所貴是知亡。平生見事終堪信，要掣風雷做一場！

麥瑞餐館聽雨感賦

燈光如月扇迴風，午飲還疑『十夜』同。隔雨杯盤胡越盛，停車南北鋪行雄。已非吾土亡何待，幾竭中原物亦窮。真見陸沈吾不恨，奴顏奈與債台終。

雨窗書感

斜暉絲雨鬥清妍，小倚南窗倦欲眠。不是此心無用處，憂多心力亦難專。

國論今看左右傾，中人如寄定無成。奔騰有擇沈淪耻，計較區區只近名。

遐庵先生詩家正。

晨寄去一計先達，兹更以數詩博粲，何如？拙詞一卷，頗亦自矜許，異日當爲公略寫就質也。

七

遐庵先生：兩詣相左，悵何可言。得當頗思一領教爲快也！近詩四首寫乞正！第四首尤勝。海藏、散原有此才力而無此識力，衆異、秋岳又無論矣。公固知音，必不疑其爲夸大，不一一。

甲戌立春後一日

一夜梅邊澹蕩春，鷄聲月色獨相親。真成甲戌江南客，滿眼山河換笑顰。

亞子見似雙照樓主人招飲席上賦詩之作，即次原韻寄懷主人

生世儒流强半同，雪泥自逐去來鴻。最難政出危疑際，太息身當跋扈雄。持論真成人欲殺，守雌終覺道非窮。廿三年後相知意，余以十四歲始識主人，今二十三年有奇矣。南渡文章盡付公。

書近事

納交豪貴表門閭，無賴思爲士大夫。冠蓋逢迎稱上客，金錢揮霍到寒儒。爭趨碧眼虬髯側，得似朱家郭解無？持較清流應略勝，有時磊落見眉鬚。

來日

邦成互市百無功，直以黄金變士風。禮教非關標榜事，人才盡付劫持中。群眈可欲身先廢，不待偕亡物亦窮。來日陸沈吾不恨，從渠涅白與飄紅。

淺者倘亦緊接句兩見『不』字爲疑，則請以後主之『羅衾不耐五更寒。梦裹不知身是客』之例折之，何如？筆禿墨澀，聊復一及。

遐庵先生詩家正，庚白於子樓，一九三四，二月六日。

林語堂（一通）

譽甫先生：今晨到院，發見法書，喜不可言，謝謝。功德爲而不有，實比有不爲高一層。日前，《人間世》轉下尊札與又文兄及跋鄭元勛山水圖，當遵命交沈啓無先生，待得回信再作計較。《文娱》弟處有第一集，公若欲一閱，當先送上。第二集則恐係海内孤本，唯啓無有之。《寶顔堂祕笈》中屠隆《冥寥子遊》一書，弟認爲中國文學名作，已作長跋刊《人間世》第四期，心喜，故并奉聞。承賜屏條尤感。弟轉語如下：『李默然』應改爲『李曰須彌陟得上跌得下，肚中萬卷長，亦擱得頭響乎』。唯物論者只好如此答法。承賜嚴幾道等照片，拜謝，用完當歸趙。弟語堂，中華民國廿三年五月七日。

林葆恒（一通）

久違教，良念。敝輯《閩詞徵》新印成，謹以一部呈教，其中清詞似可供《清詞鈔》資料。聞尊處有敝同鄉龔禹疇太史履中詞，乞見借一鈔。此外如更得有閩人詞，并乞隨時見示。至叩，手上遐厂先生。葆恒頓首。

金天翮（一通）

譽虎先生閣下：聞聲廿載，樞詣無從。前曾惠賜《秋夢庵詞》、《秦淮八艷圖》，尚未肅函致謝，乃者手翰寵頒，欣感奚似。郁生書到，當日取得，曲名薦書，日内度到宣南。印濂卸磯，乃滯烟臺不歸，竟未識何故，其宅在河沿街生牙場，天寥公暨瓊章墓在盧墟，離蘇七十餘里，離江城亦三十六里，殘暑未退，水鄉多蚊蚋，深秋去始佳。我公日内如來吴門，則天翮當郊迎三十里，并約印泉、仲仁、仲深費樹蔚，吴江詩人，恪齋之婿也。作平原十日之飲，佇盼行期，藉慰飢渴。專復，世運否剥，振起無人，然天下興亡，匹夫有責，設施之法，輒欲與高賢抵掌，一吐以爲快。專復，祇頌毅綏。金制天翮頓首。十九。

金世仁（一通）

遐老校長賜鑒：憶自午月中晋謁台座，倏逾兩月，近維潭祺履祉皆大吉羊爲無量頌。兹啓者：金澤載頤浩寺宋鐘爲倭寇竊，遺金山衛，里人曾親見之云云。兹托友親往查看，金山衛城内城隍廟，確懸有古鐘一具，鎸有『金澤頤浩寺之鐘』七字有無其他文字未詳，似與該志所載尚屬相符。至是否確係宋鐘，有無保存或珠還合浦之必要，自有賴乎保管古物於祖國文化美藝興滅繼絶、不遺餘力如我公者垂察而研討之。前聞從者將來吴作寓公，曷勝歡忭，迄今未見莅臨，兹特先此奉聞。前請盧技正轉求墨寶，暨面懇賜題《雪中失駒圖》，暇乞賜揮，并希惠寄，至盼至感。專此，敬請道安，晚學金世仁上，八月十四日。

通訊處：蘇州城内多貴橋巷十一號。往金山衛在申取徑，申乘滬閔長途汽車至閔行渡浦，换浙省公路汽車直達金山衛南門，當日可往返。

金其源、趙正平（一通）

逕啓者：昨奉登記表廿三紙，想荷台收。茲因又有續來應徵，特書奉登記表十三紙內有八紙，恐系重複，乞查，即希察收爲荷，此頌端志先生台安。弟趙正平、金其源同啓，六月十八日。

金家鳳（二通）

一

玉公賜鑒：尊恙已否痊愈？殊以爲念！關於修理金剛殿事，昨日始晤及周佛海君，現商定先派吴縣長會同董事會代表前去接收，點明後仍交區公所保管。然後登報標價出賣，因當地教育界有建築兒童體育館之議。不經教廳令飭縣府，則届時必生支節問題。至於本會代表一節，擬請昆山彭縣長派員充任。因晚爲避免嫌疑，并使事實上之順利計，似不便露面，其他人則殊無適當者。彭百川與晚本友好，諒能相助，届時晚擬先與吴縣派人吴縣長亦系舊友，擬請派人自蘇去甪，不派甪直區長或公安局長。及彭派之人先行接頭，説明其中糾紛，俾得相機行事，至於公函，周廳長主張用會出面，不知董事會已刻有圖記否，兹寄呈公函兩封附稿，如無修改倘有修改擲下重繕，乞即用印賜下，由京寄京，因尚須附私函。擬於十號之後前去辦理。保聖寺大料早已散失，不必追究，據吴縣教育局教育委員夏旦初君稱，當時渠正在甪直沈百安家吃飯，曾見工役搬至沈家。但函上不得不説明被豪紳侵占，防豪紳阻撓也。草此，敬請痊安。晚金家鳳上。十二月三日。

二

玉公鈞鑒：前接手諭，籍稔貴體違和，未蔔已否痊愈，殊念。晚近來仍未能完全復原，甚以爲苦。承囑調查甪直古物館近况，兹呈覆如下：

一、經費已收至十一月份，毫無拖欠。

一、二星期内甪直區長當有正式報告。

一、樹木枯死七枝，開春應設法補種。計楓樹二枝、金錢柏二枝、白楊二枝、法國梧桐一枝，均死去。

一、屋内以窗户不常開啓，氣不甚流通，微見潮濕。顔色亦見減退，惟無漏影，塑像及塑壁亦無毛病。館墻正面屋後下部方塊托壁已有一方脱落，旁三四塊亦見鬆動，因作墻時，整大塊做成，再劃小方塊。尚未修理。後墻上并見有水漏綫。

一、金剛殿照舊，并無走動。前有同鄉王乘人君托，轉懇磧砂佛經每部加收十元，作爲磧砂寺遺址紀念及修建金剛殿之用，未知鈞座以爲何如？今歲前去參觀者甚多，恐均無記録，晚以爲明年起可令區公所預備筆墨宣紙及紀念箋、名薄，并將以前各影製成畫片碑幢亦飭工墨拓售價，作爲基金，參觀者亦有所紀念。邇來每見各處有以書畫售品爲基金者，如能由鈞座或董事會出面在蘇滬京徵集展覽，不無小補。遥聞上海方面各派又競事活動，諒謡諑必盛，如有所命，請隨時示知爲幸。專此，敬叩鈞安。晚家鳳草上，十二月二十二日。

俞棪（一通）

遐翁先生賜鉴：奉頒近作《琅琊記遊詩》，頃經油印百份寄交津浦路，分送各大報暨旅行雜誌刊登，該路近爲發展客運業務，對於沿线名勝名作方擬廣事搜集。

勝遊名咏，不日即擬刊行。《琅琊導遊》小册首冠尊作，用資號召，頃復經與錢博泉兄商定，在琅琊勝处鑿石刊登。一俟地點選定，仍擬奉求法揮，俾名作名山永垂不朽。先此奉陳，敬頌勛綏。俞棪謹肅。十，廿八。

柳詒徵（一通）

遐庵先生道座：賜書暨楊君書原札附繳敬悉。山僧無學，誠如所言。定慧方丈智光較爲可信，鄙意似以交定慧寺保存爲妥。或虞其有偷售事，擬請楊君或由我公道鎮之便，與省府或縣署接洽，于圖之首尾鈐以官印，并于官署存案，嚴禁盜售，捨此殆無他策也。根本問題在造成好學而不嗜利之僧徒，然現在及未來皆似無此希望，且亦不獨出家人爲然也。專復，即頌道安。詒徵頓首，十月卅一。

柳肇嘉(二通)

一

譽老道鑒：久疏牋候，聞康健逾恒，曷勝遠慰。去年游淮求得魯一銅像，托憲武兄轉呈，諒邀尊鑒。夏秋于役海虞，搜得錢牧齋、歸元恭、翁平遺像。比在首都統交憲武兄代贈左右，旦夕當到。翁像易致，錢、歸二像甚難。牧齋無後，其族裔錢育綸秘藏其像，不輕易示人。乃輾轉索得。嘉足迹遍江蘇，每抵一縣，輒願爲公采訪焉。大著在商務書館是否毁版，念念。專肅，祇請撰安，柳肇嘉敬上。十一月廿一日。三像均係影印并藏玻璃，又及。

二

玉老道鑒：上月十七寄呈正統藏一册、函一緘，不審邀尊察否？焦山僧影鈔《正統藏目録》四册，又霜亭方丈寫贈天童寺所藏藏經序一册。內有《正統御製序》，霜師云以此册非現印藏經所有。兹就小兒芸湄回愚園路漁光村中南宿舍之便，交其帶上，准于本月四日親送柳林别業尊府收轉座右。請先期飭知貴閽人，届時檢收，并發給收條爲禱。附呈敬求法書兩紙，乞便賜大筆，弗亟亟也。專此，肅請撰安。柳肇嘉謹上。七月一日。

再者，此項目録嘉未暇往校，據定慧方丈静岩函霜亭云，皆係影鈔無僞，如有疑處請示知，當往定慧檢查奉復。

洪　完（一通）

遐庵先生左右：承服德望，從來有年。比在李君景綱許獲見妙墨，劍氣騷心，躍躍紙上，甚欽佩也。完往歲遭先母岑孺人之喪，乞黄濱虹先生繢《屺夢圖》，用記哀悰。李審言、馮君木、諸貞壯、袁伯揆諸先生均有題句。夫以執事儒林丈人，可不求一言以示天下後世。敬祈賜題，俾冠卷耑，慧光所照，定澈幽潛，自度孤寒。能致於亡親者僅此耿耿。伏望寵貺，不勝主臣。甬上天一閣藏書多佚，馮氏伏跌室有四五萬卷，且有鈔本甚夥，執事亦有意莅甬乎，謹當追陪也。另呈宣紙，唯賜妙墨賜款太完。聞瘿公先生遺詩已刊行，極盼損惠，企予望之。敬頌著綏。洪完謹狀。八月七日。

完有哀瘿公先生七律一首另紙奉教。另附佛頂尊勝陀羅尼經拓本全份、《百朋集》一册，統乞矖存。

附件：姚光致端志(一通)

端志我兄左右：在滬曾上蕪函，度邀察及。兹寄上文展徵品收據二册，計用去一百五十四張，因存根未填注，故副收據亦未掣去也。會中有梁衆異出品之董其昌象二幅，朱孔陽出品王廣心象一幅，尚煩用六寸片照出，該費即當價還。葉譽老來教并擲閲，擬印行《蘇松太著述意見書》，敬已領悉，甚所贊同。至謂弟欲輯印香光、眉公書畫，乃傳聞之誤。會中特色之書畫儘望多多照出，以謀印一雲間先哲書畫集可也。譽老前乞先致意，客再肅復，手此，祇頌任安，

弟姚降功石子書。七月十九䌖右。

姚虞琴（十一通）

一

譽老社長閣下：昨奉手示敬悉。承惠洋三百四十元，又附畫三件照納。至吳草廬書，知公喜此，當以奉贈。因敝藏全數散去，何必留此一粟耳。乞哂留是荷。此請台安。瀛頓首。十四日。

二

譽老社長閣下：前董卿先生由粵來滬，述及雙手爲濕氣所困，近想已痊愈矣。今因樹人先生名畫展覽，驅車往觀，便道趨謁高齋，適公出未晤，悵悵。聞令愛吉期在邇，便乞明示。籍便走賀，鐘聲久寂，惟前星期蓬社與聊社合組，亦無當行出色之卷，拙句録後呈教，此請台安。瀛頓首，七月十七。

雪珠魁斗格：

雪交亭殉張丞相，水繪園藏冒曉珠。

雪窖望歸生馬角，金陵懷古得驪珠。

三

譽老社長閣下：昨奉手示，敬悉。勞氏藏書早已散失無遺，至勞少麟兄所云之劉藍日記，弟前曾問過，云見於北平故家，問是何家，亦已忘了。惟記有至塘西氏塑象一語，檢超山之塑象木上有『藍製』二字火烙印，又據鄉老相傳指中間之壽星稱爲丁長頭，今秋鄉人鋤地得丁氏墓志，文徵明所書，云有木石塑象，石象在超山乾元觀西偏，木象大約即指藍塑，合參各節，劉藍其人當在元末明初矣。倉老葬期，弟擬廿三下午邀同足下及王一老同車至杭前，上午雇一汽車入山，并且在杭請一拓工，將文書丁志榻若干份，順便參觀藍塑及沿山風景。是夜宿舍在山中，廿五送登穴後，或至臨平乘車回滬。如同意，請即示知。往約一老後，再至尊處接洽一切。小鵜兄約其同往，何如？此間尚有丁輔之、王福厂、吴幼泉三兄擬廿四去，周夢老乘餘興欲游金焦，恐趕不及矣。并以附聞，此復，即請台安。瀛頓首。十二月廿日。

四

譽公閣下：王處各書有幾種在杭州，已寫信去取矣。弟檢出《申江恨別圖》，乃六十年前上海之風景，後有曲園老人題七古一章，已付裝池矣。塘棲白沙枇杷已到，送上三籃，乞哂納是幸。此請台安。瀛頓首。初五。

再者，王處又加兩種，一《袁海叟集》，一《王蘭泉集》，登記表今明可寄上。劉晦之兄已允出品，件數未定。嚴載如兄出品約有十來種，皆上海人。兩處均請其先開目録來，俟到即奉。昨晤穀孫兄，潘銘勳兄處宋版《陸士龍集》可以陳列云。

五

譽公社長閣下：頃奉手示，敬悉。賤恙今覺好些，承念感謝。所得扇款請于三十日公與巨來家證昏時帶下，因是日必往道喜，并晤一切。餘扇還望足下隨時留意，是所至托。九縣之志，王綬敬已查過，乾隆于前，每縣衹有一部，乾隆于後，不知要否。各縣各人著作尚在審查，將來查過之後，先開一單送上，再定去留。王處尚有《王蘭泉神道碑》，係前北平隸書墨迹，及凌如焕聯國初上海翰林，兩件皆可陳列也。此復，即請台安。瀛頓首。廿五。

六

譽公閣下：一昨上函，亮察覽，刻嚴載如又送給來三件，因喬之書幅有關上海文獻，不必不連同照片收納，先將登記，附請台納。其件即著人送會可也。此請台安。瀛頓首。廿八日。

七

譽公閣下：昨上函亮察及，王宅書記表附上，祈察納是荷。尚有《明史稿》《袁海叟集》《王緱山集》《春融堂集》王昶皆在杭，俟書寄到再補填表送上可也，至《三易堂集》唐時升，嘉定張鴻年已允送至尊處，故王處之書不開上也。昨至湖帆兄，據云昨病又至，龐萊老處出品雖允，恐不多耳。此請台安。瀛頓首。舊曆初二、三，孟德蘭路陳宅堂會，屬轉請足下觀劇，今屆一概不發帖、不受禮云。

八

遐公社長閣下：日前電詢起居，知已健全，至慰。至湖帆兄處見法繪竹扇，筆墨猷潤，心折萬分。一昨弟爲友寫竹，較諸公之瀟灑出塵，自覺面目可憎矣。積薪居上，敢拜下風。頃見舊扇一頁，據云已藏之三四十年，以畫易得，呈揮墨竹，能兼書尤感，無厭之求，恃愛勿罪。敝居適在蘇州河之南岸，炮聲清晰可聞，然聞之久，覺如不聞。拙作兩絶，用謄蕪函，并請教正是幸。此布，肅頌台安。瀛頓首。近得徐文定書一幀，至佳。初五。

九

譽公社長閣下：清名人小照已問過輔之，云不在渠處，曾經欣木借臨，且高處比丁處爲多。如公到杭，可與欣木一借，或由弟致信亦可，希示覆爲盼。昨在十髮處俟公未至，因弟赴夢公鬥詩牌之約，匆匆行矣。曾鬥得一聯，頗似《菩薩蠻》詞，書博一笑。此頌台安。瀛頓首。六號。

背枕蝶魂癡，問花舊事知。

一〇

手書敬悉，清恙尚未痊可，至念至念。弟腰痛延至腿上，步履多艱，致不能時趨左右也。承詢章天覺住處，在西安咸司路金神父路路口順安里十二號，李心蓬住在愚園路享昌里十六號。梁文忠遺詩曾送去一本矣。餘送陳庸老、林子有、冒鶴亭、嚴載如、桑潤亞等。并聞，即請痊安。瀛頓首。九月十二日。

二

遐公邀赴茜涇，訪玉山佳處，率賦呈教

韻事流傳七百年，東西亭趾莽蒼劍。誦詩行邁傷離黍，絶響清歌憶采蓮。出世冠裳金粟影，繞園卉木玉山巔。鬧紅無盡雙池在，水底仙根種石田。

茜涇觀并蒂蓮，復成一律，呈遐公社長削正

驕陽初上海東隅，碧水烟開鴛夢蘇。萬寶精神嬌欲墮，五更風露影相扶。由來孤寂憑誰問，但覺清茶與俗殊。采采歸携雙袖底，北窗供養貯冰壺。虞琴瀛草。

茶火陳沛接遠空，争先士氣各稱雄。有誰解唱從軍樂，千古詩人一放翁。經天白日暗無精，昕夕惟聞克敵聲。畢竟兩軍哀者勝，服膺老氏善知兵。

遐公社長教之。重陽前五日，虞琴瀛草。

胡 煥（二通）

一

裕父足下：前由許琴舫兄轉寄一函，諒已早達矣。前書倉率，未盡所懷。羈心無賴，月明人静時，細諷君書，字字冷雋，皆傷心人語。漆園謝絶人事，未嘗非激烈肝腸。足下何憂世之深也。五胡亂晋，自古已然。當局有人，干卿何事。煥好譚時務，頗少養氣工夫，深以已爲恨。然秉性淺躁，亦思勉强克伐，而清夜咄咄，極不能平。詎真不祥之金與，愛我者當有以教我也。足下何時來粤，煥六月回省，八月旋豫章省親，年底擬隨張師入都，大約可與君握手者兩月。煥近來以輿地爲身心性命之學，兼通測繪，囊中尚有千金，已約同志來歲遊歷東三省與山海關外一帶形要，再由黄河以北窺川陝，下武漢，走長江，事事脚踏實地，必確有把握，非徒抒胸中磅礴鬱鬱之氣已也。輿地之學，一顧言之最詳。竊思治兵術，非此無從下手，非此且不能得其真際。前得張奇田同年日本書云：日人分布中國者不下數百人，遊歷十年，能操華音、服華服，得人心風俗、山川形勢之實在者書上，考彼族之處心積慮爲何如也。甲午之役，日兵之能駕輕就熟者，亦必有道矣。然而局中人猶未悟也。中國當創深痛鉅之餘，不以復讐雪耻爲公憤，而以委曲求成爲得體，可謂不知羞。不以收拾人心爲元氣，而以攻擊門户爲奇能，亦可謂不自愛，人方謀我，我不自謀，孔曰成仁，孟曰取義。君父深恩，不關休戚，尚得曰仁乎？膏粱醉飽，上下同聲，尚得曰義乎？彼藉口孔孟者，其何以爲辭，今日之學術、治術，亦所謂不中不西，不今不古，空前而絶後者也。賈長沙之痛哭流涕，在漢文時則可，吾輩此時又當破涕爲笑耳。閒話少説，願吾弟早訂握手之期，焕約同人相與江頭痛飲足矣。前呈小詩，想博一粲。近又作古宫詞數首，均索大筆一和。庚子二月十日，焕白。

沈編修、吴檢討，弟在京時常與杯酒往來，即以『養氣』二字相勉，不料竟蹈文字之禍，然而天王明聖，臣罪自當誅也。

二

靳仲雲同年出示《入洛集》，凡古今體詩百餘首，多登山懷古之作，其音廉折以清，詩境進矣。因題二律於卷尾

陸雲入洛意云何，也抵蘭成一賦過。得見姚黄誇爛漫洛陽相公花。不須銅狄歎摩挲洛陽銅狄。詞飄舊苑梁園客仲雲，中州人，語帶邊聲易水歌。窈窕思賢兼雅怨，黽堂萬首未嫌多。此集係《居易齋詩卷》第十五。

學劍學書還學仕，幾年陶寫此詩心。君方李杜狂猶昔，我鑄巢由錯到今。呵壁漫嗟人事怪，當門便覺海波深。眼前風景南朝地，正爾高情耐苦吟。遐庵詩家教正，眉仙呈稿。二月廿四日。

題仲雲藏舊畫山水長大幅，戲仿東坡題山谷試院畫馬詩體

石谷皴法麓台皴，紙上烟痕和墨痕，對此欲老江南村。山川清麗我塵土，世外桃源問漁父，欲往從之畏豹虎。羨君新自洛陽還，袖有龍門八節灘，身佩五嶽圖嵩山。

此畫極佳，無款，似是清初人筆墨。

胡筠（一通）

玉公部長鈞鑒：唐少老押款計欠洋四萬八千八百〇二元七角，除遵鈞示將押品全部照貳萬五千元變買外，又由尊處賠出洋貳千元，共收到銀元貳萬七千元，經與債權再再商量，准以債票票面償還，當以六三六五購入廿年金融債票，票面四萬四千元交付。債權收訖，除所來貳萬七千元以之購債，計不足壹千有零，由筠如約賠本，誠如尊諭。爲人受累罷了，此情形債權人亦甚諒解，少老所欠以票面抵去，不足本只四千八百餘元。故亦允讓訖矣，取回鈞銷，少老押據一紙、又帳單一紙送呈，請察收。筠一病月許，近始勉外出，人猶疲乏者。債務實短本，亦在貳萬元以上，筠不親爲議結，恐非他人能辦，遲遲之因，想荷察諒。此請鈞安。胡筠謹復。廿二，十，廿。附廢押據、消單各一紙，其保管證亦收回還中南矣。

胡　適（二通）

一

譽虎先生：謝謝先生的信和曹雪芹像，并謝謝令先德的兩世遺集。曹雪芹像，前幾年曾聽李祖韓君説起，似即是他所收藏，當時匆匆不曾親見，今始見之，足慰心願。錢、陳題識中不知有足供考證之資料否？倘先生有鈔本，他日甚盼一讀。令先德的詩詞集，今日約略翻讀，皆率真寫性情之作爲多。先君鐵花先生爲劉融齋、吴愙齋門人，亦有遺集，至今未整理付印，今見先生所刻家集，甚愧也。匆匆，即候起居。胡適敬上，十七，十一，廿九。

二

玉虎先生：謝謝先生的信和《北山録》。《北山録》，我在蔣夢麟兄家見過，因其中有史料，故屢次購求。前年在上海得一本，價十四元；去年在北京廠店見一本，價僅五、六元，又買了下來，送給丁在君。今日始知此書是先生所刻，真所謂『得來全不費工夫』的了。神清出於净衆寺一派，即宗密所謂七家之一。净衆一派的典籍皆已散失，我在巴黎、倫敦得敦煌寫本《歷代法寶記》，其中頗有净衆派的史料，與《北山録》同屬難得的材料。《中國佛教史》甚不易研治，誠如尊論。我治此學，前後約七八年，近年始稍有條理頭緒。但我的《中國佛教史》出世之日必使中國學佛者頓足痛駡。因爲我治此事，意在求真，不在護法，故必不能取悦於俗學之士、佞佛之徒。《神會集》中附有《神會傳》，約二万字，即是《中國佛教史》的一部分，其中已多推倒舊史之論，甚盼先生能一讀，更盼指教。胡適，十九，五，三。

附：胡適尺牘一通

西北科學考察團之漢簡，乃係瑞典人 Bergman 所發見，委托三個專家在華整理報告。因半農去世，叔平太忙，此事久擱置。去年由北大研究院文科研究所負責請向達、賀昌群、余遜、勞幹四人負整理『釋文』之事，進行極速，不幸又因時局停頓半年。今年又重新鼓起勇氣來，限期將『釋文』一事於一個半月内辦完。現已將完功。向達已去英國，餘人皆在此作此事。釋文完後，即擬將初次報告寫成付印。故此項漢簡此時正在整理中，萬不能南移，乞先生將此意轉達玉甫先生爲感。匆匆奉覆，即祝先生起居百福。胡適敬上，廿五，三，四。

胡元倓（一通）

遐公賜鑒：連歲留長沙，以廉價收得玉池老人遺墨不少，去歲除夕獲得去粤《荔灣餞別圖》，又得玉池殘稿，合訂成册，翼謀跋於前，藹士跋於後，請大式題簽。敬呈，乞賜題跋。近養痾葉園，擬出月乃回京，并聞。即請箸安。弟元倓謹啓，四月十八。

胡士熙（二通）

一

遐公總長鈞鑒：敬肅者，頃由子剛先生處接奉鈞諭，飭將《耦耕堂詩稿》送陳上海展會，日内遵覓妥便帶呈，或由郵局包寄。敝寓尚有嘉定錢坫篆書册、婁堅信稿去年曾蒙賜題者、倪鳴時花卉册、張修府《小琅環園詩録》印本、松圓摹刻《定武蘭亭禊帖》拓本、青浦陳吉甫逵書《洛神賦》、張東谷翀山水畫幅、上海韓錫胙書册青田人，乾隆時蘇松太道、陸深書來鶴詩話墨拓、清曹御史劍亭墓誌朱珪撰，劉墉書，上海王氏《蘭言室法帖》之一，松江府署趙書蘇《前後赤壁賦》舊拓本，以上各件均係普通之品，需否陳列，伏候裁示。再有康二山忬所畫荷花，設色如生，是否上海康起山愷之弟，未審我公知此人否？肅覆，恭請鈞安。祗頌起居萬福。胡士熙謹肅，五月廿五日。

二

遐公總長鈞鑒：敬肅者，前由郵寄奉《耦耕堂集》，想早呈達。兹將清青浦張翀山水、清上海康忬荷花、清太倉王宸《緑天庵圖詠》、明嘉定李流芳山水共四幅，合裝一匣，又張修府《小琅環園詩録》二本、清韓錫胙字一册、清嘉定錢坫字一册、清嘉定陳逵字一册、倪鳴時花卉一册、明程松圓摹刻《定武禊帖》一本、趙書《前後赤壁賦》拓本二册、清嘉定刻《蘭言室法帖》四册，另附明鈔本《流寇志》四本，合裝一箱。已懇子剛先生轉商怡和公司輪船，於十三日帶滬，十五日可送至鈞邸，酒資已給，其中李流芳山水、倪鳴時花卉是否真迹，請公鑒定，其他册上書籤倘蒙法墨賜題，尤爲感禱。《流寇志》一書前見《茗齋集》跋語，只稱北平圖書館已出《平寇志》，似未知尚有《流寇志》。并此書有明人評點，未知何人手筆，能否考查，敬乞便中示及，無任企禱。肅此，敬叩鈞綏。胡士熙謹肅，六月十二日。

胡寶善（一通）

玉翁夫子大人函丈：遠違架訓，數月於兹矣。邇維道履綏和，百福臻集，至殷私祝。生夏間隨哲里木盟代表赴京，得過滬面領教誨，使生自辭卸扶輪職務以來所藴結於胸者，陳訴於師座之前，如吐塊累，幸我師之不我責也。我師徵論蒙情，洞見癥結。生仰承師訓，體察蒙族情形，爲蒙政謀興革，無如蒙人積惰成性，不堪自拔。所謂刷新蒙政，不遠數千里陳議於中央者，具文而已，敷衍故事而已。蒙政豈有爲哉！生有志於實業久矣，以爲滿蒙地方機會多而發展易，即考查所得開發之區多把持於外人，非規模宏大、資本雄厚不足以圖競争、挽利權，鄉僻之區，非狃於積習，即缺乏人才，棄利於地，不自開發，啓强鄰之垂涎，日夕惟滿蒙之是圖，能不憂心？生以孑然一身，投筆東來，民國十五六年從事勘丈郭爾羅斯前旗之荒，步行東蒙各地，足迹殆遍。是以於蒙人風情知之較詳，蓋蒙疆人少地多，自王公以至吏庶坐擁資産以自足，好疑多慮。凡百事業，非見利不投資，非被動無建設。生既鮮資本，復乏借重，欲與圖大發展，豈易易哉？生於回東之後，曾建議組一蒙古銀行，意在舉東蒙各事業如新政、實業等，胥以此爲經濟樞紐，議既决矣，首研究票權，繼擬以齊盟長爲單獨發起人，意在蒙方官辦，終則以蒙股以外容不客漢股，而猶豫莫决。月前乃以中俄時局關係，定明春再爲進行。然明春能進行否，以蒙人之作事猶豫，殊無把握。故生意此際而欲於蒙疆圖發展，或服務中央關於蒙方行政實業各機關，居規畫方針、指揮改進之地位，或見用東北當局任關於蒙旗行政實業各職，得就近監臨督促開發之機會，或厚集資本，不藉重於政治，直接以經濟之力圖發展，皆可發展滿蒙實業，收自動開發蒙疆、杜絶外人窺窬之效。不然蒙事無希望，蒙人不足謀自存也。生夏間自滬北返，病痢逾月，旋以蒙政仍復擱置，乃計畫蒙古銀行。蒙古銀行停頓之後，今將屆繼續進行之時機，生於組織上及進行方法等，頗欲赴滬請我師指教一切。且中央前有二月間舉行蒙藏會議之議，蒙方於中央既無一人溝通意見，且有一般青年濫發意論，是否與蒙政有益、蒙情相和，蒙旗首要頗無把握。故生亦擬先期南來，乞我師設法提携，占一地步，爲生個人計實，爲蒙旗大局計也。如何之處，仰祈賜函教誨，不勝盼感之至。回諭請寄長春北大街福文印書局交無誤。肅此奉稟，謹請著祺，順叩年禧。

前石家莊扶輪第一十小學校長，現長春福文印書局經理生胡寶善謹稟，十八年十二月三十一日。

胡祥鱗（一通）

玉公總長賜鑒：昨日踵府詣候，適值有蘇州之遊，不及晤教爲悵。敝藏有明人書翰墨迹數十册共八百家都凡九十册，并是精選難得之品。茲將目録一册敬呈尊覽，意欲善價求沽，如有收藏家或文化機關及古物陳列所之類，尚祈代爲揄揚介紹售出爲叩。耑上，順叩鈞綏。胡祥麟謹上，四月二日。

南京住玄武門内大樹根三號，天津住法租界十二號路一五三號，明日即返南京，大約近兩三周不回津也。

此項册負行篋只携帶第一、第二兩册昨日曾親携踵府，其餘統存津寓，如有成議，當回津設法南運。又《考訂録》稿本共三十册，亦可另議出售見目録第二葉説明。此外，尚有明清畫扇三百葉，并在津寓。如有相當機會，亦擬售出。其中二百五十葉爲山水花鳥人物之屬，五十葉則爲難得之法書，皆精品也。回南京後，如承函詢，亦可將目録抄呈。

胡漢民（九通）

一

譽虎我兄鑒：頃得組庵來函，言寅村已歸，道希兄遺著亦已携來。組安約後日約兄及弟午間同飯，開始研究，且有他古物可看，并囑請兄多留數日於京云。此候旅祉。弟漢民頓首，卅一。

二

譽虎先生惠鑒：承贈石經殘刻，甚謝。昨日協之來，囑轉求羅癭公、曾剛甫兩君詩稿，似俱爲先生所校刊。如能見惠，弟亦欲各得一部也。瘿公詩一本曾從友人處見過，曾集則尚未入目。近日起居如何？道義遺著想已整理就緒矣。此候撰安。弟漢民頓首，五，十。

三

譽虎吾兄惠鑒：承殘索録舊作，憶寫如另紙，是時與組安倡和周師韻，各得三十餘首，至東原來京，弟個人已九十六用矣，自亦嫌其絮聒。和尊詩本計駕約兩三旬即復來，拟當面承教，後亦忽忽忘之。組兄死，牙期之痛，遂不復作，而和協之有《憶中秋》兩律，今并呈政，想兄亦爲憫然也。此候近祺。弟漢民頓首。廿四夕。

次和協之有憶

齊名李杜能無忝，鬥韻蘇黄剛有詩。多病定緣憂世苦，廿年仍恨識君遲。英英衡嶽魂如在，莽莽中原秋自悲。四裔人知悼君實，宗臣遺像費論思。

次和協之中秋夜

常于佳節思鄉者，難得殷勤報我詩。昨日嘯歌人去遠，幾家凝望月來遲。如斯良夜誰能怨，正恐長吟或過悲。山本無雲庭似水，南樓不寐又相思。

春日同譽虎、組庵、夢麐遊棲霞，歷覽蕭梁古墓，譽虎先有詩，以師韻和之二首

抗手清流述本師，廿年辛苦爲搜詩。偶來帝子埋憂地，仍是書生好古癡。華表取材猜異域，長鑱托命重今時。蕭梁文字多堪讀，休作園林石笋期。

飛錫西來孰祖師，非秋景物亦宜詩。鎸鑱自是良工苦，塗澤翻憐衲子癡。垂老英雄多信佛，當年詞客衹哀時。浮屠歷劫都無恙，頂禮焚香有會期。

四

譽虎吾兄大鑒：頃誦手教，惓惓之懷，卓犖之論，不能得之時賢者，可勝感服。弟于前年輒亦有見於此，而深以時間、人才爲憂，兄能爲桑梓借箸，是所望也。拙詩衹是率寫胸臆，近更如李伯紀言，借以述感娱悲耳。不虞過譽，此何可當。聞公達遽逝，賦詩悼之，録如別紙。知兄亦共此悲也。數年前曾爲其弟書王荆文詩云『父兄爲學衆人知，小弟文章亦自奇。家世至今宜有後，士才如此豈無時』云云。萍水家聲，豈遂不振耶。草草，即頌旅祺。弟漢民頓首。五月十日。

悼文公達

呼吸雖慚夙子知，稗官爭論憶兒時。余長公達一歲，雲閣表兄登弟時，公達才十齡，爲余説《聊齋志異》之美，余謂大不及《儒林外史》，則争决於雲門、雲閣兩兄，兩兄左袒余也。故家喬木猶能説，才士生涯盡可悲。群盗縱横歸不得，虚名料理事何益卑。雲埋海上薪隨盡，天道多艱有涕泪。《雲起詞》自序有云，明知天道變衰，先死未爲不幸。不匱呈稿。

五

譽虎我兄惠鑒：手教暨《駁議》俱誦悉，弟前此亦微聞有人造爲此説，祇一笑付之，不虞其遂能驚擾僧俗也。陳布雷循循君子，必不爲此。介石先生之令堂一生信佛，殁後使弟等爲誌銘，亦亟稱之，又嘗言浙中叢林組織紀律爲任何集合體所不及，以此推之，當不虞摇惑妄人之言也。季陶兄皈依如來，未去京之數日，忽言近有論以寺産辦學者，恐遂成一種思潮，而僧徒多不識字，何不自爲之，以塞人口，實其言當亦有見。弟聞各叢林亦頗有建學者，或不多耳。真如兄之議，或可少緩。以佛在宗教地位固宜優先。而政府之視各宗教則惟有平等待遇，近世既無國教之説抑揚其間，亦慮有侵人民信仰自由之意，不審尊意以爲如何？草草，即候起居，弟漢民頓首。六日。

六

譽虎吾兄惠鑒：得手教，未即報，殊歉。無稽讕言，早已消釋，可勿復置意矣。聞鬻書助賑，定有殊績。寧待不知書如我者推揚，兄殆故以此調我耳。總角時即諗以家學師承冠出儕輩，後更從事漢魏，偉麗自喜，使人心遲。乃四十年來，從未得法書一幀一幅貽爲寶玩，貧人不忘舊債。今惟有鄭重提出請求，適與同人起草民法，腦中祇有此種術語，一笑。望有以報也。草復，即頌道安。弟漢民頓首。十日。

七

譽虎我兄偉鑒：頃得組安書云，寅村來談所收道羲兄手稿，至六七十本，半在北平，半在上海，日内赴滬，當先携來一覽。兄前所聞者不虚，想其中必多可傳世者，弟與組安懼不勝校讐之任，果其持來，欲約兄入京一同商榷，如何？先報，即候近祺。弟漢民頓首。三月十四夜。

八

譽虎我兄大鑒：如教送呈拙稿五本乞教。弟詩向無存稿，此本乃協之於去年歸粤出弟舊所寄。協最嗜七律，故十九年前幾無他體。作與朋儕嗜痂者看，而榖生草率排鉛，復多訛字，令人不怡。最謬者，《答大庵集曹碑》一首，竟羼入鶴亭之作，而拙作反漏去，蓋榖生初不負校訂之責也。去冬焕廷謀於大庵，擬爲重刊，聞已過半付梓，大庵、鶴庭、石遺俱爲作序。冒、陳兩序近始寄到，大庵序最先成，似在滬時兄亦睹之，鶴亭頗爲傾倒也。此候近安。弟漢民頓首。廿二日。

九

譽虎吾見惠鑒：明日下午三時能過我否？星六紀念黄花岡諸烈士。前得來教，即轉寅村，未審此兩日曾見組庵否，草復，即候旅祺。弟漢民頓首。廿八早。

胡肇椿（二通）

一

遐公鈞席：刻市府周秘書長雍能電椿往謁，云上海文獻展覽之時間問題。渠初意以爲宜在十周年紀念之前開幕，俾免屆時因其他之展覽會過多，此特出之文獻展覽不能引人注意。惟其後經十周年紀念籌備會討論，以爲文獻展覽於七月二日單獨舉行，似覺參差，可否與其他展覽同一步伐，即在七月七日舉行，且不必單獨舉行儀式云云，屬請示鈞座。又此次展覽會館中各主任僉意如將來費用全由上博負擔，恐數目過大。因預計想逾千元以上。擬向市府請補助費千元，此點椿意鈞座必能贊同，已向周雍能談及。彼意如歸入紀念會各展覽會中，補助千元，自易辦到云云。關於改期一點，椿意事實無礙，不過是否對外遲些公布，如何？請核示爲感。

專此，敬候鈞安。姪肇椿敬呈。六月九日。

二

此登記表三束，均系從前楊寬兄已將説明片做好者，恐必有錯誤，故仍奉上，乞審閲改定後交下，俾便更正爲感。敬塵遐公鈞席。肇椿，六，廿三。此三束登記表計三百八十八張，每張其上均加 V 記號，請勿與其他表混置爲荷。又上。

冒廣生（九通）

一

羅浮之遊得五古十章，今日亟擬趨談，已約桂世兄在寓同行，而候雨不止。正躊躇間，書來誦悉。明早有蘿岡洞之約，歸途當徑造黄文裕祠，冀一晤。協之件已代交，尹桑住址不知。馮康侯刻印極精，協之云可爲代求。其寫件仍求速藻。匆復。遐庵仁兄。弟冒廣生頓首。即刻。

二

向來目公詩爲摩登，公以爲輕之之詞。弟生平負氣，與人面折則有之，若語含譏諷則亦所無也。弟所謂摩登者，無北人所謂怯，無南人所謂曲，如王謝家子弟，才是真正摩登，如唐太宗裼裘而來，如蘇長公亂頭粗服，才是真正摩登，惟佳人當能解耳。頃奉來章，於曲折處無不細心檢點，而又不使人覺其喫力，此仍摩登之極則也。若夷場上所謂摩登，不過俗而已耳，不過小家相而已耳。此義久欲發明，徒以方舌不能達，今日讀公詩乃一發之，度不呵也。復上遐庵仁兄閣下。弟廣生曉舌。廿三日。

三

收到李次貢來字并石象，囑寄奉。關於棲霞塔闌事，請示復。山中王滂題名是荆公次子，展堂已有詩，散老聞之，詫爲大奇，公可將拓本一分寄之。附上展堂一扇，請交程子大兄畫石，潤筆有限，不必叨光，但弟未知其數，請代墊示繳。盼早寄回。何日來寧，至念。此頌秋祺。弟廣生頓首。中華民國二十年九月十七日。

四

奉書詢王旁事，元豐元年荆文有《添差男旁句當江寧糧料院謝表》，又有《題旁詩》云旁近有詩云：『杜家園上好花時，尚有梅花三兩枝，日暮欲歸巖下宿，爲貪香雪故來遲。』俞秀老一見稱賞不已，云絶似唐人。旁喜作詩，如此詩甚工也，并采入金谿蔡氏《荆公年譜考略》。董卿曾見宋人説部載旁生前休妻事。渠頃往揚州，歸時當屬撿出，以助題跋之資料。聞從者頃亦遊揚，或與董卿已譚及此矣。子大爲安定畫扇，請促成見寄并示潤貲，款雖無多，不能要公冤花錢也。石遺來江南，想已把晤，不知能偕遊秣陵否？此復，遐庵仁兄。弟廣生頓首。中華民國二十年九月廿五日。

五

七日、八日兩書連發，内附溥心畬畫，又前寄詩五册。當收到。今日得十日親筆函，細審殊不潦草，精神尚首尾貫注，且是毛筆非鉛筆，病退可知。此後仍望節勞，勿再用心，即弟信亦不必再寫，能北來换一新鮮空氣亦佳。弟新刻詞已寄二册，一請交平子。即在册内略選三、五首足矣。樊山詞近作，俟晤時索之寫寄，此時亦宜暫束高閣也。遐庵仁兄鑒。弟廣生白。十月十七日。

六

前交韶覺轉一書計達。王旁栖霞題名，連同楚金兄弟兩題名，尊處如有拓本，求各撿賜一分。廬山二詩經二陳評點者，請大教。賈家樓恐搬演不好，曾諷稚威勿露，不知捉鼻得免否？姬人率諸孫已赴滬，弟或日内來滬一視之。匆告遐庵吾兄。弟廣生頓首。中華民國二十年十月廿一日。

七

遐庵仁兄閣下：弟以一年來手戰，極怕寫字，大抵性愈急則愈戰，字愈小則亦愈戰，此後恐將成廢人矣。李審言遺著弟准助刻貲五十元，惟另募則殊不易，不若將弟名義附入尊募三人之一，似兩省事。《疏香集》早收到，謝謝。委選《花影》《吹笙》兩詞，當如命。惟手邊無書，盼各寄一本，當於十日内報命，并將舊撰《詞話》之語加入。至《詞話》一書已由唐圭璋覓得送來，惟當日本非完書，擬補足成之，將來當將應補之人之詞向尊處商借，大約亦不過十數家耳。喬石林象已由榆生處轉奉否？匆復，并頌日祺。弟廣生頓首。一月廿九日。

鶴亭來書奉閲，乞告李世兄。范九先生。綽上。

八

用展堂韻十四集《曹景完碑》字寄懷遐庵仁兄 即請哂定

齊年五十高常侍，并世其人葉水心。甫里荒殘曾訪惠，中州辭賦要存金。不離藥鼎因貪疾，牽及華時望枉臨。身後身雲謂樊山翁餘萬首，爲謀刊布定還禁。辛未二月廣生呈稿。

太平門外看桃花用昌黎寒食日出遊韻 鶴亭

花時屢失夙所病，早到遲來未逢盛。今年饞眼慰一飽，千株萬株巖谷映。得閒輒復適野謀，作氣還能與春競。太平門外桃花林，十載散原獨歌詠。匡廬辟地不歸來，奈此風光好端正。櫻桃落盡杏已稀，花欲待人時豈更。沈吟伸手仍縮袖，憐取此花生薄命。等閒十畝負郭田，辛苦長年白木柄。居人愛實客愛花，花多實多農有慶。沿坡路入蔣神祠，香火雖殘致恭敬。徐常胡李一世雄，翁仲荒凉鎖幽夐。豐碑尋丈峙斜陽，緬想君臣頌賢聖。百年子姓有廢興，六代江山幾争併。吾生許事不解知，天賦但全麋鹿性。面前太行因人峻，胸中九州得酒横。詩腸經月不鼓吹，積久爲花若泉迸。連朝黧黑被野風，未信人言歸引鏡。不辭一日一出城，此事天公要爲政。預愁泥滑雨不晴，又恐枝高風太勁。願天借取浹辰陰，火急護持如律令。

九

久不通訊，以安定故。承當事知我無政治思想，許以過從，遂時時過之，慰其岑寂，而唱和乃多。一詩奉懷，寄請哂政。既是和韻，又集碑字，真專入牛角尖裏去也。中間憶兩辱書并大稿十部，又陳師曾遺詩三册，已分送吴、靳矣。體中近日想安善，何時出院，能來秣陵一行否？

太平門外桃花極盛，今已過時，海棠則遠不及北平，或冀公來同啖櫻桃耳。朋友中見大稿者均謂詩詞宜單行，不知公有意否？平寓頃寄來字畫，尚無暇檢點，如莊方耕、錢籜石諸人象，當續影出寄奉。弟小象憶去歲在瑑卿家曾拍晒，若未收到者，當於影照莊、錢諸象時多攝一紙。晚晴簃所選《詩匯》已見，中乃無先師，粤人如廖澤群、陶春海、朱棣垞等皆未載，生存人乃有汪憬吾，真屬怪事。陳子言方爲南潯劉氏撰《清詩萃》，此事兄不宜不加意補益之也。弟已遷寓鼓樓北忠實里二號，眷屬尚未來，附聞。即請遐庵仁兄春安。弟廣生頓首。二十年四月四日。

郭則澐（二通）

一

遐庵尊兄左右：大函誦悉。致曾君函已寄交理齋，得其復書，極爲感戢，屬先致謝，所藏宣爐稍遲當以藏目奉寄。河北近已解嚴，圖書館藏詞，此間詞社同人均未涉目，當托津紳華璧臣、趙幼梅輩設法募録，便中祈開目録見寄，以便轉商。附呈先集（另封郵寄），到乞賜存。專頌著安。弟則澐拜啓，十二月十六日。

二

遐庵吾兄尊右：昨奉還雲，知前開各詞尊處早已選及，深愧疏陋。《敬業堂詞》已商由徐君芷叔選録，俟録就寄上。此間各圖書館藏詞恐亦不多，弟閉門已久，與津人士向鮮往來，仲遠尚與相熟，已托其設法訪抄詞目，以備詮采。金夔伯《石蔗畦詞》甚佳，芷叔舊有藏本，惜已失去。金係浙人，南中或易訪覓，祈留意及之。閩詞子有所選者已徑送尊處，弟即不復選録矣。近日選輯已富，想不久可完成宏願。鄙意各省如能有人代任徵訪，則家藏未刻之本及單行刻本不常見者次第搜集，益臻美備，想公已早計及之矣。日來弟方病齒，匆復不盡，即頌著綏！弟制則澐肅上，閏夏廿二。

凌惕安（三通）

一

玉甫先生偉鑒：，接元月廿八日手示，知前寄莫邵亭先生遺像已邀台察。并承惠頒尊影，俾資瞻對，一俟寄到，瓣香奉之矣。莫像前寄贈時本已滿意，殊持較揚州寄示朝服畫像復有出入處，因寄由上海再繪一過，乃臻神肖。謹再寄呈，用備采擇，此等事本不嫌其煩瑣也。拙稿即用此次所繪者。兹隨函附寄家嚴最近像片，擬懇推錫類之仁，代煩楊君鵬秋以古法畫像一幅，并乞賜題款識，以資紀念而示後人，叩禱叩禱。至用紙即煩楊君代備，大約四尺玉版大半幅爲佳，潤資當屬中華書局代呈拾貳元，以係四尺，故視潤加贈一倍，再不足當照奉也。僅畫像不配景，像着長衫不戴帽，朝鞋，略有站領。或左手下垂，可不現手，右或現手拈髯。家嚴字光廷，今年六十七鵬秋矣。畫後請以油紙包裹，作挂號信寄下，仰承大德，容後圖報。此人生極可謳思之事也。鵬秋通訊處請開示，并煩先容，以便接洽，免再煩瀆。緣敞處應繪之件尚屬不少，黔籍學者像傳當彙齊奉寄。此次芝加哥博覽會，本國出品得荷塵籌，必增國家之光榮。惜交通不便，聞耗遲慕，否則黔中當有不少可供參考之出品也。此後凡遇此等事件，但一委任，當竭心力。此上，敬頌道安，弟凌惕安拜啓，三月十五號。

附像二張。

二

玉甫先生惠鑒：秋色已深，遥想興居佳勝爲頌。本年六月十五日曾寄挂號信一件，附像片一張，商請楊鵬秋君爲家嚴畫像一事，迄未得復，不勝悚懼。此事明知煩瀆，然弟訪古法畫像人才歷有年，所卒未一遇。忽承介紹，不覺狂喜，故有是請。亦以謂賢者推錫類之仁，定不以妄也。及今系念於懷，未嘗忘情，是否可行，伏願惠復數行爲禱。儻承指示楊君住址，俾直接接洽，尤爲便利。緣弟所欲繪者尚多也。《黔籍學者像傳》久在編述中，不日完成，即寄供采擇。仿宋藏經前曾預請注册，兹由廣妙直接訂購，蓋與注册之事同一因果也。拙著《咸同貴州軍事史》已在裝訂，不日呈乞郢政，尚希不吝賜教爲幸。繪像所需之數，已函滬上友人陶紹勛君踵府候示呈繳。此上，即頌道安。佇盼惠示。弟凌惕安拜啓，十月廿四日。

本年一月八號接奉大示，謂曾惠寄玉照，迄未奉到，無緣瞻對，至今悚歉，擬請補寄何如。惕安又及。

三

玉甫先生惠鑒：旬日前曾上寸函，想邀青覽。惕安入春以來，正從事《清代貴州名賢像傳》之編輯，一俟殺青，當郵呈正本，仰祈賜序，以增光采。先生曾有《學者像傳》之編印，於此當感特殊興趣，想不以爲辱也。敝省有楊調元先生，以詞曲鳴一時，商務書館曾有《綿桐館詞》之刻。辛亥國變，殉陝西渭南縣任。其死事姑不具論。其文字上之造詣有相當地位，不知尊處曾采及之否？如有遺像，懇惠拓片爲禱。家嚴畫像事明知煩瀆，亦嘗斟酌再四。卒於冒昧奉求，知賢者推錫類之仁，必有以下慰拳拳者矣。此上，敬頌道安。弟凌惕安上啓。三月廿三日。

凌鴻勛（三通）

一

部座鈞鑒：敬陳者：月初到京，面聆訓誨，良用欣幸。然時間匆匆，有不及詳爲禀白者。勛自前年派來隴海任工程局長，正值取消督辦制之後。督辦職權未曾善爲規定，致對内對外迭生困難。自錢次長長局後，兼有全路稽核之權，勛乃得專心於新工方面之事。嗣以部與比公司接洽改訂辦事細則，比方既無力再發債票或墊款，則築路之權自不能長久享受。時中央正倡言以俄庚完成隴海，故部中對比聲稱以大浦至潼關爲『營業時期』，將原工程局取消，歸併於管理局，予勛以副局長名義，仍主辦靈潼段未完工事。同時設立潼西段工程局，派勛爲局長兼總工程司，以爲自款自築之先聲。此隴海組織變更經過之情形也。

中央於開發西北事，在過去兩年高唱入雲。去歲四月間，孫院長在部，囑勛入京，告以潼西立須動工，由部先月撥十万元，以六個月爲期，先築路基，俟俄款解决即可積極動工。當即回鄭，於六月間開投動工，而孫院長已離京，所謂每月十萬，乃毫無着落。嗣由部設法令隴海月撥五萬，平溪、津浦月各撥二萬五千，以六個月爲期。結果則隴海祇撥過頭一個月。以後即負擔協餉每月廿萬，因爲避免對外計，且係用撥借潼西購料名義。津浦撥過大半，平溪則未曾撥過。自開工迄今，祇領過十六萬餘元，僅敷潼關至華陰廿四公里土方及購地之需。現在土方已將完，無款可以繼續。際兹靈潼告成，潼西工程不難，成效易見。倘今年四月積極動工，明年年底可通西安。不於此時繼續展至西安，實覺可惜！計潼西一段一百三十公里，工程費一千〇五十萬元，連機車車輛共約一千五百萬元。現庚款既屬畫餅，則惟有希望正太事早告解决。兹事奏農司長知之最詳，請爲垂詢。惟請注意潼西段勿使第三者勢力加入，蓋隴海債務已極複雜，若再加上一個借款合同，則紛糾更易起矣。

正太之事，倘非三兩個月可能解决，則在此青黄不接之秋，工事如何繼續却是問題。現在靈潼完工，西北局面正在打開，况中樞改組，我公主持路政，倘於此時宣告停工，必令國人異常失望。加以靈潼完工之後，一班工程人員將告閑散，即須分别遣散。此種人才固多年訓練得來，於當地情形又已熟習，如無工作以資維持，任其分散，他日召集，倍感困難。因此種種，潼西工程在未有整個計畫之前，實有設法維持之必要。勛之計畫：（一）擬請部先將各路奉令協解而未解之款如數照解，惟本路須乞公與錢次長直接商洽，以免誤會。如此尚可得四十萬元，可以再築兩段路基。（二）鄂建廳擬將扣存之漢陽鋼軌一萬餘噸讓售，其價比之新購減半，已將接洽經過呈部核示。如能由部直接與鄂省商分期付款辦法，撥路應用，益之以靈潼段餘下之材料，不難即逐漸鋪軌行車，先通華陰，再設法通渭南。如此在大計畫未成熟前尚可日有進步，已用之土方建築費不至歸於虛耗，或可以最廉之建築費得以展長路綫。以上辦法是否可行，尚待鈞裁。

勛之管理局副局長兼職，原係爲前工程局裁併、繼續主辦靈潼段工程起見，對於管理局之事向不過問，惟有此名義可以直接指揮機務及車務人員，對於工程時期之材料運輸上不無裨益。自去秋錢局長任次長後，以常須入京，乃規定在彼入京期内由勛代行，要事仍電京請示，因之不免分心，且不能於必要時隨時赴工勘察，自非妥善辦法。今後如錢次長無須時常入京，則勛以後仍可專心於工事；倘須常在京，而本路或另行派人主持之時，對於繼任之人務須促其注意新工之重要，且須責令對於新工完成分負一部分之責任，以資合作，蓋不如是則新工動多牽制矣。以上各事，敢率直奉陳，尚乞示以方略爲幸。肅上，并頌鈞綏。凌鴻勛謹上，一，十七。

二

玉公鈞鑒：昨由伯龍先生交來手示，拜悉一切。前所上之函，係報告謁見展公之經過，當時展公對於代陳各節深表贊同，并謂於局勢分析甚爲清楚，至於某代表來見，表示甚願與之接譚，不悉前函何以未達也。粵路工款事承公盡籌碩畫，主張定可貫徹。勛之所慮，亦正在工款預算過於緊縮。聞當時一減再減，祇求數目之縮小，於事實之需要不無疏略，故一查新測各綫，多係彎多坡大，此路係重要幹綫，豈可忽小節而誤將來。聞能借與隴海之五十萬鎊，亦係從此中括削得來，勛當時未知株韶情形，自不便有所表示。但到粵以後，察知湘境測量隊兩隊經已改歸湘鄂局管轄，聞當時亦係因對卓不滿而起，但因此事權遂致不一，無從統籌。茲已請部仍撥歸本局，俾全段情形得以明瞭。現在韶樂一段得部款接濟，已積極進行，預計明年一月底可通第一段通富國煤礦，五月底可抵樂昌。勛茲擬下月中由樂昌遵陸入湘，一察沿路狀況，并與湘省當局及湘鄂路局接洽一切，然後返鄭一行，再來京滬。屆時勛之何去何留，亦思早日解決，庶免歧路亡羊之譏。兹事在錢慕霖次長方面，以共事以來甚爲投契，深恐勛於此時離去，將於工程及管理兩局前途受莫大影響；在勛則以隴海情形較熟，潼西完成較有把握。惟陝省情形亦殊可慮，且尚有比公司糾紛未已，將來暗礁正多。即使此段幸而完成，而西安以西絶非短時間所能譚及。粤漢則局面較大，工作較多，而就現狀論，部中物色相當之人來此，確屬甚難。勛此來承各方贊助，頗感興奮，且現准以完成韶樂爲第一目的，而關於全段之進行，有不得不於此時同時規畫者，中道棄去，公私兩感困難。是以個人將來之去留問題，欲乞我公一言以爲定，并盼早爲示復，俾在赴湘之前定一方針，至以爲幸。勛意倘繼續粤漢之事，擬於明年四五月間將工程局遷至長沙或株洲，另以副總工程師一人在韶州或樂昌組織駐粤工程處。蓋樂坪段工程困難，時間亦須兩年，此兩年内，株洲以南可築路不少，湘境既進行較快，則此後之購料、運料以及設計施工各事當以在湘爲較忙，不悉公以爲如何？勛昨將賜書示李局長仙根，深爲感奮，據云當照尊意力圖補救，年内或再北上一行。伯龍兄事彼至關心，現除擬增加薪級外，另予津貼名目，以資挹注，短期間内當有以報命，乞勿爲念。專肅上達，敬叩崇安。晚鴻勛謹上。十一，廿五。

前囑送交奇峰先生各物早經妥交。并及。

三

一、葉崇勛名義股數共二百股，原係由志和堂、俞官豫兩户過來，一向由新華銀行經管，本期股息已於昨日取去。

二、融記存款查至本日止，共存七萬零九百二十六元五角二分。

三、融記債券三月份本息收賬回單經於上月底付款之日收賬，因郭錦坤久未到行，現仍存交行公債股取此單時須郭簽字留上。

遐丈。超，十九下午。

遵照總理實業計畫與國際合作以促進國際和平及救濟世界經濟案

總理最後昭示於吾人之言曰『和平、奮鬥、救中國』，而總理生平對於世界之觀念，即曰『天下爲公』，此二語實足以表現總理對内對外之根本精神，而予吾人以常應恪守之遺教者也。夫所謂和平者，固非僅限於國内，而乃人類一切生業進化上所必需之静的狀態，不祇爲救國之前提要素，亦爲安天下之前提要素。國内不和平，則國民互相戕殺，是禍國也，曷得言救？國際不和平，則國家亘相争奪，是私天下也，曷得言公？是知救國與公天下，捨和平没由。然則將以何術致國内及國際之和平乎？曰：惟在平均富力。夫以富力不均，而致有階級之鬥争、國際之衝突，猶之因氣壓不均，而致有暴風烈雨也。故總理欲弭階級之鬥争，而創平均地權、節制資本之説；欲防世界之戰争，而倡國際共助中國發展之議。蓋深知富力不均，則智愚强弱將由此而生差别，而智凌愚、强欺弱之結果，必釀成不可避免之抗争，故爲之預設防綫焉。近歲政家預言，僉謂世界第二次大戰，將在太平洋沿岸，其所含意，奚待釋詞，九月十八之變，是其明證。往事已矣，來日方長，吾國今後所宜急起直追者，在求國際富力之平均，隨而使國際智力之匀協。吾國之富力智力，苟能與各固均衡，則暴戾者將斂其領土的覬覦，則東亞之和平可保，而世界之和平亦可無虞。欲達此鵠，在使吾國之天産勞力與國際之資本技術相結合。吾國地大物博，人口繁衆，惟以技術不精、資本缺乏之故，物力莫從開發；反之，外國則人才較盛，資本較充，惟以天産有缺，勞銀昂貴之故，産銷恒感艱困。故互助之道，在乎吾國之天産勞力與外國之資本技術，四者之合作，苟能調劑得宜，則吾國之富力日增，因而普及教育以養智，擴充軍備以圖强，皆可資是而推進。而世界各國，以增加全球人口四分估一之購買力大市場之故，亦無慮其製品之滯銷，而各國之勞動失業，亦必藉此而得救濟。所謂國際和平之威脅，世界經濟之危機，皆將因吾國之國際合作，而獲安全之保障。是或總理草擬實業計畫當時之所預料乎。爰本斯旨，擬具原則及程序數條如左，至於具體辦法，應由國民政府主管機關分別詳擬施行，是否有當，敬候公決。

（甲）原則

（一）確定合作主體

我國爲逐漸的實現總理實業計畫，得在平等互惠、不失土地、不損主權之條件下，以我國人民大多數利益爲前提，將我國之天産勞力與他國之資本技術互助合作，而以我國爲主體。

（二）化除合作障礙

彼我間之法制上、税制上及行政上各方面，凡與合作有礙之點，彼此應力謀化除。

（乙）程序

（一）最高黨部議決上列原則後，交由政府擬具辦法速行，遣派妥員分赴各國宣布此旨，并與其朝野要人交換意見。

（二）如有某國願爲誠意之合作者，苟條件妥適，應即儘速與其訂約，以促合作之從早實現。切勿遲疑顧慮，致失機宜，而令繼起者裹足。

附件：凌鴻勛致孫科

哲生兄鑒：弟見兄往晨辭職電後，已決去志，但念兄或有打消辭意之萬一希望，若弟更行，愈行恐慌，故且隱忍以待。弟此次入京，始終抱定與兄同甘苦、共榮辱。如兄有難，弟不居其易；如兄有危，弟不獲其安。萬望鑒此微誠，圖一挽回方法，詳托譽虎先生面陳。恕不一一，專此，敬請台安。弟銘頓首，廿五日午後七時。

夏敬觀（一通）

遐庵先生左右：前送上陳仁先畫幅一件，以手邊僅有近代畫出品表，遂借用填寫，夾卷畫内，諒已察及。擬請鑒定，可用即補賜收據爲荷。亭名擇用何字？抑已製有佳名。如用狩字，當爲作一記，以明其意義。弟近況日窘，前托張菊翁爲致函汪精衛，述明先世交誼，約以莅滬即先往謁，未言所求目的。伊覆信極誠切，云來滬輒匆匆，如下次來當過訪菊生，藉與弟謀一面。此後伊來，仍不過一宿即去，貴人事忙，固未有閒情逸致及此。弟聞其來，恒在其去之後，始終不得造謁。弟意欲謀文化委員會或顧問，得月領數百番以救貧困。未知公能更爲先容否？如蒙允許，當再走陳大概。此叩撰安。弟敬觀頓首，八月十九。

高奇峰（八通）

一

遐庵先生足下：十七日致坤儀女弟子書，讀之戚然。足下以熱血之人，丁傷心之世，悲瞻黑水，痛緬金甌，醫國有方，匡時格勢，其孤憤沉憂，誠有不能自已者。然而立言不爲一時，足下爲國自至努力著作，以報國魂，即或吾道不行，而闡國家文藝之光，彰炳於世界，亦盡瘁報國之一道也。足下蓋代才華，萬流景仰，故敢以此勖勉，願爲國光保愛耳。僕邇惟日以監門熱淚，描寫賸水殘山，自問頗有足貢獻於此者，容當攝奉以報注存也。此候著安。高奇峰頓首。

五月二日。

二

遐庵先生足下：得港滬函電爲慰。足下此次轉返，辱屈鯢居，暢叙平生，商量續事，傾肝膽、締金石，公瑾醇醪，無以逾也。一旦言别，能無興僕《叔田》之詠耶。惟望不忘前好，公畢重來，閑邀江月，快話天風耳。比國奬章已承代領，至感分神，其餘通知書當爲一一分發，籌備柏林畫展知當作一度談話，嗣後續議進行。更盼足下兼作僕全權代表也。滬上奇熱，至以爲念，冀慎夏爲國保愛耳。七月廿六，奇峰頓首。

三

遐庵先生足下：號電祇悉，兹托梁慎餘兄帶上玻璃片底共廿八張，桂遊插畫片三幅，尚有坤儀畫陽朔一幀頗佳，須重攝，一二日後寄上，請預留一頁。希察收之。日來興居何如？至深繫念。世既滔滔，人仍夢夢。瞻望國家，憂心如搗，惟望爲國倍加珍嗇，努力立言，以爲世法耳。八月廿二日，奇峰頓首。

四

遐庵先生足下：昨自惠歸，得閲手書，并賜筆墨遊記詩册蒼毫，感謝感謝。時變益張，外侮日亟，關河蕭瑟，風塵翳昏。以熱血之人，值傷心之世，其悲憤沉鬱，何可勝言。用是時思高舉遠遊，宣揚美育，使知家國光猶在，文化未衰也。德國之行必欲參加，良有以者，幸藎籌之。近以弟子坤儀、李立輩慫恿籌辦《持平日報》。夙諗足下匡時救國，成策在胸，博學多能，微言蘇世，至翼長才，導乎先路，敢希俯允也。臨書不任懇切，并頌著安。高奇峰頓首。

惠湖幽樸，多詩畫材，旬日來收拾湖山，以供寫攝。都數十幅，可謂不負此行。惟惜未與足下偕遊，爲怏怏耳。獎憑、獎章當爲一一分送。勿念。

五

遐庵先生足下：久别益深依仰，連日作畫，以振東北。前書遂至，稽覆希恕也。廣州省市兩府合辦展覽會將於明年二月開幕，聘僕爲美術組專委，坤儀爲書畫專委，届時本省畫人傑作當可窺全豹。於中暗選其尤者列上，庶可免遺珠矣。至桂省畫家已托人調查，尚未得覆，現正去函促之德鄰先生等。邇組織民生實業公司，僕嘗附百股者，亦公私兩益事。不悉足下以爲何如？特轉上章程，希卓奪也。專覆，并候著安。奇峰頓首，十二日。

六

遐庵先生足下：辱書祇悉。美展籌備，事事偏勞至深。感歎時變，蓋亟聊以行國，即留身報國。足下以爲何如？坤儀女弟子亦欲於來春赴德，爾習德文，日益孟晋，届時僕當資助其行，以成其志，并請粵當局予以名義也。匆覆不儩，即候著安。五月六日。奇峰頓首。

七

辱書及畫十七幅均妥收，其餘畫軸想已爲致徐悲鴻帶法展覽矣。時瀆清神，頻聒得罪，乞恕乞恕。匆覆，遐庵先生足下。奇峰頓首。

八

別後不勝依仰，東電曾即電覆，計達左右。亟相機已收妥，謝謝！暇當多攝風景以報嘉貺也。廣州連日苦雨，山濤暴漲，街渠壅塞，故轉瞬即已成災。東北一帶受禍尤烈。幸二沙島濱海，固能安然無恙。天風樓早已修葺完竣，亦無屋漏之虞，足紓遠念者。四海秋氣，中心戚然。憫人生多艱，不禁爲之長太息耳。公暇尚望多惠德音，以散鬱結也。此上，謹候遐庵先生著安。八月二日，高奇峰頓首。

高　燮（一通）

玉虎先生道鑒：企慕宏達越十餘年，曩者以執事方爲大官，所不欲遽通尺素。去歲知執事有印尊先箸《清代學者像傳》之舉，當亟爲定購，饑渴望之。近已取到，焚香静對，真不啻置身於乾嘉道咸之間，與諸先哲俯仰雍容也，其爲快樂，誠無可喻。書中夾有先生啓事一紙，知尚擬續徵，而已有未印者，又得八十餘人，此外尚欲多爲徵訪。此盛德大業，凡在後學，所當與爲相助者也。兹見待訪各象中有程恩澤名，乃已見於印象，當係誤列。敝藏有陸清獻畫象一幀，爲揚子鶴所繪，吴山尊舊藏，上有魏蔚州、焦理堂諸先生題字，稍遲到滬，當携以請摹。今先寄張嘯山先生《舒蓺室集》、顧貞獻先生《素心簃集》、馮校邠先生《説文段注考正》等書數種，皆爲拙刊印者，其顧、張二先生集首各有遺象。張先生本列於待訪各象中，顧先生之名雖不及舒蓺，然爲敝郡先哲中一純粹學者，應否增入，還請酌裁。數書業於昨日交郵，或可先到，敬乞惠存鄴架。内有先母《哀思録》一部，如能寵錫題句，感且不朽。弟本樂鄉居，邇以鄉間不靖，今歲時住滬上，他日願圖晋謁耳。信筆不莊，順承箸祉。弟高制燮頓首。冬至前二日

唐圭璋（四通）

一

遐庵先生侍席：璋意着手理董清詞，必先確定項目。原目分法如下：姓名，別號，籍貫，時代，行誼，集名，板本，其他著作，附注。璋意不如改作：姓名，字號，籍貫，時代，仕履，集名，板本，附注。解釋如下：

一、姓名之下須兼注字號。字固不可不注，但字通用不普遍，故又爲注別號。如云王士禎，字貽上，號阮亭，別號漁洋山人。

二、籍貫，縣分之外應兼注省否？固有人所共知之縣，如無錫、吴江之類，但亦有山、陝僻縣爲人所不習見者。爲求一律，似不应有注有不注。

三、行誼不如改仕履。仕履有科第著科第，科第之外尚須兼注官階否？似亦不可少也。

四、集名當注卷數。書録著目，莫不注卷數也，原來未注卷數，當補入也。

五、其他著作，不關詞事大可省略。觀原稿此項固亦不多也。其他已採索匪易，似不爲再加此，難搜求也。

徐仲可編《清代詞學概論》略同鄙意，舉一例乞正。

姓名：王昶；字號：字德甫，號蘭泉，又號述庵；籍貫：江蘇青浦；時代：乾隆；仕履：進士，刑部侍郎；集名：《紅葉江村詞》一卷。板本；附注。

如依此例，則尊輯須一一增補矣。目不見原集，殊難增補卷數。他若字號、籍貫等項，以人名如此之多，亦不知從何處查得。縱查得少許，然完成更在何時耶？因此璋擬改變方法進行。

璋擬別作《清詞總目》，先從有仕履之清詞選詞做起。

（一）先從《倚聲集》《瑶華集》《昭代詞選》《國朝詞綜》《國朝詞雅》《國朝續詞綜》（黄選，趙選）《百名家詞》《常州詞餘》《篋中詞》《薇省詞鈔》《金陵詞徵》《閩詞徵》《合肥詞鈔》《粤中詞見》等類之書查起。

（二）嗣查附見詞話中之詞集，如《賭棋山莊詞話》、如《靈芬館詞話》、如《甜園詞話》之類，所載詞集亦多。

（三）嗣查金陵所藏清人詞集及詩文集。

（四）嗣查清代詩人小傳、詞人小傳、畫家傳、書家傳、曲録及各地文苑傳、人名辭典。

方法用卡片，人各一片，可分可合。綜計所得，亦分筆畫，然後與尊輯相較，必有大半可得。不可得者，將來或來上海一查也。且所輯必有出乎尊輯以外者，量亦可補入也。妄參末議，統乞確定指示，無任感荷。尊示去複、補漏、校誤、順序四點，皆須極長時間方可有得，而得之多寡又殊難預定也。與其費無量時間尋複尋漏，不如從作無複無漏之一人，以抵消此難也。高見如何，即乞指示，以便遵循。專此，敬請著安。後學唐圭璋上。十月十七晚。

又尊著既不分存佚，『清詞存目』之名似不如更易。《四庫》所謂存目乃有目無書也，此似不宜與之混淆。『清代詞録』『清詞録』『清詞總目』不知可用否？

二

遐庵道長侍兄：讀廿七日手示，敬悉清恙健復，無任欣慰。所示編目辦法并悉一一，如仍照原稿項目則完備者自多，何必急書，故道當隨時就原稿整理也。空白卡片約兩元千張，如同意用之，當先購得，將已完備者填上，然此時所急者補漏，卡片遲用固無妨也。《清詞存目》即依先生解釋亦覺未安，夫所存者何目也，不亦令人懷疑所存者爲有目無書乎？《四庫存目》吾人何嘗能見其書，雖天壤之間未必無書，然在《四庫》中，吾人固不得見其書也。王靜安作《曲録》，實即曲目并非曲選，今日《詞録》何得必謂之曰《詞選》乎？鄙意如嫌『清詞總目』太夸大，即用『清詞目』三字亦何不可？既無形象字之疑，又無有目無書之嫌。惟此支節問題亦何關急要。前函并未收到，故時以爲念。率此敬復，并請大安。後學唐圭璋上。卅日。

三

遐庵前輩道長侍席：辱承題簽，寸闌間有旁薄之勢，快慰無極。并承告以《詞徵》，亦至感荷。璋曾見張德瀛《望江南》論詞，未嘗見其《詞徵》也。今承見示，幸何如之。可否賜借一鈔，補入《詞話叢編》以嘉惠士林？又聞湘人張雨珊有《湘雨樓詞話》，不知曾刊行否？早年沈太侔編《國學萃編》有引《靈蕤館詞話》，此種詞話不知何人所著，亦不知有稿本否？又蕙風著

《漱玉詞箋》中有引《珠花簃詞話》者，亦不知何人所著。拙輯詞話，近人雷浚之《閨秀詞話》未收，以其殊浮淺也。實則所收詞話，如李伯元之《南亭詞話》則極爲俚俗，繼昌之《左庵詞話》亦無新意，蒙□亦屢欲屏之，叔雍力以備一格爲言，遂姑存之。此編大致爲刊本（除《論詞絶句》一種外），尚有一部爲輯本，鈔目如下：

一、《本事曲》；二、《復雅歌詞》（增補趙輯）；三、《古今詞話》；四、《花庵詞話》；五、《絶妙好詞評》（周尔墉）；六、《宋元詞話鈎沈》（瞿禪輯）；七、《直齋詞評》；八、《花草稡編紀事》；九、《詞境紀事》；十、《堯山堂詞話》；十一、《汲古閣詞評》；十二、《先著詞評》；十三、《四庫全書詞評》；十四、《四家詞評》；十五、《張惠言詞評》；十六、《西廬詞話》（袁鈞）；十七、《七家詞評》；十八、《黄蓼園詞評》；十九、《越縵堂詞評》；二十、《飲冰室詞評》；二一、《大鶴山人詞話》；二二、《彊村本事詞》；二三、《論詞雜記》；二四、《清代詞評》。

以限於資，遂止刊前編矣。頃來編譯館任事，卒乃無須臾之間可以閲書，亦憾事也。近日鐵尊先生發起詞社，亦遣生之一道也，第恐□□淺學，未足以仰攀耳。又詞話中鶴老無暇續成

《小三吾亭》，映老亦未完《忍古樓》，而海綃翁之作亦非全豹，此皆令後學想念不盡之事也。覼縷敬復，即請台安。後學圭璋上。二月十五。

四

遐庵先生道鑒：一月卅日手示及詞并讀悉，大作敷藻行氣，疏密兼到，誠名雋高筆之作也。適冀野在此亦大稱賞，并盡録以去，璋復鈔與陳匪石、喬大壯諸先生一閱云。嘗思叔，榆二人之去可爲歎惋，不然由先生之倡導贊揚，共事搜討，當非一時盛事，今則空勞懷想耳。此叩崇安。晚學唐圭璋上。二月十七日。

唐益公（三通）

一

受業益公敬請夫子大人道安：十二月八日奉五日賜諭，敬悉種切。九日教委會召沿綫各扶職學校在津開行政會議，益奉命與會，審查提案。今日大會閉幕，始得暇作稟上復，謹將十閲月來撰述各稿情形分條詳陳于左，以便慈覽：

一、《三水年譜》。此件自今年舊曆正月起直至見在，益所担任工作可别爲兩大部分：

（一）繼續編撰；（二）補充伯渠担任部分所未備資料。關於弟一項，益所編輯，舉其大者，爲關税會議之籌畫、督辦税務政迹、接見各國公使談話以上三項資料極多，皆可采用、罷政後遺事、太公遺事等件。关于弟二項，益所補充，舉其大者爲華北振灾、美庚款事件、交行事件、華工赴法參戰、發行公債等件。補充之稿已陸續遵約寄伯渠，俾其寫正編入所担任部分。至於續編之稿，約舊曆年内可以完成。此限于已有資料之部分而言。所有材料均係一面檢閲，一面即着手編，編得一部分即着手寫正，皆係自己一人爲之。伏念受命與伯渠合作此事以來，瞬届三年，尚未全部脱稿，此心時時悚愳。徒以資料缺乏，搜集不易，而資料之接濟，始終恃伯渠一人，他人皆袖手旁觀，雖知其知之而問之，皆莫我應也。伯渠處不斷去函商酌，頃已將吾師意婉函伯渠并請續寄材料，總期積極進行，早日完成此稿。益受恩重，辱知深，决不敢少存因循，上貽師慮，乞釋注爲叩。續編之件寫成，當即徑寄吾師。

一、《遐庵先生年譜續録》。此稿自五十一歲起直接前譜至五十六歲止，凡六年，暫訂爲兩卷，現已撰成一卷。又去歲所成年譜，近亦多所補輯，視昔更爲充實。以下諸作于工作《梁譜》毫無妨碍，蓋于休息時爲换腦筋計而成之也。

一、《遐庵先生文集事略》。此稿訂爲八卷，仿商務書館景宋刊本《東坡文集事略》例，節取事迹，附于各有關文字之後，俾讀者讀其文，而并知其所爲而作之意，誠嘉例也。集中所收，除彙稿所載諸篇及益累年搜集録存副本之諸作均列入外，又隨時閲覽書報時，凡見吾師之作品，皆留心即時録存。今年七月間，于《北寧日刊》得見吾師《條陳發展本國建築事業》一文，即已録存編入集中。如此文不獨集中應存，亦是編撰年譜之好資料也。益于此竊有所求，即吾師此後凡有述作，如自認爲可存稿者，均乞隨時飭鈔一分寄益，俾得隨時編入，不勝至盼。見已撰成兩卷，尚未得閒寫正耳。

除以上諸作外，如《弟子記》《學人傳》均不斷有所增輯，此十閲月來著述之情形也。

又前奉命鈔録諸詞集，除已鈔呈五種外，餘者頃均鈔畢，日内點勘竣事，即行寄呈閲覽。

復次，益之近況亦略爲師一陳，藉釋慈注。益自今春三月供職北寧以來，初奉命幫辦教委會總務組事務。該會見共分三組，曰總務，曰行政，曰設計視察。總務組主任爲楊維新鼎甫，廣東新會人，梁飲冰弟子也。繼復命兼主持教委會所屬各校所室管理待遇、規章編定委員會事宜，每日除按時趨公外，一切酬應，多謝絶鮮往來。公退即從事著述，間或一至仲宣及蔡公湛先生處坐談耳。自今春來，有兩事足自引爲欣幸，且可告慰吾師者：一即老母因益境況較舒，乃得安心服藥調養，宿疾因之日漸減輕。惟脾土太弱，飲食多滯，每日晚飯僅能食粥，但精神已視去歲爲佳。使益養母得豐，皆出吾師之賜，所以私心慶幸而可告慰者，此其一也。益前至津市圖書館鈔詞時，曾順便至河北公園一遊館在園之左近。其中紀念近人之碑亭不少，然皆毁壞不成形狀，葉公井亦在其間，獨完好如新。益徘徊久之，見遊人每過井側，必佇足觀覽井上刻記，且有點頭贊歎者，而肅敬之貌見于面，於此足徵吾師德澤入人之深，日雖久而能令人不忘，且自然加以保護，不似彼輩强奸民意之紀念物，故其勢燄一消，其物亦隨之毁滅，無人顧惜也。益何幸而爲師之門人，得親見人愛敬保惜此井，努力上達，敢不自勉，以期毋忝師門，所以引爲欣幸而可告慰者，此其二也。益爲求老母少增安適起見，平寓見已由齋内移至東華門南河沿南灣子十二號。雖房租較舊居爲貴，但院落寬敞，且有樹木，宜于老人養疴也。知注并及，餘容續陳，肅此謹稟。此函正封發間，又奉十一日手諭，敬悉一切。關於《三水年譜》事，詳情已如上述，謹當遵命，積極從事。關於津貼一節，自益去臘離滬時，理應早即停付，乃荷吾師格外體恤，并不因益已有事，仍繼續付此一年，使老母得有充分療養之資，感此宏施，久已逾分，今始停付，實屬正當辦法，且足少減益之内心不安也。十二月十六日，益公再稟。

二

庚辰十二月十七日，受業益公謹百拜上夫子大人尊座：臨風結想，停雲以思，睽違慈顔，倏周五歲，去冬舊曆曾肅長牋，附詩十首七絶，羈旅之懷，念慕之意，略見于斯，計邀垂覽。今年欣逢六十大慶，遠阻河朔，無由躬叩，比于十月初貢詩六章五律，手寫成篇，仍寄港寓。自惟下愚之才，嬰生事之擾，筆研久荒，誠愧未能藻繢鴻烈，止就夙所審知，舉其大者，并作箋注，恭述隱德，冀示後賢，故稍異於世俗介壽之詞，計亦蒙鑒及矣。累年不奉賜書，但遇南來者輒往問起居，多言老懷抑塞，絶少懽緒，近尤拂逆，聞之增念。昔曹子桓嘗歎憂能傷人，謝太傅亦謂中年傷於哀樂，右軍告以年在桑榆，正賴絲竹陶寫。吾師於國於家，一身所繫甚重，伏願思子桓所歎，而味右軍之言，通塞等觀，善自排遣，凡屬庇庥，具同斯望。矧益身受道義骨肉之愛者，寧不懸切于衷，禱頌在念乎。子剛、公超諒都安適，仲宣聞在渝，但不審其住址狀況，倘蒙賜書，幸望示及。昨在聊園座上，得見吾師墨筆竹石，拜觀久之，神往情移，因物思人，彌懷杖履。近來或無清興爲此，如舊有作現成者，不敢奢望，但得賜一小幅，便珎同球璧，歡喜讚歎，當不讓東坡之於文湖州也，敬盼敬盼。

益今年四十二矣，白髮見鬢，所慮日深，世亂方殷，罔知止泊，親丁七口，同困朔漠，萬里兵塵，欲歸無路。薪桂米珠，疇但聞人云耳，乃今倍焉，不圖身竟遇之。而房價奇昂，尤所未見，不問等級，胥以間論，賣則間值千元，租非間十餘元不辦如益現住止五間，其裝修僅及三等房耳，月租竟需五十五元，燈水皆不在内也。寒素之家，衣食住行，皆無所措手足，真千古之奇劫也。今正偶游廠肆，購得太夫子仲鸞公聯帖一付篆字，文曰『橐簡久藏科斗字，文章分得鳳皇毛』，上款署『後齋先生方家雅正』，益以二十元得之於珎古齋，據稱是侗五家故物，竊嘗發願搜求師門先代遺墨，今竟得此，倘亦精誠感結所致？三年來凡百苦惱，只此爲一快心事耳。它日上謁，當乞題識數語，亦以見翰墨因緣之非偶然也。寒舍自老母以次，托庇清吉。此間入冬頗暖，患病人多，比日三見浩雪，時疫或可少減，但無衣無食者更難卒歲矣。於此嘆人間事詎得有兩全耶？侍坐何日，衹增於邑。牋不宣意，惟祈葆嗇。肅請道安，并叩年釐。受業益公謹百拜上。民國三十年一月十四日。

三

受業益公敬請夫子大人道安：七月二十日即國曆八月廿一號曾上長函一通益字弟十一號，係于六月間作就者，交郵『快信回執』，徑寄呂班路尊邸，到今逾十餘日，郵局回執尚未見來，不識何故往常遞件收到回執未有逾十日者，未審已達慈覽不？良爲切念。遞中伏承七月二十四日手諭，藉知福躬已回滬瀆，忻慰如拳。箋言想暫時不再它去，今後上稟是否仍交呂班路原寓爲妥？暇時均乞垂示，俾釋懸懸。益之近狀及一年來撰述諸作情形，具詳七月二十日函中。故未見回執送來，殊以爲念，若已遞到，覽之少足仰慰老懷也。每聞時事，悲憤填膺，就令諸公今後誓心，努力開誠布公，猶恐不易圖存。矧有位者大都不學無術，措置顛倒，用邪佞，酬私隙，排斥良善，以此而望事之有成難之得濟，國之不亡，豈非夢裏又作夢耶，匪特此也。今且有將故宫古物，假移置保存之名，而行其偷梁换柱之實者矣，國人質問弗顧也，滕笈外邦，亦弗顧也。然此特其一耑耳，其他種種怪見象指不勝屈。一言蔽之，擧向之帝王專制、軍閥專權之所不敢爲者，今則悉見諸青天白日之下，中山有靈，當有餘慟矣。且中國之爲中國，非數子者可得而私也。故甚願老人暫抑高蹈，倘遇機緣，莫用遲廻，早日出山，以慰群望。蓋以益私度，恐非有如師輩者在位，國是終不可問耳。此函閱後，乞付焚如，憤激之言，只老人前可一廎吐之也。前稟所云尚有兩函益字弟九、弟十號，兹陸續由航空遞呈。又前此曾寄包裹一件，八月十日交郵，内係銀盾一尊，爲崇妹于歸志喜者。并上師母一函叩賀，八月十五交郵，此函與前包裹係遞柳林别業。迄今郵局尚未送回執來，不知均爲寄到否也？便中乞一詢師母爲叩。肅此，謹稟。九月三日。益字弟十二號。祔呈小詩一首。見弟三頁。

袁道冲（二通）

一

遐公鈞鑒：敬肅者，昨承教爲幸。《勞山志》初稿三卷檢塵指正，是所感禱。碑碣文字先後拓取二百餘種，擬擇其與名勝古迹有關者編爲一卷，按其山系附之考證，其僅記修建像，起置産地，至者另述。廟産糾紛一卷向於碑碣卷中仍録其目，未識有當否？并求教正。拓片時代較古而完善者兹檢得四種，祇希存覽。《海印寺藏經記》因只存一分，俟日後續拓，再行檢奉。《李戴撰碑》不知何人所寫，僅辨其署銜爲『巡撫大同及東萊』耳此處上下仍有缺文，大約系山東萊州。昨讀《憨山大師年譜疏注》：『胡公順庵東萊人』云云，乃悟此碑殆即胡公所寫。胡與憨山大師在五台相契，頻有書札往還，李文并叙及『中丞胡公，掖縣人』等語，惜上下文皆殘，不可句讀。大約李之撰碑由胡爲介，故文并叙及之云爾。耑此手肅，祇頌勛祺。榮叟拜上。七月廿三日。

二

遐公部長鈞鑒：日前奉誦惠函，敬悉一是。倓師因日來正舉行祈禱會，未能遠離，已具函奉覆，托飛卿先生帶塵鈞鑒矣。寺圖前托許文蓀工程所代繪，日前已將後殿部分印就寄塵，其餘部分尚須數日。葉剛久兄日前赴滬晋謁，聞於工程事宜諒承指示。耑此肅覆，祇頌勛祺。梁葆廉、丁沂、袁榮叟合上。九月一二日。

再，堪山寺募捐事項前承示及，亟爲感佩。年來因各種關係未獲努力進行，深感遺憾，今夏曾由王一亭、靳翼卿、王湘汀幾位居士發心許爲代募若干，尚待進行。葛委員長二次捐助一千，又代募韓主席五百，已付交行收賬。本日沈市長談及青島交易所捐助一千，此亦出自我公之惠。交易所之創立常承大力援手，同人均爲感激不置，故有此項發心，亦所以酬答鈞座也。耑此奉肅，祇頌勛祺。榮叟又拜。

袁同禮（八通）

一

玉虎總長鈞鑒：日前奉到惠寄樣本，當在年會分發。關於影印《四庫》事，平中諸位數度集議，擬以甲編爲《四庫孤本叢刊》，乙編爲《四庫善本叢刊》，爲遷就事實起見，決定先完成甲編，但爲學術前途計，同人精力將側重於乙編。弟曾擬一草案，主張由委員會積極負責，始終主持其事，不僅審核蔣君之目已也。此目列有刊本者約六十種，而遺漏錯誤之處不一而足。惟沅老、援庵均以教部既無誠意，吾人何必自討没趣，故擬在建議書中將弟之主張一一列入，亦一圓滑之辦法也。惟部中所聘之委員，原有我公在内，并有專電到平，後又臨時撤回，蓋疑上次公函爲公所『主稿』者也。部長度量之小，未免可笑。而此次發表之規程，僅請各委員審核蔣君之《未刊本草目》，而置平館呈部之《罕傳本擬目》於不顧，予吾人以難堪，同爲國家機關，相煎何太急耶！昨閱《大公報》社評，尚稱公允，奉上一閱。茲承叔魯總長赴申之便，寄上平館《善本書目》史、子、集三册，其第一册俟序文刷就，再行送上。匆匆，即頌道祺。後學袁同禮頓首。八月廿三日。

附一 《大公報》社評

對籌印《四庫珍本》之希望

本年六月十七日教育部令委中央圖書館籌備處與上海商務印書館簽訂合同，影印《文淵閣四庫全書》未刊珍本，闡揚文化，海内稱善；惟以版本問題，專門學者之意見，與教育部原議，頗有出入，迄今尚成問題。查此事最初由北平圖書館館長蔡元培、袁同禮兩氏函呈教部，主張凡《四庫》罕傳之本，其能覓得善本勝於庫本者，應以善本代之，以存古書面目。北平圖書館并曾印行《景印四庫全書罕本擬目》，廣徵國内外學術機關及藏書家意見，以期貫徹其學術上之主張。其後南北學者董康、李盛鐸等兩次致書教育部王部長，貢獻意見，與蔡、袁兩氏持論大體相同。商務印書館張元濟氏對於蔡、袁所主以善本替代之説，則謂二者可以兼營并進；且稱善本難遇，乞假尤難，輾轉求精，觀成無日。王部長復蔡、袁兩氏書，諭旨與張完全相同。易言之，必維持教育部影印文淵閣《四庫》書未刊本之原案是也。日前教育部已聘李盛鐸、傅增湘、陳垣、袁同禮等十五人爲編訂《四庫未刊珍本》目録委員會委員，令就中央圖書館籌備處編就之《未刊本草目》，從事審訂，以備實行影印，其討論時間，限爲一月，編訂則以兩月爲期，工作完成之時，該會即行撤銷。查核前後經過情形，恐此項争議，難以遽了，吾人爲愛惜文化事業計，殊不忍緘默不言，願以局外地位，略陳戔戔之意，幸教育當局與商務印書館主者察之。

查《四庫》所收，不盡善本，學者指摘，衆論僉同，故『以善本代庫本』之説，不特忠於學術者義應有此主張，其在主持文化事業之政府，對於此種大工作，尤應慎重將事，力求精善，應幾無負中外學術界之期望。雖庫本善本，不妨并印，實則既有善本，何必重複影印庫本，多此一舉：矧既由政府令委辦理，本非牟利之商業行爲可比，現代學術，業成國際化，此事如以輕率出之，足令世界學者齒冷，此亦中國之體面攸關事也。更就商務印書館言之，承印此類珍本，消耗甚鉅，而核其合同内載影印之書，至多不得過一千五百部，印成後須按印數，贈送十分之一與中央圖書館按現在尚僅爲籌備處，除整部之外，并不得抽印單行本。照此規定，商務印書館將來贈送教育部中央圖書館之書，價值當極可觀，而既有不得抽印單行本之限制，則坊間流傳，數當極少，蓋整部珍本，取價必昂，斷非一般讀書社會所能購置，然則所謂影印流傳，發揚文化，嘉惠士林者，當作何解？查商務印書館二十年來，影印《續古逸叢書》《四部叢刊》《百衲本二十四史》采用善本，展轉訪借，其謹嚴不苟之態度，久爲學術界所稱道。此次承印《四庫未刊珍本》，既稱係爲文化效勞，顧何以一變其謹嚴不苟之精神，放棄其采用善本之素志，是亦一不可解之事。意者因影印善本校庫本爲更費乎？然而根本既不爲牟利，又何必苟且輕率爲自身留遺憾，貽中外學術界悠久之口實乎？凡此種種矛盾冲突，爲德不卒之處，竊爲商務印書館惜也。現在兹事既成南北學術界一大問題，亟宜合全國專家之力，共謀善後，以求了無缺憾。謂宜利用行將成立之編訂《四庫未刊珍本》目録委員會，延長辦事期間，羅致全國人才，全權責成主持此事，令即根據北平圖書館之《罕傳本擬目》及中央圖書館籌備處所印《未刊本草目》，擇善影印，其有善本可以替代庫本者，亦由該會負編目，搜求借印，彙同刊行，以昭慎重，并宜酌改原定合同，在相當條件之下，許商務印書館酌量抽印單行本，廉價發售，以期實惠普及於士林。果能如此，則教育部藉全國專家之助力，成發揚文化之大業，寧非一時盛事？而商務書館多刊善本，完成素志，不特無悖服務社會之初衷，抑令珍籍流傳，人人易得，則全國無量數讀書種子，更當重拜教育部與商務館之厚賜，又豈非面面俱到之辦法？顧各方當事者，其熟籌之。

附二　教育部呈文鈔件

教育部密呈古物在浦口時呈行政院之呈文

查《四庫全書》北平藏有二部。其一部在北平圖書館，其一部藏在文淵閣。首都爲文化政治中心，四方觀瞻所集，公私藏弆，轉無此書，實爲缺然。現在首都中央圖書館業由本部派員籌備，中外一切圖籍均在設法搜求。此項《四庫全書》，自在最先徵求之列，理合呈請鈞院鑒核轉呈國民政府令行北京故宫博物院，即將原儲文淵閣之《四庫全書》一部，刻日運京，交由本部點收，轉發中央圖書館儲藏。國家文化前途實爲幸甚。

附三　選印《四庫》進行辦法草案

選印《四庫》進行辦法草案

（一）全書分甲、乙、丙三編

甲編（庫本）

一、目録　參酌北平圖書館所印《罕傳本擬目》及中央圖書館所印《未刊本草目》，由全體委員共同決定，應於一月内編訂告竣，經教育部備案後，即行開始攝影。

二、攝影　以文淵閣本爲底本，由中央圖書館籌備處會同故宫博物院辦理。

三、校勘　製版告竣，由商務印書館將校樣徑送北平圖書館，以文津閣本對勘，作校勘記。此項工作，公推北平圖書館、故宫博物院、北京大學、中央圖書館籌備處、國學圖書館分别指定專員擔任，於最短期内送回商務，以便排印。公推陳垣爲總校。

四、輯篇目　《四庫》各書概無篇目，除集部已由北平圖書館修補輯告竣外，其餘經、史、子未補輯者，公推北平圖書館及故宫博物院擔任。原書序跋被删去者亦一律增補。

乙編（善本）

一、原則　凡有舊刻舊鈔勝於庫本，可用以代替者，一律采用原帙而廢庫本。

二、目録　公推傅增湘、董康、張元濟、柳詒徵、趙萬里先編草目，函送各委員簽注意見，再作最後之决定。

三、進行辨法　此項舊本之搜求，公推北平圖書館及國學圖書館擔任。其私家藏書願借印者，亦由兩館及本委員會分别接洽，送住上海攝影，攝影期間由商務印書館負保管全責。影印合同由北平圖書館會同國學圖書館，與商務印書館簽訂。

丙編（《宛委别藏》）

一、目録　以選印《宛委别藏》罕傳本爲原則。

二、進行辨法　由故宫博物院與商務印書館訂立合同。

（二）本委員會爲辨事便利起見，擬設委員長一人、常務委員四人（内以一人兼任秘書）。所有關於此項影印文件及函札集中一處，以便保管。暫以□□□□□□□爲事務所，并擬公推傅增湘爲委員長，董康、張元濟、陳垣、趙萬里爲常務委員。

（三）本委員會俟目録審定後，即編製建議書，經全體委員同意後彙送教育部備案，并公布之。

（四）建議教育部加聘蔡元培、江瀚、葉恭綽、張允亮、陶湘、周暹、邢士襄、潘明訓、蔣復聰爲本委員會委員。

（五）《四庫》存目及《四庫》未收之書影印流傳，尤關重要。擬俟甲、乙、丙三編出書後，再建議教部賡續進行。

以上五項辦法，由在平各委員聯名通知各平外委員徵求意見，請即函復傅沅叔先生，以利進行。

附四

附五　北平圖書館編委會致葉恭綽函

敬啓者：教育當局近有選印《四庫全書》之舉，同人不敏，曾擬議兩項主張。（一）文淵、文津各有短長，影印之先，應一一比勘，擇善而從，每書之後附以校勘記，以明原委。（二）庫本經館臣竄改，已失古書面目。此次影印，凡公私所儲舊刻或舊鈔可用以代替者，允宜采用原帙而廢庫本。除《影印〈四庫全書〉罕傳本擬目》業已寄奉，懇請指正外，兹爲集思廣益起見，擬於最近期内在《北平圖書館館刊》七卷五號之地位發刊《影印〈四庫全書〉專號》，徵求專家論文，共同商討。夙稔台端關懷文化，海内欽仰，敢請賜以宏文，以光篇幅，無任翹企之至。此致玉虎先生。

國立北平圖書館編纂委員會謹啓

八月十二日

賜稿請於九月十日以前寄交北平文津街一號本委員會收，以便付印。

賜稿者除《專號》四册外，如有願印單行本者，每種以抽印本二十册爲限。

友人中如有關於《四庫全書》之著述願在敝館館刊發表者，并請代爲接洽爲感。

二

玉甫先生尊鑒：頃承五月十九日手示，拜悉一是。報載海源閣事，似屬傳聞之誤。在津曾訪勞遜五，據云細軟皮衣曾有損失，至書籍則毫無散佚。惟楊氏子孫既不能守，而勞君又極庸儒，毫無約束其婿之能力，恐終不免四散也。柯鳳老勸敝處以十萬元購置全部，如今年償付，亦有購入之可能，尚望在勞遜五處代進一言爲荷。頃《永樂大典現存卷目表》出版，特以一册寄呈，尚祈教正。專此肅覆，順頌道安。後學袁同禮拜上。五月卅三日。

勞君現寓天津英租界尚友里八號。

三

玉甫先生尊鑒：前在寧時曾奉賜書，返平以來，以瑣事相纏，致稽裁答爲罪。海源閣藏書事曾商子民先生，渠以尊處所擬辦法雖能保全一時，遲早難免散佚，頗願敝館設法收留。連日會商結果頗有希望。惟感我公對於斯事素所關懷，尚希指示，無任感禱。又楊氏經、史二部之書尚無求售消息，而子、集中之《莊子》，唐四家王摩詰、韋蘇州及二孟均先後散出，亦可慨也。專此，順候著祺。後學袁同禮頓首。二月廿三日。

《清代名人畫傳》已出版否？爲念。

四

玉甫先生尊鑒：昨日藻玉堂來館，知海源閣經、史兩部之書已陸續運至天津，惟須先將子、集書商妥，方肯示以目録，去年子、集書十五種曾索價七萬，現已讓至四萬五，如華人不購，不得不售諸外國云云，竊以此書既已散出，急應速謀補救之法。敝館限於經費，實無力購置，再四思維，苦無辦法，用敢函達我公，不識尊處能格外設法否？至盼至盼。中華圖書館協會將於本月廿八日在寧召集年會，倘承我公莅會講演，無任榮幸。同禮擬廿一日南下逗留數日，即須北返，恐無暇來滬也。專此，順候道祺。後學袁同禮謹啓。一月十七日。

五

玉虎先生尊鑒：兩奉手教，拜悉一一。兹將尊單所列之書爲敝館擬送往陳列者一一標出，其他各書較爲普通，徵集較易，故無須送上也。關於川沙、青浦、奉賢地方文獻，容開單後再行寄奉。先此，順頌道祺。後學袁同禮頓首。五月廿四日。

李木齋書已減至五十萬，進行較前稍順利。又及。

六

玉虎先生鈞鑒：日昨由濟寧返平，連奉賜書，拜悉種切。所需陳列各書，除少數普通書七種由平寄滬外，其餘六十七種均在上海，已告保管人於二十日以前連同登記表徑交博物館。惟各書在滬，此間不能詳考，因之説明書上僅注明版本而已。太倉鄭和等史料此間無專書述及，想南洋中學及徐家匯或有收藏。又下列各書敝館未入藏，而張乾若在病中，未能見面，恐渠亦未入藏。未能出展，不無可憾。故宫博物院有吴漁山之書可照相奉贈，請轉告胡先生來一公函可也。匆匆奉復，順頌道安。後學袁同禮頓首。六月十一日。

又陳援庵、任振采處已有信徵求否？普通志書恐有重複。另寄《方志目二編》，如有所需，并希示知。

七

〔前缺〕關於瀏河資料，所藏甚少。茲奉上海運史料選目，如有所需，請示知，當再奉上。此上玉虎總長。同禮拜上。十四日。

八

玉虎先生尊鑒：日前奉十三日賜書，拜悉一一。敝館出陳之書准於二十日以前送到，已告駐滬李君照辦，惟開幕之期不克趕到爲悵然耳。中英庚款支配極爲公允，我公苦心孤詣，當爲學術界同聲感謝也。敝館所請求者，以唐墓誌一項爲最重要，此又係與中央研究院分工合作之件，孟真兄對此亦願贊助，將來仍盼列入保存古物史迹委員會，請款案内爲感。發掘漢石經事，因中央博物院將在洛陽從事發掘，似不願他人參加，加以經費關係，因之停止，但甚盼有志之人能完成此舉也。李氏書事已減至四十五萬元，政府方面允增至四十萬元，不足之數，勢須由敝館墊付。自十五日起開始看書，參加者適之、沅叔、森玉、庾樓諸先生，發見驚人秘笈，爲數甚多。但李氏昆仲同床異夢，故此事之磋商至感困難，將來析産分配大感困難也。餘容再陳，順候著祺。後學袁同禮頓首。六月十九日。

徐　謙（一通）

譽虎先生大鑒：前承介紹之難童林廣、林松，即希告其來教處報名，勿遲爲要。此頌著祺！弟徐謙啓。廿九年三月廿五日。

徐宗浩（二通）

一

遐庵先生侍史：昨承教益，快慰平生。所請編印書畫一事，尚未詳盡，謹縷陳之。法書名畫，不僅怡悦性情，變化氣質，實爲進德修道之機，豈能以玩物喪志視之。陳後山云『晚知書畫真有益，却悔歲月來無多』，良有以也。惟自《宣和書畫譜》以次，著録者數十家，所收名迹數千種，使後之觀者如過屠門徒大嚼耳，於學術奚益。然彼時除著録外，又無他術可以廣其傳也。今代印刷，開古人未有之奇，正學術復興之會。果能利用此術精印流傳，其重視當遠在宋拓帖、宋刻書上也。我公博雅好古，鑒既精，而力又足以赴之，使讀歷代著録而不能見真迹爲憾者，一旦得睹原迹，裨益後學，實非淺鮮。且以尊藏陸續印行，分集叢售，計費當不甚鉅。不第此也。友好中藏有名迹而願流傳者，亦可收編外集，蔚爲大觀，真盛事也！狄君楚卿、鄧君秋枚、羅君叔言，因以此爲生産選擇印刷，或未精審，然尚名實并收。矧我公意在流傳，工料不惜重費，洛陽紙貴，可預卜也。至付印時，卷册悉照原迹尺寸，條幅編印，亦須用十八寸板，近時印行者，加大一倍矣。是否有當，惟希卓裁。即頌道安。不宣。徐宗浩再拜。

二

遐庵先生閣下：往在大連獲承雅教，略談編印書畫事，歸後擬具長函，聊罄鄙悃。因循未寄而旆從南旋矣。近閲報載我公致楊小樓書，以文藝承具異趣，殷殷以絶藝失傳爲慮，高懷遠識，令人欽佩。而於宗浩流傳書畫之心又爲之一振，謹將前函附呈鑒教。去年得趙文敏書《淮雲院記》，曾書二跋録呈，亦足見鄙志。近作書畫便面，并希笑正。尊藏《膽巴碑》之照相板，聞在馮公度處。倘承賜借照片，即望寄公度一函，以便持往接洽。所印《清代學者像》至精。惟紀文達與孫淵如像，上板時似誤撿，并聞。春深猶寒，伏惟善護興息。不宣。辛未三月，徐宗浩再拜。

孫科（一通）

礜虎先生大鑒：昨日常務理事會弟九次會議關於先生請辭秘書主任及財務理事兼職事，合當經議決慰留，仍請繼續擔任。至本館章程，經五月二十日召開理事會修訂後，再行決定。亟奉達，務希勉爲其難，照常任職，無任感紉。專此，祇頌台綏。孫科，四，十六。

孫雄（五通）

一

遐庵總長惠鑒：許久未通音問，馳仰無已。前於報端見大作《舊曆歲除感賦七古》，浣誦至佩。『一身憂樂豈足計，所惜萬姓淪痌瘝』，十四字真乃仁者之言，令我百讀不厭。古人詩云『上訴真宰天應泣』，大雅當同此感。下走窮居舊都，賦閑三載，填壑之期不遠，移山之願難償。兹寄上近作數紙，聊博莞爾，詩文不足存，藉告近狀而已。先德名著《清代學者象傳》極思售預約一份，而頻年困窘，竟致愆期。他日印成出書，可否惠我一部？實出非望。近作祈寫示，俾資模楷。久病肝陽，頭暈，草草述意。專叩台綏！孫雄頓首。庚午夏正二月晦日。

二

玉甫總長賜鑒：久違塵誨，彌切馳依。雄伏處舊都，貧而兼病，旬日以前猝患劇烈頭暈，天旋地轉，汗出如瀋，幾於不省人事。如是者一晝夜，已瀕於危，醫士呂君文如謂：由胃中壯熱，肝陽并升，痰濁隨之而上，所幸本原不虧，尚可療治。服藥調理一星期，今始漸見恢復，能作短札及小詩矣。拙著《舊京詩文》存十六卷，業已印成，由郵寄呈兩部乞正。惟中多不合時宜之談，不足供方家一笑也。附上生日酬唱詩，祈賜政和。南望斗山，奮飛無翼，臨牋扶病，不盡依依。倘荷訓迪存恤，實出非望。耑叩勛安！辛未夏正八月朔日，孫師鄭頓首。

三

遐庵總長賜鑒：暌違塵誨，倏逾一年。每於晤霍初、浩吾二君時探詢起居，似聞往來浙滬間，有卜居湖上之意。因未諗定所，無從通郵。昨接手畢，并示紀遊詩，十復三讀，爲之神往。

鶴亭詩中并及下走小雲棲後殿，乾隆季年先朝議公修建，今已傾頽，尚有斷碑可考。先孝子公墓亦即在小雲棲寺下方，小子飄零燕冀已有十年，未能陳魚菽而瞻拜矣。辱荷垂念，囑於復函詳示近狀。比年寅吃卯糧，本極艱窘，自暮春易幟，賦閑已經八易蟾圓。南既無家可歸，北亦無地可守，秋思黯黯，尚復何言。垂暮之年，入此坎窞，真有不如無生之歎。嘗戲作自挽聯云『此天亡我，豈戰之罪乎』！讀書作宦六十年，結局悲凉，至是與國同休休，止也。惜死已晚矣，弱息嫠孀四五口，將來命運可知。興言及此，深羨伯宛、瘻公先我而死，尚有良友爲營窀穸於西山，下走則恐埋骨無所矣。

尊詩屬爲題詞，何敢佛頭著糞。邇來遐庵屬題遊虞山詩，率賦四絶句答之，并乞鶴亭詩家削正。

半山飛緑進城來，先吉士公《天真閣集》中成句。夢裏桃源往復回。北門山麓有桃源澗。憂患廿年凋兩鬢，舊京寒夜撥爐灰。

戲鴻妙墨牓三峰，三峰寺門牓，係先太守公手書。拳秃還思羅漢松。石洞墓廬嗟久别，雲棲樹老碧苔封。

旅客望書如望歲，周季貺先生云『旅人望書如鬼望祭』，余今歲羈滯燕京確有此種情況，曾有句云『魂兮已等若敖餒，貧也難禁仲氏傷』。欲將鬼趣寫新圖。漢陵玉椀都藎落，頭白詞臣枉歎吁。

一編字字孕珠璣，禮佛宵燈意蕊飛。何日相從三竺住，盟鷗放鶴共忘機。

戊辰臘月下旬師鄭初稿。

四

遐庵社長賜鑒：昨郵上率題大作遊虞山詩後七絕四首，印就後乞多賜數册。計已察入。第四首『何日相從三竺隱』句『隱』字不妥，擬改『住』字。如付印，乞代爲改正是幸。附呈拙文一篇，乞哂正。專叩台安！孫雄頓首。戊辰祀灶日。

前荷分金之貺，曾以一詩郵謝，想鑒及矣。此函托鶴公加封轉寄，又及。

己巳上巳，秋岳、釋堪諸君招集水榭修禊，分韻得『之』字，率賦七律二首，郵呈遐庵社長政和。

無敵豪吟追白也，釋堪近歲屢刊酬唱集。臨文嗟悼嗣羲之。芳林駐蹕懷隆軌，素俎隨流寄雅思。碧水游魚時一躍，畫梁乳燕自相窺。貞元朝士凋零盡，三五晨星仗護持。

九有風塵方澒洞，是日上午風霾蔽天。窮城眷戀去何之。冥心悟道同觀濮，把臂臨流當浴沂。幾見麗人真細膩，是日以少陵《麗人行》分韻，近年女子多習蹋球盤槓諸術，有赳赳之風。無多詞客半狂癡。桃花照鬢今非昔，忍誦瘦庵意禊詩（遐庵昨寄新刊《瘦庵詩集》，有《題意禊圖詩》絶句云『個中人物知誰我，憑仗桃花照鬢妍』）。師鄭孫雄初稿。

五

遐庵社長賜鑒：違教日久，馳企之至。昨接到尊刊《瘦庵詩集》，拜領至謝。兹寫呈修禊詩兩律，乞正，即昨晚所作也。前托鶴亭寄上拙作《題遊虞山詩》絶句，計已察入。又拙作《悼亡詩》未知入覽否？兹再寄一份，乞賜挽章，俾亡者得藉鴻著以傳永，尤所企盼。十餘年前尊作《夢憶》未知尚有印本否？乞檢賜一份。匆叩台安！孫雄頓首。三月十二日。

孫　壯（一通）

玉虎先生道席：奉五五手教，拜讀敬悉。前致馬君函與目録知已轉達，至慰。弟以環境險惡，恐難世守，不如歸之公共機關，得以安全。前晤叔平兄，談及貴館頗有收藏古器物之議，故托其介紹。兹檢呈陶器拓本全份，計全形卅八紙，磚瓦印笵等四十紙，先行捐贈貴館，敬祈審定宣傳。尚有續得者卅餘亦未拓，已詳前目。至敝藏銅器拓本，久矣分贈同好無存，俟再拓時當補寄。兹先將印本一册附呈，惟未印入者尚有廿餘品，以小品與兵器爲多，如公家願購，亦擬廉價一批出讓。故咎尊暫擬不分售，乞諒之是幸。再，前寄召伯虎敦拓本想已遞到，此係海隅山館舊藏，張漢卿、羅雪堂曾出重值未成，今已抵債，故擬廉價出脱。吾公如有意，或公共機關欲藏，弟亦可代商。此器現押於舍親所，并不周折也。附布。即頌道安！弟孫壯頓首。五月十日。

陸　翔（一通）

譽虎先生有道：昨承賜書，誦悉。九月間返蘇晤沈勤廬君，云數日前與先生晤叙，即以拙譯《敦煌書目》一册托其轉交。既而勤廬來申顧談，云此書已交至尊寓，惟大駕已來申，未曾接洽耳。兹再檢一册，另包掛號寄奉，收到後賜複爲荷。此書尚有自序一篇，系晚將歷年搜羅關於敦煌卷本之掌故，用顧景范《讀史方輿紀要》自注之例悉納入，序文注中雖見聞狹隘，然亦足資考證。此序北平圖書館未登載，當屬稿時，有友大見而好之，借去抄録後，登入章太炎主幹之《國學論衡》第三卷，此序亦有抽印本，適携滬之十餘册均已送完，俟下次返蘇時再行檢寄。天放兄前日顧談，未知近與先生曾晤叙否，草草不宣，順頌著安。晚翔啓，十月三日。

前托湖帆兄轉交張仲清先生《清代詞鈔》稿本一册，未知收到否，殊念，翔又及。

陳直（四通）

一

譽老先生有道：上月曾上寸箋，并新印拙著《楚辭拾遺》《漢晋木簡考略》二種，敬求教正，諒久達典籤矣。現陸續已付校寫者有《摹廬金石記》二卷、《書畫品證聞》二卷、《漢封泥考略》一卷。舊已印過，此係複版。紙墨所費須百三十金，尚祈先生向知好中代謀一臂之助，當以舊稿《漢魏六朝碑刻跋尾》二册相贈。原本由郵附呈，約百六七十首，三萬餘言，可刻二册，與商城楊鐸《函青閣金石記》相仿，其精湛處似頗勝楊氏也。《吊比干碑陰》《高勝碑》等考證尤詳，識者諒不以珷玞目之。又，前考墓志，近檢出各志原文，可補者有百餘種。貴友如欲續補，示及當即再撰，將來另行編目，年月銜貫，俾成耑著也。南來鴻雁，便惠好音，主臣主臣，曷勝翹企。匆上，虔頌撰安！後學陳直再拜上言。七月廿三日。

二

譽虎道長大人坐右：不通音訊瞬已經年，著祉時祺，兩臻粹美，慰如私頌。後學自今年二月間避亂海居，七月杪始回城市，行囊衣餙穿窬爲空，顛沛游離之狀非楮墨所能宣寫，文人輒軻乃致於此。昔人謂詩人以杜茶村爲最窮餓，僕才雖不及，貧窶頗復相似。戈鋋滿地，生計益艱，雖有館局，不足以餬口。擬向道長暫借五十番金，以爲卒歲之資，明春境况好轉當即奉趙。道長其念及多年道義，金石之交，慨然見允乎？倘非知心，亦乞人不屑也。外附呈古銘印拓本八紙，内有梁王璽、曹整銅印，均袁寒雲物，甚爲不易得，聊申芹獻，幸察收爲禱。專上，敬頌著安！後學陳進宜頓首。東台縣吴廣大巷底鎮江陳寓。廿八年一月十六日。

三

遐庵詩老有道：月前曾上寸箋，諒達典籤。近作小詩奉懷，另紙寫呈，即祈誨正。莽世鏡銘有云『新有嘉銅出丹陽』，我公最喜始建國文字，故取以相譬。尊藏量文，能惠一拓，尤極感盼。安仁拜路，不禁爲時流歎息。風流邃雅，清節自高，求之近日，公與印泉先生其殆庶幾。湔敝行康菊農、錢爾嘉兩兄久欲得公翰墨，摩挲吉樂之餘，早日揮管，尤敢望而不敢請者也。耑上，虔頌著安！後學陳直再拜上言。五月三日。

回函乞寄昆明篆塘新村六十號中行宿舍，十日後便寄重慶豫豐紗廠留交。又叩。

輞川邱壑已忘名，風骨棱棱未易尋。退密四山容小隱，罷官一集賸閒吟。善銅嘉量供遊騁，哀吹腥塵變古今。太息安仁争拜路，八騶能换在山心。

奉懷遐庵詩老！後學進宧陳直敬撰。

四

譽老道長先生有道：昨奉賜函，拓值已照領，感荷莫銘。承示搜羅新代文字，當敬爲注意。後學對於莽文烟雲過眼，所見實多，皆手録原文以備暇時考釋。先生心心相印，尤有同嗜，倘成爲耑著，亦洋洋大觀。附呈《説例》二紙。詢及匋龔，當貢鱗知片解也。兹寄呈金石拓片一巨册，近擬易米，内中如居攝專、長安朝一石、天鳳、地皇、五泉笵專等，皆新物拓本，稀如晨星。先生倘有意收留，乞以六十圜償值。又寄《金石經眼録》一册，原稿自寫本，無副墨。亦擬讓出著作權。《金石録》價一百廿番，兩件均實值，一吴刻、一專册，足與《函青閣金石記》相頡頏。先生交游中有見愛者，作介爲禱。耑上，虔頌著安！後學陳直上言。東台縣吴廣大巷底。

擬撰《新世金石記説例》

新世金石傳世者百餘事，字體均方廉峭折，直逼秦斯。今可見者，石刻如萊子侯、上谷、祝其兩墳壇等，權如中都第九等，量如嘉量等，鈎如天帝使者等，封泥如張宣里附城等，虎符如河平郡、敦德郡等，印文如盧江、亭間、田宰等，鏡如新有嘉銅等，銅鐶如始建國鐶等，竹簡如天鳳、吴完、折傷簿等，泉笵如五泉合笵等，瓦如壽成瓦等，專如鄣郡都尉錢君等，匜如注水匜等，鍑如鄠邑宰鍑等，泉幣如五泉十布等，各加以精密考證，信爲不朽之作也。

陳　柱（一通）

遐庵先生大鑒：前奉覆示并徵詞啓事，久以多故，未皇奉復，至以爲歉。敝省詞人無多，王龍翰臣、王少鶴詞想尊藏已有。近撿行篋，唯王竹一《海棠詞》、封望仙《望仙詞》尚無刊本，王竹一詞《粤西詞》見李若山名下小注，曾謂久訪不得者也。今將録副奉上，選後并祈惠還爲荷。久仰先生精湛國故，於詞曲美術尤多發明創作，敝校國文系擬敦請先生光臨演講，倘蒙擬辦雜誌已有頭緒否？拙編《中國學術討論集》第一、二集各一册，祈是正爲感。敬頌大安！弟陳柱敬上。四，廿，惠示寄北火車站界路來安里西二衖中社。

陳　衍（四通）

一

譽虎我兄左右：惠書讀悉，足表執事忠厚爲懷，不忘故人。如此風誼，真足挽末流涼薄之俗，使人欽佩。玉蒼尚有故事兄未知者，渠褫職後，陳給諫田尚要再劾，必使抄没家産。玉使力釣周景濤求救於弟，以惟弟能止松山也。弟以六條情理封松山之口，乃將已寫一半之奏摺扯去（保全數十萬家産）。玉本欲送弟千金，弟止收二百金刻書之費，玉感激萬分。其子姓不知也（鄉人皆與不合，嘖有煩言），後修志時自以名與言不好，不得入傳（君所知也）。今列傳早刻成功（以科分前後爲序），無從羼入。必欲塞入，須劈去數十版已刻者（重刻過）。須令其家花三數百元，弟尚要受人非議，故頗難也。匆匆欲行，到滬後得晤再面談。即頌著祉！衍頓首。

二

嚳虎我兄左右：自貴鄉歸來數月，窮忙萬狀，迄無片晷之停，致滬上絶未一至。前數日勉往一看精衛，翌晨即歸。拔可亦力催蘇阪之傳，發憤二日，遂與弢老傳同告脱稾。而辱書適來，謹以奉正。此傳結構一本大著、墓志，惟增補者二處，小異同者一處。鑄銅元一節，鄙人專主其事，無意中造成武昌革命。照事論事，無銅元直無以爲易中至，今賴之爲其事而無其利，誰肯爲之？政府早不知計及此，迨涎而妒之已無及矣。玉蒼至鄂時，行館與敝廬至近日過從，談及此事，但高某即應劾之人，忌器尚未投鼠耳。大著况以劉士安自當，而孔僅實尤相似，奉派舉行天下，及大蕽見奪於弘羊，其最似者。贊皇相業，長在用兵，不在理財又喜文人，稍不倫矣。此傳本即寄閩寫刊，此處無副本，望閲過即將原稿保險寄福州南三官堂八號陳大少奶孟玉收係渠董刻事。若須送稾北平，望另鈔寄去。春三謀蜀遊，足下有意否？即頌撰祉！衍頓首。歲不盡一日。

三

玉虎我兄左右：示悉，傳中所以不叙鄉榜者，以此傳爲入通志作。志另有選舉志有會榜者，例只叙會榜也。銀行事亦自疑之，因大作墓志有『將設交通銀行筦之』句，『將』者未成之詞，今改作『今與中國銀行兩大焉』九字，請即照抄分寄，何如？何日來蘇？此拜一不在家，幸勿枉顧。專復，即頌大安！衍頓首。人日。

四

譽虎兄見過，枉贈招飲，感奮之作，舊事被君説盡矣，勉次韻奉答是日大雪

蒼蒼髮與視茫茫，回首前遊近卌霜。清景亡逋返已盡，生存零落夢難忘。還從李泌耽殘芋君近茹素，冒雪桓温懶急裝余自去歲西安翻車，頗憚出遊。樂趣好憑陶寫出，不關兒輩覺能妨譽虎尚無子，余子事譽虎有年亦卒，近復生子尚幼，故云然。衍稾。

陳毅（一通）

遐庵部長鈞右：一昨造門，又直公出，閽者傳命如有所陳可由函達，且謂迭次相左實非拒見。盛德淵衷，令人既感且佩。顧毅所欲言者，實不過尋常干托而已，公能不鄙而棄之耶？小婿卓啓堯畢業復旦大學，得有學士學位，前曾有人薦之滬寧鐵路局長黄伯樵君，蒙其存記，惟迄今多日，尚未發表。因思公曾長鐵道，黄君當屬舊部，擬懇推情，格外賜函一説，庶可早日生效。卓生爲文端曾孫，人極謹飭，中西文亦均可觀，倘荷裁成，必不有負識拔。又，吴鐵城市長爲公鄉人，如蒙重以鼎言，俾得用其所學，漸資歷練，亦所心感。毅旅食十年，俸餘早罄，賴素性儉約，尚能忍饑耐寒，惟此一事，實有較自身問題尤爲迫切者。赧顔之瀆，想邀破格矜許也。漏舟將覆，國論猶紛，悲憫如公，何以爲計？耑肅，敬頌鈞祺！陳毅頓首。附卓生履歷一紙

卓啓堯年二十八歲，四川華陽縣人，復旦大學市政學學士。

陳　垣（四通）

一

譽老座下：承示明碑，敝處藏有拓本。日前騶從晋京，曾電詢一次，不遇爲悵。茲乘樊君來津賀歲之便，謹以新刊《二千歲日曆》爲公壽。此書撰之五六年，每發明一表格，必病胃數日，如是者三。今雖幸告成，而髮亦漸白矣。倘蒙賜以題詠，尤所欣感。專此，并頌年禧。陳垣謹上。十六年元日。

二

譽老尊鑒：昨日北大研究所國學門主任沈兼士先生送來考古學室藏器拓本一單，屬轉呈尊處，并希有所賜教。又，明清史料整理會藏明季清初重要文件極夥，能惠臨一覽，尤所歡迎。公暇請先期電示云云。專此謹達，并候起居。垣上。七日。

三

遐公道右：承唁至感。年來忙於校課，親友音問多疏，殊不值得。睽違愈久，欲言愈多，更不知從何説起，以故搦管輒止。間從報中及南中來人詢起居，藉悉近祉爲慰。西北之遊，本有是志，所慮者公款。至於個人用費關係，各校儘可代籌。唯此間工作未完者多，正待結束。近爲中央研究院歷史語言研究所整理敦煌出土經卷，擬先將前京師圖書館所藏八千卷目録編印，次將已佚或希有之品影印爲《敦皇零縑》第一集、第二集……丙寅夏，公發起敦皇經籍輯存會，蒙曾費數月之力，就館録其目名《敦煌劫餘録》，尚有首尾殘闕不知名者三百餘卷，擬一併景印，以俟識者，想亦公所樂聞也。常盤大定編印之《支那佛教史迹》七巨册已出齊，曾見及否？我不自謀，他人越俎而謀之，真堪愧煞。萬松塔修葺後頗雅觀，唯門扁尚闕，久欲請公書『萬松老人塔』五字横額并重修年月，鑿於石楣，前晤鶴初，曾屬致意，想曾道及。原石厚與三疊磚齊，今另紙爲度，乞書就寄守僧，命工刻之爲荷。前年尊處借遜先書數種，係蒙經手，公曾函彼謂決保不失，去年渠有書來索，幸檢還之。原函呈閱，專此，并頌撰安。陳垣謹上。三月十七日。

月前曾有近著《史諱舉例》寄呈，想察及。兹又付上《輔仁學誌》一册，乞指正。

四

承詢集寶展覽會，爲同鄉王斧軍所發起。斧軍文昌人，舊國會議員，自號黼室逸客，好蓄古玉，所藏在吴窓齋諸人之上，粤中稱爲古玉大王。約同發起者馬叔平，北大同人；蔡元，清華教授，及張溥泉。皆新近從洛陽、彰德試驗掘地回京者也。又高曙青，觀象臺臺長。會場擬借中央公園，余以爲不如在北大第三院。因北大研究所有小規模之考古學室，可以一併展覽。又北大研究所國學門主任沈兼士兩月前曾函請轉約我公參觀研究所有明清史料多種，頗有一顧之價值。當時以尊恙未痊，故未轉達。今欲乘此交卷，苟不以貴人事忙見拒，幸復我。沈函檢呈，此上譽老座右。陳垣頓首。六月卅日。

陳三立（四通）

一

頃方草一箋，係改正『大魁』等字凡數處，待發。適得覆教，甚荷。『薰以香』『自燒』二語本有異同，此係查閲《漢書》原文用之，他尚有乖誤處，再乞開示。玉甫姻世兄。立頓首。

二

『擢大魁』改作『擢巍科』，『列位優絀』改作『列位賢不肖』，『假歸罪於君』改作『務歸罪於君』，『聲光器幹傾天下』改作『聲光赫然傾天下』。文學士序内文句請照此改正。玉甫先生。立。

三

玉甫姻世兄執事：一别倏再，移歲綰矣。伏維動定勝常，撰述日富，無任延跂。前承惠札，猥以先德銘幽之文見屬。篤老善病，精力衰竭，無能爲役，惟盛意未可終負。暑薄秋新，乘隙憑几，構就兹篇，録呈審酌。自惡頽唐之筆，荒率已極，倘視爲勉可采用，尚乞摘示所不合以便改定，至幸至禱。手覆，即頌著安。三立頓首。八月十九日。

四

玉甫姻世兄著席：屬爲道希詩序，誼無可謝，但衰病之餘，氣力耗竭，頃隨筆凑成一篇，終恐陋劣不可用，乞指摘所不合，以便竄易，至感。本欲假原稿一閲，然後命筆，因恐不便，故先以意構造，是否悖謬，殊不敢知耳。即頌撰安。弟三立頓首。廿八日。

陳子清（三通）

一

遐盦仁丈左右：邇來主持上海文獻展覽會事，賢勞何似。前承寵招，以感冒不獲承教爲憾。近日此間應徵者漸漸發動，應徵登記表隨時寄會，侄已經手入庫者已有八十餘件。而書籍占多數，其尤者有：劉公魯之徐紫珊舊藏建昭雁足鐙，露香園顧繡鍾進士軸，王蔭嘉之上海購買組合牌記一枚，彭恭甫之朱文豹蘭花卷、張南華册，沈挹芝之董香光與眉公册尺牘，吴仲培之香光畫、眉公題軸，章賦瀏之張南華壽張得天軸。吟秋之烟客廉州畫象尺幀爲棱伽山民所畫，頗有神。敝館選得書籍二十八種，《考槃集》亦在内。佩諍出書甚多，闡微之忱可佩。其餘藏家若王念慈、趙學南、凌敬言、李鄂樓、畢貞甫等，正由吟秋、佩諍、子彝分頭面洽。顧鶴逸夫人最近仙去，過雲樓恐無出品矣。知關錦注，謹以徵集典守近況陳可梗概。順請時安！世侄陳子清頓首。六月八日。

二

遐盦仁丈左右：昨奉示謹讀悉。日來出品甚多，截至今日已百五十餘件，徵品登記表隨時寄會。昨日收到吴仲培出品之金箋董畫有眉公題，吴子深出品廉州仿雲林幽澗寒松、又仿子久山水，王蓬心笞杖圖，張得天臨松雪、香光兩文敏册，沈挹芝出品錢十蘭聯、王巽公小幀，均甚精。他如改七香墨花册、白描人物册，瞿子冶墨蘭册，劉公魯之沈均初、徐紫珊遞藏《小麻姑仙壇記》。史料中孫籌成出品鄭汝成在上海鎮守使時之電稿，書籍中如馬調元文稿，甚少。原刻《黄陶盦集》，不知已有否？佩諍有上海陳璜撰百甓齋所藏《金石目》《金石文字目》稿本，擬出品，渠得意筆也。典守均由侄負責，博山、士莪出品，亦有此間轉送之意。侄二十日准以全部出品送滬，其重要出品，出品人有點奉丈處之意。侄到滬後十點車，先至湖兄處以電話請示，或由湖兄轉示，或先函示，均好。吟秋、子彝昨接胡館長書，子彝明日到滬接洽一切。昨日承招，吟秋在錫，子彛、佩諍、侄均因事冗，不克奔命爲歉，恕之。專此，謹請時安！世侄陳子清頓首。六月十七日早。

三

遐丈左右：示悉，侄准廿九日午車赴滬，承教遵辦一切，恐負殷期爲慮耳。此請時祺！世侄陳子清頓首。廿七日。

附：陳子清致吴湖帆函

湖帆三兄：前日在滬，驚扰爲歉，畅談爲快。昨接遐丈書，弟决廿九午車赴滬，追隨辦理一切，迄於展幕，文化事業無不樂於從事也。此請時安！弟陳子清頓首。廿七日。

陳乃乾（三通）

一

遐庵先生侍右：昨奉覆函，諒荷垂察。提要七則送呈審定，不知可用否？如有它書須補撰者，候示，當效力。匆上，敬頌道安！晚陳乃乾再拜。三日。

二

遐庵先生侍右：承示屬寫提要，自當遵命，惟不見首册，更難着筆。頃晤陳端志兄，托其將陳列之書先行檢還，俟其交來，即將提要寫奉也。如有他人之書欲補撰提要者，候示，亦願效勞。專覆，敬請道安！晚陳乃乾再拜。卅一日。

三

遐庵先生侍右：承示敬悉。《嘉定藝文志》決無單刻本，惟不知曾刻入縣志中否？敝處無《嘉定縣志》，未能檢勘也。錢慶曾，僅知其字又沂，爲宫詹大昕之曾孫，監生師慎之子，若得縣志一查，則所得當較詳。專覆，敬頌道安！晚陳乃乾再拜。七日。

陳大年（一通）

玉甫先生大鑒：昨接覆書，知對於寸草有字三漢木（係甫六、甫七、甫十四）取價粵幣一千元，已同意。當即轉告寸草作實，并請其預備寄呈。至前云無字一塊，係弟之物，由前監督發掘之警廳長魏邦屏所見贈，長約三尺餘，可刻作横額。我公既得寸草有字之三塊，則弟此一塊當然樂於轉贈，以備刻額點綴也。寸草三塊已裝成一箱，携帶極便。因其每塊厚約二寸，丁方約一尺，三塊合裝一箱，已用玻璃蓋好封固。至同出之物，據云尚有鎏金羊燈一器、銅矛二器、有柄舞鏡一器、玉帶版一塊等物。彼原擬一併出沽，取價一千六百元，今尊處如祇取字木，則祇有另覓買主，云云。弟意此票精華在字木，因漢代銅器已嫌時晚，且是否同冢，無從證明，不知尊意以爲然否。又，弟所藏形制完全一木，係甫十，長排錢尺一丈二尺六寸，厚八寸，闊一尺二寸重數百斤，舍下廳事亦不能容，并未經過斧斤，爲研究漢代黄腸題凑之形製及尺寸者唯一之物。因出土有字之木，除此一塊外，俱因其藏弆不便，祇用鋸鋸存其字，餘木則改作各種玩器因碎木亦極可珍，寸草且用製烟盒，琴石亦有此木相架。故也，此木關係廣東漢代文化，且無從轉運，各友俱不主張出省，故極難奉贈，惟有俟諸異日再作商量耳。秋齋與寸草概畫該價，可讓秋齋交彼亦得。此請文安！小弟陳大年頓首。五月廿九日。

陳道量（三通）

一

遐丈賜鑒：於衆異先生所讀手教，深感關注鄙事，知己之感，刻骨不忘。孟海兄仍在繼續進行，俟晤見騮公後容再詳陳。上海文獻展覽開幕在即，徵集珍品定洋洋大觀矣，設計審核，彌想賢勞。此間曾作初展剪報一紙，藉供參閱。近作數首，惟希吟定。臨書神馳，諸維珍衛，不一。即頌藝祺！晚陳道量頓首。六月廿五日。

二

與衆異、繭岂、佩秋、靖陶諸公游庾園，訪玉玲瓏石，又至慧雲寺尋張功甫玉照堂遺址，得詩二首

園林有廢興，矧乃此家國。一石卓庾園，不因興亡勒。五客同幽尋，懷古意悽惻。徽欽小朝廷，版圖日逼仄。平凉遷臨安，花綱留孤特。媚敵仍被虜，偏安界南北。滄桑忽千年，風日甘摧蝕。亭亭玉玲瓏，猶疑宋時色。

澹蕩白洋池，窈窕水星閣。宋梅刦灰空，舊碑捫浩鑰碑記爲宋史浩撰樓鑰書。捨宅紀紹熙，慧雲隱梵鐸。朗朗玉照堂，千秋未寂寞。淵淵南湖集，萬言何騰逴。謀國有權變，事往仍如昨。故轍其可循，機疏禍乃作。遺像肅清高，素衷惟嫉惡。

玉虎先生正之。陳寥士呈稿。

三

學詩如學佛，言志求諸内。苦行參諸方，一心無窒礙。清虚日日來，世法蕩瑕穢。據梧似枯禪，嗒然澹相對。了了光明藏，真如出三昧。終須登堂室，寧止望項背。一句一字中，必有精靈在。當厥未達時，艱辛要自耐。旦夕大貫通，卷舒隨意態。葉公澹宕人，顧我得青睞。索句與參禪，二妙冠流輩。肉食遠鄙夫，生機愛蔬菜。世諦證相知，屯艮願加誨。

五古一章，奉贈遐庵先生郢政，并祈□□。寥士陳道量呈稿。

尺海 第一輯 · 主編 丁小明

葉恭綽友朋尺牘

下

丁小明 整理

鳳凰出版社

陳邦福（二通）

一

譽老先生大人有道：久欽雅度，益佩高文，願言之懷，不能已已。敢有白者，邦福往治典籍，略有成書，梨棗之資，正在籌集。昨在舍弟進宧齋中得見先生錫以教言、贈以厚幣。今而後益信當日錢虞山之於陳松圓、畢秋帆之於汪容父，二百年間，不意曶於先生又覯之矣。塵寄上拙稿樣本一帙，又拙著叢書目録一紙，目下邦福正在募款，擬先抽印竹簡稿本數種，然先生風雅之興不讓前人，函達後或亦有以助我。統希教我爲幸。另奉懷小詩，粗率從事，更不能爲大賢揚榷萬一也。耑布，順頌麋壽萬年！甲戌春日，邦福叩頭。

儻蒙助刊資，乞寄東臺縣玉帶橋河邊酒行隔壁小巷内陳墨迻手收。

再啓者，拙著尚有《殷契字典》一書，凡三十卷，脱稿將完，惜無力刊印。貴叜好中如有要者，尚蘄作緣。

又，馬伯禄博士住址先生知之否？并念。

億年堂叢書目録　丹徒陳邦福墨迻撰

《穀梁學記》二卷，《三家詩學記》三卷，《爾雅逸文箋》一卷，《説文證闕》一卷，《説文十榦形誼箋》一卷，《史漢學記》四卷，《補史記殷本紀》一卷，《殷契解字》二十卷，《殷契説存》一卷，《殷百官名》一卷，《墨子學記》一卷，《馬融年譜》一卷，《古璽發微》一卷，《竹簡證聞》二卷，《億年堂金石記》二卷，《古器物叢話》四卷，《億年堂書跋》二卷，《億年堂雜記》四卷，《億年堂文》二卷。

葉候一生專考古，秦金漢簡尤攻苦。作吏於漢鄭吉儔，博識今之劉原父。好事風流萬口詩，虞山而外數椒華。刊書具幣尋常事，留得清名動邇遐。奉懷譽老大教。甲戌春日邦福撰稿。

二

番禺富文思，學術敦古誼。乾嘉畢阮儔，一時贊不置。我非孫洪侶，而能不鄙棄。報我金錯刀，促我伐銘誌。嗟嗟百年來，風義猶能比。

奉懷遐老，一笑。乙亥冬至，陳邦福撰稿。

陳訓恩（一通）

譽公總長閣下：屢思造謁，以敝報改組董會事務稍繁，以致不果。知公淵量，定不以疏狂見譴也。今日到社稍遲，獲誦損書，傾倒無似。承示關會三要點，關係國家主權財政至鉅，烱識偉慮，頓啓茅塞。互惠一層，已轉示敝社友更生，俾續論時得有所增益，餘二點亦當次第闡述，以告國人。唯恐識慮弇淺，無當尊旨於萬一耳。更生君即前著《關税問題十大意見書》之潘君忠甲，籍隸浙江海寧，敝報初創時即任商業金融欄主任。對於關税制度利病頗事探討，去年應財部電召，襄編國定税率，留京四月，新正始歸，現仍服務敝報。至玄翁現亦任職敝報，係家兄天嬰名訓正別號，家兄酷嗜吟詠，著有《天嬰室集》，孤軫獨弦，差能不逐時尚、不圖下士行吟，乃達大雅之目。感激殷勤，敬以所著詩文集一册附呈鑒誨。我公宏奬風流，伏望有以教之，幸甚。臨書主臣，敬頌道祺！陳訓恩拜啓。三月八號。

陳訓慈（三通）

一

譽虎先生道席：尊電收到，當即轉視式國先生。次日十四日舉行談話會，到十餘人，當場自由聚談。雖無正式討論，但到者各認定可以應徵文物件數，相互提起，即本來踟躕者亦不能不酌出精華。并規定廿四日徵品截止，在此日前由此間二三主任分别持據向各藏家具領。近已領到者有項蘭生先生、顧鼎梅先生、俶仁先生，應徵之件十餘種。衆異先生卜居湖上，頃始相識，亦承出佳品應徵。欣木先生所藏有關之字畫，大致有十件左右可寄。雲間朱孔陽先生，藏品與松江文獻有關者不少，有古硯及瓶，亦已允送滬。蘭生先生藏有同治三年滬工部局通行證，此時洪楊未平，惟此證或他家已有應徵耳。慈是日聲明，杭應徵文物由敝館派妥員寄滬，將來仍負責發還近日外出，即口頭接洽亦如此云云陳叔辛先生處亦往洽。預計杭州可應徵書物約有百餘件本館之書不計，如時間所許，或在杭舉行一次預展，俟廿七號左右，托由此間總務主任史美諴君自携運滬送達。此信寫就未發，今晨虞琴先生來，述及尊意，汪莊所藏董畫極望徵到。頃已托史君托熟人共往商求，俟有辦法，再以奉聞。市博物館惟不知展覽開始日期，或有延展否？回憶客秋浙江文獻展覽，海上藏家熱心徵寄珍品，實多鼎言號召之力。此次滬展，晚以事冗遷延未早進行，又限以範圍，此展仮仁先生亦云然，謂如以江南爲範圍，則易于徵訪也。預料可以貢獻者必不足以副雅望，歉疚無似。來示開列重複本書單本作應徵謹已取去，將其餘各書首尾册檢齊，裝置備寄。肇椿先生處不另備書，乞轉知。率復，并頌道安！《浙文獻展覽珍品提要》上册日内出版，滬展時携來分贈酌售。陳訓慈拜啓。六月十八日。

二

譽虎先生賜鑒：頃奉大教，猥以杭地徵品事稍盡微勞，謬承獎許，惶慚奚似。此間應徵之品，至最近止已得九十八種，尚有數家擬日内由館中主任分别領取。惟杭垣友好僉以會期時或不能來滬，而爲廣此間同好之鑒賞，先爲陳列，亦不無意義。故定廿三、四日在浙館預行展覽二天，廿五日收卸整理，派妥員携帶來滬。兹遵囑先開已徵得之品名清單寄上，即希察存，俾便審查編號，如有重複或不需要者，即請示及，俾免寄遞。寄售書刊事，已另函寄會接洽。兹久思來滬一行，又承寵招，苟無特殊事故，將以月杪成行。七月二日滬文展開幕，當可觀光，兼圖趨教也。專復，敬頌籌綏！晚陳訓慈謹啓。六月廿一日。

三

譽虎先生賜鑒：奉示敬悉。此間所徵書物，其中既有重複，自當照來單逐一留存，俟將來他處發還時一併檢還。杭地於昨今二天將徵得文物陳列預展，明日整理一過，當於廿六日派妥員押運來滬，徑送博物館點收製據。承示開幕或須展延，届時當可見諸報端，再行定期。日前虞琴先生來杭，談及汪莊主人汪惕予先生處所藏董香光山水横幅極爲名貴（即婉孌草堂圖），當囑館友并請熟人介紹携函前去商借。比接復函，以此畫已先運美展覽，尚未寄回，不克應徵。原信抄附，藉備察閱。晤教在邇，不復縷述。肅布數行，順頌台祺！陳訓慈謹叩。六月廿四日。

陳銘樞（三通）

一

譽虎先生：大示奉悉，所示中佛鐵路應注意各點極是，當商諸哲生部長也。昨奉上一函，已登記室否？明早首途，不及告别，望時賜教言爲感。此頌痊安！弟陳銘樞頓首。廿八。

二

〔上缺〕事則擬與先生共擔此款，尊意如何，并能否辦到？惟希就近鼎力進行爲感。全國寺産到處被謀占，誠末法之頹勢。然空言無能補救，能由佛教會擬一具體保障辦法，請求政府特布誡令，由先生領頭，弟亦可附名末也。棲霞寺被新兵污穢，弟亦曾觸目傷心，以爲是偶住耳。兹不可不言，當即去函楊耿光。清恙想快占勿藥，爲念。弟即日返粤，望時賜德音。此候道安！弟陳銘樞頓首。廿七。

三

譽虎先生：桂東言先生到，奉讀手書，無任忭慰。兹匯上大洋五千元，希先生一手辦理妥善，至感。棲霞寺事，經函請於楊耿光矣。中佛鐵路官商合辦一事，前讀尊函，所論各節洞中肯要，經録示哲生兄，想渠亦稱善。現擬積極進行，若得先生登高一呼，則群響斯應，到時尚望特垂注爲感。此覆，并候痊安！弟陳銘樞頓首。十二，九。

陳衡恪（一通）

玉父兄足下：武昌握手，大慰數年來渴别之懷，乃以風雪隔江，未能暢叙。來電所云，蓋有同感。甥館無事，偶憶舊作《詠梅詞》，寫出倩家弟轉呈指教。後爲他故所格，遂亦置之。陟夫云贈君之作，誤也。姑再録上，以償前願。

玉燭新·詠梅（用片玉均）

小園纔雪後，正東閣春回，冷紅妝就。醉霞泛玉，徐凝睇、宛轉芳心微漏。停杯憶舊，料寂寞、倚闌時候。烟磧遠、糝玉胡沙，飄零漫侵歌袖。

江南水驛關情，問解珮歸來，尚能詩否。嬋娟慣鬥。愁未穩鏡裏暗窺簪瘦，眉邊弄秀。應念我幾番搔手。休更聽、殘笛聲聲，高城夜奏。

衡恪到東後，日日忙，無事忙。昨日考入高等師範學校，明日上課，從此更忙。而且功課非常之難，必有無窮苦惱，可謂『羝羊觸藩』矣。

但所居之地，地僻林幽，順宜讀書，亦足樂也。暇時幸寄數行，尤盼。手復，敬候起居安勝。衡恪頓首。

陳樂素（二通）

一

玉甫世伯賜鑒：敬覆者，昨晨接奉五日手示并祥符、景祐《法寶録》略出各一册，至深感謝。《開寶刻經》固有關官藏太宗、真宗兩朝之續譯續刊，亦甚重要。《佛祖統紀》、《釋氏稽古録》、李燾《長編》、《玉海》、《通考》等諸史料雖大抵録出，然猶未敢認爲滿意。《祥符録》原廿卷，《景祐》廿一，今殘存雖鮮，然頗有他書所未載，俟撮録後敬謹奉還，當不逾旬也。日本《續藏》卷首列『蜀州刻藏經目録』，張從信等奉敕撰，惜已缺，而《續藏》未言。所據從信，即赴蜀經營雕版之人，版於開寶八年運汴事，均見《統紀》。日本妻木直良嘗於京都南禪寺獲『《佛本行集經》卷第十九』，見《史林》四卷二號，妻木《關於開寶敕版大藏經》一文。中有文云：

大宋開寶七年甲戌歲奉敕雕造　孫清

熙寧辛亥仲秋初十日，中書札子奉
聖旨，賜《大藏經》板於顯雲寺聖壽禪院印造。提轄管勾印
經院事智悟大師賜紫　懷謹

則至少一部分經版已入聖壽禪院矣，嘉祐間西夏乞賜《大藏》，尚慨然與之見《統紀》，是京師所藏未乏。至神宗賜聖壽，意其漸已不重視。徽宗崇道惡佛，恐北宋末亡，官藏之經與版已先散。南宋疆土蹙、國勢弱，西域交通斷，無崇佛之君，而理學盛於士林，故鮮聞獻經譯經等事，而刊刻唯見於民間及極少數官吏之個人舉動而已。《宋史·藝文志》著録釋類二百餘部，其名多半已見《崇文總目》，似亦可證北宋末與南宋關於釋氏著述之稀。概想如此，而證據未充，不敢遽斷，此所以敬懇求教於世伯之前者也。近草《宋代國家藏書考》未半，而《宋人與著述》一題之材料亦在搜索中，蓋兩者有密切關係，故并而研究也。然三兩月内，唯盼《藏考》能成而已。五代史事，經濟方面近頗有研究之者，然當時之記載宋已多亡散。愚陋之見，以爲《薛史》及《五代會要》而外，類爲零斷之資，若《歐史》《通鑑》，馬、陸《南唐》去時已遠，且《薛

史》非原本之舊，亦已不能無憾。故美術工藝與文學方面似尚容馳騁，其餘恐不易之。世伯顧有人研究之旨，伏祈見示，豈有珍貴原料之藏耶！去歲東行，常至静嘉與東洋兩庫，并晤老少之漢學者，深歎其愛護舊物之周與研究態度之篤，知其成就决非偶然。國人處艱危之境，將何以追之？此又願世伯賜教者也。浙文獻展覽會，未審有目録及紀念册等否？亦希見示爲幸。肅此，祇請鈞安！樂素謹覆。十一月八日。

二

遐庵世伯賜鑒：敬肅者，拜讀尊著，獲益良多。宋志磐《佛祖統紀》卷四四『法運通塞志』云：

開寶四年，敕高品張從信往益州雕《大藏經》板。明覺岸等《釋氏稽古録》卷四據《北山録・外信篇》作『開寶五年』。

太平興國八年，成都先奉太祖敕造《大藏經》，板成進上。

又，見原著《關於開寶敕版大藏經》一文，載《史林》四卷二號。日本妻木直良嘗於京都南禪院見宋版

《佛本行集經》卷第十九題云：

大宋開寶七年甲戌歲奉敕雕造　孫清

熙寧辛亥仲秋初十日，中書札子奉
聖旨，賜《大藏經》板於顯雲寺聖壽禪院印造。提轄管勾印
經院事智悟大師賜紫　懷謹

似可爲板已移汴之證。且當時所以在益州開雕者，雕工之外，木材當爲更重要之原因。迨板既完成，運輸自易，無更留置益州之必要也。未審尊意以爲如何？

惠贈家嚴抽印本已寄。月來較少至圖書館，故尊囑留意五代文猶未有所獲，愧甚。肅此奉聞，并申謝忱。春寒尚祈珍攝，敬請道安！樂素敬上。二月廿二日。

陳德芸（一通）

譽虎先生姻丈台鑒：別後忽忽三載，屢從《詞學季刊》中得悉先生提倡風雅，著述宏富，不勝佩仰。德芸碌碌無似，前年復入嶺南大學國文學系中任些文字科目，對於圖書館職務已脱離數年。但因從前編訂書目、編檢字典，有若干時期之經驗，是以近數年來仍從事索引編纂，前年在天風樓奉晤時似經陳及。現在編輯將竣者，其一爲《八百種叢書》中《中國文學書目索引》，一爲《古今人物別名辭典》，此兩書概略均見《廣州大學圖書館季刊》第四期告白中，并在文學書目抽出詞學一部份，分載入《圖書館季刊》第三、四期。但因當時所編，尚缺去《彊村遺書》《北宋三家詞》《四部備要》《大鶴山房叢書》《四部叢刊續編》《四庫珍本》等數種。或未編，或編而未全。先生爲海内詞宗，附呈《季刊》兩册，便乞將謬誤處是正一切。此兩書印刷費均需弍千金左右，現尚在茫無把握中也。海天翹企，臨楮無任神馳。耑泐，并頌撰安！姻晚陳德芸。二月六日。

通訊處寄嶺南大學較快捷。

桂埴（二通）

一

遐厂尊右：叠奉惠書，知君愛我如恒，到今爲念。前者鄭君國賢返粤，携得子民一以副官代兄、一以秘書及大函，當然無敵。鄭君又屢欲偕弟北來，且爲籌款事交出田契數萬金，弟與華僑行長康鏡波有相當情誼。然卒無成議。然近來金價暴跌，與弟在澳時幾相差一半。是以屢屢欲動，徒以政局混沌，未欲以個人身世擾我故人，是以置而不復。實則鎔甫、子楷均極切中事理之言，非以公誠摯，未易徵得者也。抄出一紙，以助記憶。舍侄云『人有一腦，君有十腦』，或不以爲忤也。有一次弟屬協之『不可遺失弟函件』，彼言『予向未遺失人物』。予亟言『予乃笑談，豈有秘書長而遺失公事耶！』疏部長在英時，曾請弟燕飲，即有相當情誼。有一次在市府適遇其兄雪甫，且極謝爲其各弟盡力。惟一次在都，施伯彝請飲，弟以其曾爲部長，不敢與之十分周旋，或者與之開罪。此外則在滬時，關子明請飲，坐中醉中大駡少邨亮儔亦同在。或弟出任調人，言語不謹，此則無可如何者也。否則以和光如弟，自公所知，雖偶涉玩世，曾不犯顔。何必遽成事實邪？今回作函之動機，因昨與五姊許仙舫之妻，年七十五，素佛也，一子赴瓊爲委員，一子爲庭長矣。論及保存動物會事，明日能否實行，另一問題。適舍侄銘熹同在，渠去年爲屬員控告去職，當亦略有所聞。當時粤府派員李仙根查核收支各數，同時交部即將其報務員資格開除。嗣粤府經查明確，絶未加以處分。此事原係本界人争食所致，所告各節當然全非事實，不賈楊熙績、顒庵等均深諒之。以環境關係，渠一時亦不願在粤任事，惟報員資格十餘年，一旦被裁，殊覺可惜。五姊及南兄等頗欲弟轉浼台端，爲之設計回復報務員一職。既不甘在粤，或派在香江底薪九十餘元，惟須向部中電司疏通，方易爲力。默念執事愛才如渴，何况吾家後起之英，用敢努爲書奉懇。如以爲可當，即飭其剋日來滬祇聆訓示，并將本事内容詳達，俾易進行及一切必須手續。此外，則弟事亦似頗有動機。默計汪已復來，林或一時未去，中之困難，彼在澳時所知。而政會中除閩人若戴愧生僑會、戴金華外，如陶益生、秦景陽、梁寒操、馬超駿、劉瑞恒、邵元冲輩，或均能稍説公道話。且聞馮子政執中之弟已返京，當有地可居，或不至無家可歸也。若然，則弟當與侄同來，三數月内粤中局面或尚不至於變動耳何世光尚未到。有一次，曾與顒言『予當入京訪汪耳』，彼答言『此則君自己事，總之粵中當保汝平安已』。新兒因西氣過重，與當事稍有違言，曾停職復職，但減去薪百元前四百今三百，幸得中大聘充教授聞係鄒殿邦介紹，轉多得百餘。予挈之訪悭可，悭言所謂工科，不過承交部所委，絕不成局面，近且豫算相差十六萬云。亟盼明示，再定行止，明日爲戒殺期，看如何也。即道健康爲念！桂東原頓首。東皋大道禮興一號二樓。

近爲人寫佛寺篆聯，考得『皈』字即『月』□變而爲白反字返身也。大約亦如楞嚴字耳。順聞，以資談助。客歲暮饋貧，極以爲感，順謝！

二

裕公賜鑒：得廿八書，極感高誼。事之不如是，單簡日在褏集，五中困苦，即家人不能料到。但當時辦事過於放手，不意中樞當日無人主持，遂至大上其當。若不去職，則尚易爲。弟之不名一錢，自公所夙知即波羅洲之欠薪猶未到手，親叐又皆非豐裕，從何設法，實無意見。日前薪公川另四項報銷，又皆發還。實則若州官肯例給四欠，計所差不過三二千元。但目前金價之昂，從來所未見，則不知如何得了，只有聽之而已。曾兄先探一説，正自不妨，息婦總要見家翁，一得口氣，亦稍一平積悶也。無論如何，仍不得不依公作主，否則憂能傷人，亦無意爲他人矣。前電極感，由敬侄帶其往見，電加事弟固始終反對也。台安不具！墥上。十二月十二。

信今午始到，侄居已改爲『智興街二號』，但新舊均可也。

桂念祖（一通）

四十年前程孔彰，又來人世較低昂。摶沙坡老空褱願，醫國越人慚少方。鼇戴昔嗟誰負重，馬群今喜尚留良。斯文一髮千鈞繫，地老天荒幸勿忘次韻張生國棟。

對面山河深復深，庾郎清怨感難禁。頑雲黯慘霾雙劍，落日蒼茫横一琴。此去蕙蘭芳可佩，幾時桃竹蔚成林。憑君莫灑臨歧淚，記取青天碧海心金谿次韻余生留別。

客裏風光劫外天，飲愁茹恨自年年。未成境奪還人奪，强説禪邊勝俠邊。何處須彌藏芥子，早知滄海有桑田。杜陵老子尤癡絶，苦向空山拜杜鵑見友人扇頭所書近人詩一首有感，次其韻。

鹽絮家風失謝庭，花圍月擁海天青。靈犀一點通來乍，教誦璇宫金碧經。風馬雲車颯爽來，鷄籠山下燭花催。寒酸已吐生平氣，何苦餘嗔尚若雷。終賈年華氣未平，懺愁惟有學無生。羌予十二年離别，猶自拖泥帶水行游仙三首。

黯黯長空暝，迢迢清夜徂。清夜徂、新懽雲靉靆，舊夢雨模糊。九死勞萇叔，三生問鬼臾。

懸知孤往者，爲我大胡盧夜坐感裒。

根塵難揀選，請試問文殊。但滅空華見，都無夾道呼。鶬鶊重自瑩去聲，鵑血早來枯。安穩蒲團坐，今朝我喪吾陳芰老以其友人所繪《心迹雙清圖》索題，邵蓮士先有作，次其韻。

甲辰冬與葉君裕甫相遇於武昌，特出此紙索書近作。余持綺語戒經年矣，苦無以應，乃書辛癸間舊作報之。世間無常，國土危脆，所願此後我與葉君共參向上一乘，無依前流轉文字海也。念祖。

陶湘（二通）

一

頃奉電話傳知，展覽會盛宅書籍等物均已收回，飭人去取等因。兹派人乘汽車來取，即請飭交，能將盛氏原單併交尤感。又徐紫珊七言隸聯一付，又惲南田墨迹二册一匣，亦祈飭交是叩。此上葉總長。陶蘭泉頓首。八月七日。

海格路衛樂園二號照收。

二

盛氏書籍總單一紙、説明十五紙請飭收。湘隨便記録，時間既促，又復鄙陋，還乞我公斧政轉録爲叩。此請遐厂總長。湘上言。廿六。

又，湘兩件清單一并附察。明早再趨詣。

陶廣榮（一通）

早寒長律四首

一枝才見雁來紅，陡覺平林起朔風。遠道征夫褭塞上，孤舟窮士念蘆中。柳凋營壘人非舊，草闇池塘夢不通。猶喜晚香多橘柚，盤飧潔饌有園菘。

木落山高見遠岑，書帷默坐感秋深。凉颸暗度高樓笛，明月多聞隔院碪。十里丹楓初點綴，半林黄葉漸蕭森。履霜應恐祁寒至，棖觸長裘廣厦心。

冷宦頻年旅思加，授衣時節感天涯。魚書望斷三秋後，雁字徒看一道斜。留客不禁呼竹葉，懷人兼復憶梅花。撫琴溯想南薰曲，懶聽邊風奏暮笳。

菊繞東籬竹繞檐，清芬尚解達重簾。硯池水冽還遲凍，寶鼎香殘恰待添。畫裏雪蕉三尺緑，雨中霜蔗十分甜。玉山預約探梅侣，鈴語顛風任塔尖。

俚句録呈蘭臺先生大人大詞壇教正。仲甫陶廣榮呈稿。

馬叙倫（四通）

一

遐广先生大鑒：客歲以公五十之壽，聊奉微物，以將祝意。乃杭府門者輒稱尊旨峻辭，遂不獲申區區，至今爲耿。嗣悉道體違攝，神馳左右。北赴過申，欲往候問，聞尚卧療醫院戒客愳談，因未敢以勞侍者。頃以八小兒病篤還杭，始讀兩次手翰，蓋内人正在憂急之中，竟忘寄平耳。昨復由平轉到一書，均敬誦悉。尊體已漸康復，欣慰何如。角直之事悉賴籌董，復於病中指撝進行，垂勞神明。倫徒負虚名，撫書惟有愯慚而已。今日之會，適倫以兒子殤後，急遽欲將定北行，屏當行李不獲，離杭未悉結果何如。教部之款，恐非倫力所能奏效，倫自當即致一書，竊謂尚須孑老亦致一書，更乞吴稚老言之蔣公，或稍有望耳。盛伯希所藏《説文古本考》亦係過録本，此本昔於北平見之，僅索百元，今竟昂至此數。此本較滂喜齋刊本爲勝，刊本有缺葉也。然似以此本一校刊本即可，重值購此殊無謂。倫昔亦曾校過，北大研究所國學門亦據此過校也。此本不審是否由倫哲如處來，此公輒以此類書索重價也。再，是否伯希藏本或過伯希本亦須審定？伯希本有伯希之章，及眉上有伯希手校語可證也。倫擬廿六日北上過滬擬不停留，俟抵平再當奉達一切。草草即復，順頌大安！弟叙倫頓首。四月廿一日。

二

遐庵先生：兩奉翰教并郵片敬悉。甪直保勝寺古物館落成，弟以校課不得參與開幕之典，深爲悵恨。此事實爲公與家鳳勠力所得，弟猶憾在部時未將修理款項全數撥出，致稽功程，何力可偁。甪直人對此漠然亦不足怪，大抵沈某與有力焉。然吾華人習性亦每如此，今日政局情形亦大類是也，公謂此妄言否？管理托之公安局及區公所，自不慮有暗中毁敗之事。然將來終須修理，不能不豫爲籌畫經費，蓋好事如公固不能數數得也。然私人籌募終較困難，未審有何善策耳？弟致書家鳳，謂將募之戚族中，然以事冗終未出書也。纂輯清詞成績如何？前奉《槜李詞鈔》稿本，倘已不需，欲求先行寄還。緣此稿僅諸貞壯處有清本，今貞壯下世，其書本經回禄之厄，不知復存否？故彼有意復爲清治也。報載角直覆舟，想吉人自不與其險，同道者無遭滅頂之灾否？家鳳屬爲蔡記書後，未審曾塵清覽否？次事似較實也。然報載高夢旦與某公亦曾請之蘇省當軸求爲保護，如何？即復，并承撰福，不一。弟馬叔倫頓首。十一月十八日。

三

譽虎先生：奉教敬悉，昂若扇頁交去，屬爲致謝。《杭郡詞輯》頃在鄭某處，渠方補輯故書皆析散，允陸續選交弟處，但弟未敢擅操選政，而零星之帙無由奉呈尊處，當待公來杭再行面商。薦橋古董鋪爲匯文齋，在下扇子巷。弟處藏詞可復奉其目者，今録如左：

《小瑯玕館詩餘》一卷，桐鄉嚴廷珪

《硯壽堂詩餘》，錢唐吴存楷

《冰蠶詞》，吉林承齡

《揖竹館詞》，江寧黄文瀚

《海棠巢詞》，錢唐李若虚
《金粟香奩詞》，丹徒嚴學淦
《小瑯嬛園詞》，嘉定張修府
《古春軒詞》，錢唐梁德绳

以備徵采，餘不一。即頌大安！叙倫手啓。四月廿九日。

四

再啓者：弟北平藏書前歲離京迄未携歸，南中亦無藏舍，擬少存應用之書，餘皆願以讓人。大約弟所藏書便於用功之人，并無宋元之刊，惟叢書約有百七十餘種，《説文》之類清人所著約得十七八。丁仲祜《詁林》所收第十九有之，亦有丁所未得者。向欲盡得清人所著詞集，故著意搜求，亦得三百餘種。此三類較爲特長，計書當在十五萬卷以上。倘先生有喜此之友，爲之介紹，當以書目奉上。本擬即以附奉，因僅存底册已寄北平重印矣。又上玉甫先生。

弟倫再拜。

馬鳳池（一通）

譽公總長鈞右：六年闊別，萬刦叠更。每念起居，彌殷嚮往。比者局勢一無可言，國既火薪，家亦溝瘠。爲饑所役，碌碌豫章。舊友二三，均掌軍旅，才軼高傑，遇優朝宗。藉資自藏，用以觀望。俚詞一闋，代掬下懷。我公祥治昆刀，慣治金玉。苟有時會，幸賜儎携。片壤寸涔，或裨滄獄。專叩崇祉，不盡曼壹！詞另紙。馬鳳池拜肅。四，二五。

哀江南　調寄臺城路

江南三月鶯花老，遥添客愁多少？星火瓜洲，酒旂京口，料理春帆歸早。詎詢朋好。道六代菁英，括搜都了。地赤郊蕪，田廬花木總枯槁。

滄桑如度飛鳥，教鄉闕庾信，憂思沉渺。金粉當年，雲蒸霞蔚，今被妖風横掃。朝難夕保。况敗績枋頭，版圖彌小。問討桓郎，這檄文誰草？

馬駿聲（一通）

玉甫先生招集江亭，作展上巳，分韻得『天』字

春光駘宕拂晴天，携酒江亭作妙緣。四壁苔痕青似畫，一簾花影澹於烟。開成往事留佳節，典午風流慕昔賢。乘興共忘歸路晚，落紅成陣逐香韉。録呈玉甫先生郢政。小進未是草。

區宗洛（一通）

譽虎部長鈞鑒：敬肅者，竊宗洛前供職交通部，托庇宇下垂二十年矣。近閱報載，我公東山復起，合交通、鐵道兩部爲一，恢復四政舊制。下風遜聽，欣慕良深。謹爲我國交通前途賀。洛自北京政府南遷即行返粤，後承陸君韻秋薦爲廣東建設委員會專門委員，旋就粤漢鐵路視察之職者年餘。因粤局政變，故息影鄉閭，又以粤中黨派紛歧，不欲復出，非敢愛惜羽毛也。前歲秋間，承陸君電邀來印襄辦藏事，編訂《西藏交涉紀要》一書，此爲國家邊防大計，故不敢辭。經年以來，努力從事業，於去秋編繕完竣，寄呈中央政府，頗蒙嘉納。我國連年勞於内戰，對於邊防計畫不甚注意，而中藏消息隔閡，求之國内，亦向鮮專書。即以外交部而論，亦案牘紛繁，浩如烟海，不便檢查，欲求一有統系之記載，鮮不可得。此册係根據駐藏辦事長官公署各案卷，摘譯英國藍皮書，并中外紀録及藏員口述而成，事皆有據，語不虛誣。舉數十年來英人侵藏起伏、源流及西藏内幕狀況，詳細揭載。爲我國西南邊防計，似不無裨補。現正用油印繕寫裝釘，不日將由陸君寄呈鈞座一本，以備參考也。洛自到印以來，除研究藏務外，亦頗留心佛學。查我國佛教會所印行之《玄奘行迹圖》太過簡略，其中遺漏之處甚多，而各地名稱又只有中文，更無英文，且地名沿革、時代變遷，證以近日地理究屬何處，尚多疑問。故擬另繪一圖，并將《大唐西域記》增注圖考一册，使後之到印參佛者得觀前賢遺迹，似亦研究佛學者之一助。月前伍梯雲兄返國過印，盤桓數日，見洛是作，頗爲贊許。因其時圖未繪成，故先將考證所得《中英地名對照表》及諸葛武侯《八陣圖遺迹》携去耳。《八陣圖遺迹》係在本埠印度寺得來，相傳係由四川傳入緬甸，復由緬甸傳入印度者。該寺以洋灰作模，列之廟旁大空地任人參觀，爲時已久。我國僑民對之漠不注意，其在工商者流無歷史觀念，可不必論，惟我國名人如康南海、張蔭棠等均曾來印，亦對之不加考究，爲足異也。洛意是圖無論是否武侯真迹，亦必與此相類。故費數日之力，前往模繪成圖，係屬方式名爲『八陣』，僅得二門中藏二十八宿，若八門并列，則其中之變化更大矣。以上二圖雖無關國家大計，然值公餘之際加以研究，亦未始不佳。若鈞座不嫌鎖屑，當即寄呈也。近閲報載，寧粤雖稱合作，其中尚多曲折。香港電報局握南北交通樞紐，關係極爲重要，似不可忽視，必須有人在此，隨時通報消息方可。至於近日各省興辦長途電話，或由地方政府辦理，或由商人承包，其中頗侵電報利權，似宜分别取締。

否亦應派員考察，看其是否建築合法，與股本情形及技術員資格等項，以免阻礙交通。此中情形，前已函呈鍾司長秉鋒矣。事關電政，用再瀆陳，尚乞垂察。近日中央正謀對日，於西藏方面想未暇顧及。洛以編纂事務亦經完竣，故擬不日啓程返粤，另作進止。惟念供職交通界已歷半生，實不欲棄此資格另作別圖，加以我公復出，則原日舊部亦應奔集麾下以供驅策。但不知駑駘之質，尚足備任使否耳。如承賜示，請寄印度加拉吉打唐人街五號天益轉交爲感。肅此，敬頌勛安！舊屬區宗洛謹上。

梁劭（一通）

遐厂先生道鑒：久違教言，時切懷想。入秋敬維起居佳勝，至爲頌慰也。二十二年七月廿五日得楊子遠兄書，言先生擬刻先文忠公詞集，已付梓，惟數不多，詢劭鈔存幾許？先生更欲重刻先公遺詩，囑劭將遺詩、遺詞清理寄去。敬聞之下，感激歡喜，不可名狀。當於盛暑期中，每日以十四小時工作，得於一個月内將底稿繼續全數寄到，子遠兄計續得詩逾一千首，皆手鈔之散帙，其定稿則已早見盧刊前四卷矣。得詞二十餘闋。同時劭復馳書楊果厂兄，請有得即徑寄子遠兄許。劭更懇子遠兄敬求先生重刻先集，若肯以『梁文忠公……』四字爲集名，劭謹以先姻丈仲鸞公小篆條幅一楨金字、瓷青底爲先生壽。因即檢出原件，花三元五角重裝，其高興、其熱望亦可知矣。旋奉子遠兄書，謂先生近已不及此，渠亦一時無錢重刻，擬多校幾回，原稿中難識之草字，過後再説。所有各件，至今仍存渠手。渠書劭亦保存之。此皆自二十二年七月廿五日，聞先生『第一次』吩咐之經過事實也。頃由他處假得先生手刻先公《款紅樓遺詞》一小册，敬知先人遺著又多一件問世，感戴大德，流涕以謝乞賜寄一册！惟跋語云云，讀之惘然。十餘年來，親舊之於劬多尚口惠，而先生則不然，此爲劬永矢毋忘之事。所慨者，先生遇事不直接垂詢，每倩他人轉達，更以劬之一切詢諸他人，其人雖爲寒家戚舊，惟與劬素不往還，何知劬之底裏？諸先生亦舉此以詢之，於是劬遂爲諸先生心目中最惡劣不堪之人矣。劬誠惡劣，惟其不堪之程度或不如諸先生理想中之甚耳。如跋中『詩之已定稿者，其子匿不示人，僅由親友掇拾付刊』諸語，從可知先生於劬太隔閡了。頃查癸亥六月初八日余越園表兄書曰：『前日趋府恭叩文忠生忌，而弟已往莊掃墓，不及一晤。遺詩編成，當日業將「原稿」陳几而告於位……』此書與尊跋適成一反比例。且盧刊六卷十頁七行亦有云云，先生豈未之見邪，大概二十『一』年七月前，先生曾倩人向劬索先人遺稿，而此人至今未來。先生遂生此誤會，其主因諒不出此。跋中云：特賓可恨。劬不於二十『二』年七月廿五日子遠兄書未到之前知有此事，致貽今日先生之不滿，吾殊有負於先生也。食貧七年，未嘗有一紙書抵朱門，是則差可自慰者。『藏書星散』一語，應究其何因而至星散？若爲嫖賭吃喝抽而散其藏書，是固萬萬不可；若爲吃飯而散其藏書，情尚可宥。家無粒存，而謂其不應售及藏書，直惠帝之責饑人胡不食肉糜耳！劬好打麻雀牌，毋庸飾非。十年前至大亦止於十元二四一底而已，近十年即二元二四一底亦不願打。非盡因無錢，只以此物頑開乃有癮，若經月不打便覺索然矣。至於嫖吃喝抽四項，與我無緣，縱以『偶一爲之』爲説，吾亦敢决然曰『無此事』。先生以先入爲主，宜不聽此，劬今言此只是信筆所之云爾。今春，關之東、王松如諸先生迭函促去，劬因不能作四重奴隸，婉詞謝之。去則無慮凍餒，而今寧安於暫時月入三五十元之環境，夫豈望於國民政府他日爲我起貞節牌坊也哉，我行我素耳。此二事劭不言，先生不可得而聞矣。先生疑吾杜撰乎？第問七年來，先生曾得劭一紙干祿書否？若王松如等事，其書尚在篋中也。於此可見，間接得來之消息不宜遽爲信史，形諸筆墨已有未當，況刊諸流傳後世之讀物乎！劭之不幸，聲名得先生一語，已成終古鐵案矣，尚何言哉！謹此鳴謝。秋暑未捐，伏祈珍重不宣。敬請著安！梁劭頓首。二十三年八月　日。

梁　龍（一通）

逕啓者：自歐力東漸以來，吾亞洲文明古國頓覺事事瞠乎人後，惟對於美術一項尚能獨樹一幟，與歐人并駕齊驅。吾東鄰日本知其然也，對於東洋畫術竭力提倡，且在歐洲各國大事宣傳，儼然以代表東亞文明自居。近日復由日本政府以八萬馬克之資助，以帝國美術院名義，在柏林普魯士美術院將日本畫師百餘人之出品爲大規模之展覽，并將此等畫品輸往德國各重要市鎮展覽，竟使全德人士奔走相告，對於日本美術嘖嘖稱羨。其實日本畫術本全由吾國傳入，迄於今日亦只盡量模仿吾國。惟吾國對於宣傳一道夙未注意，致歐人心目中之東洋文明，只知有日本，而不知有中國。幸德國研究東方美術者甚多，對於吾國美術特能賞識，故前年曾自動開中國美術大展覽會，將中國古畫、古雕刻、古銅器、玉器、磁器、刺繡等陳列月餘，頗聳動一時。惜徵集倉卒，内容不甚充足，德人深引以爲憾事，屢向敝館詢問。以爲若得中國政府及教育界、藝術界領袖提倡贊助，德人深願再開一次中國展覽會，以新德國藝術界耳。目於是，德國佛朗府中國學院遂發起一中國美術展覽會，蒙上海美術學校校長劉海粟先生以全力協助得以成立，遂於三月十九日開幕，到者甚衆，每日入場之人絡繹不絕。惟佛朗克府雖爲德國大城之一，然究不如首都之重要。爰請海粟先生來柏，藉與德國藝術界及政學界領袖會晤，當在敝館磋商一切，德國人士希望海粟先生發起一展覽會。依彼等意見，此事應有充分之準備，決定由中、德兩國人士共同組織一籌備委員會，德方由德國東亞美術協會主持，華方由中央研究院主持，將來地址仍在普魯士美術院，不納租金，其運輸費、保險費及會場布置雜費，除由入場券收入開支外，約需準備金三萬馬克，以備收入不足時彌補之用。此款擬由中國方面負擔。敝館以爲，此款須懇國府撥予津貼，已函呈外、教二部。素仰先生領導群倫，熱心於文化之發揚，敬希鼎力贊助，擔任名譽籌備委員，俾早玉成，國家幸甚。專此布臆，敬候福音。此上葉譽虎先生賜鑒。駐德意志代辦使事梁龍。八月十九日。

梁士詒（一通）

鄭函言，李對詒説鄭不日倒戈，李對詒説鄭欲詒踏西瓜皮。又鄭與桂兄言，鄭爲詒左右所排擠。以上均無此事。李平日與詒言，除説惠民事自應説及此是應言，并非説壞話也鄭韶覺三字外，其餘少説韶覺三字，更無説鄭壞話。李在詒跟前亦少談政治，李向來説話少，前兩晚大家已談及之。及翌日師景峰與李同席，師問李住何處，李答以北京二字，豈不簡單可駭耶。去年在天洋丸船上，鄭、李、王三人來謁談惠民事是時浦口係李責任，李終席發言甚少，詒頗怪之，可見李之寡言也。至詒之左右，少談及韶覺二字者除惠民事外。葉子安近日亦常來，亦少道及韶覺二字。詒向來做事不願宣露，他人多不知鄭辦何事也。務乞轉告韶覺，切勿自起疑團。韶覺此舉，直是沾染近日政黨疑人習氣，務乞戒斷爲是。韶覺事事時時出力，詒所深知，亦知吾黨中無此才也。詒之毛病在無寒暄語，竊以爲深交者不應有此寒暄語，對於兄等平輩固然，即平日對於唐少帥、袁項城亦未嘗作一謝語。或韶覺因詒木訥，而作此疑態耶？否則韶覺亦無受損之處可發牢騷也。廿九日。

以下不可與詔覺閲。

詔覺之忠與才具誠，確實可喜。然其濫用無度，且牽及公家指惠民，則實無可諱言。去年港惠民，詒因派達叔隨陸來京，曾直接管理即代達叔之職，故招工應用多少，白比兄較爲深知。詔覺每旬皆有收支册報詒寄港，詒曾細閲，特因兄須托詔覺辦惠民以外之事祇赦免等之事，故不願駁之，祇不願其管惠民錢銀事耳。但須知凡手筆闊之人，乃能辦操縱群雄之事，故愛之而未嘗面責函責之。鄭借用滬行二千九百餘元之款，斷不是每月九百六十之款，鄭函云自正月起作爲電費，便可知不是九百六十之款也。請即在三萬元項下歸還。鄭借用四千七百餘元，亦請即在三萬元項下歸還。至鄭到處拖欠行款，以詒揣之，浦、京、漢、津行均有，行員自不心甘，我輩對於行員亦時有指揮之事。詒深不願行員心内暗説梁某等所委托辦事之人每每拖累我行。故詒近日竭力做種種營業，冀得一當以還惠民拖欠各行之帳也但此語萬不可告知惠民中人，以免彼等鬆勁不做事也。詒意歸還鄭之四千七百元，宜以四千元代分還各行，而以七百元畀鄭。前三年，詒曾用趙燧山辦事，應給酬金曾全數代還津行舊債，此其例也。

新春

梁士詒

雪鬢摩娑午夢殘，山梅岸柳一般看。五千里外雙孫妮，四十年來舊史官。不炫文章驚海內，祇餘顱血灑江干。歡呼群季磨長劍，遠眺新亭欲攄鞍。

附件：梁汝成致未定姓名者

頃閲貴報所載《民國史料》（十八）『交通系』一則，内稱『民九年葉恭綽起而執掌交通部。梁士詒者，原本舊交通系之主腦人物。舊交通系活動之命脉，在於五大公司。五大公司成立於民國初年，資本係梁系諸人所醵集。主要營業，即在於承辦交通部一切應用材料。交通部此種物料之選購，每年至少在四千萬餘元以上，其大半均由此五大公司經手承辦。此種買賣之利益有三：（一）有回佣可得。（二）交貨期限，得任意伸縮，可獲另外利益。（三）公司與交部，二位一體，可以空名定貨。所以交通系與此五大公司鈎結，每年總可得利數百萬元。自曾毓雋上台之後，所有一切應用物料，直接向外洋訂購，與五大公司交易，爲數極微。上述三大利益，爲之剥奪殆盡，幾使五大公司破産』等語。謹按以上貴報所載，其時期與事實，均屬不符，務求更正，以維五大公司商人信譽。茲將時期與事實，爲貴報陳之。查五大公司，并非如貴報所載，成立於民國初年，然實成立於民國五年，而停歇於民國七年。其時期均在民國九年葉恭綽執掌交通部之先。此時期各有先後之不同，故公司與交部，勢難二位一體者，一也。

五大公司爲僑商張百忍所發起，嗣招宗鶴年、任鳳賓諸同志入股。此股東之不爲與交通系人物者，二也。

五大公司主要營業，在辦理出口國貨爲大宗。然盈虧爲買賣尋常之事，故因經營皮毛一項，竟致虧本三十餘萬元。此項虧款，葉經各股東添資以彌補之，故并無拖欠交通銀行，或外間之款。今貴報所稱『五大公司被曾毓雋剥奪三大利益，幾使五大公司破産』等語。查破産爲商人最失信譽之名詞，今五大公司係自動停歇，并非曾毓雋使其幾至破産者三也。

總之，五大公司成立於民五年，停歇於民七年。而葉恭綽執掌交通部，在於民九年以後。故五大公司并無獲得交通部鉅款之事。況交通部與鐵路局選購材料，向用密函投標辦法。凡同樣材料，在當衆開標時，其價錢高貴者，必不獲選。是以勢難與部局合作，實無可享之特殊利益。茲因貴報所載，與五大公司商人信譽有關，因商人以信譽爲生命，是以敢求更正，幸祈鑒諒。此頌文祺。五大公司經理梁汝成啓。廿五，十，三日。

梁定蜀（一通）

葉伯大人尊前：敬肅者，拜奉手諭，謂爲『鞭僻入裏，絶無膚廓之談』，實不敢當。侄常以『農民』與『農業』爲截然不同之二事，猶『工人』之與『工業』也。發展農業未必能增加農民之幸福，猶近代工業之愈合理化，而工人之受痛苦愈甚也。故拙稿即以農民爲主體，以改良生産方法爲副。脱稿之時，尚不敢以之出而問世。祇作如鯁在喉，吐之爲快，代農民説不平話耳。然環顧我國立國廿二載，而政府尚無救濟農村之方案。坊間所有農業政策等書籍，類多抄襲外國唾餘，與我國農民不關痛癢者。故决然以之出版，求當世賢者之指正，以期産生較爲優善之方案。伏乞大人賜以文理及事理上之嚴格更正與修飾，更乞賜以序言，則幸甚矣。出版方法如何，又祈示知，至感。專此敬肅，敬請福安。侄梁制定蜀謹禀。一，二四。

梁信瑚（一通）

玉老先生鈞座：前肅復書，諒蒙慧鑒。頃接北京佛化新青年會委員長邵毅甫兄轉到該會公舉先生爲護法名譽委員長公函一件，又邵君函一件，囑代轉呈，兹謹隨函寄上。竊知該會宗旨純正，宏法事業，漸有可觀。而當今名賢之爲護法名譽委員長者，現計已有十五位另紙録呈。伏惟先生護法心長，會員全體公推之誠，料荷不棄，而瑚尤所愨懃勸請者也。如荷俞允，敬懇示復爲幸。邵君爲瑚至交，江蘇常熟人，寄住京國，係唐大丙班畢業，現充漵路分段工程司。同寅中，可稱道德第一者也。專此，敬請鈞安。晚生梁信瑚謹上。十三，五，二十八。

附件：

本會護法部名譽委員長芳名列下（共兩頁）

熊希齡先生秉三　前國務總理

湯薌銘先生鑄新 武陽夏市政督辦
莊蘊寬先生思誠 北京審計院院長
張榮眉先生朗村 直魯豫巡閱使駐京辦公處處長
汪大燮先生伯唐 前國務總理
李隱塵先生開侁 前廣東民政長
唐繼堯先生蓂賡 雲南省長
盧永祥先生子嘉 浙江善後督辦
陳登山先生芷高 陸軍部軍法司長
夏壽康先生仲膺 前湖北省長（已故）
梅光羲先生擷雲 山東高等檢察廳長
王承斌先生孝伯 直隸省長
馮嗣鴻先生志固 前革命軍司令
陳元伯先生元伯 佛學專家
張栩人先生栩人 佛學專家

梁葆廉（四通）

一

遐公部長鈞座：兩次賜諭及支票三紙均已拜收，總圖早經同人核定，祇以候袁君之分圖，是以稽復。月之十日曾上臺電報告此事，并請備分圖，不審曾否呈閲。廿四日，沈市長爲人行刺，幸未受傷，兇手已依法處置，惟閏二月後，海琛、海圻、肇和三艦因要求未遂，離港他去云。此事於建廟計畫不無影響，倓師已約到監工僧人一名，暫住處内，此後開支或須酌加也。專此，敬叩勛安。梁葆廉謹叩上。六月廿八日。

二

遐公部長鈞閤：前寄一函，未蒙賜覆，近誦致沈市長大函，乃知繪圖一事由育就近覓人代辦此事，并經沈公委托工務局辦理。乃工局員司人少事繁，無暇兼顧，且青市向少舊式建築，如其僅以新式眼光技術爲之設計，亦慮不能盡合無已。乃由工局另爲介紹李君子玉，已由梁定與之面洽，依照尊處所繪總圖部位丈尺作後殿及雨廊之設計，約二周竣事。庀材取式梁亦就□□所及略與商榷，俟繪出再行送核。李君初不習工程，嗣因往年監修曲阜大成殿，加意研求，頗有心得，現爲山左銀行監修，新層道院、議建道場亦爲李所設計。惟須略予報酬，日内當詢之山左以爲標準。李本人固云樂願效勞、不計酬資也。惟李君代辦一層，梁日内尚未向沈市長説明，希我公勿以此函與沈公復函兩歧爲訝。又李君見告舊式建築點工優於包工，此言頗合真理，但無得力之監工人，則點工殊非善策，然縱令包工，尚有若干材料，不得不先事自行預訂者，例如琉璃瓦、大方磚之類，均須及時預訂，墻脚所需亂石亦須提前僱人打取。方磚一項已托孫君錫之向各家大窰場探詢候訂，大約需二千塊，采石亦正在覓工，如能就近采取，爲費較廉，但仍須向財局請批耳。磚瓦如須加工選料，亦非預訂不可。此類事項頗苦，無人經管，殊覺爲難，且一經動工，時有開支應付，支款手續亦應另求簡捷乃爲妥善，預請影宋藏經既承同意，兹開上支票二紙，候公簽字後再行商訂如何？耑此奉肅，祇頌勛祺。梁葆廉、丁圻、袁景定同上。六月廿二日。

三

遐公部長鈞座：賜札及支票均已拜收，事忙未復，罪甚。支票到時適北平催款正急，乃由交行電匯，始免延誤，惟尚欠七百五十元云。第一者步，工程尚須萬元，方可清結此事想葉工程司已有報告，因圍墻共須七千餘元已交二千，僧寮尚欠四千元，寺内木器用具數百元，精舍尾數約千元，故認捐即收足，一經分配，祇餘陸千餘元現款。木料四千元，洋灰二千元洋灰已運到，暫存華新紗廠。故第二步建築能否開工已成問題，不過葛委員長始終樂觀，不審具何法力也。捐款認而未交者有屠獸坊九千元、韓主席五千元、龔仙舟式千元、北平軍分會壹千元此款雖已交來，現正退回，因市府來函謂此款係北平寄來購辦警犬之用，而市府誤認爲捐助湛山寺也共一萬七千元。改組章程想已呈閱，惟立案手續仍未辦妥。星期日聯會議決佛成道日臘八舉行佛像開光典禮，并招待各界藉事宣傳，負責人員經已派定，精舍之佛像亦已工竣，惟湛山寺之三聖像運來時不過木胎而已，與平常貨物無異，而佛學書局竟開運費八十餘元，另外工人往返川資、飯食、賞號等等。運費晚尚未付，因運輸係代辦性質，須有收據始能照付，據來青之工人云，三尊木料共費不到二百元，每尊純利至少百元云。葉工程司等由平請到銅佛像一尊、大木魚一具、大磬一個，衹五十元代價，而佛像之相好莊嚴頃未曾有。惜大磬抵青站時爲夫役拉裂，已不成音耳。尋所鑄大鐘今日灌模，來樣已不及改，上刻《彌陀經》。全部此事仍係蓮峰兄承辦，繼何君爲希之志也。所委誦經事即於接信之翌日開始矣。精舍電話已裝就，係沈市長所辦，衹收裝費而免押金耳。魯大公司高君捐煤六十屯，寺舍各卅吨，餘容再報。專此，敬候鈞安。晚梁葆廉謹叩上。十二月十二日。

貴體違和，料已痊可，同人等極爲惦念也。

四

遐公部長鈞座：敬啓者，支票式紙經已妥收，長期存款即於收到日交去矣。前聞吴會長謂我公曾與總行行長壹函，請其提高湛山寺存款利率，今次存款時曾詢此事，據云吴行長在申總行，亦未來信，待吴行長返青再作處置，弟不審我公曾否對總行長提及此事耳。湛山寺在東邊增領地皮事，正在進行中，聞租權金須繳，租金或可免云。倓師已入省，現有孫仲霞居士爲同人等讀説佛學，彼係孫家鼐後人，佛學頗有研究，且係倓師之弟子。倓師告假，同人等不致曠課矣。兹蒙慨允，代書屏條，感謝萬分，今將紙張呈上。内有扇面一個，係友人何君卓巽所求，彼係已故高奇峰之弟子，對於我公書法最爲讚歎，再三請托，故不得不再向我公作無厭之求也。倘蒙俯允，不勝感激之至矣。餘容續報，肅此，敬叩崇安。晚梁葆廉頂禮。十月廿一日。

梁鴻志（六通）

一

昨檢黄守恒《定盦年譜》稿本，定公二子，長橙次陶。陶又名宗英，字念匏。橙二子，啻字去疾，寵字汝斯。女二人，適劉適孔，似無足下見詢之名，容當再詢并世之研龔學者。遐庵先生。志頓首。十月三十日。

二

承示，益見撝謙。改正處可作定稿，真無疵可求矣。喻象談龍，自是工對，但鄙意仍以保留『惠紅豆』爲佳，以時代相近也『短兵』句較『家鷄』句佳。尊意若何？遐庵先生吟几。志頓首。

三

頃十時一刻上詣，遇公於憶定盤路，尊車東駛至疾，度未見我，遂廢然返矣仍住滄州一一二。黃山初歸，人頗倦憊。到杭一夕，遂來滬。杭州劉法曹，即供春壺主人也，以壺拓及紙奉貽，求爲題詩乞察。又，在徽州見江慎脩裔孫江校長，渠謂已將江象照片寄致左右，但弟諦觀，照本不清晰，勸其以真本奉假，先期訂約歸還，渠亦允辦。如有意，可蹇修也。志頓首。四月八日。

先人遺墨，盼題殊切。林詒書作古矣。

四

遐庵我兄：手書誦悉，還石卷照景承惠，敬謝。湖帆金吉金梅軸，昨已題就，交帥南携滬矣。寥士一書附察，説士之甘，已生效果，渠恐如不傳見，或更消沉。乞公作一介見函如不願多言，以數行介見足矣，持以往謁。又有沙孟海爲助，成事必矣。簣之功，必不見吝。此人媚學勤事，少加提絜，便可有成。劉法曹名光鼐，字仲彝，無別號也。葛寺在滬，黄詩當轉平湖。敬承著祉。梁鴻志頓首。五月三日。

五

教承辛夷詩，强半忘記。詩册又爲書局取去排印，不得已，開畫篋檢定之畫幅抄就奉上，故遲遲至今，非懶散也。拙詩點污佳墨，然知己之感，如何可忘，日内當詣尊齋一談也。焦山石卷，承命題就呈政，還卷與歸。石有别，故詩中注重此點，還帶又吾家故事，遂綰合及之，仍祈斧藻。蘇州文化展覽會，公等四人一家春之約，極思與會，乃其時客至，草草不去，遂不克前。兹檢出吴郡先賢尺櫝十家，都四十三頁聊充該會出品，乞檢收付證。另有清單夾在汪堯峰尺牘册中，可對勘也。瑣瑣可笑，敬承遐庵吾兄吟祉。梁鴻志頓首。臘八日。

出品限於蘇郡，故如嘉定諸錢墨迹，皆未送上。

辛夷

辛夷猶勒一分寒，及我來時尚耐看。欲寫淡粧無好語，且憑凝睇寄清歡。人間何事爲芳潔，春去誰能救老殘。多少吴姬勸歎賞，一生明艷是愁端。

遐庵兄劇賞是詩，諷誦不已，愧荷多矣。志。

六

同葉遐庵、黄公渚步至金谷村，訪莫廷韓先生墓

交衢如織市聲訩，户牖蘧房人蠛蠓。誰知中有秋水墳，三百年來餘一壟。我昔捫碑今十稔，再至穿街迷萬栱。相攜好事葉與黄，三匝銅街重趼瘇。金谷村南芳草地，蕃漢築球争曲踊。試窺籬落得閒門，儼見玄扃表遺冢。松陵耆舊誰可念，中江方伯人争重。能傳筆勢與佳兒，始信讀書真有種。豈惟工書兼擅畫，遥接大癡平揖董。夜吟畫舫畫書裙，朱十微詞亦矜寵。秀才遺蜕此抔土，歌者餘音想泉涌筆記載廷韓既没，有歌者上冢痛哭而去，書名不能詳見《静志居詩話》。矣。我來但見樓四圍，夜壑終移木難拱。此邦何邦世何世，無復桃源真藕孔。墓門片石比韓陵，有約重來莫辭冗。

遐庵吾兄吟正，并和元均何如？鴻志初稿。壬申中秋。

曹汝霖（三通）

一

譽公總長閣下：前奉惠書，欣悉政躬康復，不勝欣慰。上海特別市以公贊助，竟能實現，滬上人士同拜嘉賜。惟軍使已撤，督辦未來，青黄不接之交，辦法毫無標準，且兹事體大，萬端待理。即駐兵問題亦應有相當之替代，有實力然後能講中立，維持治安猶餘事也。諸公經緯大政，諒必豫計及此也。燕老來滬，相見殆無虚日，亦曾爲長時間之談話，對於交通銀行似抱有整理之决心，實爲感佩。惟燕老曾有已任總理推及下走爲董長之説，弟却不敢贊同。弟對於交通之關係自不能置之度外，苟微力所及，無論有無名義，自必竭誠協助。數年來辛苦艱難，表面雖無問題，内容實多拮據，若燕老與弟同時易局，於空氣實不相宜。嗇老對於交總之去就似無成見，如燕老肯任仔肩，董長一席仍以省之爲宜。諒公熟於南方情形，或不河漢斯言也。燕老已決定明晚北上，弟尚須小作勾留，約月底亦可北旋。諸俟面罄，即請台安。弟曹汝霖頓首。三月一日。

再：小婿劉家驤辱荷逾格栽培，同深感謝。劉甥服務辛店廠長歷有年所，頗有興趣，雖以家務，亦不敢一日曠工。此次擢補技正，在弟之愚，無非求公趁此機會得補一官，於交通界得一資格，以爲將來便於培植之地，乃不意公竟破格設官，使愚舅甥不知何以圖報。技正外派，在部亦有先例，仍祈始終成全，仍令原差辦事。如荷於經濟上稍加體恤，則不次之賞出自鴻恩，不敢再瀆清聽矣。冒昧奉求，尚祈恕其無厭，幸甚幸甚。此請台安。弟汝霖再拜。三月一日。

二

遐庵道兄左右：滬江小住，時接清輝，飫領教益，欣慰何似，辰維道履納福爲頌。弟自匡返滬，以家慈小有咳嗽，旅居不便，匆匆北旋，未獲把晤，良用歉然。抵津後嗽更甚，且痰滯肺部，殊覺疲乏，經中西醫治，現始漸臻康復，可紓綺注。平津尚稱安謐，然局勢已成包圍，國防盡在人手，而長城各口迄未交還，灤東察東伏莽遍地，民窮財盡，舉國皆然。政府方針舉棋不定，虚驕空疏，仍是老套。内憂外患，在在堪虞，空談建設，容有濟乎？弟深居默念，心所謂危，諒賢者亦必有同情也。海上颶風，滬瀆被水，尊居諒無恙也。津門商業凋零更甚，路上人稀，絶非當年氣象矣。北平郊外道路戒嚴，軍隊林立，而匪不絶迹，更可可嘆。手此，即候起居。

弟汝霖頓首。九月廿二日。

三

譽公賜鑒：久疏簡候，伏維德業日進爲念。新華股會，弟以股權奉托。頃晤振采，渠有一意見，已函告灌青，弟完全同意，桂老亦表同情。此次中交扶助新華甚盛。惟對於舊股毫不顧及，似非事理之平，聞平津方面股東嘖有煩言，亦是人情之常。振采要求折扣换給中交股票，恐有窒礙。惟應想一持平可行之法以對舊股東，方爲公允，高明以爲何如？手此，即請道安。

弟汝霖頓首。九月十三日。

曹秉章（五通）

一

譽虎仁兄部長左右：昨奉七日手札，誦悉一一。弟日前郵復一械，度亦達鑒矣。迭次惠書，均由平綏局童君轉來，令宅相到平，不知寓何處？當令小兒托童君代約令宅相到舍接洽，所有奉贈宣爐六座，均面交帶呈，此外品質不佳及燒擦未透者，均仍留伴窮居。區區寸抱，前函業已詳陳，務望曲加鑒諒，勿再論價，至禱至禱。專復，祇頌履綏。弟秉章頓首。九月十九日。附單一紙：

鎏金彝爐一座

泥金鏨花鬲爐一座

黑漆古爐一座

棠梨色冲天耳爐一座

泥金冲天耳爐一座

王旭款鉢爐一座此爐疑非明製，然色澤尚佳

二

譽虎仁兄部長執事：春間爲小兒事專函陳謝，徑寄鐵道部，計可登鑒。頃奉大柬，敬諗月之十二日爲女公子于歸吉期，謹具緞障全福交郵遞呈，至祈莞納是荷。專肅，敬賀大禧。祇頌履綏百益。愚弟曹秉章頓首。兒子景熙侍叩。八月八日。

再，前閱致勷蘼信，承詢所藏宣爐。弟雖愛此有年，所有不多，且無特殊之品足以悦目者。公既有同嗜，垂問及此，用將名色另紙寫奉清鑒。有人云尊藏極富，約在百座之外，能一示其目否？陶蘭泉重刻之宣爐圖譜，公當已寓目矣。此書之圖，乃就弟與伯絅兩處所藏舊鈔本重摹者，惟圖頗不備，惜無明刻本一譜之也。猶憶未病時，閉户窮居，日捧一爐摩挱爲樂，友朋輒戲以楊執中目之。今乃左手拘攣，欲求爲阿呆而不可得。公聞之，當亦啞然失笑也。手泐，再承興居。弟章又頓首。

三

理齋十爐

褐色平口三脚爐遍身雨雪片金，頸際有硃砂翡翠斑，極艷。六字款。此爐之式，圖中所無

鎏金獸面彝爐獸面爐多獅面者，此獨虎面，六字款

黑漆古蚰耳彝爐色如鱔魚背，六字款

藏經色低脚押經爐遍身，金點，所謂茶葉末者，六字款

棠梨色冲天耳三脚爐六字款

鎏金冲天耳三脚爐色如鷄卵黄，六字款

鎏金索綯耳三脚分襠鬲爐遍身，細鏨寶相花，十六字款。鬲爐甚多，鏨花者甚少

熟棠梨色平口三脚爐内外皆有金點，脚有獸面，六字款

褐色鉢爐遍身，碎金點，亦如茶葉末，底有王旭刻字

鎏金鳳眼耳三脚爐品質以此爐爲最下，十六字款

四

譽虎仁兄部長左右：奉示敬悉。宣爐竟候尊處專人來取。惟問及價值，雖仰賍抱，然視吾太淺矣。前函欲先以彝爐爲贈者，實以物太累贅，無法寄遠。彝爐體質尚輕，有便或可携帶。然彝爐可贈，餘者須論值也。以公初函有『再行進商』之言，即慮及左右必以價值見詢，故又有『所值無幾，不足爲家人易米』之説。曲曲此心，當蒙亮察。十爐之中，鳳眼耳者品質最下，聊以備數，實屬棄材，前單曾已注明，刻不復列贈，致溷雅鑒。餘凡色澤尚可娱目者，擇尤歸公。弟仍留一二以伴殘年，不盡遣去。公聞之，當更可釋然矣。近日報紙紛載海上消息，又不甚佳。滬距敝鄉僅百餘里，上次即頗有震驚，極目南雲，不無懸系。專泐，祗頌秋綏。愚弟曹秉章頓首。九月七日。

再，彝爐式爲圖譜所無，去年於友人處見郭世五所印項子京，系明瓷。譜中有仿宋瓷獸面

彝爐，此式也與此略同，乃知此爐亦仿宋瓷而作也。弟之爐譜兩鉅册，不分卷，得在伯絅之先。伯絅得者，係廿卷本，而圖視弟本尤草草。令其長君茗生以兩本互校，重行鈔繪，仍分廿卷。朱桂翁見之，囑世五爲之鈔印。圖欲著色，世五難之，來商於弟。弟告以明之著色本已不可得，今所見爐皆燒擦而出之色，色又時有變幻。新鑄出時，色彩如何，誰曾見之？誰能究其理而細考之？世五黯然而去，遂將刻印爐譜事推與蘭泉，然蘭泉亦不能著色也。弟先别有一爐，款式均不甚佳，疑爲贋品。一友取去，入沸湯煮之，泥金色中現胭脂痕，極嬌艷。越數月，痕褪去，金色亦漸淡。燒之數年，痕竟不再見，因棄之，不再燒。公研究所及於變色隱現之故，能略示一二否？章又頓首。

五

譽虎仁兄部長左右：日昨郵足遞到惠復，清詞斐亹，如共晤談。承示宣爐一節，頗喜孤懷得逢同調。此物近年價值驟昂，有視昔增至數十倍者，殊可駭怪。肆中且無佳品可觀，或云佳者已盡爲公與某鉅公搜羅殆盡，價亦因而益昂，豈其然乎？恐亦似曩年公誤聽廠賈之言，謂舊紙爲下走買貴也。公欲集顔色款識各不同者百座，可謂豪矣。在今日，似不易成。然物每聚於所好，以公鑒别之精，搜求之力，必可如願以償。若弟，則性本簡易，復絀於力。但有數座手自摩挲，去其黝垢，使華澤日新，列之几案，以悦我目，便已侈然自足，不復他求。熙寶臣嘗以弟好玩生貨，呼之爲挂貨鋪掌櫃，真可笑也。弟結癖三十年，今雖支體不仁，不能玩弄，仍日令奴子燒之擦之，培養不輟，本無讓人之意。辱承雅愛，知左右獨少彝爐，弟之彝爐在所有中實居首選。請先以此作紫雲之贈，餘者雖下駟居多，而癖嗜所在，精神寄之，亦頗具有辛苦。年將七十，去古人已近，深不欲此物於我去後散入挂貨鋪，爲市儈作生活。所值無幾，亦不足爲家人易米之資。若得早入高門，使之得所，亦所甚願，儘可全數歸公，惟相距太遠，郵寄固多不便，偶遇便人，亦不能以此累贅之物托帶，且恐致干關市之譏。如何辦理，即希酌定示知，以便遵行，彝爐亦候示到再寄。因此爐可珍，亦不敢輕易交郵也。專復，祇請大安。弟曹秉章頓首。八月二十日。

葉批：西四受璧胡同三六。

曹經沅（十一通）

一

環示誦悉，昀翁詩承分神訂正并鈔示佚篇，至佩風義。改印一節，未知能否辦到，但已屬主者就其餘各卷分别細校，并於刊誤中分别注明，藉資補救，將來或可稍慰讀者也。清痾聞已康复，花時想當出遊，此間梅花以仰止亭及吴山廟一帶爲盛，刻已爛熳，士女成圍，曩年所未有也。散釋兄求題之件，屬請速藻，并以附聞。匆復。即頌遐庵先生吟安！弟經沅頓首。三月一日。

詞料近不多，尊處能鈔寄一一，尤盼。

二

遐庵先生惠鑒：前奉寫示病中大作，堅蒼澹逸，兼而有之，此境極不易到，佩折萬分，冗中尚稽裁复。適叔雍來京，詢悉清疴健復，已能强起，至慰馳企。頃復奉讀垂示，墨光爛然，照人几席，信爲勿藥之徵，計皆一切當复元矣。什公適於昨夕過此赴崑，大函比即持示，據云此事重以鼎諈，亟願切介。以原函所附行文函底尚非其至業，爲代易簽發，緣此裁答稍稽，但南行前數日業已复寄尊處，計時即可到達，屬并奉聞。在滬聞當小作勾留，有機頗願與公一面也。霜寒，萬希加意竇攝。弟屢過吴閭，訖未至滬，念公綦切，終思奉候起居。先此复陳，即頌吟祉！弟經沅頓首。十二月十七日。

《采風録》例載時賢近詞，尊處能鈔示一一見示尤荷，又叩。

釋戡日内可歸，當即代致尊意。大作能先鈔示否？

三

遐庵先生大鑒：三月廿九日惠書誦悉，清恙初痊，敬念無已。閲報知旌從赴寧，文化事得公擘畫，亦可喜也。大詩情文兼至，宫韻尤佳，比持石老適有海濱之行，頃始得复，極爲佩荷。另牋附閲，昀谷居士以石老等僅譚蓺而已之招去津，有一安硯之所，月致百金覺庵割舍居之，尚可自適，公聞之當欣然。樊老花朝日已出殯，將來即葬西郊，弟成挽詩四首，謬爲同人所許，以爲持論尚允，公謂如何？已見《采風》。大作挽聯必佳，前匆匆未及一讀，已向樊宅索之，尚未鈔來，即希寫示。褒貶著語極難，弟詩亦幾經斟酌。弟三首『儻教生及乾嘉盛，便是倉山一輩人』原稿『便是』一作『何止』，螺江見之謂爲失當，遂改之，亦一段公案也。此間禊集，弟與同人觴客什刹海，公惓惓舊事，且爲向來提倡此事之一人。另束奉致，届時當代拈一韻，至希同作。南中花事正盛，出遊必有新篇，疢齋計可時晤也。《蘓盧詞》已覓得否？壽石工一札附奉一瞥。匆匆，不盡十一，容再續布。即頌吟安！弟經沅頓首。

樊老遺集得拔可書，謂沅叔商菊生，以卷帙太繁，不能代印。刻詩稿正由志盦整理，謂自辛亥以後詩，擬大加刪節，從前已刊板者仍舊云云。公極閱心，如有卓見，仍乞酌示，又叩。

四

遐庵先生坐右：月前赴滬，僅留半日，竟不能訪，然極相念也。奉讀賜示，敬悉一一。晦聞逝世，弟與樹人、秋岳諸君發起追悼。樹人謂已徑函，故未奉致。其時期、地址，俟商定後再奉告。屆時春暖，頗盼公能一來，所示挽晦聞一律，情文兼至，讀之泫然。晦聞遺集由汪先生出資，樹人兄任校事，本日已裝成，計樹人當已徑寄。如公尚未及見，弟當即寄。大作諸什皆芳悱馨逸，無任佩折，容當次弟入刊。昀谷詩本由什公主持校刊，其函來似以屬陳誦洛，似尚在勘印中。前已函詢，尚未得復，俟書成必奉寄數册，承詢特及。匆復，即頌吟安！挽晦聞詩弟亦必作。弟經沅頓首。二月二日。

五

遐庵先生大鑒：十七日大示誦悉，比即加函轉寄石公矣弟力勸石公一行，近頗怦然。國事至此，高卧寧能？公此次强起，必能斡運各方，中流一葉之喻，在此時爲尤切也。疆老溘逝，海内茹悲，遺詞已得讀，苦語酸鼻，爲之泫然犀角牛衣皆家庭之感，尤爲可悲。《大公報》文學副刊主者將搜集疆老遺事爲刊專號，曾以見商。弟擬爲詩挽之而未成，且於此老遺著及其最近事實亦未盡悉，盼公及叔雍兄以此類材料見示，飭巾待盡，情味可想。公尚及爲最後一訣，必有一詞紀之。清詞選事，一簣之功，惟公是賴。此爲不朽盛業，并世亦惟公毅力精心能舉之耳。此間同人同此殷屬，弟更切盼觀成。散原翁聞被徵爲國難會議會員，詩壇耆碩肯莅新都，亦刷新觀聽之意。弟亦思南遊，一踐積歲探梅之約，不識能成行否？《采風録》四年彙印已成書，奉上二册，聊備瀏覽。公於體例及編製如有所見，希示下，當於再版時更正之。匆此奉復，即頌吟祺！弟經沅頓首。一月廿一日。

再奉示，前有復函，此間尚未奉到，或付浮沈，乞一查之。疚齋聞常在海上，近時晤否？

六

遐庵先生大鑒：音敬久疏，不勝耿憶，南來兩月，日卜歸期，遂亦不暇裁候。前由聊園轉到惠簡，遠荷注存，紉感曷已。大詩佳句絡繹，題張幼華女士畫梅及石星巢丈遺墨兩詩更爲殊勝，容即次第付刊。桂遊定多勝賞，續成仍乞録示。劉洪度兄湘人爲武慎公印渠之孫，現任東北大學教授，其詞已函子威索得，特以寄呈。又子威來函云，公函索王蔭樵身後所藏詞集書目，其家祇有幼子，容當設法開寄，亦屬代告，特聞。弟南來期以一月，初擬果匡廬之約，曾函散原先生，顧以禮兄堅挽，遂難自脱宣城本舊遊，朋好尤多遮留者。重溷簿書，殊乖素願，知我者何以教之。刻海内吟儔漸知弟之踪迹，郵寄新詩多如束笋，坐曹之暇，時以自娱。此間耆舊凋落，祇桐城姚仲實、方槃君倫叔之弟數人，餘則安徽大學教授中亦多雅士，李範之、周癸叔均在此時晤，偶有遊眺，尚不寂寥，并以奉報。黄山、九華均在境内，公有蠟履之興乎？久不裁候，積肊綦賾，會當續聞。即頌吟佳！弟經沅頓首。廿一，八，廿七。

前寄電奉賀大喜，計已達矣。

七

遐庵先生惠鑒：先後由散釋及唐君轉到手教，殷殷見及，重以勖勉。乍落邊陬，忽承謦欬，文移填委中，心目爲之一開。承示慎選良吏，以篤實耐苦爲主，尤爲不刊之論，弟刻所致力者，亦即在此。私意能得此輩七八十人，俾司民牧，既可藉挽頽風，亦可徐圖上理。昔年讀胡益陽宧黔書牘，佩其切實精到。今日重加披誦，如温舊書，更覺親切。此邦文獻頗多，均欠整理，有凌君惕安，比尚能勤於掇拾，自是不易之才近爲螻公修《開州志》，聞與公亦有雅故，輒并及之。唐君我培，名父之子，亟當刮目，奉示後即延見之，并先派本廳科員，遇機再當拔擢。渠已到差旬日，弟以冗劇尚未及奉報，或已由渠徑陳矣。附奉密碼電本，敬乞賜存。如閱閣要切，盼惠示一二。石遺聞有嶺外之行，疢齋度必偕往，前於其八十生日已馳電祝之。聞公等約會吴門，絲竹侑觴，足破岑寂，惜弟之不及與耳。大作并友好新篇，千乞以時寫示爲佳。附此奉懇，即叩纂祉！弟曹經沅敬啓。五，卅一。

本年禊集，詩收到不少，仍擬彙印，大作能寄示尤盼。叔雍兄北行寄詩頗多，此間頗乏詞料，仍盼公等多寄，爲荷。

八

遐庵先生大鑒：久未脩候爲念，奉到惠詒《淮海長短詞》合印本，考證精勤，佩荷無似。末卷附關係諸家序跋，尤爲旁皇周洽，得未曾有。宜彊邨翁之極口歎佩也。劉君範五來件附呈，《詞覯》如已用畢，即乞發還。又，傅燮詷氏能加以表彰亦佳，小傳附寄備采。前函公有北遊之議，并有覓屋之舉，此間朋好同此欽遲。仲雲來書，并云公新有《渡江雲》近詞，至希寫示，以實《采風》。弟宜暑蓮峰，已成歲例，今夏正擬前往。疚齋迭函，述翼如諸君堅以文官衡文，徵及下走，重違諸友雅意，兼以上契古歡，未忘結習，勉爲一行。刻已摒擋一切，下月初旬當可就道，良覿不遠，神與俱馳。届時如從者不即至都在寧或有一月小住，當赴申奉訪也。先此布肊，即頌吟佳！弟經沅頓首。六月廿六日。

九

遐庵先生大鑒：南遊匆匆，未獲良覿，正深企念。奉九月六日惠示，敬譾道暑膠灣，新篇日富，天半朱霞，豈勝馳仰。大詩極閎肆，奥麗之長，實爲近年僅見之作。大詞見於漚社詞課者，亦獲讀兩首，并已布之《采風録》矣，仍希分神多爲寫示。弟闈居之作不多，已於《采風録》中散見，苦無佳句，即不寫呈。疚齋於出闈後，本有偕訪散原之約，弟以畏暑北歸，徑至海濱小住，中元節後始返平也，石公已代致意。江淮大水，浩劫同傷，興化聞在巨浸中。龢翁遺著，每以爲念，公有所聞否？得疚齋函已自匡廬返京，散原中秋後決北上，公能乘興來遊乎？聊園茗集，弟亦欲到，倬盦歸來，又多一能賣力氣者。閏盦卧病，不廢選課，彌難得也。知注并及，匆泐。即頌吟佳！弟經沅頓首。九月廿日。

前在白門掛號寄拙與石公合作書扇葉，計已收到，并希便示。

一〇

遐庵先生大鑒：留津兩旬，前日歸，奉讀重九惠書，即譎柱躬康復，欣慰無似。复在瑑卿處獲讀近牋，墨光爛然，照耀几席，尤爲病起之徵，大慶。亟思爲介雅之詞，顧以彼此投分之深，未敢草草奉報。擬爲長篇，又以思路太蹇，未能急成，謹以一律奉博一粲。願言之懷，未盡十一。如何，如何。昨晤心畬，云《詞趣圖》由雪丝交到，即當命筆。昀谷云大集印成，索序甚亟，彌以先讀爲快。北遊或俟春融，年内能踐探梅之約南中友好多見招者，當可一申躋堂之敬。詞選事年内能否成一段落，非公綜持全局，恐進行亦未必如期耳。《采風録》已届三年以上，該社爲滿足讀者願望起見，已彙印成書，開歲即可發行。值此雅道絶續之交，或一千鈞一髮之助，公聞之當亦欣然。弁首一序，海藏謂當請散原翁爲之，如晤彦通兄，煩爲轉致，何如。大著即已入《采風録》者如有訂正，即乞開示，當告主者，并希注及。匆此，奉祝大喜。即頌吟祉，不具。沅頓首。十二月八日。

鶴亭南歸，未得一訊，甚念。公已晤否？

一一

遐庵先生大鑒：前上一函，言柳谿南游奉謁事，計荷察及。昨又奉五日垂示，比示次公，據云業已次第函電奉報矣。藺廬乃楊千里别號，其人工書亦能詞兼能治印，公必識之。石公見告有贈公一律，年内可寫寄。神山前遊，歷歷在目，無日忘也。拙作南遊詩可次第見《采風録》，尚希正句。散原翁允作《采風録》彙印本弁言，彦通云日内可到，尚未見，晤時乞一及之。雪寒珍衛，并賀歲祺！弟經沅頓首。庚午除夕前一日。

《清詩鈔》聞已出書，作者詩話志庵所編，亦可備考證也。坊間尚無售者。

曹熙宇（一通）

遐翁先生左右：昨率女伶李桂芬、慧琴姊娣同謁，未值爲悵。桂芬爲樊山老人女弟子，在平時亦嘗見過足下。此次南游，携樊老函來謁，乞爲激揚。弟憖力薄，有負樊老重托。除已爲在《申報》上鼓吹外，并爲介於諸名流，共得提倡。陳筱石、程子大諸老處均已去過，公與樊老至好，敢請助我一臂之力。桂芬離平之日，樊老有詩送之，先承寄示。因次韻一首，别牋録奉，尚希撥冗賜和，以爲宣傳之好資料也。此種詩不必刻意爲之，以公大才不難於頃刻成之也。邇來吟興如何，《采風録》時誦大作，敬佩敬佩。專此奉懇，即頌吟佳。弟曹熙宇再拜，中秋節。

梅鉽（一通）

遐庵先生侍右：久欽光霽，未奉清塵。然經濟文章彪炳海内者，固早側聞之矣。昨於友人處得見大集，宏篇巨制，嘉惠後進。而詩集一册含唐宋之精醇，尤諷詠不能自已。某君珍秘，殊難假觀，因肅短簡，敬希見賜一部，俾遂觀摩之願，先生或亦笑而許之乎。冒瀆之言，尚乞鑒諒。耑頌道綏。梅鉽頓啓，一月八日。如荷賜允，請即交原足，或示知寧波路國華銀行，以便走領。

梅光義（二通）

一

融公總長鈞鑒：日前義因公晋京，曾到鈞部叩謁，適憲駕尚未到部，義又以年關在即，須回魯籌款應付，是以匆匆出京，未獲一覲鈞顔，至悵悵也。回魯後得讀手諭，承諄諄以宏揚佛法事下問。前次義所稟陳者，僅欲修改官制，將宗教事務改歸教育部管轄，乃今日公所垂問者，範圍比義較廣，老婆心切，溢於言表，足徵公乃乘願再來者，故能發此宏願也。竊維娑婆世界中，佛法之所以能垂諸久遠、普化衆生者，實由歷代帝王將相宏揚之所致，印度有阿育王，西藏有雙贊思王，日本有聖德太子，中國則漢明帝以下人數尤多，故能登高一呼，法雨普潤。其宏揚方法或建造寺像，或翻譯經典，或遣使求法。自漢魏六朝以迄宋代，歷史所載，不勝枚舉。

惟自宋以降，印度遭回教之摧殘，中土遇後周世宗之毁滅，於是真正佛法，舉世無聞。雖當時有吴越王之保守一方，然不過天台一家之言而已。現在世界交通，古本時有發見，英俄德等國搜得多種梵文佛書，西藏則丹珠甘珠中譯存可珍貴之經論甚多，暹羅、錫蘭有巴利文全藏，日本則存有唐人著述，傳燈不絶，延續至今，幸我公與段執政深通教理，發願宏法，則目下所最宜著手者，亟宜廣購上述之各書，設立佛教圖書館及佛教翻經院，選派人才，從事翻譯。將來將各要典及各參考書譯出頒布，豈但能延中土衆生之慧命，實乃可爲全球世界之明燈，可謂集萬國之大成，發前人所未發，功德之大，今古無倫矣。惟大業之成須賴因緣凑合，現在機緣不知已成熟否，若尚未成熟，則只好且令教育部購買上述各書，納入於北京所已設立之圖書館中，任人披閲，至於翻譯之舉，惟有且待他日，并略捐款項數千元或數萬元，與南京歐陽漸所立之内學院。蓋該院亦頗有譯經思想，其中成績亦頗有可觀故也。如此做去，則政府但采取獎勵輔助手段而不立於主動地位矣。然亦可爲將來宏法之基礎，功德亦甚大也。又，此外尚有不須花錢亦可宏法者數端，并爲我公陳之。一，請由段執政令行京外各機關保存佛教寺廟及其財産，不得侵占毁壞。此事雖前此亦曾有令，然行意不行令，自古已然，故今日宜再由段執政重下一令，俾天下官吏知執政宗旨之所在，則表面雖無積極功效，而暗中已消弭損害不少矣。

二，令教育部於審查各項書籍時，遇有毀謗佛教文字，須切實更正或批斥，原請人不准該項書籍立案。三，令教育部仿照日本帝國大學辦法，於中國各文科大學中添設印度哲學一門功課。四，於將來起草憲法時，不可有偏重孔教之專條，蓋此項條文於法理上亦極端説不過去。昔日曹錕時代之僞憲法，此條實極不通也。五，令各省廢除孔子及關岳祭祀，此項祭祀與信教自由原則極端矛盾，人所共知。倘目下狃於習慣不能廢除，則其中殺生供祭一節必須改用蔬果，否則執政能有禁止之權而不加禁止，在佛法上嚴格論之，則不啻已犯殺戒矣，亦請執政以個人名義作一文勸人學佛，印刷多張分散各機關，此亦至有益也。以上各事，皆不須花錢而可辦者。愚昧之見，諒多誤謬，尚乞慈悲教誨，是所至禱。專此肅復，敬叩鈞安。并賀新喜。梅光羲謹稟。一月五日。

二

總長鈞鑒：前奉大示，覓購各種目録書籍，今據日本其中堂覆稱，業經覓得皆是木版者：

《大藏經法寶標目》十卷

《至元法寶勘同總録》十卷

《出三藏記集》十七卷

《大唐内典録》十八卷

《隋衆經目録》五、六卷

《武周刊定衆經目録》四十卷

《開元釋教録》三十卷

《略出》五卷

《古今譯經圖記》一四卷

以上各書連郵費在内，共日金六十二圓，鈞意如願購買，即乞諭知，當轉囑該店寄來可也。

敬叩鈞安。 屬吏梅光羲謹稟，四月廿九日。

張焌（二通）

一

玉甫總長先生閣下：前辱賜書，比遵示詣韶覺次長晤談一次，曲衷固未能縷達也。昨從公報得見先生提案三件，擘畫周詳，於職掌範圍内切實負責之意溢於言表，惟大局敗壞至於此極，經營締造不止一隅。倘有爰諮爰諏之誠而無群策群力之心，徒益糾紛，安有是處。善後會議步驟日見其亂，擬提聯省自治案者有之，擬設二十三執政者有之。聯省自治儘有研究之餘地，然不能提出善後會議議決施行，則顯明而易見者也。二十三執政之説苟非藉此以爲搗亂之具，則更不知何所取義。愚以爲今日圖治之要，莫切於變更前此軍閥劫制之局，而急改爲軍閥協商之局，凡賢明政府、良善軍閥、純潔志士均應竭全力以此爲幟志，庶可化險爲夷，徐圖治理。今竟執迷不悟，何異南轅而北轍哉。行見新式之赤化，或舊式之流寇，將蔓延國中矣。法律失效，政治無靈，最後之希望責在我民自覺自悟，起而謀自衛之方耳。自衛之方維何？團制是也。本子輿氏守望相助之意，仿曾文正團練之法倡之於天下，或可以破軍閥、制赤化而圖我氏之自存也。今已萌芽川省。川省師旅咸懷畏怯之心，此其證也。中山據廣州，與商團交惡。商團雖多死於槍林彈雨中。卒之中山，非驚遁不可。更以此爲盛名累，此又一證也。去年東南、東北之戰設行軍省分，編州縣，均有團制，宣言不承認其內亂，抗不出夫，抗不供車，節節抵制，使軍閥各懷戒懼之心，或不至糜爛至於如是，亦未可知。自愧學識未充，不能以此覺天下，而薪米賃僕之需，又時縈胸臆。竊欲堅吾志以振吾氣，敢爲明公述之。詩曰：『誰能烹魚，溉之釜鬵。』又曰：『采葑采菲，無以下體。』伏維鑒察是幸。匆肅，敬叩道安。不具。張焌再拜上。三月八日。

二

遐庵先生道座：饑寒驅我，奔走不遑。風雨晦暝，益深馳仰。星移斗轉，伏維曼祜。前寄

《山東地方財政調查報告》，想荷察收。低度説話，仍屬空談。逐隊隨行，此心不安，要亦無可如何。中有『顔神』鎮誤『神』爲『山』，鄒平研究院自廿年三月開始籌備，誤爲廿三年。其他乖誤處必尚多也。近作非詩非偈，聊以申意，録請教正。明刻《金剛經》一部奉呈供養，欲得法書，不另寄紙，清暇時能許撥墨乎？倘肯兼寫大作，俾二難并，不勝大願。肅此，敬叩道安，不一一。焌再拜謹上。三月十一日。

甲戌春初離汴過鄭雜感，寄示局中同人

五十年華似水過，春來春去自婆娑。昂頭天外誰爲侣，一握乾坤放浩歌。
汴水棲遲憶昔賢，夷門監老抗淩烟。淮南鷄犬盈天下，時事從來有變遷。
遺愛爭傳遍口碑，濟民有惠政無疵。先賢猶著微詞在，誰曉微詞有旨歸。
曾遊歷下想躬耕，善與人同愧未能。明日渡河河北去，仙音還盼望迦陵。

題劉奇甫夫人碧桐軒詞稿

綺窗逸響激清音，香草幽花入夢深。頻説江南風景好，樵歌漁唱繞淮陰。其尊人張石農太守隱居淮陰，著有《樵歌詩草》。
唱隨到處共棲遲，小别連篇有所思。曾記去年關外客，玉門孤聳不勝悲。

極目瘡痍塞上寒，大家遭際不成歡。拈來往事都如夢，願禮空王習止觀。

哭王叔鈞

舊京識高賢，清名早播傳。承宣咸有節，明恕總無偏。勢絀飛騰晚，忠存百鍊堅。忽騎箕尾去，松柏爲誰妍。歷下追隨地，離公竟折弦。丁寧書不斷，綿密意周全。負氣安能濟，師心便著愆。每懷關切處，衹有泪潸然。

濟南車站口號

重來齊魯聖賢鄉，太息斯民尚未康。慚愧書生無寸用，空懷任相遇成湯。

張鳳（三通）

一

遐庵我公賜鑒：前由榆生兄轉到覆函，論列皖估鼎文，卓識佩佩。此鼎邊字現由多方面印證，可決其僞刻，蓋文或尚是舊迹，字少又不能仞識，無可説解。在五馬路古肆亦有一豆形器，十餘字，刻法款式均與前鼎有相似之處。初見亦幾混目，鳳先已收入，後即退去，度皖中必有善手能仿此類字者。尊疑鼎文爲明刻，證以豆製則又近刻可知。蓋文刻在花紋中尚是漢制。因此兩層關係，頗慮劉惠之所購兩罍文在外面九十餘字亦有可疑之處。罍文不應在外。售于天津之器，聞係楚幽王物，友人胡小石正在考釋，諸皆有綜合考核之必要。鳳前信假定『酓肯』爲文王名『熊貲』借字，借『酓』爲『熊』，聞胡小石考釋之器亦然。『肯』字誠如尊疑，不能確定，且壽縣古器時代不能有楚文王物，鼎制與花紋均非三代風尚，有此兩點，熊貲之假定不能成立必矣。此達左右，即請裁正，順候春祺，不一。張鳳頓首。二月十五日。

附啓者：暨校臯兀不安，鳳事在擠擯中。我公遇見孑民老時，乞一探詢中央研究院位置，得作書紹介，感且不置，并干。

二

葉先生遐公賜鑒：報載壽州出土古鼎重九十三斤，昨廿六日往見之器在皖估手中，來滬求售，鼎有器蓋，器文爲：[illegible]，文在鼎外沿。蓋文爲：[illegible]，文錯刻雷回文面上，又蓋内二字：[illegible]，器文擬釋爲：『楚王飲貲吏鑄喬鼎以供胾常。』『飲貲』兩字若音假作熊貲，則爲楚文王物，蓋文不能識。鳳看鼎于蘊臧前已修治，蓋或亦當時野配。審文字一大一小，一整飭一放縱，一圓轉一方折，蓋文或爲地名社鼎。此器索價萬金，近急於脱售或抵押，以劉穗之近得壽州兩罍作比例，其價太昂。劉罍未見，聞有九十餘字，且有玉飾，希我公作函賜下，介紹求見。所可取者，『飲貲』若果爲熊貲，則壽州蘊臧可得一絶對年代，亦一先史掌故。器在吕班路蒲柏坊北首小弄蘇皖公寓十三號朱姓客人房内，專告，即請時綏。張鳳拜啓。廿七日。

三

遐庵我公：廿日前作書寄我公，未發，而廿一日函先到。因僅從右善兄處專呈考古學一册，書因停寄。木簡須有公序言。去歲與狄先生商之，嗣與右善兄言，時公未出病院，今歲鳳與右善均有小病，因是周折，未先允俞而遽布報端，歉餘，尚望原宥是幸。昨廿五日交釋文第二編一部份到有正，近以四九葉有曆書一簡，須考定其屬於何年，略費時刻，現擬爲建安十年曆，則月建小大及朔日甲子均合，廿八日丁卯冬至，在本簡甲子輪算亦合，惟與時賢陳垣所編史曆不合。彼書以廿三日爲冬至，以此遲疑擱筆者久之。來書開示五端，三、四《自序》、《凡例》釋文均有，一、二、五法人所排次序與出土地有關，鳳處另有一表將刊於釋文之後，爲附頁若干，至於一名稱一節，祇能於凡例中及之，回疆出土本不限於木片，而紙片之大部分尚在馬氏手中，未曾披露，其中以唐代馬政行旅往來、稽核户口爲主，亦有宋元人手迹鳳處有宋人書十來字一小條。

若詩句小曲等斷片。今出版之書以木簡爲類，則以漢晋字冠之，舉其大時期言之也。諸簡中竹質者惟一條，即五五葉第十四簡有字：『趙侯騎黄騅杜誠二司馬，令小史，□□門下。』前編中有算表於傳世口訣『一一如一』『二二如四』等均作『一一而一』『二二而二』等，而、如古通，此於『星隕如雨』及『上如楫、下如授』外多一故證。前編又有帛書，正反二面羅王僅釋文字：（正）任城國□周長若干，寬若干，廣若干，直□若干。文反□風元年元年處加印印章。此按《周禮》里布注及孫詒讓説定爲漢時里布，鳳曾據入中國貨幣史擬爲中國古時鈔幣之尚可目驗者。卌八頁後爲二編，二編中有晋時仙師符見四五、四六葉第三簡正反有喜神方向表見四一葉第四，按此於《曹全碑》開南門響明而治外，多一風鑒家故典。有刻券見五十頁末第三、又五七頁第四字作四月十五日此三字照片無，在大缺齒内，咸胡隊卒且巡西□玄武隊巡卒會界上刻券，有烽火號令見五六葉第四可據補漢書斥堠注。有急就章第十四全章，字有出顔注本、至道本、古逸本之外者，卅八、九、四十頁，反其仁。今此册出版釋文務從簡潔，將來擬將《急就》諸簡統前後編爲一文，統諸簡中之曆書爲一文，似此則較有頭緒耳。近寫釋文，於日間校事、課事外偷閒爲之，夜分燈下不能作也。兹匆促具陳乞正，即候時祉。晚張鳳頓首，四月廿六日。

附録近作一首塵正

清儀閣銘天璽斷磚硯，硯舊藏嘉善查氏并原詩稿一頁，尺牘一通，寫油素，書丹上石，原紙俱全，用清儀老人原韻

稱戈一自到天璽，無愁有愁泣天子。江東割據雄當時，天發神讖久難恃。摩挲霸業珍斷磚，字文端好方不圓。歷自查氏自蔡氏，傳如世禄如授田。况復清箋墨未變，輦金致動倭人羨。

張大千（二通）

一

〔上缺〕初患惡性痢疾，入寬仁醫院，旋以消渴病復發，先後不及旬日，遽爾不起。弟適有北征，行至廣元，聞耗折返渝州，與先二兄不相見已三歲，墓門稽首，便爾百年。連枝之情，愴痛何極。辱荷慰唁，感仰無既。專復布謝，敬頌道安。弟張期爰頓首頓首。十二月二日。

二

遐庵先生社長：手示拜悉，即與心畬接洽，已蒙允諾。惟有要求二：（一）恐被政府收歸國有，須閣下擔保陳列之後即可收回。（二） 此時心畬無意南遊，此帖運送方法須閣下負責，得妥善方法，如何如何。 乞賜示，或直交心畬，因爰居昆明湖上，郵政須遲一日也。 此叩著安。

弟張制爰再拜，三日。

張之銘（一通）

譽虎先生大鑒：昨奉手教，聆悉一是。委向馮孟顓君徵求天一閣出品一節，頃得其復函，云范氏子姓一貧如洗，而天一閣所集之款，急欲印行書目尚虞不給，如貴會能擔任旅費運輸費等洋叁百元，馮君當向范氏竭力設法云云，兹將馮君原函奉呈，請台閲，是否之處，尚希俟示遵行。手此奉復，順頌台綏。弟張之銘頓首。六月六日。

葉恭綽批示：已復，以作罷。綽。

附件：馮孟顓致張之銘

伯岸先生有道：刻展手書，敬悉。上海文展會葉譽虎先生來函早經收悉，以無物足以應徵，故未作答爲罪。至於天一閣，比來正事編印書目，所有方志陳列一層，必須范氏合族通過方得陳列，而往返川資以及住宿等等，非二三百金不克與會去年秋間杭州展覽，其費由省會負擔，范鹿其到省管理其旅杭代課費、往返川以及膳宿一切，均由省會供給之。范氏一貧如洗，天一閣所集之款，以之印行書目尚虞不給。而鄞文獻會每月事業辦公費僅僅二十元，實乏力足以應命。倘葉君願任三百元轉運費，當與范氏竭力設法之，此中苦衷非知已如先生者不能詳述，謦虎先生處望爲婉復之，幸甚幸甚。專此布答，敬問起居。弟祥貞群頓首。六月五日。

張心澂（一通）

玉公總長鈞鑒：奉上月廿七日手諭，敬悉。兹爲呈覆：鈞諭各節不得不將史會顛末緬述，以瀆尊聽。總纂之事，昔本曾君摶九任之，初先將路政部份私印《中國鐵道史》出版，加以議論。民十三年潁人、道衡二君接充正副委員長，曾稿已成一部份，本截至民十止，韶覺次長批加三年，乃重整項目，重徵史料以求完備。又以摶九議論不盡當，而此又屬官書，乃決定不加論斷，據事直書。使閱者自辨其是非曲直，以免秉筆者有所偏向，或人以爲偏袒。至體裁則參用紀事本末及東華録并近代出版之史非綫釘之書，分章節編纂，又欲爲辦公之參考有用，故章制及較重要文件多録原文，相沿遂成今之形式。彼時澂充財政股主任，本説不上才學識，關、雷二公以澂之編纂勤而尚有條理，適摶九丁艱，遂令澂代。

嗣摶九故，即請於公，命澂繼任。澂繼任後乃照關、雷二君已定之格局繼續進行修史，誠一難事，而此史復有特殊之難。專任者數人多非熟手，兼任者各有本職，不以此在意。國人通病，不鞭策則不動，催則草草了事，一也。時局常不寧，徵料多不應，應者不完備，二也。各股主任多不負責，其兼任科長者則無暇，不兼科長者則又無權指揮，三也。交通事向少專書，經辦者每視爲枕中秘。郵電兩司尤甚，各司正宜協助此舉，以昭其成績，而乃不然。司中兼任者不編稿，借卷來編則種種推諉。或需派人往抄，借與抄皆以不完全者搪塞之，四也。其他困難更僕難數。澂嘗竊歎我國現象，不辦事者得逍遥，有心作事者則處處不受協助而感棘手。此國家之所以難興也。澂既擔任，不得不始終其事。稿已得十之八九，民十七史會隨北京政府而消滅，民十八穎兄言之譚組庵院長，乃由院行文兩部，兩部乃合設史會，意在半年或數月補完舊稿，俾其成書，非事重編，故祇增半年，以期與國民政府民十四七月一日成立以後之書銜接，而此爲舊時代之史，故一切辦法未大加改革，設會之際，穎兄以乏人，部以資熟手均命澂始終其事。會設鐵部，澂兼此職，既無津貼，夫馬路遠且每月自貼包車費卅元善作官者，笑我何其愚，編纂時種種困難雖轉前爲減，而棘手處仍多，不期人事倥偬，兩年勉終告一段落，現史會已呈准結束，暫留名義及數人辦末了之事。各編史稿已呈兩部鑒定。一面付印，一面修補。不完備之點，其中種種紕繆，誠如尊諭，因資料之關係，又不免如舊小説所謂『有話即長、無話即短』也。又《留學》一稿，尊著《遐庵類稿》内有學生人數，不知從何得來，史會借卷甚多，但究竟何年派若干人往何國、學何科、何年畢業若干人，則卷中均無。致費時甚久、編稿甚多，迄無統系條理之記載而不能用，詢之育才科亦無人知，此亦可見困難之一斑也。職工教育在總務編，由教育一章之内已詳述。公任内之設施及高恩洪之裁廢，與公來之恢復，前寄上之職工稿，系路政編内職工之一目，現與穎兄商定，擬將此二頁撤換，以上文或下文之事拉長，或另覓他事補白，乞將此二頁擲下，以便計算字數、行數，加以安置。在澂個人因無才學識，致思慮不周、辦理不善之咎則有之，决不至亦不敢有意誣及我公，此則敢誓之天日者也。尊諭謂鐵路史除已出版三編，未出版之稿約八九十册或百餘册，足二三人力車之運載，伊自己欲自始自終詳閲一過，非一二年莫辦。而尊體正善宜調養，若須將此一一過目，恐過於勞頓，大不相宜。且史會已結束，專從事速了未完之事。印刷早已訂合同，須照約源源交稿，而期限甚迫，路政編第一章總綱已印完，稿因屢有增修，并無雙份，故送鈞閲一層難於遵辦，求公諒解云云。此亦實情，伊係史會首領，澂亦未便别有主張。至參案稿，伊之由伊參照尊見修訂，俟定稿後如何。澂當奉達。已出版之空、郵、航三編，於公之偉績，因不得其詳而漏載則有之，却無損及我公者，未出版之路、電、總三編，除前述職工一目外，澂細思之亦無損及我公者，澂當細爲查勘，如有涉及公者，除公任内用尊名之呈文，無特殊關係者外，當隨時檢出寄上，并加修改，如公有何應注意之點，可諭知澂特加注意，似此可省公全書一一檢閲之勞。而史會之印件亦不致發生窒礙。不知尊意以爲何如。《航政編》新近出版，方始寄滬，想尚在邸中。兹另寄呈空、郵兩編各一部，乞查收。肅復，敬請崇安。舊屬張制心澂稟。十，二。

再稟者：現編之交通史其詳處過於瑣細，無資料者仍是不免從闕而紕繆復多。澂亦知此書出後必爲人所不滿、不諒，以木已成舟，且非一人自由之意思，頗思别有所作，以補此缺憾，以無此魄力，不敢嘗試。此書篇幅過多，則售價貴，專研究或從事交通者可購之，學校及個人則不甚合用。適今春上海良友公司特約澂編《中國現代交通史》，爲『現代中國史叢書』八種之一，已付梓預約，此書不及廿萬言，與部編者編制及内容迥不同，非摶九竊官書之比，内分總紀一編及陸地交通、水上交通、空中交通、通信事業四編，此四編之分即係師公救國論之意，部編者截至民十四六月底止，此則叙至最近本年内，不繁瑣而要端多備，價亦不昂。合於學校及一般人之用。恐一般人藉以得知交通内容梗概者，在此書而不在官書也。此係個人之作，體例言論轉得自由，惜期限短促，又限於篇幅，未得罄所欲言，亦有調查不周之處耳。此書於公之偉績頗有所表現，并及公之致力於孫段張結合，雖係本公心之言，非有意諛公，然亦可證澂之決不能有意誣公。澂隨公有年，未嘗有背公之行，公當鑒諒也。惟書中交通系一名詞，既曾流傳於社會一時，未便全然湮没，遂謂爲『人之所稱謂』，因在現代政治之下，各國本公然可有政黨，况交通系不過他人之所稱謂而未常有何瑕疵之可指，想公不以爲侮也，并祈明鑒。制瀓再上。

張元濟（十八通）

一

示謹悉。書目收到，是即贇侯之物，但乞勿爲外人道也。如可析售，必爲代商。杭州宋窑址確在吴山下，但何方面則未詳。前數夕有日本友人招飲，出示碎片甚夥。孑民亦在座，即日至杭州，已請其告知地方官查明保存。想孑民歸必能言其詳也。復上玉虎吾兄史席。弟張元濟頓首，四月十二日。

二

玉虎先生：奉示謹悉。海源書目閲過，并録出繳上，乞察收。拙擬古書保存會簡章曾留稿，遍檢不得，前送呈一分如尚在，乞擲示，有未合處并訂正爲幸。敬問起居。弟張元濟頓首。

十二月廿七燈下。

三

玉虎仁兄大人閣下：昨午造訪，未獲晤教爲悵。前奉手書，并擲還所擬古籍保存會章，敬承尊意。越三日，往訪潘君明訓，告以一切，并以會章示之。渠意醵資購存，再行分配，可以贊成，願認萬元。惟分配之時，則主張采用弟之競買辦法，并謂書價終嫌過昂，必須磋減議定之後，見書再行付價等語，謹以奉聞，伏祈鑒核。再，編輯《清代詞綜》事，商之敝公司同人，殊欠踴躍。工潮澎湃，令人懊喪，正亦無怪其然也。專此布覆。祗頌台安。弟張元濟頓首。十八年一月廿一日。

四

玉虎仁兄大人閣下：午前承枉顧，失迎。直昨宵忽患暈眩，今晨起坐，仍覺不寧，故不能下樓，務祈原宥。頃奉手教，復蒙眷注，至爲感荷。垂詢二事，今晨已有一函奉達左右，郵使遞來異常遲延，故半日尚未遞到。潘明翁之意，極注重磋減書價，并稱須見書後再行付價。後者事屬當然，緣首册并未交到，自不能不格外鄭重。惟減價一節，不知有無把握，祈公再與明翁一商。每分五千，弟自可認一分。劉翰怡處弟亦可去函詢之。敝公司原擬勸其附入，惟不用保存會名義，似頗難進言。纂輯《清詞綜》事，商館雖不主辦，然借用書籍，弟自當勉任其勞。至列名纂輯，則似可不必，尚祈鑒諒。《新聞報》自新董事會成立後，弟即脱却關係。副箋云云，却無所聞。晤局中人時遵爲代達。手覆布謝。順頌台安。弟張元濟頓首。十八年一月廿一日。

五

玉虎仁兄大人閣下：頃奉二日手教，并潘明翁信，謹誦悉。弟前晤明翁，亦屢以價昂爲言。弟曾允轉請吾兄去函磋商。鄙意去歲書甫出現，欲得者多，故物主不免居奇。今閣壓年餘，論理似當降格，可否俟集款有成，先行去信商減。未知尊意以爲何如？張勤伯至今無回信，大約無意於此。沅叔近况雖不佳，然湊集一分，當尚不難。弟擬俟此間稍有端倪，再去函告知請其附入。此外竟無可與言者矣。潘信附繳，敬乞察收。手覆。順頌大安。弟張元濟頓首。二月四日。

前呈劉翰怡信，遇便乞發還。

六

玉虎仁兄大人閣下：昨藉便覆上寸函，計荷察及。明訓處已將惠函并書單送去，請其徑覆左右。弟前承諄命，勉附驥尾，今兹辦法既改，弟亦姑選二、三種開列於後，敬祈垂察。豚蹄篝車，未免太不自量。如所選之書有爲吾兄或明訓所欲得者，則弟儘可作罷也。即刻登程，不多述。順頌台安。弟張元濟頓首。

《新序》《説苑》兩種，願出五千元，如不能得，則改爲《荀子》《淮南子》《三謝詩》三種，價亦如前。配以他種，或須加價，均不要。元濟又啓。十八年二月廿五日。

［附］書單

《王摩詰集》　洋一千五百元
《三謝詩》　洋六百元
《唐四家詩》　洋一千二百元
《新序》　洋二千元
《説苑》　洋二千五百元
《陶淵明文集》　洋一千二百元
《陶靖節集》　洋一千元
共洋一萬元

七

玉虎仁兄大人閣下：廿一日手書頃始到，展誦祇悉。楊氏《新序》《説苑》《淮南》等均已售去，得者誰何，公知之否？餘十二種無甚可取，綿薄之力，留待四經四史何如？弟前得尊函可以析售，即轉知明訓，遂去海鹽，不知後來曾有覆信致左右否？弟歸後亦未晤明訓也。弟近來爲涵芬樓購得善本多種，稍閑當奉約展覽。手覆。順頌台安。弟張元濟頓首。三月廿三日。

八

玉虎先生閣下：去年會席上獲聆教益，欣幸無似。昨晤瞿君鳳起，稱已選定書籍字畫約二十件，可依期送呈，屬爲轉達。又有陳言夏稿本一種，甚爲罕見。前奉諄屬，謹以附陳。瞿世兄屬詢出品人赴會有無特給之襟章或憑證？有便乞示悉爲幸。專此。敬候興居。弟張元濟頓首。六月八日。

登記空白表迄未收到，乞發給二十分，交來人帶下。

九

玉虎先生閣下：上海文展徵品，敝藏書籍本無多，今檢呈與會旨有關者二種：一《宋太宗實録》，有錢竹汀跋；一《嘉靖二年會試録》，有郁泰峰藏印。别具登記表，同時呈上，乞察收爲幸。敬頌台安。弟張元濟拜上。六月十四日。

一〇

玉虎先生：奉十四夕手教，謹悉。康熙十七年《太倉州志》、乾隆十年《鎮洋縣志》，涵芬樓前均有之，今無一存者矣。思之泫然。聞蔣穀孫藏方志甚多，元濟不識其人，或托姚虞琴一商之。手覆。祇頌台安。弟張元濟頓首。六月十五日。

一一

玉虎先生閣下：奉十七日手教，謹誦悉。涵芬樓應呈各書，因撰説明，遲延多日。拔可昨日未到館，未及覆看，故至今日午後始能送呈。瞿世兄有職業，非星期日不能抽閑，已約定二十日親送至尊府。專此布覆。即頌文祉。弟張元濟頓首。六月十八日。

一二

玉虎先生閣下：昨奉手教，謹誦悉。當即轉商瞿世兄，頃得覆信，并交到抄本《大元海運記》二册，又出品登記單、卷葉清單兩紙，合併原信同時呈上，乞察收。原信閱過仍懇發還爲幸。瞿氏出品未悉有若干種可以入選，便中祈示及。手覆。祗頌台安。弟張元濟頓首。六月廿二日。

一三

玉虎先生有道：前日獲與預展之會，深佩精心擘畫。祗以天氣太熱，未能周覽爲憾耳。瞿世兄屬代乞覽券數張，倘蒙允給，甚感。涵芬樓出品上海張氏所藏宋本《通鑒綱目》，不知當地人士見之，亦有知其源流者否？專此。祗頌暑安。弟張元濟頓首。七月八日。

一四

玉虎先生閣下：奉手教，并蒙頒賜展覽會概要一册，覽券十紙，謝謝。承示擬乘此機會編纂《松太叢書》，甚感，甚感。此事不難於編輯，而難於選定。鄙見以有關地方掌故者爲上，考古者次之，文藝又次之；從未刊行者爲要，已刊行極罕見者次之；名人手稿字迹清朗者景印，餘排印。此時最好先組織一刊書會，乘未發還時先行選定。貴精不貴多，不宜存地方觀念，寧缺無濫。既選定矣，宜謀刊行。地方叢書銷路有所限制，出版家恐未樂於承印，可援知不足齋之例，定爲每集若干册，籌得刊資若干，即出一集，較易觀成。謹貢管見，伏候裁擇。手覆。祇頌暑安。弟張元濟頓首。七月九日。

一五

玉虎先生閣下：奉手教，謹悉。發還《宋太宗實録》《嘉靖二年會試録》各一册，已收到，乞勿念。手覆。祇頌署祺。弟張元濟頓首。七月十四日。

一六

頃晤瞿世兄云，渠處文展出品，請勿派人送往，恐無人點收。當於下星期造府面領。又傅沅叔出品有《宜稼堂藏書目》，如尚未寄還，瞿世兄亦擬到府請閲。統祈鑒及。弟張元濟再啓。

一七

玉虎先生閣下：前日肅上寸函，計蒙察及。頃得傅沅翁來信，謹呈台閲，閲過發還。其出品即檢交敝公司任君心白同時携下何如？并乞開一清單爲感。專此。敬頌署祺。弟張元濟頓首。七月廿一日。

一八

玉虎先生閣下：敬啓者，頃由任心白兄交到傅沅翁上海文展出品，計手卷一軸，書八種共十册，并清單一張，照收無誤。當即日函知沅翁，敬祈釋念。盛暑伏維珍衛。弟張元濟頓首，七月廿八日。

附葉氏覆信（四通）

一

菊生先生大鑒：日來商務印書館及瞿氏出品書籍已皆送來，諸費清神，無任感戢。今晨瞿書送到，弟適外出，收單僅蓋一木戳，然弟歸後已逐一點收，再閱數日送往會中此數日不願送去，以免混雜，取得正式收條，當再送上。再有懇者，弟因劉河現稱瀏河爲元海運港口，故頗擬搜集元明海運掌故。《大元海運記》一書聞瞿氏藏有精鈔，未知是否《大典輯本》，抑另有一本？未知可否徂其出展?尚祈卓奪。此書尚有他本,如嫌費事,當另設法,記得某叢書中即有之也。專布。即頌道安。弟恭綽上,六月廿日。

二

示悉。《大元海運記》已照收。此數日正在彙核收件,選録極費斟酌。瞿氏藏書先經選過,大概不必全部出陳,書畫或略有斟酌耳。瞿世兄來,失迓爲歉,有機會深願一談也。大會中凡出品人皆當贈入場券,亦不拘定一紙。俟印好即分送,并祈轉達。餘頌道安。菊生先生道席,弟恭綽上。六月廿二日。拜上。

三

菊生先生惠鑒:頃誦手書,備聆一是。近維興居佳勝爲祝。承屬夏君循鏗已交顔技監核酌辦理矣。知注并聞。專此布復。祇頌道綏。葉恭綽啓。一月十五日。

張元濟批注:『21/1/23 復。』

四

菊生先生大鑒：前復上一書，諒登記室。夏君循鏗事前交顔技監核酌。頃據復稱，一時尚無相當位置，祇得先行存記，有機緣再當設法。特此布復。祇頌道綏。葉恭綽啓。一月廿日。

張元濟批注：『21／1／23 復。』

張丙焱（一通）

中朝握髮獨綢繆，人事陰陽兩淚收。别有片言乞君聽，生平耻不與西州。

早年捧手事牟彌，龍樹從來弟一姿。螭魅叢中偶回顧，荒寒神劍尚斑離。

鬱單越國無由夢，阿堉天王我用思。四萬八千憑道盡，祇緣正法未當時。

神女流魂不可招，今宵月色獨無潮。縱然鷄犬能人語，屹踞金床趾已摇。

二首偶及時事，自見無謂，應從删例

昨晤瑑卿，曾代及滬信渠云定是吴梅仙者，稍閑，可將來併入弟函寄去也。衣袂塵中，計多雜趣，弟疊日鄉歸，無緣言面，至歎至歎。呈上近作八首，比來心事，拉雜記之，成之爨許間耳。爲君新來，不可無此，望不以尋常倡結待之。溽暑孱軀，爲道自愛。弟焱再拜。初八五鼓。

張孝若（一通）

玉公吾兄世大人閣下：昨以山居詩稿由叔兄處呈教，想達。去歲敝公司大德被焚，不幸卓吾兄身遭慘禍，居常念及，輒爲心痛。身後寒素，尤堪憫□。先後曾致恤金一千五百元寄塵兄，書陳左右，荷公鑒諒。一昨韶覺先生復致函敝公司董事會，續商加恤，論弟與卓兄友誼，自應推韶公之意爲之圖謀，無如敝公司去歲二輪失事，存款復被倒欠，損失近百萬之鉅，財力實漸不支。但卓兄遺族境窘待濟，又係實情，公義私交，寧忍坐視？特再由弟私人送四百元以報故友，韶公方面，務祈代爲致此衷曲，恕不另達。餘請叔哥面陳一一，敬請道安。九月二十，世愚弟張孝若敬啓。

張其昀（一通）

遐庵先生賜鑒：辱教殷殷垂詢，具見留心後學之盛心。昀前讀先生《交通救國論》及卷首題辭，深致欽佩。吾國古來素以學者而兼政治家，故稱文獻之邦，近代學者多不能爲國家謀長治久安之道，即如先生所謂『内行的監督』者，猶病未能，此昀所以於先生甚爲推崇者也。昀質純體弱，不喜辦事，自審不宜入政界，十年前在南京求學時，即抱畢生求學之志。年來雖粗有涉獵，成績殊鮮。又以擔任大學講座，力小任重，尤有日不暇給之感。承索閲文稿，實無足觀。惟前投《東方雜志》論文，曾有複印，敬以寄奉。又，敝系所辦地理雜志擬按期寄贈。昀故鄉距謝山故里甚近，幼時曾讀書謝山舊宅之桓溪，故頗有感興。萬氏之族聞已衰微，間有流寓滬上者，其畫像能否求得尚不可知，當與鄉先輩共訪之，將來續以奉聞。廟産興學之提倡者爲高師舊同學郃爽秋君，昀於此事不關心，故不能作批評，惟覺中國學教育者於中國文化似未深造。此事關於學風者極大，想高明早鑒及之，專此，敬頌痊安。後學張其昀敬上，十二月二日。大著作尚未蒙寄下，又及。

張茂炯（十二通）

一

玉甫先生閣下：奉讀手教，敬承一一，頃又向友人處檢借得《尊酒消寒詞》一册，内除顧簡堂翰一家知已有人任選，其餘邵蘭鳳廣銓、董琴涵國華、趙樹三植庭、方彦聞履籛、董方立曾臣、蔡涴霞鑾揚、蔡薌延鴻夔、蔣孟謀錫愷八家，又附劉慈民庠、方子可楷兩家，内中有無未經選過者，乞即見示。敬請著安。張茂炯拜啓。

葉批：復以圈出者已有人選，謹請其任選，綽。

二

玉甫先生閣下：奉示并單均領悉，惟佩諍所交全椒吴烺《靓妝詞》，係與其父吴敬梓《文木山房詞》合印本。今單内僅於《靓妝詞》圈出已選，而《文木山房詞》則未經加圈。是否尚未選過，乞再詳示，以免複漏。即請撰安。張茂炯拜啓。

三

玉甫先生閣下：昨上一函奉詢佩諍單内吴敬梓《文木山房詞》曾否選過？兹又查得巍成所藏有海寧宋槤《杏春詞賸》一種，前單漏未開列，不知已未入選。特再奉詢，統乞惠復爲盼。此請撰安。張茂炯拜上，二月初九日。

四

王甫先生閣下：前蒙惠賜陳玉老奏稿，當即函復申謝，書竟即發類中之症，因命小兒於牘尾附注數語，諒荷鑒及。賤恙初起時，口歪舌强，右手不能舉物。現在諸恙雖托庇漸痊，而方寸中無主宰力，且右手握管尤難，作字稍多，輒縈結不可辨。惟於浄課幸尚無碍，或亦佛慈加被，不欲炯再墮文字障歟！選詞事佩諍最近交來詞廿餘册，當時尚未鈔竣，不得已力疾爲之。適小兒暑假在舍，令其隨同抄寫，勉强了事。此事謹即就此辭謝。嘗戲語佩諍，謂弟於此事已算鞠躬盡瘁，不必定要實犯下文，附博一粲。惟公愍而許之。所有選本一册，俟有便人到申，當托帶呈。此間詞人吴九珠、高鮃隱又已作古。吴有詞集，已刊。高亦有稿在敝處，均已録入選本矣。先此函達，敬請暑安。張茂炯拜啓。

五

尊函當即往取，候讀後再行奉復。《詞鈔》事得公主持，仍前進行，甚善甚善！嘉定王西莊鳴盛有《謝橋詞》，其曾孫之翰有《紫萸香館詞鈔》，係民國後其後人排印本，想插架必已有此書矣。順以奉詢。敬請撰安。張茂炯謹啓。

六

玉甫先生撰席：前奉手教，碌碌未即復，至歉。佩諍因保古事，賢勞特甚。巍成亦以教務，僕僕蘇申間，故於《詞鈔》事均未能著手。現在巍成藏詞已由炯擔任抄録，已十得八九。聞湖帆月内將來蘇，届時擬仍托其帶上也。佩諍藏詞亦當代任一部分，以副盛意。兹又假得《竹葉庵集》一種，爲乾隆時詞人吴縣張塤撰。此集傳本不多，不知尊處已有人任選否？乞查示爲盼。再，巍成藏詞内有《冰甌館》一家，無撰人姓名，據題詞中稱其人爲長洲王嘉福號二波，二波以蔭襲武職官揚州久，疑此亦揚州人之婿，然借王氏家譜查考，亦未載二波女適何人，竟無從得其姓名。不知吾公知其人否？順以奉詢，敬請著安。前録各詞，如已發抄完竣，乞將原稿擲還。敝帚自珍，幸勿見責。張茂炯拜啓。

七

玉甫先生閣下：前奉惠書，適有湖州之行，未及即復，歸後始將尊函送交佩諍。蒙交來詞集廿七種，恐其中或有尊處已選過者，特將詞目另紙開呈，乞檢核示復，以免重複。《香谷詞》知已入選，因聯想及於宜興徐焕琪、名致章，光緒戊子舉人，浙江知縣。儲印波名鳳瀛，光緒癸卯舉人，浙江運副。兩君均已作古，儲有《蘿月詞》，未見全稿，僅於《樂府補題後集》見其數首。徐有《拙廬詞》，係排印本，香谷序之，稱其入民國後始爲詞。如兩君者應否入選，乞卓裁。匆匆，即請撰安。張茂炯謹啓。

八

玉甫先生閣下：奉教祇悉，《蓼齋詞》已與佩諍説及，日後當由伊處經奉也。昨晤潘博山、景鄭昆仲，知其新得詞兩種，一爲《山烟樓草》，嘉慶時江陰閨秀湯百純著，亦名《玉琴餘韻》。一爲

《二十四橋吹簫譜》。道光時江都孫宗禮著。未知此二書尊處已有人選過否？乞核明示復，以免重複。此頌纂祺。張茂炯謹啓。

九

玉甫先生閣下：前聞華誕，曾以俚詞爲壽，即托湖帆帶上，并附《詞鈔》二册，諒均邀鑒。頃顧巍成兄又檢出詞三種，一爲《扁舟載酒詞》江藩著，一爲《漚塵詩餘》亦稱《戴簡恪公遺集》，戴敦元著，一爲《還印廬詞存》徐球著，未知已有人任選否？乞示爲盼。此請吟安。張茂炯謹啓。

再，前詢《冰甌館詞鈔》，現已查出爲張午橋丙炎所作，知念附及。

一〇

玉甫先生閣下：奉教祇悉，想清恙必已霍然，念念。王佩諍兄任選各家詞，已爲代選數十家，有三册交湖帆矣。頃佩諍又交來詞集九家，云係新購得者，爲前單所無，未知曾否與尊處接洽，有無他人選過？兹將詞目另紙開呈，乞查示爲盼。其中暗香疏影齋一家，但署『白石志潤倚聲』，無序跋可考，集中有與寶竹坡唱和之作，疑是旗人，名志潤，號白石，不知然否？又夢蝶生一家，無撰人名字，以其詞考之，大約是嘉興人，曾官山西，被議後改官兩淮，與丁萍緑至和、杜小舫文瀾同時。吾公知其人否？順以奉詢，亦祈示及。此頌撰綏。張茂炯謹啓。

二

玉甫先生閣下：日前寄上相片一張，諒已邀鑒。清詞又録成兩册，俟有便人當托帶奉。初擬就此結束以符尊處舊曆年底之限，惟佩諍昨又交來二十餘家，趕録不及，只得聲請展限矣。此二十餘家，未知佩諍曾否與尊處接洽，有無他人選過？兹將詞目另紙開呈。祈即核明示復，以免重複。至尊處此次選詞，共得詞目若干家，已選若干家，若有未選者若干家，便中乞示一二，俾知大略，至盼至盼。再，前次奉詢之夢蝶生詞，頃已查悉其人爲錢官俊，字枚臣，浙江嘉興人，知注附及，敬請撰安。張茂炯拜啓。

一二

《暗香疏影齋詞抄》 白石志潤

《味塵軒詩餘》 李文瀚

《耨雲軒詞》 馬汾

《清安室詞》 張清揚

《銅梁山人詞》 王汝璧

《醉園齏臼詞》 蔣萼

《替竹庵詞》 蔣彬若

《夢蝶生詞》 無撰人 抄本

《亭秋館詞》 許禧身 閨秀

《蓼齋詩餘》 李雯 抄本

《小羅浮館詞》 趙對澄

《蓉渡詞》 董以寧

《泊鷗山房詞》　陶元藻
《繞竹山房詩餘》　朱文治
《養一齋》　潘德輿
《樂圃吟抄》　張玉穀
《楓江草堂集》　朱紫貴
《東洲草堂詩餘》　何紹基
《東海漁歌》　顧春
《五十弦錦瑟樓詞》　江都郭寶珩
《雪波詞》　靈川蘇汝謙
《小梅花館詞》　海鹽吴廷燮
《紅豆山房詞》　番禺何振
《篷霜輪雪詞》　四明陳康祺
《嬰山小園集》　平湖張誠
《清芬集》《耐厂詞》　高要馮詠芝

張坤儀（二通）

一

迷離瞑色，錯落花飛，悵觸閑愁，低徊欲絶。忽奉手教，若睹曙光，蒙降重言，敢復凝滯？争奈窮誠固結，空未能空耳。母校同學及沈甥北上，諸承推愛，至感厚誼也。妹前在滬，托《良友》刊印奇峰師畫集事，記曾奉告，想仍在洞鑒中。刻赴比出品既已取回，敢請爲告伍聯德或梁得所，着其到取奇峰師之《霜光馬色》《桐花孔翠》《秋林靈鷲》《山高水長》四軸往攝十二寸片，刊入集内。攝畢仍請其送回尊處，以便交沈甥帶返爲荷。容易干求，彌深懷歉，乞恕乞恕。遐庵表兄我師整理庚款事關文化，雖仗長才，然尊恙新瘥，尤宜珍嗇，以保健康而慰人望也。

尊右。張坤儀上。四，廿七。

二

遐庵表兄我師尊右：問字學書，依歸百日。轉蓬驚别，消黯崇朝。撫幕虚凉，謹能遣此。望風懷想，我勞如何。萬愁俄新，流光痗度。汩余奚及，思之怵惕。差幸不騫，安善如常，堪告慰耳。苦熱粒發，良深馳系，已在藥房取備紫白黄藥數事。奇峰師謂明晨當親往大安，着棧伴帶上，到希賜覆爲盼。赴德畫展籌款内容未曾宣布，至爲妥善。陽朔盤景，苔痕已遍緑矣。

河北此次驟雨成灾，塌屋傷人，恫心慘目。但究其遠因，實咎在街渠改窄，而且淤塞不能慮於未形，防於未兆。執政者似不能辭其責也。刻雨雖已霽，水仍未退。難民載道，苦聽鴻野之哀吟；興歎望洋，堪憐雁户之憔悴。偌大廣州，不堪一雨，可歎可哀，抑尤可憤恨矣。昨得電訊，至感垂注，天風無恙如祝，勿念也。新瘥，顧言不惕，謹冀爲國爲人，自愛萬萬，自愛萬萬。八月二日，坤儀拜上。

張厚穀（一通）

譽虎部長老姻丈賜鑒：去年來滬，迭詣高齋，未得一晤。今歲到處奔馳謀食，弗獲寧息。日前從皖北歸來，聞吾丈適拜新命，長理鐵道部。政府漸知爲事擇人，可爲國家慶幸。惟吾丈初復健康，驟膺繁劇，尚希慎衛節勞，是所至禱。厚穀十八年赴太邱濟南之召，襄治軍政，客秋相從至皖，百無可爲。居停意氣拳拳，其如局面過狹，重以灾祲，財政告絶。吾輩至不能維持現狀。穀半生所蓄書畫金石，稍精者均已售質殆盡，一家衣食恃此，未至絶糧。今則物罄力窮，勉承長者諉譙，所僅存者一唐代鏤牙尺。正如趙子固保持蘭亭，雖落水仍不釋手，丈其亦憫我苦衷乎？穀平宅亦不得歸，現僦居此間福煦路模範村，一椽之屋，聊避風雪。歲晚天寒，蹙蹙靡騁。長者蟄龍再起，舊部景從。穀值此生機垂斷，不能不乞吾丈援之重生。技術原非所長，或堪備左右鈔胥之選。夙知翩翩元瑜，多爲記室之才。穀何敢濫竽充數，衹緣時局至此，歷境若斯，一飯不飽則一家坐斃。長者斧柯得假，生死人而肉白骨，是則穀所馨香禱祝以求之者，穀不欲冒然趨赴，妄瀆清嚴，謹奉書請命，一荷垂召，立即投效。穀老而未衰，一切均能服務。滬杭局能安置，尤爲近便。 敝寓模範村卅八號，并以附陳。專肅上懇，臨楮惶切。祇叩任釐。 姻愚侄厚穀謹啓。 一月七日。

張振鋆（一通）

總長鈞侍：昨奉手諭，情至語温，感荷之私，不可言説。顧頗自悔多事，累公病榻作書，以是悚惶，未敢再啓。昨午於眉兄席次得晤沈欣吾兄，伏承政躬已漸康復，私心輒爲喜慰。然猶冀公勿遽起視事也。尊論爲政待人，恒多惡果，此殆人類之所同。然於今爲烈耳。公生有自來智慧具足，如斯幻障，夫豈難勘，特公情感素豐，求治之心太切，故不覺稍爲沾縛，遂致病苦相乘。竊以爲病根於心，心治則病去，古德有言：『事來心應，事去心止。』願公於此稍留意焉。鋆賦性癡鈍，早歲初出，不識人情，以爲百骸既同，心志宜合。逮稍經體驗，乃覺自乖。及更歷漸多，世情稍習。輒欲衆生業力，萬變不同，於其際遇之奇，可察受生之所自，頓覺世間一切事業，非心性光明之友不足與共久長。而人海茫茫，將焉覓取，遂萌出塵之想，幾爲地獄之人，幸遇明印老僧，施之棒喝，復遘良友，拔自迷津。由是始悟世出世間，本無分別，欲求自度，先必度人。遂乃力改前非，留心入世。時養太和之氣，密祛煩惱之魔。然而業重障深，動多尤悔。至於今日與病爲緣，乃知淺根不堪振拔。向者曾賦小詩以自警惕，録呈公一閲，或當矜憫其癡也。蒙垂念旅費，暫尚不需。因已貸之友人，足敷目前之用。移居事緣電燈初置，尚未發明，計一二日間可言遷矣。飯食擬令會館承包，較爲節省，向甘藜藿，不喜膏粱，但免饑寒，足延生命。承諭時赴公園，感公周至。此後敬當日仿，行之按摩。馬君亦當往訪，不敢勞公分付，益取不安。鋆自病後，心血更虧。昨今作書，竟至屢輟，孱弱若此，何以效力？坐負德意，念之惘然。肅復。敬叩崇安。伏惟垂鑒。張振鋆謹頓首。三月七日。病中未及莊書，乞鑒諒爲叩。

莫作生天想，猶將覺有情。緣他如夢事，累我負屍行。月本無今古，心原絶死生。何時一彈指，萬里盡空明。

甲子除夕禮佛

浮生如傳舍，歸去久愆期。學到中年晚，條從末劫遲。境緣心易擾，潭定水能夷。未許沾名相，須尋没字師。

念七年前夢，真成一息過。種瓜寧得豆，禮佛爲降魔。天上星辰臼，人間甲子俄。怪來心自苦，甘受轉輪磨。

漫説情絲密，應知性海寬。斬將憑慧劍，收拾仗真官。及早圖成易，無修欲證難。年年春草長，荒却舊靈壇。

本自同諸佛，何時束縛來。莫令辜負好，未可等閒回。月朗雲無迹，功完聖有胎。水邊林下坐，任爾八風摧。

右拙作録呈。遐公總長誨正，張振鋆呈稿。

張壽鏞（二通）

一

譽虎先生賜鑒：上海文獻展覽會兹檢出五種，送由尊處交會。錢忠介遺墨及歸元恭《養疾唱和詩稿》殊可寶也，請由會出條交由尊處，將來仍向尊處領回。介紹者借重先生。爲此。專頌日祉。弟張壽鏞啓。六月十九。

二

遐庵先生有道：久闊，念念。承題《屠赤水園詠》，揮灑自如，爲公得意之作，康侯感激萬分。兹奉謝函，并附家藏兩書及翟文泉聯，區區聊以示敬，尚希哂納是荷。祇頌道祉。弟張壽鏞啓。七月廿七。

巢章甫（二通）

一

遐庵仁丈賜鑒：前械計達鈞右，兹復隨函附呈弢翁續得印一份，敬乞察收賜復爲叩，餘當陸續再呈，耑肅，敬請著安。晚制章頓首。

二

遐公仁丈鈞右：叠上書并印拓等，不識均邀鑒及否，至念至念。頃讀《佛學》半月刊，見有盛幼盦先生發起編印《普慧大藏》事并吾丈尊見一書，此誠無量功德，千秋勝業也。幼庵先生不知是否杏老後人。晚與杏老有戚誼，先二伯祖母爲杏老胞妹，惟南北睽隔，多年不通問，故不詳其别字也。重金首創，尤爲可佩。惟兹事體大，誠如尊旨。晚竊有愚見，敬别紙録呈，敬乞鈞奪。并乞轉上會中，聊備一得，幸甚企甚。耑肅，敬請著安。晚巢制章甫百叩。

編印《普慧大藏》意見書　巢章甫

一、關於搜集材料問題

舊刊諸藏遐公考之最詳，然逐一收集，不特遐公所云麗藏極難得，即較普遍之明藏，除寺院圖書館外，全者極少。若爲校刊起見，勢難求借，必須就所有之處查勘，往返運遞，既屬不便，曠日持久亦非宜。而各藏分散各地，勢難聚於一處。若自行購請，則價殊可觀。近聞此間有北藏一部，缺短數函，索價聯幣萬金，折合儲幣當五、六萬金。北京有嘉興藏一部，亦不全，索價聯幣四千金，折合儲幣當二萬餘金。他如龍藏、續藏、磧砂藏、日本之大正藏，近且無書，有之亦動輒二、三千金，折合儲幣皆在萬金以上，即此可得者，請求全份已耗數十萬金矣。至若大藏未見之品，散在海内外者，究不知有幾何，亦極難查究。其在公家者，尚較易訊求。若私家所存，殊難詳知。并必須聯合全國及國外佛教機關及佛徒群策群力，多聘顧問或其他名目，較易集事。蓋握有寫本經卷者多視爲古玩珍秘，往往不肯視人，非有善知識勸導，未肯拈出。又其本人亦不能詳其何者曾見大藏，何見未見，何者有校勘之價值，何者極爲普通也。

二、關於校勘方面

大藏浩如烟海，一經之刻本即難舉其種數，若一一細勘，并及全藏，决非數人、數十人、數年、數十年之力所可成就。故必需分工合作，各地組織分會，各地分任若干種數，分派停匀視各地人材之數而定。始較衆擎易舉，就此辦法而大部經典亦非一、二年所可成就，如近年校勘《華嚴》是也。

三、關於編制方面

習見經典如《金剛經》，如《圓覺經》，如《維摩詰經》，如《八大人覺經》，如《壇經》，如《法華經》，注家少則十數家，多逾百家，各有所長，一一單刊，則經文重複而讀者翻檢爲勞。不特費工費紙。若能仿丁福保《説文解字詁林》辦法，彙爲一書，其便甚多。

四、關於印刷方面

近時工價之昂，殊非昔比。木刻不特費工，尤其費紙。故是絶對不可能，即石印亦所不能。若用照象石印法，一則校勘之後底本不一律，簽注不清晰。二則倘用《詁林》方法，更須剪裁。三則各處借鈔之本未必能得原本，而最困難者，近時恐亦無如此大批之照象底板也。

故非用排印方法不可。而字體衹可縮至极小，否則篇幅廓大，費紙尤多，益難成書。至於紙質方面，新聞紙易於脆折，而江南連史毛邊即商務用以印《四庫珍本》者亦易破損。惟毛邊連史最爲延久，然若大量用紙，不知是否可以得到，而紙價日增，最好能即刻即充分預備。如若校勘分各地舉行，則印刷似亦可分地辦之。此等大部印刷恐亦非一地一印刷局所能勝任。且分地求紙，似亦較易。

五、出書辦法

若不待全藏告成而付印，則成書無日。惟應積至若干萬字，則隨時付印，隨時發行預約。即以一百大册而言，初次出書勢必在一年以後，即使月出一册，亦須八、九年始能出齊也。而分期預約，尤予得書者經濟上之方便也。

六、關於經費方面

幼翁以一人之力而出五十萬之巨數，至屬可欽。然處於物價騰昂之今日，消耗至易。非有大批繼續，必致中途而廢。故必急事捐募，各地舉行，而近時匯兑不便，必欲集中一地。不特勢所難能，且恐貼水損耗。故不如華中、華北、華南各分數地，就近應用，較爲簡便。特主收支者必求可靠者耳。

七、關於其他方面

我國舊刻各藏多有經而無圖，近時市間流通佛象，往往同於年畫，全失慈悲莊嚴。《普慧大藏》似宜據《大正藏》之圖像篇爲底本，而收集古今佛畫以充實之。此則非珂羅板梓板石板不爲功矣，而更須特殊人才主之。

總之，章甫於佛學了無所知，而於此舉則十萬企仰，而願於任何方面竭力幫助者也。兩三月前曾致書周叔迦居士提創此事，惟當時意見未敢有此大計劃，僅思以一經爲一單位，隨時刊行。凡佛學出板機關互相約定，用同一之板式刊行流通較少之經典譬如《華嚴》已刊行即不煩再印，習見之經典，各地皆有流通，非有詳細校勘或用《詁林》辦法即不必再印。蓋於不必要之處多費一文，於必要處即少一文，況志在流通佛法，佛寺、佛學機關固以得有全藏爲必需，而一般學佛者多有所專宗，其需要有一定範圍，其財力有相當限制。美而且備，固人人所欲得，奈大力不足以致之。故反不如多發行單行本，每一單行本付印時，預先發行預約，視需要之多寡以定印行之分數。一方面既可隨時收得預約金，一方面得以流通普遍，而如法有力者仍可逐期獲得全藏，力薄者亦可得所欲得。當時周君復書謂亦思之有年，而人材、物力均感不足，故未能如願。若章甫之材力與財力則又去周君甚遠，故此念終成泡幻。兹得讀《佛教》半月刊，《普慧大藏》之舉，喜而不寐，夜半起草此書以貢其千慮。久患失眠，神志昏昏，不能周慮。倘荷垂詢采納，皆所深幸者也。全藏所以供參考，非一般讀本可比。爲節省費用起見，似可用最小號字、最經濟之排印法刊印之，而紙張則必須求其能延年者以垂久遠，但亦可分爲兩種三種，予請求零本者之方便也。

章士釗（一通）

裕甫吾兄左右：午間所談郵花附加教育費一節，細思似爲簡易有效之法，整頓教育此時確是好機。弟有種種證據。審其導引得法，剥極而復，實大有望。惟不名一錢，則一切俱同泡影。交通附券停止，生機尤絶。務懇吾兄特别相助，以教育費爲名，普通信件加貼半分，說來并不牽强，四分五郵率并不算高。加一分率得二百萬，半分則一百萬。教部獲此經常可靠之費，大有可以展布之基礎，一線生機盡繫乎此，千萬玉成，造福不淺。專此，祇叩政安。弟士釗頓首。九月五日。

附件：章士釗致趙叔雍

叔雍詞兄左右：手示及尊著《和小山詞》奉悉，足徵氣誼之厚，感切于心。惜詞非所習，循誦數過，徒深嚮往，所謂拜佛不名是也。纕蘅書來，亦道兄在京師談宴之樂。世變雖亟，而風雅之道未喪，尚是可人。起衰之運或不在遠，群公勉之。弟在此稍事迻譯，談政之作久不爲矣。群盲塞途，强聒亦復誰聽。况甚者别鮠鮀之耶。遐庵寄我《瘿庵詩集》，弟草一律寄之，不審在滬何寓，故托兄轉致之。思煩筆禿，即不另書，便中并煩婉達此意，下次賜書請附載遐庵住址。手復，順請吟安。尊公前請安。弟士釗頓首。七月廿六日。

題瘿庵詩集兼簡遐庵

嶺外詩人數二樵，又從昭諫認孤標。兩瘿舊誼吾能説，先外舅吴北山先生亦號瘿公，與瘿庵友善，曰兩瘿。先外舅所作《兩瘿傳》手草，愚在北京以示瘿庵，瘿庵爲書長跋。四印餘思爾獨饒。四印齋本屬王幼遐故宅，瘿庵曾税居之。遐庵《序》中頗及，此引『舊夢吾思四印齋』句。略以酸鹹分世味，若携子弟送花朝。自傷風雅親來晚，解拜明珠已寂寥。

許修直（一通）

譽虎先生尊右：前承垂詢研石，當即報命，想荷亮察。頃得陳叔通先生書，并附下姚君茫父遺藏各石目録，擬求友好鑒留，定價至少四千元。亟欲凑足成數，爲之存息，維持家用。素稔我公與姚君爲金石文字之交，屬爲轉陳。即乞方家鑑定，或爲介紹藏家亦可。專肅奉布，不盡縷縷。敬請崇安。修直拜啓，九月四日。

馮啓鏐（二通）

一

譽甫世叔大人尊右：粤南盛領教益，快慰無似。歸途過滬，行色倥偬，未獲趨候起居，於今耿耿。自平歸來。屬詢花紋甲骨，本當早辦，惟物主王君漢章出差北戴河，參加招待調查團工作，昨始當已面談，據云共有十二件，擬以六百元脱手，現以四百元押顧居六處，即可贖回。大人如有意收購，即乞示知。諭函寄廣州十三甫廿八號便妥。緣侄日間扶先人靈柩返里安葬，在粤當作兩月勾留也。兹附稟送呈聯紙兩副、横額一張，又扇面一件，敬求墨寶，何時書就，仍請飭交馬斯南路九十一號家六叔住宅爲叩。奇峰、劍父兩專刊附呈，乞正謬。中國太大，隔膜甚深。侄甚願致力於溝通南北文化，惜力微有所不易辦耳。岐陽王李文忠家藏圖物近移津展覽，實無足奇。朱桂伯之營造學社印有圖册，比較可觀。又侄于藏物中發見李文田吾粵書家畫像節庵表伯家藏者複照，不知尊處已有之否，如需用時當寄上也。秋風凛冽，諸乞珍攝爲叩。專肅，敬叩福安。世侄馮制啓鏐拜啓，廿一年十月十二日。

二

譽甫世叔尊右：敬稟者，春間歸此後，曾以與王漢章君接洽收購甲骨事，肅呈寸稟，迄未見覆。其或爲洪喬所誤耶？前懇賜書對聯，及『净訬龕』小横額聞已送家叔處，但細查迄無下落，擬乞拔冗補書，藉增光彩，諒不以煩瑣見怪也。再者侄過滬進謁時，并曾留下奇峰大師爲侄作之花鳥小條，當懇賜題詩句，俾其相得益彰。兹者，侄擬集嶺南作家書畫，在津啓一南國藝術展覽，此條係屬臺柱，敬乞大筆題後，掛號寄下。摺裝大信封中不妨，因尚裝裱。爲叩。專肅，敬叩崇安。世愚侄馮制啓鏐拜上。廿二年五月十二日。

再稟者：侄所攝五百羅漢象，海内乃無知音者，曾有西洋人擬收購版權，侄不願與之，現將『圖記』一書撰就，不日連用照相付印合成一書，規模因經濟所限，自不能大也。侄鏐又啓。

許聞武（一通）

遐公吾師侍者：頃得報，敬承動静一一爲慰。重九登高，無詩而有畫，不知是何人主筆，頗以先睹爲快。節庵尺牘拙藏亦有二百通，均鮮庵上款，將來若能彙集付印，亦大觀也。近有一快事奉告，武幼年侍讀于外祖父徐子静侍郎處，課餘授以圍象棋、昆曲、醫、卜等雜藝，篋中藏有倪鴻寶先生所著《彩選百官鐸》抄本，包括有明一代職官、升轉、廢置、沿革，其中褒貶譏刺，又可作明代史論觀，實爲最古之升官圖，每至正月，輒團聚家人行之。惟彩色（後缺一行），賞罰異常複繁，侍郎以記憶過人，可無須按圖索驥，貫串熟習於胸中，家母亦得十之三四，武則一二而已。侍郎歸道山，此本遺失，武曾屢索不得，引以爲憾。近舍弟聞泉忽於徐氏戚串處訪得是圖，確從此抄本所出，已快訊令其寄來，計旬日後可達，屆時當屈道駕來舍間，同參妙諦。燕巢危幕，魚遊沸鼎，猶具此閒情寫意，人將目爲狂騃。然而不如此又將如何耶。少陵有『如此江山惟對酒，無多涕淚强看花』句，如武者既不能飲又無心看，不得不作無益之事以遣此有涯之生也。《抗金兵》重演，誠如尊論，吾儕之不及周清真，固在意中。但望多出幾個朱貴，少來幾位劉豫、杜充，博得看戲的人唱一聲采，戲館散得晚一些，就算完了。他非所敢望矣，想尊意對此狂言亦當默許者也。展覽雖無把握，然寒衣刀尺，各事未備，迫於事勢，不得不展，又恐今而不展，後將無重展之期也。思翁字軸、蕭靈曦畫幅并求信筆寫幾句，三、五日賜下，厚顏屢瀆，心慚面朱，匪紙墨所能盡已。敬候興居，不一。後學許聞武拜狀。十月廿六下午。

許聞泉（一通）

日前摳衣晋訪，以舊畫相質，獲攀顔色，許立下風，忭慰無已。敝篋中尚有名流書畫可供瀏覽。前承函允至寒齋一觀。高軒何日臨莅，即祈示知。緣下走即有秣陵之行，恐相左也。敬頌遐庵先生起居萬福。後學許聞泉拜狀。六月十日。

馮　恕（十九通）

一

裕甫老弟閣下：得三月一日手書，敬悉。兹分别答復如左。三小女於正月廿二日即二月廿六號出閣，恕嫁女向未出帖，但尊處及麟孫處前期曾作書通知，書中并詳詢日本戰事發生後亞爾培路情狀，及至好老友毛公情狀，未見示復，想浮沉矣。舊主自離旅順後，王寶羅諸友皆相隨以去，音書斷絶已四五十日，一腔熱血欲灑無從。公所期望於鄙人者甚殷，讀來書『竭忠盡智』四字，真慚愧欲死也。年前哈夫人曾有在北京創立文化機關之意，而不滿點主狀元之爲人，其時有薦鄙人者，彼願約恕至滬一談，再定趨向。鄙人則頗願任之，因有多事可以借此舉行。滬亂之後，消息寂然。特懇我公細密斟酌確切，托人偵查，儻有此意，即懇烘托成之；若其未也，亦懇托人獻策，期其終成事實，至爲盼禱。蔣性甫正初即世，鐙公司舊同人迫使鄙人再出，推宕十餘日，終不獲已，再爲馮婦，千頭萬緒，不復縷述。以平實廉慎處之，一年後有無功效，尚不可知，好在與朱伯淵共事，一切皆好商量也。復懇，即頌雙安，恕頓首，陽曆四月廿四日。

二

裕甫老弟大人台察：九月杪曾托貴价齎呈《宣德彝器圖譜》，并由郵寄上一書，均未得復音，殷念之至。兩月以來，風雲俶擾，令人驚駭不已。四小兒鐵大畢業，先托木君安插，三個月無消息，始往隴海。錢局長派赴西安站練習，事變後郵電不通，此子學識不足而任事勇猛，於是七旬衰朽心膽俱裂。及至電報平安，而驚悸之疾已成，連服藥十餘貼，近始稍愈。我公若能致木君之世兄一書，托其調至京奉服務，得遂舐犢之私，至爲感荷。大著詩稿録呈，望早日審定賜下，幸甚。此懇，即頌冬安，不一一，恕頓首，十一月廿八日。

三

裕甫表弟大人台鑒：時轉陽春，適逢大壽，不克登堂頌祝，抱愧之至。新得舊鈔《宣德彝器圖譜》一函，特以奉贈，私心計之，當投公所好也。日前寄去一書，已入察否？望便中復示數行。正道之故，以甲子電請撤兵，及冬令準放故宫什物二事言之，恕亟應來滬一哭，惟以種種阻滯，終成虚願，奈何！奈何！退回銅器，因匣簠簋等物尚無所獲，遂成懸案。若騶從北來，則易解决矣。肅賀，即頌千秋。不莊。恕頓首。内子兒女孫輩侍叩。九月廿四日。

四

裕甫老弟大人台察：大生歸，知閣下去青島避暑。暑固可避，而波起雲涌之煩囂亦與之暫别，豈非快事。録用古玩客，意在整齊棐几之收藏，保嗇執事可貴之精神，非徒爲彼輩計也。此人現奉其鋪掌命，隨同張星梧赴滬營業。彼輩必來干謁，其人之程度及每月希望，於單見姚姓之時便可斟酌。惟萬萬不可令使同去之張姓知之，因彼鋪中尚重用小姚也。掉換銅器之事，大生未能説清，不知尊意何屬？連日自得園小廳所陳各品，除小方鼎係他人押品不計外，其餘予取予求，皆可如君旨也。餘不一一。即頌旅安，恕頓首。

五

裕甫老弟大人閣下：十日前寄上一書，并尊詩鈔稿一併封寄，不知已收到否？若其未也，請派管家到郵局細檢，必在局門玻璃匣中招領。因恐封面地名小誤，則郵局送不到矣。恕自十二月十三號驟聞西安之信，驚疑之下，忽得一心慌脉停之病。每慌，脉即停止不動，已服藥二十餘劑。大正兒亦已於一月十二日逃回，官骸無損，然無救於衰老之疾病。此次之病，最怕著急、受累、用心、過暖。稍做些事，即須卧倒片時，即如寫信、寫屏對、瑣事須構思者，稍一凝思，立即大慌。豈非廢人乎？前信擬求致書徐副局長，求其栽培大正，因大正畢業時，恕曾面懇木君爲之説項，渠已允許。但三月無效，適錢局長來調，故令其先往隴海。其實北寧即在目前，易於見面，并不願其往隴海；今則陝難未已，更不願令其再往也。即乞俯允切托，并便中示復爲叩，此頌冬安，不盡欲言。恕頓首，陽曆一月十九日。

六

裕甫表弟大鑒：頃讀手書并題辭，歡欣感佩，匪言可宣。極願請公一書，惟以急欲出書，又因柯鳳孫兄亦有題辭二首，刻之半頁，尊著亦占半頁，似甚整齊，遂發刻矣。賜我之書重疊而至，《美展特刊》之外尚有《梁代陵墓考》一册，鄙見則以《陵墓考》更勝於《特刊》。因特刊命名甚大，搜輯太貧。弁言更似是而非，頗於我國名譽有礙，未審我公以爲然否？毛事恕亦已於淡處、遠處頻頻著筆，前次所陳意見弟既不以爲謬，則南北兩方均用力宣傳爲要，肅此鳴謝，即頌秋安。恕頓首。昨寄上新印《苗民四種》一部，想已寄到。○○老人不曉事○○遵填『自得』二字，下注云『公度寓居有小園，名「自得園」』十一字，大稿中請注入。

七

裕甫老弟大鑒：得惠書，知前書已達左右，間隔八九月之久，商碻諸端，裁答一一不忘，足徵精力彌滿，内籀功課可勝佩慰。《金文研譜》將次成書，寄上目録稿覽之，乞早着墨小詩數首，亦足以光短册也。日來生計一如往昔，二小兒手持大札趨津，三謁摽使，出門未得一字之復。知自運之多舛，牽率長者亦受無形之辱，久不作書上候，此亦一因。近來賣字稍見起色，大約平均月有百餘，乃至二百之入款上海賣字途徑至今尚未打開。大約須自身一行也。舊欠銀行之帳，賣物歸還半數，積欠不過萬圓。若能將每月疇用或從售物利息籌出，或從賣文賣字乞靈，即可不愁。以視吾弟，吾知其已減九數矣。下問之事，原意無論若何，必不使之再登番舶，盱衡今世，尚能成此志，願乎？以文字論，以歷史關係論，以字數論，皆爲吾國第一大寶。散盤曶鼎不能與之等量齊觀。況美國以廿萬金圓購入，之擬禁乎？拙刻《金文研》，此物跋文録副，請閲知，非鄙人見解謬誤也。愚意以爲出外三十萬，留中八折，中國博物院學會等七折，今縱不能速成，將來或能超出此數之外也。但是若有此金，則事先之文章亦宜多做、早做。翻譯、登報費用亦宜籌備。統乞藎籌，無任祈禱。將來《金文研譜》裝成，義美博物院曾來索取，或者由此生風，亦一途徑也。曾世兄曾養病于牯嶺，現已大愈，安居長沙。舍間均好。此復頌夏安。餘不一一。恕頓首。老妻兒女均請安。

八

恕頓首啓：奉讀自南京所寄手書，祇悉一一。此次傔從北來，展晤四次，不爲少矣。而應談之話，格格胸中，終未盡吐，深爲悔恨。年前曾寄去扇面一紙求書，事冗未及詢問，不知已着墨否？閣下自昔寶愛書畫，近十年來，又與三代吉金爲緣，旁及香爐、研石，識别精審，取多用宏。想滿室琳琅，見之者必有目不暇給之感。恕以爲，收藏既多，當有一内行之人專司收檢、裝褾、登籍等事，略省自己腦力。茲有一姚姓，韻古舊人，與公素稔，極願來充期役。月不過費二三十圓。於自身、於藏品皆有大益。恕知此人甚深，敢爲推轂，望酌定見復爲幸，此頌裕虎吾弟午安。恕頓首。五月初二。

九

示讀，所看皆樸孫世兄析家所得而不能有者也。内惟梁武帝《異趣帖》、馮海粟書《居庸關賦》、鮮于困學《進學解》、唐人書《説文木部》、范華原燒殘卷爲最勝，問價尚未來也。敬頌台安。恕頓首啓。

一〇

裕甫表弟台鑒：前因侗厚齋來滬，作一書托其代達。札中大旨，以爲高宗刻漢番文《甘珠丹珠經》板，計二分。其一存青海大招即宗喀巴誕生之地者；去歲被焚，則北京所存彌足珍惜。我輩始願既爲彼傖所壞，此時哈同夫人席豐好事，君何妨稍假辭色，以成此舉。若能勸其并《四庫》書印，不愈於廣宭學倉之所爲乎？令乾殿下明年交大畢業，本年暑假有志閲歷。聞公遊至青島，遂摳衣趨前，乞留之寓中，一可以覘其學識，一可以告其日後之趨從，感激隆施，曷其有極。舊都選宅之事已否有成？此間風雨調匀，秋收當好。寒家及戚友狀況，詢之大生便可了然。孱軀無疾。鬻字買賣尚好。二小兒在家專治本朝掌故。餘不一一。即頌旅安。恕頓首。六月初七日。

二

裕甫表弟大鑒：接到大札，知公有志考訂樂器樂律，此真今日之要務，甚望堅持此志，務底於成，所最翹企者也。本朝樂器樂律考訂最爲詳備，康熙時已突勝宋元明各代詳《律呂正義》；至乾隆年，物力豐盛，人才輩出，遂底大成詳《律呂正義後編》。其鑄鐘編鐘，尤爲精絕。因兑金之分劑極細，故與分律不差豪黍。

初，樂工屬於神樂觀。高宗以其羼入道士，逐之，始立樂部，教冑子習之，分隸於神樂、和聲二署。凡壇廟祭祀，神樂署主之，朝會燕饗，和聲署主之。若怡邸、和邸、張文敏輩皆其時長樂部者。後乃僅存樂部之名，事則分隸禮部、太常寺、内務府三處。以至清末皆如此。其北上門内左偏之昇平署純係演唱戲曲機關，無關大雅也。鼎革後，禮崩樂壞，無人顧問。恕與燕庭夫人商籌，間欲整頓祀孔樂舞，到處探問，始知壇廟樂器歸内務部壇廟管理處收去，宫廷樂器堆之神武門内西永巷英華殿内。甲子冬，恕面商之於段執政，擬請揀發一分頒給曲阜孔廟，俾存古樂，不使廢墜。時則搜輯宫廷樂工能奏中和韶樂、中和清樂者三十餘人全班七十餘人月廪數元，使不散逸。憶其時，曾懇執事向段催問，豈意臘月杪爲僉壬李宗侗所破壞，謂故宫諸物爲彼專筦，一草一木不准出宫，此事遂成絶望。事隔十餘年，器尚全否不可知。人則入河入漢入海謀生去矣。公若有志乎此，恕尚可敬舉三人。一深研樂律而不能動手者，曰馮叔瑩；一精通樂器兼明律吕者，曰曹心泉；一精通樂器兼達詞曲者，曰杜穎陶。文小坡即鄭叔問。若有未刻遺文宜早搜索，此公亦律吕行家也。至於闕里聖廟器不甚全，工尤卑劣，僅具雛形而已。若欲去廣見聞，舊曆八月廿七最好。因二千餘年，皆舊曆八月祭祀，今雖改爲陽曆八月舉行，但其家人則不願廢舊曆之祀。其時無官府人在場，一切皆肅穆也。介紹信附呈，拉雜布復，即頌台安。恕頓首，七月初七日。

八月賤辰，兒子輩胡鬧，及知之已攔阻不及矣。公錫以詩文，甚感，能畫一直幅松柏尤感激也。

一二

裕公大鑒：得前函，比即答復。頃獲十月六日來示，敬審一一。蔣公收藏名望甚大，惟鄙人素未謀面，故知之不詳渠尚有李龍眠《徒地卷》、王若水《冠上加冠》二卷，皆有御題，最好，所可羨者聞有《句龍爽》一卷最佳，至董元、關同、馬遠、夏珪諸件不知精否？元人以次便落中乘矣。鄙人前有購置新居之事，冬令前有安葬及令乾殿下、三小兒娶親等等諸事，故極竭蹶。頃思得一法，先籌五千借與閣下，由閣下自己舉辦，俟年終開春，銀根活動時，或者再商大舉之法，其時恕亦可南來面罄一切。趙趙文敏《妙嚴寺》楷書甚好、吴、王、黄非至精者不可著手要之。再，我公日後出處不知若何？若能堅决吐棄種種，籌措十萬八萬，從事商業，兄願相隨奔走，必可致富。因此間大好機緣，年來源源不絶，三五年後，便成空虚之國矣。滬上碧眼賈胡之最大者，夏秋間曾來此地，大有所獲。公想知之，望詳酌細味之。

先母傳志誄辭刻石工程月杪竣事。即將從事於集帖。因刻手郭希安爲近今希有之鐵筆，恕所藏如司馬温公小楷、宋徽欽及大小米墨迹皆希世之珍，從未見刻石者，故擬以十年工夫成此集帖。惟晋唐墨迹無多，間有一二品，皆昔人曾經刻石者，晋隋寫經似又過多，無須羼入。去年曾向我公商借高閑、羅隐二種，即以此二種未見刻石，欲鈎來或照像後刻入鄙刻石中，爲壓卷之品，尚未得允諾。悵盼無已，仍望有以塞我欲望，曷勝企印，跂足仰首以祝禱之，復頌旅安，不盡一一。兄恕頓首。九月十三日。

一三

裕甫表弟大人大鑒：三兒歸，讀來書，即日又得書，敬悉一一。世變如此，實十餘年來外交、四五年來黨政所醖釀而成，夫復何言？最可怪者，始初四五日喧囂已歸平静，風聞各娱樂場無不人滿，偶遇往昔要人，談論之次，淡焉若忘，人心已死，尚何言哉！我輩滿腔熱血，欲灑無從矣。承詢之事，憶上次曾以三十萬之數奉答，番舶得之可以九折，國人貨之，八折、七折皆可。因此物實爲吾國第一至寶，然此鄙人一人私見，請與韶公商酌，稍貶損之亦無不可。恕固無容見也。頃與在京至好數人商議，擬在曲阜刊刻石經，已請湖北彭君向姬君説項，頃又托鳳孫致函屈文六先生，爲正式之商確，大約需銀幣三十餘萬圓，鄙人破六年工夫，端楷書寫，亦可以了此一生矣。兹將致屈信稿録副寄上，遇有可爲力之處，乞成全之。丹珠甘珠經事下次再布告。此復，即頌旅安。恕頓首。十月五日。

一四

裕公大鑒：昨上書，用答二次清問。既交信足，尚有未盡之意。兹再書陳。往昔歐美收斂吉金，以繡澀花紋爲重，近二三年，亦頗論款識。鄙著《金文研譜》已分贈各國藏書樓，又《愙齋集古録》中之周誥遺文，近人抽出單印，風行一時。此皆與此事有重大關係，恕以爲前説之數極爲不多者，職是故耳。儻公與韶兄以爲不然，即請商酌進行。恕絶不持異議，以恕辭出公司七年，兒子大可不當差四五年父子數人月無進款。亦既窘困極矣。安分讀書莫非真可餓死乎？椎胸問天，天何言哉。敬頌旅安，餘不一一。恕頓首。十月九號。山東刻石經事乞注意。

一五

裕甫表弟大人台察：接讀十月三日、十月十一日二書，所録傳言皆屬訛誤。當事之初起，曾有彼國浪人以言相餂，已嚴辭峻拒之，其左右受煽惑者只霍子孟一人。近十餘日，不但彼國人不得晤對慈蕭确已活動，但二人與此間久已隔絶，不通往來已多年矣，即舊人少生者亦不獲瞻望。公之第一書已請蓮花一瞥，第二書則未露，特此奉復。乞便中言傳之爲荷。石經事仍望其成，成則鄙人充寫官，老年不致凍餒也。附來另篇寄繳，即頌旅安，恕頓首。十月十五日。

一六

裕甫老弟大鑒：春間寄上一書，得復書并致京漢劉公一札，方極感謝，乃投遞後，若一粟之入滄海，晋謁四次不延晤亦不回信。鄙人父子名微運乖，乃累及執事，同作無謂之事，悔恨之餘，遂至今未寄一字，大可笑也。

四兒締姻又蒙賜錦幛，感激之至。昨讀大示并《象傳》樣本，欣喜無量。瞻仰太姻伯手畫近五十年，與足下居武昌時商略刊印亦已三十五載矣。今日觀成，豈非幸事。始言心力所及無不可成之事也。承詢近況，頗爲瑣碎，敬覼縷於下。始發祥之公慎交，一族弟經營。自先母見背後，本無意於人事，遂放棄不理亦未用分文，豈意此公大借外債，政府南遷，周轉停滯，致起訴訟。兄被牽累一年有餘，賠出現款五千餘圓方了。已將此生意，立契贈與李氏舍妹及此公矣。公利已事，公已知之，鐙公司經蔣、史及同人長支遇鉅，濫用私人，以一營業性質之公司，改章制一如官衙局所，故於癸亥年即堅辭去職，彼時尚幸有花紅餘利可以養生。自去年生意蕭條，來源頓絶，食指日益增，所入款日益艱難。本年春間，孫婦夭亡，秋日娶婦，不獲已將前年所設淵識齋關閉，得有二三千圓方纔了事。現在僅餘沙河一礦及銅瓷、字畫二種。若能售去其一，尚可圖此生之温飽。前擬來訪高躅者，一欲求賜撰金文研叙；一則聞奉張廣收古玩，思欲與公一决可不，乃俄戰又妻妻失利，未審此公興復何如？故遲迴至今尚未南下。然此念既動，終必達到，方能生存。但鄙意仍不願落外人手内，仍懇執事爲我籌度之，必要時飛電見召，立即南下也重伯以思弟成痗，本月望亦化去，可悲也。履初之去，何太匆匆！昭億得公提挈，可望出洋，甚盛舉也。其家中一無阻礙，有之自當力爲挑除，以成其志。

兄所刻金文研，總百三十方，春間已刻成，因在每研銘文微加解釋，以致至今尚未卒業。已有柯鳳孫、柯燕舲、馮志青、孫伯恒三數首叙文。若得執事一文，尤所欣盼。或作小詩、題辭皆可，帷執事財擇焉。

兒子輩平善無可稱道，尚皆能安分讀書，未爲邪説所惑，差足上告知已。内子亦健旺，親友皆如常。肅復，祇頌旅安，不一一。恕頓首。十月廿三日。兒子大可、大生、大正，女，媳，孫輩均請安。

一七

裕甫老表弟台鑒：未通音候已數月矣，不日即逢大壽，遥維神明相佑，台候起居萬福。昨拜《遐庵詞甲稿》《過庭百録》之賜，自《祝英臺近》至《永遇樂》，快讀一過，細讀一過，何憂鬱之深也。有此一卷，已足成名，多作恐於養生之道不甚合宜，意謂然否？致送儒心畬二册，次日已投去矣。恕一是如舊，惟日日籌畫糧食，老腦甚爲吃力，而年來浩劫已慘不忍言，鄙人以閑冷之目觀之，似大劫尚未終了。何以言之，人心風俗全不改悔，一也。婦女則蓬頭跣足，上衣褙而下袨衧，四肢外露，全無羞耻。父兄勸戒若罔聞，知此非服妖直妖孽也。此國家將亡之兆，尚何言乎？俞摶九表弟奉贈便面二枚有一面係四小女所書，求教誨者囑代轉致。又，恕求法書一扇，寄請費心一揮，餘續述。此頌台安。兄恕頓首。俞氏中表輩行同者，今惟尊賤及摶九三人而已。九月十三日。

一八

裕公大鑒：昨日所談求事之人，謹將最有關係、有可節取之才而最困窮者選擇四人加考薦之左右，幸有以位置之，感且無量。敬頌台安。恕頓首。十二月一日。

一鮑惟鐈，覺生侍郎曾孫，子年太守之孫，曾任江西實缺知縣。長於吏治，公牘，尋常銘傳，詩詞，喜壽挽聯。字體拙劣。

一俞崇厚，偉人長子，北京大學畢業，治事勤能，飭躬廉謹，英文、算學甚好。

一張續芬，南皮人，中學高等學堂畢業，樸實謹細，頗有經驗，小楷尚好。

一王庭箴，鄖人内弟，十年前曾隸宇下，派在京津充稽察并警官之職。年來辦理永定河大工料廠總辦。一文不苟，署安國縣知事三年餘，該地紳士蔣萩圃、提學式芬稱爲數十年中第一廉吏。其爲人謹飭才短，辦事實心。

一九

裕甫老弟台鑒：十二月廿五號曾發一電寄至上海貴寓，文曰『弟出任艱鉅，敬賀。大可兒服務交通八年，頗有資勞，務乞提拔，能在北方尤感』云云，想承鑒察。事隔二十日尚無音信，至爲惦念。年來鄙人狀况久在洞鑒之中。自日本事起，筆墨之事斷絶，爲衣食計不能不事呼籲。大可志氣向上，操守謹嚴，若能優予位置，必不至爲不舞之鶴也。俞氏表侄昆季數人，老大崇厚服務北寧，頗能相安，不敢以有職之人再擾我公清聽。其阿弟崇智北大化系畢業、崇立工大電系畢業，一充教習，一在唐山工廠，頗願求公切實栽培，既可以發展所學，終免沉淪，又可免年事日增漸至落伍。弟兄三人囑恕作書代懇。崇智誠篤不欺，崇立堅凝厚重，爲吾戚鄙中後起有數人物，望留心提挈，多爲國家培養數人。之三人者，儻得大力提攜，爲國效用，縱未必成一等名流，亦必能有始有終，成其所任職業中中堅人物，惟公早玉成之。此懇，即頌台安，餘不一一。恕頓首。十二月初七即陽曆一月十四日。

黄　復（一通）

遐公二丈鈞右：去冬出長鐵部曾代電馳賀，兼叩千春，計荷慈察。體國經野之略，既熟於寸胸；指撝安定之功，無勞於動色。交通救國，久闕其人。側伏故都，方爲神王。何意施政帀月，倏爾翩然，滄海横流，遽從漁釣。然固知襟期所寄，必有殊於世俗者。立身自有本末，出處之際，何所容心。今夏聞有桂林之行，範山模水，借瑣耗奇。緩轡吟遊，定饒逸興。斯還鄉之至樂，亦選勝之遠懷也。其時曾布寸牋，寄粤垣高奇峰畫室托爲轉呈，未審得達鈞覽否？良念良念！近從《采風録》獲誦尊製近體數章，高華猶昔而風格愈遒彌，有齒宿意新之歎。自頃嵎夷肆虐，爲禍未已，内則割據稱雄，方州有瓦解之勢，世劫正在醖釀中。方興未艾，時醫好立，方好下藥，不第無補病體，且適足以致命。明公數月以還，益復緘默，想正爲此耳。比來道體諒見安和，參茋諸品仍常服否？題詩寫字如何忙碌，亦嘗作漫遊否？均以爲念。乞惠示數行以慰懸系，至感至禱。復於去夏蒙介紹若愚市長，奉委爲平市府財政局科員，當即函陳清聽，兼鳴謝悃。詎胡市長在任三月即回青島本任，財政局長蔡元即於是時大批裁員，復不幸同在裁汰之列，自此賦閑，瞬届一載，典質俱盡，借貸都窮。平日卒苦購存之書籍，可值數元以上者，亦均以易米，其困可知。刻届初冬，北地已甚寒冷，棉衣俱在長生庫中，舉家瑟縮，徒有對泣。奇窮奇阨，筆難盡宣。因念五六年來備承提挈，有求輒應，至再至三。誠不敢復以衣食之事上煩廑慮，惟是除明公而外別無可求之人，人窮則呼天，疾病則呼父母。明公復之二天，亦即復之父母也。周華章仍爲此間市長，擬懇賜函推薦謀一小事，但求一枝之棲，絶不存何奢望。華章市長久隸帡幪，誼非恒泛。如荷推轂，或有成就，亦未可知。如韓退之所謂姑作哀號而已。倘承矜諾，敢乞切實來函推薦，并祈徑寄復手，以便謁周面呈。曷勝感企，迫切之至。專肅，敬叩崇安。黄復謹上。十月十五日。

纕蘅任皖省府秘長，諸季遲以仁、曾小魯學孔先後赴皖，同任秘書。復曾去函懇托，來書允遇機設法，語殊泛泛，一時恐不得要領也。又及。

尊寓吕班路若干號，敬乞示及爲感。

葉批：宣外賈家胡同六二□□。

黄太玄（一通）

遐庵詞宗著席：前偕湯臨澤兄晋謁，飫聆巽誨，并諄諄於蘭老葬事，具見德義周至，令人感歎。嗣由臨兄轉示箋述許處長見詢三點，當即草覆臨兄，諒邀垂聽。然辭太簡略，方寸滋慮，尚望鼎力玉成。俾蘇久困，則垂暮歲月皆公所賜矣。《詞刊》大作《石州慢》，浩氣流行，覺異于時輩者，非在斤斤聲律，胸中既無蘇辛，筆下自勝姜張。昨夕坐雨，偶效東顰，藉博一粲，即希正拍。玄載拜。四、十。

石州慢即用中秋夜遊虎邱元韻

暮雨潮添，浮烟渡暝，春與江闊，憐他南國鶯花，曉起嫩紅多折。橋陵祭罷，只血盡啼鵑。壺觴非復芳時節，被髮效伊川，耐歲寒冰雪。　飄發禪參，島佛騷續。靈均古今焉别。蕙歎蘭焚，賸有回腸千結。清歌曼舞，恁使玉樹漂藷，笙簫不共胥濤，絶便繡出平原句，簾前眉月。

遐庵詞宗正拍，黄山黄太玄倚上。

附：黄太玄致湯臨澤

臨澤吾兄如握：滄桑劫逝，忽逾中秋。回憶蘭老齋中飲酒賞花，已若隔世，而人琴俱渺之感復何能已。玄老矣，一身匏繫，萬念早空。徒以煢煢弱息，一時尚難挈置，有高蹈東海之心，無隱居南陽之境，不得已而暫縻鷄肋，真有食去兩難之苦。苟非獲一文字上相當瞰飯地，則不特志和浮家，既懼載胥及溺，抑彼梅福居市，詎能長此終古耶？遐庵居士高懷遠節，惜士憐才。玄縱自愧疏遠，然曾蒙許爲提挈。素知吾兄與有雅故，擬乞先容代達下忱，德音若何，跂予望之。耑此，祇請著安，并頌節綏。黄太玄頓首。嫂夫人前，家人等隨叩。中秋後一日。

黄仲琴（二通）

一

遐老先生賜鑒：拜讀復書，承改詩字，既感厚愛，尤佩卓識，幸何如也。子光兄附來致陸丹林先生函中有向公請示之處，謹將原件呈覽，并懇轉交。偶得兩湖書院舊稿紙，既成小詩，不揣冒昧，擬求大筆一題。多事之責，知不免也。附上原稿紙一張，拙詩并求教。敬頌道安。

弟黄仲琴啓。一月十九日。

題光緒二十五年兩湖書院生遊學日本記事册稿紙，録呈遐老先生教正。

客歲維新逢戊戌，來年庚子帝蒙塵。當時艾望三年蓄，漢上東遊記學人。

文襄坐鎮矜風度，行教吾鄉梁節庵。爲問莘莘諸學子，襟期可有杜征南。

黄仲琴未定草。

二

遐公先生惠鑒：頃得容希白兄來信，送到其妹容媛作《廣東藏古器記》一篇，囑弟及爾疋兄閱後呈台端審定，因所記尊處藏品應請修正。潘仕成、李宗岱二人事亦擬求增補也。《記》俟爾疋兄閱畢，由般若兄轉達左右。希白又云，此《記》如文物展覽會印入專刊，幸多賜數份，或抽印單行本。如不適用，希將原稿交弟退回，并以奉聞。展覽會目録中潮州先賢翁萬達、郭之奇、薛中離三公象，及《東厓集》《井丹集》《稽愆集》《潮州文概》係翁子光兄物，如發印專刊，請改列爲翁輝東出品，庶不負子光遠寄盛意。弟久仰墨寶，窮居不能備禮，不揣冒昧，附上四尺屏條一幅，求例外爲弟一書，如荷惠允，感逾百朋之貺。敬頌道安。弟黄仲琴啓。四月四日。

黄旭初（一通）

譽虎先生道鑒：日前五五旅行團游桂，台旆辱臨，山川爲之生色。惟東道簡褻，此山國荒陬，有足令高賢留戀者否？旭少時即耳震公名，今兹幸接光采，所見乃與昔所懸想大異，實爲生平最所快慰之事。而又甚恨承教之未能常也。先生愛國真誠，經濟幹略，獨出冠時。方今國事日非，匹夫有責。吾輩空抱救之之心，而實未知所以救之之方，故常勞而鮮功，甚盼得導師如先生者爲之領導，爲之指示。倘承不我遐棄，樂爲相與有成，實所非常慶幸，區區之意，敬祈鑒納，未盡之誠，托由任民先生代達。肅此，順候道安。黄旭初拜上。廿一年五月十九日。

黄孝紓（四通）

一

玉甫先生著席：客歲亡室之喪，遠蒙厚賻，眷逮周委，感切緘髓。弟自去臘料理亡室喪事後，即赴北京度歲。元夕後復薄遊津門、濟南各處，初三日始旋滬。人事卒卒，尚未及趨謝爲歉。《夢湘詞》係抄本一册去歲臨行時，曾托君任、劍丞二公轉致係與弟小影同時交去，未知何以仍未交出，晤時當爲一詢。此次在京又得詞數種，已囑舍弟抄撮，不日當與去歲所搜得者一併寄申也。辛未春詞擬題，伯絅囑代分贈滬社同人，并以附呈。春寒，惟珍玉是盼，餘面叙，不一。復請著安！弟黄期孝紓頓首。

十日前致弟函未見，當詢吷庵後再復。

二

玉甫世先生大鑒：久不晤，甚悵。日前與君任偕訪高齋，并携祭堯丈文本，擬請就正執事，孟劬詞弟日記中有十餘首，須得暇録呈。嗣以不得進見，悵然而返。舍弟及家兄詞前已寄來半月有餘，因爲仁先索觀，現始取回，另鈔清稿呈上，幸教之。弟詞須略加改修，稍緩即呈正。日來學堂兼課，僕僕道途殊苦。執事貴恙想已痊可。夢湘詞已著人録副，執事能爲代刻，前途頗感也。孫公達寄舍弟函有涉及《清詞鈔》事，謹將原函寄閲。昨聞友人言，高夢旦之東床鄭振鐸新得一部冷僻詞選，忘其名，價甚昂。未知已借鈔否？專頌秋安！弟紓頓首。

三

遐庵先生左右：前日奉手教，敬悉一是。伯夔詞已抄來三首，弟嫌其太少，已請其再加數首一併交上。弟詞自視太劣，已遣人抄綴，稍緩數日，當自走呈商酌。承詢趙孝陸詞，自此君因膠濟戰事消息中阻，昨家兄來函云已再托心一催詢矣。孫公達選詞云已寫好，徑寄滬上弟以爲徑寄尊處，何以仍未見？當再催詢。夢湘詞稿我公能任付刊甚感，即當向心一索取。弟所任選詞已有五六家選過，俟事迹考證明白再奉上。連日因畫債甚忙，殊苦也。秋間弟與劍丞擬約海上同人結詞社，聞公已願加入，欣慰無盡量。近日亦得詞數首，得暇當抄寄郢正。前日曾送上徐小谷詞一本已選，不在單內，似仍在尊處，得便乞擲還，緣此書乃陳君任所藏也。又，曹靖陶托轉求法書二件，附呈法揮，寫就當囑靖陶走領也。覆頌台安！弟孝紓頓首。

四

從北九水輿行至靛缸灣，與病山丈同遊，兼寄暇厂先生社長海上

危崖聳立排兩衙，蒼雪來路松交加。老苔黑入太始世，壁畫斑駁蟠龍蛇。吾孱愧無濟勝具，肩輿入山村稚嘩。夾溪目窮石萬狀，立如兕象伏則蟆。爲錡爲甗爲栲栳，赬者緇者紛碨硱。泉出其間極拗怒，一瀉百里將泥沙。喬柯因風起天籟，至樂解穢非箏琶。崖崩峰側一徑闢，天半人影淩飛鴉。陂陁徑赴玉鱗口，十里楓葉紅勝花。秋深積潦飽山腹，驚瀑噴薄如出

哇。白龍飲澗不見尾，大日照地轟雷車。遐厂書庋有妙諦，潮音洗音思無邪。石亭對語值殘世，能專勝境寧非奢。清寒泠泠入肺腑，坐看日影還西斜。靛缸自窨一泓碧，吾心不染毋揄揶。

紓稿。

黄炎培（一通）

玉虎先生有道：久别，想道體休養，健康日復。兹者，弟因事來日本東京，於東洋文庫晤其館長石田先生幹之助，見示羽田亨氏所著《元朝驛傳雜考》，爲道先生於驛傳問題富於資料與興趣，石田君極願與先生通訊訂交，以表渴慕，屬爲紹介。知公亦必樂與周旋也。石田君即爲整理莫利遜文庫之一人，雅有古文藝家風度，弟留東不過二三周即返滬，容面陳一一。手頌著安。弟黄炎培上。二十、四、十，東京寓所。

黄贊熙（一通）

譽公賜鑒：前承交議佛學書局合同草案，詳加研究，約分兩層關係，一爲代筦事務，一爲代售藏經。就此兩層關係謹擬十二條送呈鈞核，順請道安。黄贊熙拜啓。九日。

黄慶瀾（一通）

譽公惠鑒：頃奉手示，藉悉。售地交款、存款交搢，瀾均未經手。記得似由李雲翁經手，請向雲翁一問。至該莊内容瀾所知者，亦僅據田君談及，大致與今日新聞報所載情形相似，究竟如何，亦不甚明瞭也。此復，敬請勛安。黄慶瀾謹上。三月五日。

傅增湘（四通）

一

譽虎先生左右：頃自嵩洛回，奉誦惠書，敬承一一。德化師遺書，政府示價與其家所願望者相距尚遠，恐須大事斡旋耳。滬上文獻會，公主持其事，必可蔚爲鉅觀。敝藏書籍，容細檢有關係者送呈。郁氏書目，自當遵奉。弟尚有楊鐵崖一手書卷子，其文爲真茹某寺募緣疏，似可陳列。但物品應交何處何人，若何寄送保護，乞示大概，以憑照行。手此奉復，敬詢道祺。弟增湘拜啓。六月初三日。

二

寄呈松江屬邑前賢字卷藏書各件

此係書畫

楊鐵崖書《真境庵募緣疏》。有都穆、曹三才、錢大昕、李林松諸人手跋。

以下皆典籍

宋本《劍南詩稿》一册。原存三函，有『華亭朱氏』白文印，『横經閣收藏圖籍印』。

宋本《方言》二册。并楠木匣一只，有『横經閣收藏圖籍印』朱文大印，又『華亭朱氏』白文印。

明鈔《三孔清江集》二册。有『文石朱象玄氏』印，『泰峰所藏善本』印，在《宜稼堂書目》四十二號箱内，批價十二元。

趙刻《小畜集》一册。張訒庵校，吴枚庵校，黄蕘圃校，有『郁泰峰藏』印，在目録三十五號内，批價十元。此本經三家手校，最精善。

隆慶本《人物志》一本。有『雲間陶氏藏書之印』『風涇奎藻堂陶氏書籍記』『南郁草堂陶氏家藏善本』『風涇陶崇質家藏善本』『潯陽奎藻堂書籍記』。陶氏不知其爲何人，請會中華亭人代爲查考見示。

鈔本《宜稼堂書目》一册。後有蔣香生跋兩段，又日本人島田翰跋。目中善本，余有數種，此外見於各家者，尚可得數十種也。

校本《剡源集》一册。道光時桐鄉沈炳垣校，增改極多。郁泰峰爲沈門人，沈任上海海防同知，咸豐時殉難，不知志乘有可考否？原書缺四卷，余配完以別本補校，跋語在卷一後，此書先後余凡三校。書目三十四號内，批值八元。

洪武本《蘇州府志》一册。此書最罕見，目内廿四號，批價四十五元。後有宋賓王跋、石琢堂殿撰藏印。卷内有其手迹。

丁丑五月初九日沅叔手記。

以上手卷壹件，善本捌種，共拾册。任繩祖謹收。

二十六年七月二十八日。

以上計卷子一件，書匣一件，又零本書八册，祈檢收後由會中給與正式收據，以昭信守。

此上遐庵先生，藏園手記。

三

葉遐庵處曾寄去宋板書元人卷各件，爲滬市展覽。乞告以會畢勿北寄，即交尊處，煩公爲密藏也。切禱切禱。藏園副啓。菊公左右。

四

譽虎先生閣下：弟南來探梅，到此已旬餘，緣往還於吴越之間，毫無寧晷，未及造詣爲歉。聞公昨歲獲王荆公手書詩卷，此洵曠世奇寶，竊欲得一覽，以窺其斜風急雨之概，未審執事何時清暇，希賜示一牋，以便拜謁。再者，弟有《西涯校書圖卷》，此次携之南來，欲乞我公題詠，以爲光寵，俟於友人取回時，托拔可兄轉奉，敬希察閲是幸。手此，即頌吟綏。愚弟傅增湘拜啓，三月十八日。弟寓古柏公寓五十三號李宅，電話七五四四〇。

曾仲鳴（一通）

玉甫先生大鑒：多日未晤，伏唯起居安善爲祝。日昨奉讀手示，敬悉一切。五省公路遊覽團組織成功，弟等均甚願參加，但内子近因小兄卧病，須留上海。弟亦以事務甚忙，頗難久離京師，將來只能追隨諸詩家之左右，遊覽滬杭或京杭之一段也。前自上海歸後，曾晤及樹人先生，已將弟等意見告之，彼已去函廣州勸導冠天等，得覆後，情形如何，再以奉聞。承贈柏林美展目録，已拜領，謝謝。專此裁覆，敬請台安。弟曾仲鳴謹啓。三月十日。

曾昭億（一通）

譽公夫子大人函丈：十八年冬滬濱晋謁，承誨以精勤修養、努力自愛及因果之説，愚蒙未能悉瞭，頗憶當時夫子謂蔣氏植因過淺，食報將盡。於今果然，私佩特識爲不可及也。拜别後，息影匡廬月餘，迴想藐躬，積愆叢慝，深用悔艾，爰辭官舍，痛加湔濯，棲心禪悦，茹素自甘。其兩載以來，改事學稼，奔走於岳陽西鄉之昭福垸，究心湖田、政治、經濟兼及堤工水利之學。日夕所營擾者，則地方豪劣之宰割鄉民也，匪禍之狓猖也，天灾之迭乘也。而又更以一身承望胥吏之顔色，牽涉於土客之競争，内則股友黨派分歧，須時時化除各方意見，以圖共濟。加以家計日蹙，學殖就荒，交攻夾困，無從自解。然焦心勞思，磨煉筋骨，時懷夢想之新村以自慰，故能孜孜不倦，苦裏回甘。比來閲歷稍深，益知肩任艱鉅，必賴修養有素，夫修者克治，養者培蓄。用工次弟，修必先養，大氐克治逾净，則所培蓄者逾純正而深厚，費時逾久，成器亦逾鉅。由此推知世間事物，無有能出乎因果律之外者。昔顔回貧夭而盜跖貴壽。腐遷因之致疑於天道之不可憑。因果之理，豈如是之狹陋哉？彼衆生之處世，既已各具自業，又咸承受一時一地之共業。自業者，自作自受，他作他受；共業者，此作彼受，前作後受。故報施之道，有遲有速，有隱有現，有直接有間接，以衆生總計而不僅以各個人別計，以曠劫計而不僅以一地一時計，易稱『積善餘慶，積不善餘殃』。諺謂『前人種樹，後人乘凉』，先曾祖誨人曰『只問耕耘，莫問收穫』。其説不同，而能明因果之義則一。斯義一明，我相始絶。菩薩明此，故曠劫修行，不生怠退；聖賢明此，故任重道遠，不問窮通。夫達人者，豈有他異於凡夫？第其民胞物與之懷，鑒古知來之識，爲不可幾耳。

竊見此次國府改組，夫子以萬流宗仰，總攬鐵道，逖聽下風，曷勝雀躍。伏念吾國交通之事業，實夫子有以創始總成之，人才之造就，夫子有以樂育獎掖之，此如登高一呼，群山響應，事半功倍，又奚待言？惟目下政潮變幻莫測，鐵部者亦衆人所視爲肥臠，是否因執政得人而免於外力之摧撼，殊難逆料。然在朝一日即得行一日之志，進一日之賢，退一日之不肖，真未可輕縱之機會。

歷覽吾國向來治亂之源，端在一二人左右之力。蚩蚩之氓，祇如所謂『不識不知順帝之則』耳。故其影響所被，率不過及身或數十年而止，若歐美諸國之興敗，雖其始亦爲一二人之所發動，然民衆自身的判決與繼續力，實爲其轉旋之重心。故吾國間産出類拔萃之英雄，絶少健全自動的民族，其興也勃，其亡也忽，皆由繼起無人耳。今欲脱離此乍進乍退之窠臼，誠非旦夕之事，總在其始一二有心人培樹多量之人才。務期此得培樹者，必能以其所受培樹後來之人才，由兹生生不息，使轉移之力由個人以遞及乎團體，由團體而卒歸乎民衆，俾其自成風氣，穩静徐前。必如此，然後人亡而政不息，歷時逾久，澤流逾溥，浸潤逾深，日新又新，以達無疆。不然，雖有豪杰偉人，奮其雷霆萬鈞之力，陶冶一世，旦夕之間，忽又溘逝，風流告息，又誰與爲之繼志也？

國人向來謬想，專認學校爲研究之地，教師爲樹人之人，以爲教育範圍止於此耳。殊不知人人有樹人之任，事事有研究之責，居高位者，尤應以身爲表率，乃能期望事業底於堅固久長，默察邇年政潮動蕩之烈，任何方面人才，皆不得久於其位，奸鄙昏庸無論矣。即賢達有志者，亦皆不及竟施抱負而去職，懷才遁世，齎志殁地者比比也。細究其失敗之源，由不知樹人。故臨事而寡助，樹人之道不明，故不知寓教育於行政，不以樹人主義轉授於所樹之人，故其樹之也不多而難繼。夫子於近賢中，最爲愛重後學，昭億又曾以《論鐵路授事考工》一書見知，今睹泰岱重光，故喜而作野人獻芹之頌耳。肅此，敬叩道安。受業曾昭億敬頓。一月七日。

再，昭億有摯友鄒安衆君，現任國府主計處會計局科長。其人才情練達，富有朝氣，若蒙延攬，必能自效，幸願一羅致也。再叩。回諭懇賜寄長沙楠木廳九號爲禱。

曾傳軺（一通）

遐庵世丈道席：兩奉賜書，敬悉。祇以窮愁交迫，艱於執筆，故遲遲奉復，勿罪勿罪。鳳老詞已向索數次，均以自選不合例爲辭，并云正續稿行當刊竣，自寄奉，請定去取也，因此不便深强。現將鳳老近日爲軺書之《秋思》《虞美人》《喜遷鶯》《清平樂》《戀繡衾》五闋先行鈔奉，以便登録，其全書刊成之期尚有待也。附呈軺近作詞七闋，皆曾蒙鳳老謬贊者，世丈視其亦有進步否？能得批示更屬感紉。先後飭轉各件均已轉達，其中鎦宋造象一品精絶宇内，除匋齋前藏一品外，此其并駕耳。希代索拓片一分，當以粤東金石拓片交换也。又，近有人得一『廣州部曲將』印一方，銅質。軺現着手考證此文，完成後當連鈐本一并寄呈。《詞學季刊》不知何時刊行，拙著《納蘭容若年譜》頗欲得當發表也。近閱國華社輯《采風録》，内有王逸塘詩題云『味雲重輯貫華閣，并以叢録徵題雜書所感』。按册首題名録，知味雲爲楊壽枬君，江蘇無錫人。是書於容若、梁汾事迹必多叙録，希代借一閱，撮鈔後原書奉還，斷不至遺失也。聞諸張幼華姑孃言，世丈或於秋冬間回粤一行，其訊若確，則承教非遥，引領東望，不勝翹切。專此肅復，敬候平安！世晚曾傳軺敬上。九月二十六日。

曾福謙（一通）

玉甫先生招集江亭，作展上巳之會，分韵得一字，録請教正。

修禊净業湖，僂指剛旬日。詩人惜餘春，更約江亭集。曉雨灑廉纖，卓午开晴色。蘆漪水不窪，葦泊風如櫛。車騎盈寺門，巾綦錯禪室。脱略忘主賓，清談相促膝。三絶畫書詩，各提一枝筆。選饌屏腥葷，伊蒲供飽食，攝影托容成，真面肖一一。登高恣睇眄，嵐翠西山挹。兹亭昔屢游，勝侶携六七。重來如隔世，過隙駒何疾。陵谷咸變遷，鷄蟲論得失。積憂漸成痗，湔祓知乏術。行樂須及時，莫待芳華歇。曾福謙呈稿。

曾鎔浦（一通）

譽公賜鑒：奉教，祗悉種切。民豐紗廠借用庚款案，上次與某大紗廠借款同時提出，原擬一次通過，嗣以同仁中有以某大紗廠借額甚大，恐還本有問題，極力主張慎重辦理。因之兩案同時延擱。無何，錢塘建橋之議發生，導淮會變更主張，請以倫敦積存之三十三萬鎊，以十七萬鎊爲自身購買鐵閘，以十六萬鎊借與浙江省政府，爲錢塘建橋購料之需。因之導淮會雖未言放棄，紗廠借款之議實際上已無餘額可借，故第二十次會議對於紗廠案未提出，據鎔浦個人之推測，錢塘建橋必爲會中所贊成養甫爲借款原動力，騮仙、藹士皆浙人，必欲早日觀成。如民豐紗廠與錢塘鐵橋争借庚款，恐難勝利。不如讓錢橋先借，俟其有成，再行舊案重提，彼時必能順利。錢塘好在民豐所請不過二萬鎊，此時庚款已按月照付。導淮積存三十三萬鎊之賬係算至十月底止，若延至明年二月底，導淮又有數萬鎊可借，彼時錢橋或已定議，縱未定議，導淮亦有餘潤可及，紗廠借拔，當非難事。以上種種，非敢爲借箸之籌，實係目前現狀，謹爲縷陳，藉資鑒察。

至擔保一節，民豐所提出爲發電機，鄙意只要此機未經抵押，確爲民豐所有，同人當可滿意也。再者，紗廠借款暢談時，棉業統制會亦有利用此款之意，并經覓人來商，欲將導淮全部料購借用，雖目前似已放棄此議，然此亦當時延擱之一因，此節祈不必與外人道之爲叩。手肅祇復，順頌台綏。弟曾鎔浦頓首十六夕。楊函奉繳，又叩。

童閏（三通）

一

遐老鈞鑒：六日由新華轉來廿五日鈞函，敬悉一是。塔工三百元已向新華補完手續交廣濟寺，暫管辦法係由萬松舍函托，得該寺復函承認，往來兩函稿底均於前月七、八兩日寄大連程宅，諒蒙鑒閱。至管理權限，因係請托代管，未曾明訂，但口頭言明，打掃塔院，執掌鎖鑰，對於塔院内一切管理，該寺力量所能辦到者，均由該寺辦理，凡關於塔院土地權或鄰人侵占或官方搔擾，一切契約問題，該寺力量所不能辦到者，仍由該寺通知萬松舍自行處理。此系閏與該寺代表榮源面訂，現時現明業已告退，傳法與榮源爲方丈，此約當然繼續有效。至石碑，乃係圓明園故物，由公園運來，據維青云，并未送贈。該碑一切新做工均遵照鈞座所出之樣承做，閏已至公園驗看，碑身均已打磨光平，惟碑帽碑座尚未見新。據石工云：如需急用，即當趕辦。俟碑文刻成，帽座決不誤事云云。國學館由十六年十月接收，至十七年六月交卸，共墊用款項弍千弍百五拾壹元五角，另附細單，該款均按月函報師大辦公處備案，將來如有機會，尚可據案索還也。前承義老函薦，閏與志航於陳少芸處，當即偕同志航面謁少芸，不料京奉局長已由傅作義派朱曜接充，以致少芸不能接事，後又由政府政派王憲少芸以戰委資格，尤當避讓，故對於該路已無希望。且此次戰委會頗受各方攻擊，少芸一時恐不易活動。業於上月杪呈復義老，荷蒙垂注，特并附呈。黎宅花圈已遵辦，文華齋百元已取交梓琴轉付，請紓廑念。鈞座寓滬安否？至以爲念。前日天安門大會，市黨部提出彈劾名單，有三水、義老及鈞座在內。另剪報一頁附呈，閱後請轉義老一閱。餘事續呈，并請鈞安。附帳單、剪報各一紙。閏謹上。七月十日。

二

遐老鈞鑒：七月十日曾寄快函，托黄明導兄轉呈，諒邀鈞閱。日昨由新華交來十五日鈞函，兹分條呈復如下：

一、萬松塔手續已詳載十日函内，如有變更，請示知遵辦。

一、任宅經資帳單係有兩張，六月七日函内一張廣濟寺聲明係屬誤開，後開一張計壹百四拾七元，附在六月八日函内，不卜曾否收到。

一、修塔工資午節前已付訖，業於前函報告，現無問題。

一、文模齋前奉諭交壹百元，在新華支付後，與子琴商酌，因該號交貨太慢，先付陸拾元，餘存新華未付，俟板片交齊再爲補付。現聞刻工行將告竣，統俟清算後再行函報，文華齋之壹百元已照付訖。

一、製造書箱已遵示每套加價弍元，惟現時北方陰雨綿綿，木質定難乾透，既非急用，決定俟秋燥再做。

一、尤宅允付徐子建夫人之款仍不能按期付給，但至多積壓一個月，亦有一次付兩個月者，故亦未便深追。

一、庚款報告書已向市紹丞索取，據云所存亦無幾本，現存曹宅，惟該宅現爲國軍將領占住，各處均加封鎖，俟設法取出再爲寄呈。

一、《掌故叢編》已購到五、六兩期，另包交方憲武兄帶滬轉呈，惟聞故宫有拍賣之議，不卜此編尚能繼續出板否，一歎。

一、憲武兄云，小孟莊太太囑將前存徐鷟丞宅之瓷礅一對寄津宅應用，已向徐宅接洽取出運津，特并附陳。

一、子琴之函業已面交，乞紓廑念。

一、前聞鈞座遊覽長江，現時諒已回滬，北方情形日漸頹敗，晋陽人才缺乏，治事殊欠精彩，將來恐有弱肉强食之虞，實屬可慮。南方夏季多濕，鈞座玉體安否？至以爲念。肅此，敬請鈞安。童閏謹啓，七月廿五日。

三

遐老鈞鑒：奉諭，敬悉。二老太及新華各函均轉交，力宅債務現由地方執行處承辦，執行推事潘康侯名晋，業於十四日傳訊各節，因執行無旁聽，閏未到庭。兹據王律師面稱，力宅係力紓東本人到案，未用律師，當推事詢問情形，彼即請求展期一個月還款，并求免去利息，推事云此債已遷延多日，不能再展長期，姑念其上流社會中人，准展期半月，如屆期不交，即按律執行，決不再顧全體面。至免利一層，只可向原告磋商，執行乃按原判辦理，無能爲力。復向我方律師師詢問原告意見，王答以此債延遲有年，其間亦曾調停數次，實因被告無誠意還款，不得已而起訴。免利一層，原告恐不能承認，如被告將本一次還清，再向原告作誠意之請求，或可酌爲減少。調人亦願幫忙，如仍托諸空言，屆期仍請按律處置。推事即將此意轉向被告申説，即退庭，應俟二十九日觀其是否交款再行呈報。仲宣未與桂老接洽，其因有二：一則因桂老赴北戴河避暑，至節前方回，故未晤面。二則因法院方面所判尚屬公允，如再夾以其他手續，我方似有不信任法律之嫌，反恐弄巧成拙，仍應俟執行期滿再定計劃。彼因鈞體未曾復原，不敢多所呈述，現蒙詢問，故略呈明。幻住園事適仲宣與硯秋有事接洽，彼願代達鈞意，進行如何，容再函復。肅此，敬請鈞安。童閏謹啓。九月十五日。

費師洪（四通）

一

譽丈座下：昨今兩日又定出宋藏預約二部，一爲陳君陶遺照認印辦法，一爲太原崔君廷獻照預約五百廿五元，連前共一百廿三部，日本堂書店已切實説過，准有五十部，許以九折傭金內山堂未與接洽，恐日本堂疑其分利破壞耳。昨津友過此，謂北方對宋藏空氣甚好，必有銷路。當告以傅君沅叔之責難，不知有無阻力。渠謂傅乃賣書人，非買書人，可不必與之纏搭也。頃奉示上虞查經之事，前向浙教育廳查明乃永樂藏，或須有宋元零本。徐君景耆可往，但日期不能過長，祈公先復蔡先生，如須徐往者，是否往與谷伯陽君接洽谷在何處，上虞如何走法，謹候命進行，專叩著安。八月一日。後學費師洪再拜。

二

玉老道丈座下：奉五月卅一日郵書，敬承一一。《泉幣雜志》戴君處已於朱葉記摺付出五十元，交重知送去，以十二元爲贊助員全年會費，以三十八元助基金，如此則可得雜志全份，其已出之五期想已寄呈净几。法寶館事，重知隨時經心應付，師洪亦常往明察，祈我公放心。尊體入夏精神如何，務祈爲衆生珍重。未來建設須恃弘謨，左季高、張香濤皆其例之最近者也。商務工潮尚未解决，館中月支薪工十三萬元，而滬埠營業月僅四萬，不得不裁閑冗，所幸勞方刻已認裁，惟多求津給，有待詳商。師洪仍續約，但一時無收入耳。南海先生手卷，兹屬鈔全文附上因照片太貴，如蒙爲介紹受者，免其湮滅，亦掩骼埋胔之功德矣。專祝蓮福。六月十四日。後學費師洪拜上。

三

譽公道丈座下：承賜書扇面，拜感之至。比來屢有付經者，欲乞鈎書，竊意暑熱煩瑣，皆未上達。如公處有書存便聯，懇惠借石印精製一百副存會中，隨時贈與，以慰遠近之望何如？最近會中經濟狀况另紙開呈台察净存五千餘元。宋藏推銷方面仍繼續努力，其已約未購者尚有三十户，如覃理鳴、李協和、劉季生諸公，又已專函奉商。此外舊江蘇省議會同人亦擬發一百餘函，以『此經爲江蘇所刻，凡我蘇境應共同弘揚流通』爲詞，此等事尚合舊社會之需要，或有少效耳。專肅，上祝，起居安樂。八月二十日，後學費師洪再拜。

藏經會經濟現狀，八月二十日開呈。舊存弍千七百五十六元三角八分。新收弍千九百十五元五角，内新定户弍千三百八十五元五角史量才夫人二部，日本大學一部，陵園藏經樓一部，清凉寺一部，舊欠户五百三十元，已支四百八十五元二角八分，净存五千一百八十六元六角，以上截至廿四年八月二十日爲止。

四

譽丈座下：兹又得范氏家書四通，爲當世之父子叔侄間事，并奉鄴架，聊合一册，中云傅相教館乃與李氏最初之缘也。專叩撰安。七月三日，後學師洪再拜。

程文龍（一通）

違闊已自夏涉秋，瞻企增劇。前函寄吕班路，恐遂浮沉。乞賜寵題。兹再納一紙，藉雋筆以傳於遠。感悚感悚。公之略歷，希詳示，俾付匯印。秋仲，伏唯崇重。程文龍再拜上。譽公部長侍史。九月廿五日。容約吹萬詣奉。

程式峻（一通）

亨公賜鑒：前奉手教，藉譒道履康綏，至慰下懷。命件自當盡力，因近日始得大連行市，以致肅復稽遲，尚乞鑒原。現在市價每坪五十元左右，未審能同意否。再，擬出讓之地，共若干坪，峻記憶不清，統祈裁示爲禱。肅上，敬請尊安。程式峻頓首。十二月廿六日。

程演生（一通）

玉甫先生左右：久未奉晤，敬維起居康强萬福。比聞月之二十二日，公届大衍之辰，演愧不文，難成美頌。兹謹以拙印《圓明園圖考》三册、宋造藏佛一尊，藉效華封之祝，聊申芹獻之忱。惟希哂存。專肅恭賀。不具。程制演生再拜。十一月二十日。外東方文化學會祝聯壹對，并代呈。

游洪範(一通)

遐厂先生道席：損書溢美，俯仰之際，感喟無任。少不努力，自棄明時，猶得霑丐齒頰餘芬。過江以來，邈兹好尚，今日復見風義，敢不皈心。《軍教綱要》及尺櫝，粥文薄伎都不足稱。惟可質明德者針砭當世，不敢曲阿耳。尺牘凡致高位者多寓箴規，作者之旨除自序外，更見第四十六篇後幅。公既見許，更不僞謙。室人久病，藥裹關心。海上之行愆期一再，公儻入都，盍先示我，當詣行館奉謁也。專肅，敬叩道安。洪範頓首。一月廿三日晨。

公自有經世之業，大集中凡屬交通計畫，皆足霑丐後賢。訓章餘事，猶是碎金。近年之作，亟思先睹，風雲舒卷，吾逆知見道彌真，固不必與文士徒争藻繢耳。洪範再拜。

葉　鼎（八通）

一

部長鈞座：敬稟者，前肅一箋，稟陳盧奉璋先生業已離青，想邀鈞鑒。湛山寺建築事迭經會同倓虛法師、道冲先生，與繪圖者商洽并調查市價，惟柱子一項價格懸殊，内中以木柱最廉，石柱較貴，鋼骨水泥次之，其細價如左：

直徑四十公分，高五公尺，浮山石圓柱，每根約壹百元；

尺寸同前，鋼骨水泥柱，每根約五十元；

尺寸同前，花旂松柱，每根約四十元。

尚有房架一層，如用木柱，則房架自應連帶用木料；如用鋼骨水泥柱，則房架亦可用鋼骨水泥；如用石柱，則房架不論用木料或鋼骨水泥均可。就防火及堅固而言，似以鋼骨水泥爲首選，惟水泥表面油漆較費手續，省費而且簡單自當推木料第一。至石柱整根之價，每根不過百元，此價較之津滬尚不爲昂。後殿柱子共計二十四根每排六根，計四排，約多費壹千二三百元。所有柱子連同房架究以采用何項材料爲宜？敬乞核示，以便在説明書内規定。其他各項悉遵指示，各條設計俟繪圖者不日脱稿後一併寄呈。匆肅，敬請鈞安！受業鼎謹稟。十月三日。

二

部長鈞座：敬稟者，兩奉賜示，敬悉種切，并經轉送同仁公覽。石柱改用分層砌築，探聽較之整根者約可廉三分之一，已關照繪圖者仍用石柱。鋪地如改用天然石，價比方磚稍廉。招標之際擬將方磚、天然石、人造石三項并列，看標價如何，再選擇決定。地點一節，與倓虚法師商酌，擬只向後發展十米達。除方丈外其餘各項均不動。一則可避去前面之窪坑，而於後方發展之用途亦無大礙，剖面圖已繪就，説明書有數點尚須修改，容一併寄上，所有送市工務局及招標手續現正在預備。謹先稟聞，匆肅，敬請鈞安！受業鼎敬稟。十月廿四日。

三

部長鈞座：頃奉鈞示，敬悉種切，致梁君書及支票二紙已面交梁君。湛山寺招標已於十日開標，事前受業曾請倓虛法師分函有關各方莅場監視。投標者九家，内有一家因交押標費遲誤無效外，計標函八件，謹將結果比較表抄呈鑒核：第一行之藍色次序係連彩畫在内，第三行之紅色數目字次序係減去彩畫費後之總價。彩畫既可不用，似應以第三行價格爲準。各家均未送料樣，現已函較低之三家濱記一萬九千元、縉記二萬零五百九十元、申泰二萬三千三百元屬送材料標樣審查。謹先禀聞，關於選定包工、訂立合同、決定地點及監工技師各節，均待主持。匆肅，敬請鈞安！受業鼎謹禀。十一月十二日。

四

部長鈞座：昨日接奉十日航空寄手諭，敬悉一是，當持與倓虛、湘汀、袁梁孫諸君商酌，對於改用木料及購買定王府舊料均表贊同。至於轉運及接洽，候與葛委員長討論。因葛委員長日前赴平，其隨行之吉君已携有琉璃瓦樣一塊先返，并謂葛委員長在平，曾至定府看過，現在濟南，一兩日内即可回青，一俟商定即飛稟鈞鑒。匆肅，敬請鈞安！受業鼎謹稟。十月十三日。

五

部長鈞座：湛山寺工程開標結果，前經列表寄上，日昨同人就開標標價討論，減去彩畫後，價格仍在二萬四千元以上之新慎記、長順、華豐恒三家標價過高，擬暫不磋商。其餘五家則互有短長。濱記、縉記均係本地包工濱記最廉，縉記較濱記高一千五百元。恒信爲北平之木廠，據稱一向承辦宫殿王府舊式建築。申泰乃上海包工，新近曾建南京譚墓。張蓮記亦上海包工，據稱青磚、方磚可供給南方材料。以價格言，濱記自屬首選，恒信做法或有把握，申泰亦有相當經驗，張蓮記材料或有可取。現囑以上各家，儘本月内將材料樣子及做法説明寄來，以便縝密比較研究。謹肅奉聞，敬請鈞安！受業丁沂、榮叟、梁葆廉、鼎。十一月廿三日。

六

部長鈞座：敬禀者，湛山寺工程開標後，曾將結果列表禀陳，嗣以選擇爲難，經公同商定，令投標包工於本月一日前寄送標樣説明等，以便審查。經同道沖先生于上月廿三日肅聞，計邀鈞鑒。本月一日包工寄到標樣等，兹經再三商議，公同選定恒信。謹將經過詳情縷禀如次：

一、選擇包工

關於料樣：本地包工濱記、縉記所送筒瓦、方磚樣無甚合用者；申泰未送樣，僅送來函聲明用上海材料；張蓮記所送方磚係無錫製，筒瓦係上海製，尚勉强可用；恒信所送之方磚筒瓦之檐頭滴水及屋脊獸頭等均北平製，質料式樣均可用。

關於經驗：濱記、縉記於宫殿式建築無經驗；張蓮記不詳；申泰曾建南京譚墓；恒信乃北平之恒茂，係興隆木場分出，曾辦大内儀鑾殿、南海崇陵、袁墓等項工程，送到之舊日圖樣文件足資證明。

接到上項樣品説明後，經倓虚法師會同同人審查，咸主選用恒信，以其材料、經驗均有可取，惟恒信標價較最低之濱記高出二千七百元恒信標價減去彩畫後爲二萬二千九百五十元，除減讓四百五十元外，計二萬二千五百元，濱記標價減去彩畫爲一萬九千元，復以筒瓦誤會請加入百元計一萬九千八百元，兩家相差二千七百元。同人不敢主持。經倓虚法師晋謁沈市長、葛委員長，二公亦主選用工作有把握者，乃決選取恒信，其標價迭與磋商減讓，包工以工匠及北平材料之川資運費等耗費甚大，除減四百五十元外不肯再減，遂以二萬二千五百元定議。

二、詳細做法

包工恒信於送料樣時附送做法清册一本，對於磚瓦、油木各項工作純按舊建築規矩開列。經倓虚法師同鼎研究，法師認爲大致尚不差，現擬將該清册附入合同。

三、監工建築師

倓虚法師晤葛委員長時談及監工問題，葛委員長意最好由青市工務局監工，以便駕馭包工。經法師晤商，沈市長派定工務局技士何午軒爲監工建築師。

四、訂立合同

包工及監工既經決定，當由倓虚法師同何午軒參照招標時聯益所擬之合同底稿上月五日寄上之説明書内附有一份，稍爲增删，草定合同。合同内付款辦法：每月付工料款一次，照實做之數七五折支付，暫扣二五折，俟完工再付。

五、籌備開工

關於地點：因地勢關係，向後移展二十米達并建築地上伐樹二節，已由沈市長關照主管官廳，日内即補辦手續。按照合同於簽訂七日内即須開工，第一步除準備材料外當先開地基及造模型，其磚泥工作或須俟解凍後進行。臨時厨房、厠所、院墻、大門四項當於工作期間同時舉辦。所有湛山寺工程籌備數月，目前可謂暫告一段落。肅此稟聞，敬請鈞安！受業鼎謹稟。十二月九日。

七

遐公鈞閣：頃奉七日快函，敬已誦悉。同人協議，決照我公四月寄來之設計圖，墨綫所畫、墨筆所注另行托人設計，一俟繪出，即行寄奉審核。耑此肅復，祇頌道祺！梁少廷、丁沂、陳瀚、袁榮叟、葉鼎同上，八月十日。

八

部長鈞座：敬肅者，茲將近日湛山寺進行情况分條縷陳如次：

關於繪圖估計者：

一、繪圖者近將後殿法器小軒之平面、立面、後面三圖，按照改正各條重繪完畢，茲先寄上，敬請審查。

二、所有側面剖面圖及説明書，并臨時厨房、厠所、院墻等圖，現正趕辦，容後寄呈。

三、後殿法器小軒三項，經繪圖者估計約需洋壹萬八千元，彩繪油漆在外，約須二千元。如不用彩繪，單加油漆，約可省一千元，再加厨、厠、院墻等項約千元，總數當在二萬元左右。估價單一份附上招標結果恐尚有出入。

四、上項估價係按用木柱、木房架計算。

五、後殿鋪地方磚估計需洋一千五百餘元，但因青島并無方磚，須由遠地裝運，擬改用人造石，當可省一半約七百餘元。

六、上項估計既在二萬元左右，則目前經濟力只能建築上列各項，至齋堂、庫房二項，擬稍緩再建。

七、自後殿通小軒法器前面走廊原各有門一道，現已將石階轉角處加寬，可以接通，其原有之門可否取消圖上未取消。

八、招標廣告擬俟圖説等件齊備決定後，再行登報。

關於地點者：

本月八日，由倓虚法師、繪圖者蔣君及鼎同赴湛山，實測後殿座落地點，測得後殿地位正在溝邊斜坡上。其前面庭院地勢甚窪，不特有礙觀瞻，且出入不便，兹擬有辦法二項：

（一）後殿地位不動，將窪地墊平填土當在一千六百立方尺左右，每立方公尺如以五角計，約需洋八百元。

（二）將後殿向後移二十公尺，則後殿前方庭院可以平坦。大殿轉輪藏殿等項位置仍照平面總圖不動，方丈地位似應隨後殿向後移展。至窪地填平，工程留待後日舉辦。究應如何，敬候鈞裁示遵。

關於佛像者：

倓虚法師意後殿擬供西方三聖像，用香樟木雕刻，不省鈞意如何，聞此項木料及雕匠以寧波一帶者爲佳。并乞鈞座先期留意，物色爲禱。匆肅，敬請鈞安！附圖三張，估價單一份。受業鼎、梁葆廉、袁道冲、丁沂。

葉夏封（三通）

一

玉侄如見：昨到子長處得見吾侄來函，知侄歸自蘇州，即抱病至今，并云尚須旬日後方能全愈。計發信之日距今已有旬餘，現已告痊否，至以爲念也。葬山一事，子長曾與我商量，我云二哥托到，誼無可辭。除侄之外，亦確無別人可托者，盡心力而爲之可也。兹將渠意略述于左：

一、二哥信來，本來應即答，惟此事重大，自問又無閱歷，不能不請教在行之人，而自己亦須裁度一嚇，遂至遲遲未復，職此之故。

一、擇日須請由二哥自擇，作速寄來方好動手，因近年晚，爲日無多也。

一、擬三叔山可以不遷則不遷爲好，似不必定須合墓。因葬了多年，一向平安無事。無謂輕於動土也。但不知二哥之意如何耳。

一、擬遷葬則由侄任之，至於整山面則俟二哥回來再造，此非偷懶，因爲墳堆二字，詢之慣於造山之人，多不了了，設造得不合式，白花一筆錢，無謂也。

以上所言皆子長當面對我説者，渠知我今日有信問候侄病，順請我先行告知大略，日間必有詳細復答吾侄也。叔邇來身子更頹，咫尺之路亦須坐轎方能前往，以故大宅亦少到也。黄謙益處至今無消息，已成絶望。月中只靠侄之弍拾元藉以度活，感激之下，爲之涕零。王子安云老當益壯，今我則老當益窮。命也，夫復何言。專此，即頌痊安。叔夏封手啓。二嬸附筆問候。夏曆十月廿六日。

葉批：大石街積善坊舊餘慶里九號。

二

玉侄如面：八叔公之事，次叔已有信告知吾侄，現接到否？此症早知不活，但以九十餘歲之老人一病數月，身受者殊覺痛苦耳。八宅各人向來不睦，以爲事出必有一場争競，好在八叔公早已寫下遺囑，現在各人意見尚無甚衝突，至喪葬後情形如何，則不得而知矣。山地已有，但今年不合向，次叔之意，打算在七旬内穢葬，可以無須論向頭，出殯後乃開吊也。惟日子則未定實耳。叔自年前大叔過去之後，尚有一老叔且享大年，私心竊慰，今亦棄世，現在合三宅人計之至老者，惟我一人而已。風燭殘年，恐亦行將就木，退一步想亦爲之黯然，吾侄近日身子如何，此間各人均云久未有接到侄信，殊念也。專此布達，即候日祉。叔夏封手啓。六月六日。再者，梁燕老到滬不久，陡然去世，殊堪嘆惜。現在身後此事想早已辦完矣。并及。

三

玉侄如見：自吾侄赴港後，以爲在港當有數日盤桓，曾有一信寄至梁燕老家，不知信到時已啓行否？該信得見否？此刻想已安抵申江矣。家中均安好否？至爲盼念。現再寄一函到上海，如此則兩信必能達到也。叔現在每夕出外教授，好在距館不遠，且點半鐘時間，尚不覺得勞苦，精神尚能支持。惟課罷歸來，路黑不能行，不得不坐轎，好在主人優待，加送轎錢，亦難得也。此館係何小宋先生之孫伯寅所薦，其弟少廷以前曾在叔處讀過夜學，甚得益，闔家皆知有此感情，乃有是舉也。正在山窮水盡之時，得此亦不無小補耳。月脩卅元，教渠一家。居停姓裴，號振塵，防城人現在運署當科長，與陳總司令爲鄉里，亦親戚。人甚和平，尤好學。現每夕渠與妻妾亦在旁聽講也。渠極贊我講書講得好，有學問，好精神，好氣魄。有人請食飯、打牌亦不去，謂不如聽書之樂。近日政界中人如裴者亦鮮矣。此次吾侄匆匆返滬，年兒一時疏忽，未問係因何事，又未親送落船，至爲抱歉。至於鴻年自身之事，吾侄爲他再三托人，我夫婦感激莫名，九號適值北伐紀念日，各處放假，年兒復到朱兆莘公館訪謁，幸經見著。渠甚歡喜，見面即説一番抱歉之言，謂到過數次均失接，真對不住，汝事我總記在心中，住址門牌都一一牢記。我甚欲借重，薪水亦欲從優予以稍高位置，衹以高等席位一時未能即得耳。張任民處最好請令兄寫一信與他，由我交去，我在旁再爲力説。汝則一面往見之，合兩人之力，事當有濟也云云。吾侄如寫信與任民，請早日寄來爲感。鼎青人甚和藹，有親情，即此數〔下缺〕

葉景葵（一通）

玉甫老兄大鑒：奉示敬悉。上海文獻展覽會應徵物品，今日已將擬陳列之書籍四種開單送至籌備處審查。兹承垂詢，特再開列，請求指教。候復，即日送奉可也。敬頌日祉。弟景葵頓首。廿六年六月二日。

葉德輝（三通）

一

玉公宗丈閣下：此次本由江蘇清理家事、族事出遊，因便道北來，藉問起居。有急欲商請者：一結束貴支刻譜事，一謀刻先人集部事。公固力量有限，寒家自鼎革以後叠遭兵禍，商業全灰。去年江浙戰争，蘇居又有損失。又先慈棄養，公贍亦虧。計惟于湖南川湘鄂路掛名領薪，或可稍資補救，此事主體在湘爲近，日久雖有政变，根本不致動摇。如真有實差，則以兒子啓倬名派充，亦足以供奔走。至此次來京旅況，不名一錢。聞大部有顧問名，但掛賤名，以二三月之薪即可翩然南返。侍在親族無所不言，昔年曾推福造，頗已驗言。現行未運，尚不能大展經濟，甲午十年爲所爲矣。請約定一日細談一切。不必更有外人。惟關督辦不避也。人鑑乃江湖推算，不知公命，當看納音也。手此，敬頌撰安！制德輝頓首。

二

玉公宗丈閣下：前休務期内曾郵遞一函爲商問譜事，未蒙示復，意者公忙又忘之耶？此次來京，湘政府有所托，因以委之陳琢章君前届議員，祁陽文肅公之六世孫，與執政有瓜葛，其人性懶，爲政客而專重在族事。如公無暇及此，則有事往津，去津之後其再來京或南返，踪迹俱不可定。家書催歸甚急，一别又非數月所能晤矣。手此，敬頌公安！制德輝頓首。九月七日。

三

玉公宗丈閣下：兩次郵書未蒙示復，部雖事忙未必至此，或者前後兩函均付浮沉耶？數日前因事赴津，旋居停有書促歸，云有要事。及歸，乃知奉有大部聘書，備充顧問，月支薪洋式伯圓，殊深感謝！然前書曾言暫假旅費，不欲永久開支。惟湘粤鐵路當年争回時，鄙人不僅微勞，前鄂督張文襄奏稱有案，可以覆按。民國三四年大部收爲國有，派員來湘接洽，鄙人時方長教會，一切交換事件竭力爲之周旋，意非賣湘，灼見事實，非此不可。事後經手部發債票，出入不明。而今之龍魚溪乃得坐食于湘，獨蒙福利。故鄙人爲兒子謀與其事，對于湘粤爲議功議賢，對于我公陳辭則爲議親，非笑談也。約面未知何日，特再一言，至蘭臺公事略或尊公行實，均望撿齊送來。鄙人來去無踪，恐不及走領也。手此，敬頌台安！制德輝頓首。九月十日。

葉恭綿（二通）

一

二哥大人台鑒：昨奉手示，知已平安抵滬，至慰。外信兩封經交伯龍兄，《玉篇》零卷已購得，尤感。該款幾何，乞示知，以便撥入。吾兄來往數内，此間廿九夜半下大雨，四時天官里等低窪之處水深没頂，東門外附濠氏居竟有水高及檐，真創聞也。查此次肇禍真因，全由安顧利害者壅塞潼關，絶不注意此處爲城東北六脉渠出水總口。弟猶記前在友人處見一殘稿，詳述全城六脉渠道，自宋迄今，其來甚久，知廣州之背山面江也。不但顧及全城渠水如何流通，并計及白雲等山山水暴發時如何宣泄，故渠道接駁異常周密。近年來修渠等事絶不見舉行矣。此次親友中多有受損失者，策六處屋内亦水深過腰，幸避逃尚早，不至有危險。卅日下午五時，弟欲往探問親友弟所居較高街上，亦無水浸，見小北路舢板小船往來渡灾民，驚駭之餘，不覺爲之失笑，亦可謂古今中外罕見罕聞之事也。專此，敬請台安。弟制恭綽頓首。七月三日下午。

二

二哥大人台鑒：奉到手示，忽又旬餘。所以遲遲作覆者，因開示各節須費一番籌度，不容輕舉。前星期日承昆亭兄約赴三寶墟蜆岡看新購之地地勢不甚高，横闊約當直長五分之三，聞共有九十九井，渠已在中部開有一丈内圈草穴，并豎立葉抑抑堂界八條，昆亭意欲即時擇日遷葬，弟則謂須請示吾兄方能決定何日，兄最好能回省作主，如欲弟做者亦義不容辭。惟有許多須請示者，兹將鄙意列下：

一擬先行遷葬，俟兄回省時再做山面。

一宜否合葬，仍請兄自定。弟不敢作主，因三孀山人多説有蟻，加以最近在該山采石及掘戰壕，自不能不遷。三叔山則未聞有人説如何不妥。就新地而論，自較三孀原葬處爲佳，但比較停車止渴孰優。弟于風水一道係門外漢，不敢下斷語。聽昆亭兄述李熙如地師言，則謂我輩東郊祖山處處皆無甚可取，以弟所知，則白水塘象岡皆親友所推許者，故弟恐其太彈高調也。而三叔山近年覺破爛亦屬實情。應如何之處，不得不請兄自定。

一承示做一墳堆，此乃北派形式，本處土工未有做過，建築恐不得法。倘用去鉅款工程，仍不堅固，殊覺不值。該新地離大道不遠，遇有軍事，將墳堆作壁壘，尤覺堪虞。以弟鄙意，不如照本處習慣做山面，誠不欲立一目標，惹人注意，指有軍事行動言。未知兄意以爲如何。

一植樹以松爲佳，門表用白石，因本處青石價值極昂。

一請將三嬸生終及該山坐向擇一日重寄來。因該山今年合向，否則須待至後年方可用也。

一全山工程各山工聽得做墳堆，必儘量開價。弟意照本處做山面，或小洋千七八百可以辦到。因阿大山不過做去五百元，已頗堅固。

一碑文請兄自定，弟對於金石例素乏研究也。山券似亦應辦。

一昨接昆亭兄來函，云李熙如地師已棄世，幸渠已將該山葬法寫下，可無礙也。

以上各節統希示覆，俾得遵辦。至庶祖母奠，敬早經送去，現亦擇定夏曆十一月十三日安葬矣。專此肅覆。敬請台安。弟恭綿頓首。十二月二日。再者，來示云醫師診斷爲傳染性瘧症，現想必復元矣。甚念。

溥侗（三通）

一

遐翁先生大鑒：徑覆者，接來示，敬悉種切。弟前在申奉訪，亦即願知正三先生有無信息之意，别無他事也。弟爲陳家壽，又須往祝，到時再走謁，把晤當匪遥也。草此，即叩文安。弟溥侗頓首。十六日。

二

譽虎先生大鑒：徑啓者，去歲曾覆寸箋，諒邀青睞矣。其中委曲詳情，亦曾向伯衡兄道及，抱歉之忱，想關兄當述之矣。前者韶兄來平，往訪三次，均未能晤。更爲歉仄。茲有啓者，近思清室現在情形，終非了局。亟思有以善其後，類如太廟神主、壽皇殿之聖容，及所有田地私産等等，亟待解決，而鄙宗之王公貝勒諸重人，率皆思想老舊，而不能與時周旋，故自不度量，擬出頭與政府要人一談，自不能不先請教一切也。如尊意以爲可商，祈急來一電，弟即日往滬面談所以也。專此草草，奉請大安。弟侗頓首。七月二日。如發電，祈寄新京畿道二號吴宅轉交爲荷，不必致敝寓也。

三

譽虎先生偉鑒：數載睽違，積思成痗。去年十月爲閣下五十攬揆之期，弟羈留北平，未克躋堂稱慶。茲虔寫經塔一幀，節節增高。藉我佛祝無量壽，附以塗鴉山水小幅，統由令阮公超兄南旋之便携帶面呈，區區之愚，聊爲補祝。弟自慚樗櫟，濫竽教席，草草勞人，貽羞大雅。竊謂學問之道，不尚空談，無論何科，總以實地考察爲貴。查現今考古集團紛紛出發，在豫則發殷墟舊壤，在魯能則掘譚子古城，成績斐然，有裨學業。弟于授課餘暇，求深學子莘莘來舍，請益者日增，已闢意園別墅以供多士之講求。兹擬組織實地考察團歷遊各省，專門考察中國所有之戲劇，團員則二十人左右，期限則兩年以内，如有此一番考察，方能知其沿革，究其系統。夫然後始可言戲劇之改進，否則紙上空談，無裨實用。惟緣經費無着，故爾遲遲。伏思閣下向以提倡學術、發揚文化爲懷，擬請在英庚款項下劃撥數萬，即能組織就緒。是皆仰賴閣下之玉成也。其詳情已懇公超兄縷述，兹不復贅。專此奉達。并頌春祺。弟溥侗頓首頓首。四月二日。

溥儒（一通）

遐庵足下：久違，馳仰曷極。數晤令侄，得悉興居平安爲慰。昨有友人贈以上海四馬路中華書局詩箋，造紙雕板皆精，京中各家售者皆不能及，擬多購數種，已作書屬其寄紙樣來。公在申浦，求飭人催其速寄。以後并擬自作數種，屬其精製詩箋。總希向彼致意，借重鼎力。容日面謝。柏林出品畫件當即奉寄。肅此，即請文安。不具。溥儒頓首。

廉　泉（二通）

一

遐庵總長侍者：弟臂痛不能着衣已五閲月，與衆生同病。自分將不起，亦無心從事醫藥。昨由天仇先生托稚公午夜走報，介紹東友萱野長知君按摩二次，已病愈八九。與天仇同住大陸飯店，因丹毒之後病已一年，注射數十針，受傷太甚，否則一次即愈。萱野係中山先生三十年至友，其術得之島本女士，非尋常按摩家。島本研究三十餘年，發明此術，全國公認曰：島本治療法。從此凡外症無開刀之必要矣。萱野所能，不及島本遠甚，然到京三日，已治好三人。頃閲報紙，具審我公病後尚未健復。倘有意一試萱野君之術，望示知，以便代約也。公能就診便。萱野明日去遊八達嶺，後日午前弟再去就診。春寒，伏願十分保重。弟廉泉再拜。三月五夜，病臂匆匆。

二

所居湫隘，臂痛未痊。復患脚氣，至不能出門户。苦悶苦悶。現在移左近高義伯九號，目前生計竟不能維持，不得已告急於遐庵，不審交部中能予顧問名義，以餘瀝活我不？柳堂抵債，家室飄零。子侄皆挈眷北來，各各自立門户，牛馬之責，念之心悸。重審來函，閲後乞轉寒雲，肅上疑始先生。泉狀。五月十二日。

附：吴敬恒致廉泉（一通）

南湖先生：有要事奉謁，不值爲悵。兹啓者，今日戴天仇君告我有彼之友人日本萱野君能使手術治病，其效如神。到京三日已治好三人：（一）有人生鼻瘤，腫脹生膿，數月不治，萱野用手在額際少按即時，膿由喉中吐出，三日即全好。（二）戴君自己前日頭痛發熱，飲食不進。彼言我爲君按背際五分鐘，即頭部流汗，其病若失。飽啖晚餐。（三）有東交民巷銀行某君，右手患麻木楚痛兩年，止能下垂，不能上舉。昨由萱野一按十分鐘，立即全愈，舉手如常行時，自穿大衣，欣然而去。弟即以先生之病告戴君，欣然曰：你明天上午十時偕廉先生來我寓試令萱野治之。我八點半聞此，所以馳車而來，倘萱野之術果神，明天先生即痛苦全失矣。請先生明早九時半到敝寓一同前去可也。萱野與戴君同居王府井大街大陸飯店二號。萱野係日本大有名的女醫島本女士之弟子，彼術去島本遠甚，故不能治中山先生（現在正設法請島本來華治中山也）。萱野係宮崎行藏之同志，老同盟會人，極老成慷慨，并非賣術者，伊此次忽使手術，立好三人。故彼亦并願再治先生，亦能神效。戴君將勸令登報，在京一療多人也。一切明早面講。留請晚安，弟敬恒頓首。

温肅（一通）

雪夜接裕甫病中見寄之作，即用原韻答之

灌夫吾弟蓄，與子約堪尋。一病同漳水，丸丹渺華陰。纏綿山木意，展轉卷葹心。短句宵投我，真成白雪吟。肅。

裕甫得余和詩，復有寄，走訪慰之。并叠前韻奉和

急雪逢徂歲，衝寒獨爾尋。愁來天宇窄，景短暮雲陰。喜共阿戎語，彌知醲莀心。通眉生體弱，莫更嘔肝吟。肅。

薛　單（二通）

一

玉公總長鈞鑒：昨謁崇階，慮公新愈不耐久座，而鄙懷欲陳者甚繇，出語乃忘其次，小座氣索，思之可哂。承囑計畫滬報通信事宜，單當時未及作具體計畫，以月需六百金對，此實指報社初創時探訪部應支之費用而言，其概算如左：

執政府　一百二十元

外交部　一百八十元

【注二】外交消息代價最大，其傳布於外者，上海《新聞報》較速，《申報》較詳。兩報於外交消息競争甚烈，而不能兼得詳與速，亦一奇也。

財政部　一百元

交通部　一百五十元

使館訪員　八十元

銀行界訪員　六十元

【注二】以上共得六百九十元，但原擬計畫銀行界訪員兼任報社商業欄主筆，其薪金列入編輯部中，故探訪部之用費爲六百三十元，舉其成數，故曰六百元也。

【注三】以上但爲收買各部每日收發公事案由之代價。專件一項非日報所急，不妨以每日所得不適於本京用者易他人購得之專件。

此時改作滬報通信計畫，其發表地點既不在本京，其傳遞方法又不用電報，絶無與本京報社及滬報發電員争速之可能。人亦亮其不能争速，不妨轉售，其消息收自轉售，其代價自廉，月支二百元不難得。執政府及各部之消息如前所列舉者，其時間亦不必視直接購買爲遲，因售者知其發表緩也。此項消息既得吾人致力之點，乃在專件，專件有必不可得者。張遠伯長交通時，自出重金購財政部秘密專件，間接被新聞界購得不少，蓋創聞也。其可得者，每件自三元至三十元，其數不可預定，以一年平均計之，每月約一百二十元。以上四項共三百二十元，益以走訪所得，雖足供通信之用。單一人之力實未足任此，將欲畢舉，其所得爲鞭闢迫裏之文，非另覓一人不爲功。單有友人孫癯蝯，久於報界，其編輯能力與汪允宗已故、張季鸞埒，其操守亦可信，若延之至京，足資臂助。此外另覓一書記，專司抄翦各報，用外國圖書編目之法，逐日編目，以便查考。此二人皆宜下榻單處，單寓房屋僅十一間，非移家不可，每月所增房資約二十元也。另添一僕，工食約九元，因走訪消息便利，計於必要時僱用汽車，每月約三十元。此項支出不約則太多，故僅定此數。其每月收入，此時雖未能確定，以意度之，上海著名日報九家《西報》《晚報》另計，每家月可收稿五篇，其酬金每篇十元至三元，約可得二百二三十元。此數指歷時稍久而言，初辦時未可以多量之通信，啓各報之疑，絶無能冀此。佗日雖及此數，單及孫君之生計，仍不能不有待於津貼。此項津貼，每人約月需八十元，辦報計劃中每月薪水百八十元，仍可兼做通信。依此計算，其概算如左：

執政府及各部消息	二百元
執政府及各部專件	一百二十元
幹部人員之津貼	一百六十元
書記薪水	五十元

增加房資　二十元

汽車費　三十元

增加僕役一人工食　九元

共計月支　五百八十九元

通信之成蹟，每月皆可統計，爲便於統計，計於實行此計畫之始，所發稿件，皆另署新名，以別於前上海報社之收稿，認人認文不認名也。公課其成蹟，認爲無當於用，不妨一月而輟。單本寓都門，除移家之費外，毫無所失。孫君則遠道而來，宜於開辦費中籌出往反川資，以安其心。開辦費本不應有，但創辦之始，支出無可省，其每月收入未可望二百元之數，欲加增津貼，俾足於用，亦苦預算爲難。爲不變預算計，擬請公於決意舉此事時，先發一月經費爲開辦費，藉補收入之少，庶預算不破，公之明應鑒及也。顓肅，敬請勛安。薛單再拜謹啓，二月五日。

再者，西報通信把握較少，但亦可試辦。單敬注。

二

玉公總長鈞鑒：不得見久矣，心感知遇，未敢或忘。今春因事南下，謁鈞座於亞爾培路。適公去滬，未獲聞教。近數月來，外憂内患紛至迭乘，國勢危於累卵，而衆議不集。此誠危急存亡之秋，稍縱即逝。單近爲此間某報擔任撰文，妄欲以筆舌之力，冀實力派共覽長江戰爭實失敗於政治。政治不革新，戰事無發展之可能。南北意見本非根本不并容，若北方能於政治方面示一可以妥協之機，南北可以調和之理，已後先發表。近日所作，漸涉實際。某報主者懼不敢載，此爲此間言論界常有之現象，本無足怪。我公憂時之切，超邁群賢，對於時局重要問題，博訪周諮，不遺涓細。單之所作，雖不獲見之某報，終不可不陳我公閲之，故敬寫以陳。單擬撰之文，其較重要者有三：

（一）代議解蔽

（二）黨治解惑

（三）七院兩署一會之中央

第三題主張改造中央，某報决不敢披露。所謂七院，即中山憲法之五院（立法院之組織法及職權均改變）加國防、審計二院。兩署，一督辦軍事善後公署，一督辦興業事宜公署（藉謀中山實業計劃之實踐）。一會爲職業代表會議，其職任側重議税，與中山憲法之國民大會不同（此篇承《崇分篇》而作。《崇分篇》側重批評中山憲法，此篇則自述其主張）。第一、第二兩題分别敷陳代議政治及一黨專制不適於今日之理由，爲救時起見，宜暫時取迪克推多制，静候南北之携手。單之意見大略如是，未識於藎籌何如，芻蕘之獻，則單之責。兹因寫呈拙作之便，并剪呈已刊之稿兩篇，統候鈞教。入冬新寒襲人，諸希爲國珍重，不宣。顓肅，祗請鈞安。

薛單再拜謹啓，十六日燈下。

薛學潛（一通）

譽虎總長尊鑒：接奉賜書，敬聆一是。荷承垂詢古尺。學潛自慚淺陋，未敢言知，敬據研究所獲縷述如次，尚希錫之教言，匡其未逮，曷勝盼禱之至。

一、尺愈古愈短，未可視爲確不可易之原則。即如夏尺，其長與清營造尺相近。先儒頗主此説而未能舉出確證。今據三代井田制度推出夏尺爲清營造尺之九寸七分八厘八六二又依音律及同律度量衡兩端考之，此數可視爲正確。但此係制度所定之尺，民間俗用或有短尺則不可知。

二、最古之尺存於今者當推周尺，至於夏商之尺僅能以算法考出，無實物可證，即有出土之玉尺、骨尺，考古家或能斷爲夏商之物，但稽之載籍，無法可徵。此種尺度式係民間所用，至於通常所認爲周尺者，即晉前尺，但此非真周尺。真周尺，舊曲阜顔氏藏之，今所知者，僅此一尺，其長爲清營造尺六寸四分八厘九毫，合弍百零七公厘有奇。宋時有潘時舉者，在司馬温公處見有周尺當三使司布帛尺之七寸五分，今考三使司布帛尺爲清營造尺之八尺六分五厘二毫，則其七寸五分正爲清營造尺之六寸四分八厘九毫，可視爲正確。

三、商尺長於周尺，當清營造尺八寸三分三厘四五六，合弍百六十六公厘有奇，其尺之九寸即真黄鐘之長。按三代之尺，夏尺出於天文，商尺出於音律，周尺則醫家，同身尺。《周禮》所謂人長八尺是也。今考三代之尺所用方法有四：（一）井田制度；（二）天文土圭；（三）音律；（四）同律度量衡，上述三代之尺用法推算所得結果均屬符同。故就科學方法而論，亦當認爲正確也。以上數端僅舉其略，詳細算數容後面陳。學潛近又獲三尺，一爲玉尺，其長與總長所藏者略同，惜已折矣。一爲骨尺，其長當真周尺八寸四分有奇，則視周尺尤短矣。一爲銅尺，其長適與晋前尺相中，其花文則與太康瓦相似，疑爲晋時之物。耑肅，恭請鈞安。世愚侄薛學潛謹上。

路朝鑾（四通）

一

遐庵先生賜鑒：前夕承召，詩酒盤桓，旅青數年，實所罕覯。雅誼肫摯，感謝良深。頃奉惠書，并青島十景一紙，當約朋好分詠。暨擬勞山各景呈教。明夕青州之遊亟願附驥。但苦爲俗務羈牽，未獲追隨杖履。極深歉疚。俟大旆返青，當趨讀錦囊佳什。公緒昆仲想可與公偕行也。肅復鳴謝。祗頌旅祺。朝鑾謹狀。八月廿四日。

二

遐庵總長賜鑒：昨奉大翰，并承惠賜景印宋本《秦少遊詞》，校刊精審，夐絶無倫。微特淮海功臣，洵屬藝林盛事，不圖今日尚有好古敏求如我公者，獲兹瑰寶，敬當什襲以藏。此間朋儕寥落，久輟倚聲，索觀近詞，無以報命。録上雜詩數首，藉塵尊覽。敬蘄郢削是幸。手肅鳴謝。祇頌道旗。統惟亮察。路朝鑾謹啓。九月一日。

三

遐庵總長賜鑒：昨承枉顧失迎，至歉。捧誦尊著海濱詠懷之作，語長心重，寄慨良深。自來此間，考槃獨寐，忽聞鈞奏，真如容谷足音。次均奉酬録塵教正。肅復，祇頌吟祉。朝鑾謹啓。九月四日。

四

遐庵總長賜鑒：昨聆教甚快，録上奉和尊著游勞山詞一闋，敬祈正律。惟珠玉在前，深愧續貂，且元倡險韻，難效邯鄲之步。知不免牽强耳。肅上，祇頌旅祺。朝鑾謹狀。九月七日。

楊其觀（一通）

玉老夫子大人道席：昨晚自京回，奉十八日手諭，敬承一一。《歸石卷》前荷鴻題，千錘百煉，真可辟易名匠，佩服之至。當以目疾連發五次，纏綿日久，嗣犬兒又患傷寒，數月以來，因之百事都廢。久稽裁答，正深慚悚。今復承指示該卷保存辦法，仰見關懷，風雅感心。觀爲此卷，客歲嘗兩訪焦山，初以海西庵僧超文少不更事，所存四石，即由其手再失，甚不放心，當時曾携卷托定慧寺住持慧蓮保存，據云超文僧雖由該寺派往，但對保存此卷一事似有推諉之意，故荏苒至今。現查慧蓮已入方丈，另易智光住持，可否先煩柳君翼謀與之商妥，方行交去，敬候核奪辦理。此卷現由思孝世兄屬交潘老公題辭，俟送來，當即呈繳。其觀數月未親教誨，所懷萬端，有暇敬懇賜期延見，俾遂瞻依，不勝感幸。謹復，肅請鈞安。門生楊其觀謹肅。十、廿一。

楊振聲（一通）

譽虎先生：奉教甚謝。徵求難得精品，非精品又無須徵求，先生之論极是。在平專委所擬銅、瓷器及書畫初選目録奉上請教。大概故宫所藏瓷器甚盛，即有補充，就北平郭世五先生所收藏者徵之已足。銅器就故宫博物院及古物陳列所選取之，可得百七十餘件散盤及莽量皆保留，再補以河南博物館及安徽圖書館者，當有可觀。書畫起自摩詰（王羲之二帖及特殊之品亦保留），斷至清代大體略備，惟宫中所藏者，多爲畫院一派，而陳白陽、八大、石濤、石谿，下至趙撝叔、吴昌碩、陳師曾、任伯年諸人，其作風每爲外人所賞識者皆闕然，竊意總使趙吴以下不録，而陈、朱、二石當不可缺，且此派畫家南中收藏不乏精品，徵集或不甚難，未知先生之意如何。至法書所選者已多，或不須補充耳。清躬失和，日來復何如？惡擾至罪！敬頌勿藥。後學楊振聲拜啓。廿九。

楊宇霆（一通）

譽虎總長仁兄閣下：前以滬奉無綫電通信殊關重要，曾上寸緘，略陳梗概。近查京津滬各報披露，敝處與歐洲通報一事，宣布機密，頗多影響，查我國對外通信歷受水綫公司之挾制，不便莫甚。今幸敝處電台業與德法兩國接洽，收受歐洲來報，免由水綫傳遞，實爲挽回利權之要圖。淞局局長方子衛如稍明事，理應如何嚴守秘密，妥慎辦理，乃竟將茲事貿然宣泄。倘水綫公司因此有所糾葛，實於我國電政前途妨碍殊大，非僅敝處電台受其影響已也。茲將報紙原稿附呈台閱，細繹語氣，且似該局長授意屬登，尤深駭異，嗣後滬奉通信頻繁，機密所關既重且大，該局長如此漫不經心，在在堪慮，應請查照，即予更换，迅派妥人接充，俾利通信而重機要，至爲禱盼。并希見復。專此，敬頌公安。小弟楊宇霆頓首。十三日。

楊杏佛（一通）

譽虎先生大鑒：示悉。晨間失迎爲歉。《故宫古物報》載，完全不確。子文兄亦主移滬。昨晚任叔永兄來電，言詠霓兄任監運，惟是展添兩人爲委員，已以此意轉達子文兄矣。如彼方布置就緒，必有電來，當再告。即頌刻安。弟銓，一月十三。

楊曾勖（二通）

一

玉公姻丈大人座右：久疏叩候，伏惟履祉無疆，允符私臆。敬肅者，先君子于有清末葉嘗手緝《左文襄公書牘節要》一書此書前曾奉獻一部，當時費去數百金，付諸剞劂行世，現木板尚存。晚居恒私論，咸同之間中興諸名臣，首推曾、左、胡三公，三公之中世人多以曾爲第一，其實未盡然也。當洪楊猖披之時，曾在鄉應詔募練團勇，遂成中流砥柱，殲滅巨憝，成一代中興之局，其功誠在左、胡之上。然每遇華夷争執，動輒讓步，或其情時勢使然，實啓後日國人畏敵之心。越南之役、甲午之敗，垂至鼎革後二十餘年種種喪辱國體諸大端，胥不種因于此，流毒無窮，可爲歎息。胡公早卒，置不論。左公自平捻、平回以後，會有中俄伊犁之争，乃立主戰議，卒令强俄帖然畏服，還我新疆二萬餘里。以此況曾，殆不可同年語矣。至其書牘，先君子序中有曰：書牘多僚友往來問答之辭，于選將練兵、籌餉轉運，以至農田水利、製造商務等事，援古證今，隨時指點，可爲百世師法。則左公言行不僅功在一時可知也。晚困于貧乏，徒擁先遺鐫板，未能廣爲印行，俾詔國人知近百年來我國有大偉人在，藉此一洗泄沓儒弱之氣。耿耿私衷，無時或釋。伏惟長者明德蓋世，倘蒙大力予以提倡，晚誠願出讓鐫板，得見此書有風馳全國之一日，亦盛事耳，豈特表彰先賢而已哉？海上書賈主貿利，晚嘗試言之，多不答，可慨也。一是惟長者督教之，不勝感泣。附呈拙詩數首，敬乞誨政。咫尺山斗，依戀何如。肅稟，虔叩崇安。姻晚楊曾勖再拜。十一月二十一日。

二

玉公姻丈大人座右：淞濱咫尺，巍巍山斗，景行之心，與日俱增。側聞長者手緝《清代學者象傳》，干係勝朝文獻，惜未拜讀，引爲憾事。竊謂敝鄉于有清一代大儒碩學往往輩出，如顧氏有星五、震滄、晴沙、梁汾諸先生、杜氏有雲川先生、秦氏有留仙、樹峰、凌滄、澹如諸先生、楊氏有蓉裳、荔裳二先生、薛氏有叔耘、季懷二先生，諸家文采風流，皆足以踔躒千古而不朽。其後裔汔今不絶，遺象亦多珍藏完好者。倘有未經長者采緝，以爲將來可得補入處，敬祈諭示。姻晚當盡力搜羅，亦所以表彰先賢而有副長者徵存文獻之盛意也，惟鈞旨云何。旬日前因事返錫，整理書笥，檢得先君子在柳州時所拓柳侯劍銘朱本，謹以奉獻，并附上志其崖略一文，統祈長者垂察是幸。臨穎，不勝神馳依戀之至。肅禀，虔叩崇安。姻晚楊制曾勖頓首拜上。一月二十五日。

朱拓柳侯劍銘志

柳侯劍銘石，明天啓三年出柳州井中，頗多殘蝕，惟字迹十八尚能辨。郡人築之羅池廟壁，垂今二百數十載，屢罹兵燹，独塊然無恙。相傳拓本可以禦邪，民家咸縣堂奥，若有神護，輒靈驗云。光緒丁未冬，先大夫拜朝命來守斯邦，越二年，宣統己酉冬，以直道忤大府旨罷官，是本乃當時所拓。日月不居，滄桑復經二十餘年，而先大夫見背亦已一易寒暑，遺篋中拓本猶存，展卷殷色如新，蓋益不勝風木之悲矣。謹爲姻丈葉公壽，爰志其崖略如此。時癸酉隆冬，姻晚楊制曾勖恭識。

題楊氏《壺中九老啚》有叙

壬申歲，楊氏《壺中九老啚》成。未幾，先君子柳州公、先七伯石漁公、先叔祖經笙公先後殂世，于是九老驟去其三。甚矣，盛事之不常如此。今春蔭北、味雲兩叔父聯袂南歸，六老歡聚，極古人親親之義。魯殿靈光，故國喬木，非惟人瑞，亦家慶也。爰賦小詩，拜獻章甫太叔祖，筱荔、幼梅、心栽諸叔祖，蔭北、味雲兩叔父六老大人，謹以爲壽。

九老壺中隱，啚成感慨多。吾宗今寂寞，長者意如何。國破吴宫冷，家餘魯殿峨。親親古人義，林下共婆娑。

許師命題《西溪讀書圖》敬獻三絶句

卅年人海一身寄，贏得清風鬢欲絲。繞屋西溪流日夜，青燈黄卷憶兒時。

吾師肝膽最輪囷，世道于今見古醇。我自龍門高處立，華風衰草已生春。

小築西溪一草廬，烏紗脱去此閑居。風流不減香山老，畫壁雙鬟伴讀書師有兩姬人，皆絶慧。

端午前十日客中偶嬰小極，有感，分寄諸弟

客館凄凉慣，那堪貧病加。心驚榴吐火，腸斷竹開花。先君子晚年衰病中嘗詔不孝兄弟曰：『吾家敗壞極矣。諺云「竹頭開花，重做人家」，兒等勉之哉！』追念曩訓，如在昨日，不禁肝腸爲裂也。陟岵三年哭，望雲兩地賒。爲言諸弟輩，何事各天涯。

附録三弟采陳自唐山和作

少不知哀樂，而今百感加。身爲千里客，心憶故園花。禄養常嫌薄，家貧未許賒。弟兄應努力，珍重各天涯。

五月十八生日客中偶逢，今年已二十七歲矣，有感賦詩

五月生辰子不賢，敢將長劍叩青天。投身海上嗟來食，屈指眉山發憤年。先志未酬三矢在，慈親待養一心縣。廛居怕見團團月是夜月色尚圓，翹首家園思黯然。

中秋寄内

天涯摇落又秋思，獨向深閨寄一詩。堂上老親勤供養，膝前稚子好扶持。同胞弟妹千般愛，結髮夫妻兩不疑。却憶多情宋弘語，月明如水此心期。

讐書至深夜始罷出館門有感

文章憎命竟沉淪，憔悴江干托此身。匡鼎傭書真大耐讐書且二年矣，相如作保只爲貧居停視讐書人與役工無異。青衿巨眼無餘子，白髮高堂有老親。長歎出門天地黑，誰知我是忍饑人深夜出館門，時飢腸正轆轆也，一歎。

題傅心畬、張大千山水合册

畫得天然趣，機心孰與儔。人間雙妙手，海上一凝眸。斗覺雲烟態，驟成風雨秋。買山知有地，奚必輞川求。

急景凋年，天涯淪落，五鼓徬徨，不能自已。爰填《菩薩蠻》詞一闋，簡呈玉公海上，即乞誨正。

聲聲臘鼓催人急，征鴻數盡無消息。底事上心頭，五更愁更愁。　此身歸未得，又是天涯客。翠袖不禁寒，琵琶欲訴難。

乙亥歲暮，楊曾勖平苗氏未定草。

楊增犖（二通）

一

譽虎道兄苦次：奉到七日一函，知前次已惠兩書，而弟乃僅得其一，銕化雙魚，亮有同慨。近又聞得粤耗，驚悉老伯大人遽歸道山，可勝浩歎。犖每與同人語及足下，争以杓斗奉之，乃中更多難，竟使吾道一至于此。或者天之勞苦拂亂，固有成局耶！伏望讀禮之餘，善自韜晦，勿過哀毁，以爲將來不盡之報爲禱。令弟保案前詢葆兄，云已核準，日内即將執照由伊自寄。犖思此事既已核準，則葆兄自寄與經弟手寄，本無差别，是以未便索取。想此函到日，執照亦可同到也。嫥復，敬請禮安。風便仍望以時賜示。增犖頓首。七月廿八。

二

玉父大弟執事：月前奉上一箋，計已達覽。頃接七月十一日手教，并枉懷諸詩，邊隅鬱瑟之時，讀之霍然以興，忽然不自知其樂也。尊事屢詢剛父，俟得回音，即以奉聞。小詩數首附上一笑，即候升祺，并頌秋祉。增犖再拜。

次均醻玉父見懷

寉樓飛下瑶華句，雁塞驚聞鼓角哀。一夜狂飆兼地動，四山凄霧送秋來。愁邊吊夢經千劫，倦後收心得幾回。惆悵人天無説處，星前爲汝久停杯。丙午八月。增犖上稿。

黑風吹寉背，鎩翮尚孤征。日瀋天無色，烟流水有聲。仙山餘絶夢，塵海總浮名。一劍難爲舞，蒼茫萬里情。

相别一何速，相思當奈何。良時成悵惘，奇氣詎消磨。自有回天志，休爲斫地歌。願君重闡道，早晚退群魔。

送譽虎南歸，用留别均。楊增犖呈草。癸卯二月初三日。

楊壽樞(一通)

遐庵總長閣下：數載未親雅範，企慕之私，與日俱積。此次顔君韻伯爲境所迫，將生平藏物悉數讓出，執事留燕文貴畫卷、鮮于伯機字卷數種，悉依原價而償，一以見援助知交之風義，一則使國粹不至流諸海外，私衷敬佩無已。執事維持文化不遺餘力，如近今在各國創立中華學院及保護房山石經之類，皆於已往及將來之新舊文學上裨益匪淺，頃聞《四庫全書》經執事與行嚴總長商由上海商務印書局承印。惟清宫内摛藻堂尚有《四庫全書薈要》一書，乃《全書》之精華，較《全書》僅三分之一，又是孤本。弟日前曾上書執政，請少印《全書》，分印《薈要》，此事于寒士讀書頗有關係，以《薈要》選取最精，而且函册較少，工本較輕，售價較廉，購置較易，藏庋較便，失此機會，恐永無影印之時。倘商務印書局已承印《全書》，無力再擔任《薈要》，不妨交財部印刷局承辦，乞執事于會議席上從旁提議，并商同行嚴總長促成此舉，實爲藝林盛事。專泐，敬頌政祉。弟楊壽樞拜上。

再，已故廣東提學使沈子封諱曾桐之第五子名炤，家況極窘，人極安詳。在内務部供職多年，薪俸既少，又未能按月領到。尚有七旬餘老母貧病在床，擬謀交通史編纂一事，稍資貼補。弟以故人子弟，不忍坐視，特爲介紹，尚祈俯賜提挈，畀予此席，俾得事蓄有資，感同身受。附呈名條一紙，希察入。瑣瀆惶悚，弟壽樞再啓。

蔡守（七通）

一

遐庵道丈侍右：《藝彀》奉上，希教之。并乞賜書耑二字，約寸許可也。能以大作關於掌故、書畫、目録等爲佳，畀光篇福，尤爲忻幸。祗叩暑安，不一一。弟守頓首。廿一、七、廿四。

二

守拜啓遐庵先生執御：八月五日寄傳軺轉交之函，因傳軺匝月未到黄花岡，故延至日昨才交來，承賜書『藝彀』二字，則至今竟未交。亦疊函奇峰，且置而弗答，奈何奈何。以後惟望我公徑寄弟處。寧代分送，斷斷不敢如曾、高二子也。承賜梁王墓上石獸與劉宋造像影本，均精湛無匹。弟爲荷花生日生，儻能得墨脱尤爲欣幸，真不翅百朋之錫也。否則亦希詳示尺寸爲盼。英伯囑筆欲定購《宋磧砂藏經》一部，未菅公能與商，稍爲折閲否？其經耑佛象至精，能以景本惠寄一二否？均希裁示。盼切盼切。月色病劇才瘥，心緒棼如。此叩道安。守頓首。九月十二日。

葉批：東華西路文明里舊門牌四十號二樓。

三

漢袁安碑，比年出土，墨脱殊貴，月色鬻畫，某得萬錢，購精拓本一紙，亦墨林韻事也。寄上横幅，乞遐庵先生題句爲幸。弟守。廿一、十、一。

四

遐庵道兄先生侍右：月之三日掛號寄上函件，據收條知九日登記室矣，迄今判月未承賜書，所乞各件務希拂冗一揮爲盼。弟藏李祈年稔，女冠子吴妙明寫像，少時十五歲所摹獨漉子《聽劍圖》原本已毁于水，又室人張傾城摹張二喬《抱琴圖》賴淑寫本、月色近摹張二喬《焚香調琴圖》黎光畫，見乾隆重刻本四像，未識尊處繼印名賢像須用否？當可奉假影印。張二喬二象均可命月色爲摹兩幀寄奉，并欲乞題詞也。如鄴架未有《蓮香集》，亦可與抄本同寄上。孫哲生兄處請鼎力催其將款送蔡孑民宗兄彙寄是本幸，《藝彀》二集盉天可出版，想賢者亦樂爲佽助也。匆匆不偈，祇叩勛安，企候德音。弟守頓首。廿一、十、廿三。前有批注一行：東華西路文明里舊四十號。

五

遐庵道兄祭酒：日前雙掛號寄上一函并墨拓等，計登記室，請轉交孫哲生兄書亮亦飭交去矣。南社社友姚君石子媚古耆學，藏書甚富，刻書亦不鮮，兹特爲紹介，寄奉數種，希察覽是幸。楹帖一付乞拂冗一揮，徑寄松江張堰可也。此叩道安，弟守頓首。廿一、十一、三。

六

英伯屬□，叓承損書，未裁答爲罪，前書亦請商購宋全藏折閱事，未审能許可否？守則欲得其經耑佛像景本，兩者均希裁敚。守又拜，叩頭叩頭。

七

廣州蔡守拜啓。遐庵先生執御：十二日曾囑金城銀行轉一書，計塵記室。承賜書《藝彀》書耑，頃才繇傳軺交來。雖不爲殷洪喬之沈，顧已稽延實甚。前書乞劉宋造象墨脱，可得乎？近作一闋附，希拍正，已十年不彈此調矣。儻邀同作，尤爲榮幸。左冲。

茶瓶兒 用趙彦端體

定海方氏藏唐畫像甎，有麗人烹茶者，藥雨疑爲煖酒。顧嘗見古圖刻，温酒之瓶，無鋬無流無蓋，因温酒不須沸也。按此甎刻，爐藏行省中，瓶有大鋬，長流，高蓋，麗人持火筴拔炭候湯，因烹茶須活火，活火爲炭火之有焰者，故須持筴拔之，固知其爲烹茶，而非温酒也。

蔡元培（十五通）

一

惠函敬悉，營造學社事已致一函於騮先。弟今日赴京，如能晤騮先，當再面托之。此上玉甫先生大鑒。弟元培敬啓。五月七日。

二

玉甫先生大鑒：前奉惠書，敬諗。北平圖書館借屋閱覽之計畫，已承叠與學藝社及市政府圖書館商量，而市館允借，甚慰。中央院館請先生加入理事會問題已函商王雪艇部長，復函願於組織圖書館理事會時加以考慮，附聞。并頌著祺。弟元培敬啓。十二月卅日。

再，有前在中國公學任會計及文牘之史濟桝君，因失業已久，聞市博物院籌備開始，屬弟一詢，如需要此等熟悉公文之職員，可否試用，請酌行。培又啓。

又，梁寒操君辭高奇峰先生公葬委員會總幹事一函奉上，請與坤儀女士酌行。培又啓。

三

玉甫先生大鑒：奉卅日惠函，敬悉。弟生日未敢驚動親友，猥荷齒及，并賜唐人寫《無量壽經》一卷，至不敢當。汗顔拜領，謝謝。承詢漢晋木簡，自劉半農先生逝世後，由孟真兄等繼續整理，聞進行頗速，是否可以南遷〔下缺〕

四

玉甫先生大鑒：徑啓者，前奉上德人葛樂泰君所提出之問題九條再奉一份，免檢前函，現經柳翼謀君答覆七條其第一條中推舉先生，惟五、六兩條注云未詳，第八條亦不甚明確。此幾條先生知之最詳，敬請撥冗賜答爲幸。專此奉商，并祝著安。弟元培敬啓。三月十四日。

再，《南京六朝陵墓志》如尊處尚有之，敬請再賜一本，以備轉贈葛君。因弟前承賜一本，一時檢不出也。培再啓。

五

玉甫先生大鑒：徑啓者，寓居上海之江西劉晦之君體智，藏古器物甚多。二十年秋，徐中舒、容庚、商承祚三君曾遍觀之，徐君且就其新購之編鐘十二事，作《廳氏編鐘圖釋》，經研究院史語所印行。惟弟近接劉半農君函，謂風聞劉氏有出售此鐘之説，屬弟提議國府，由政府倍價購入劉氏售得時費一萬元，但此事未可造次，萬一劉氏家况尚裕，并無出售之意，而我等公然提議收賣，殊不妥當。如先生素識劉君，或有友人與劉君相識者，請先爲一探何如？專此奉托，并祝著祺。弟元培敬啓。四月十四日。

六

玉甫先生大鑒：頃接杭州友人來函，稱處州宣平縣有延福寺，爲宋仁宗時建築，年久失修，頗慮傾圮。先生可否爲設法修理，或先請營造學社梁君先去視察一次，再定辦法何如。《節略》奉上，諸希酌行。專此，敬祝著綏。弟元培敬啓。十二月十九日。

七

玉甫先生大鑒：前胡子靖先生提議爲張文達立銅像於北大，云承先生贊同。弟復爲函詢孟鄰校長，頃得復函，一時未易定奪。原函奉覽。如先生知子靖先生通訊處，乞轉致之。柏林中國美術展覽會又增委員數人，前擬規則等是否再經全體委員會議通過後方發表，抑援法律不追既往之例，先行印布，請酌定。一星期内擬開全體會議一次，以何日爲最相宜，請示及。又增聘委員之名單，馬孝焱兄未及抄出，現正在舊報中檢查，如尊處有之，請抄示。專此，敬祝著祺。弟蔡元培敬啓。一月十三日。

八

玉甫先生大鑒：十二日惠書敬悉。甬直工程將竣，而款項待籌，甚感偏勞。教部第五期款弟即當函催。廿號左右弟大約尚不離滬。如召集會議，弟可以到，日期請公酌定。敬復，并祝著安。弟元培敬啓。四月十四日。

九

玉甫先生大鑒：前曾談及之何氏古物，初聞其索價頗昂，而傅孟真兄欲以三萬元購得之，疑必無成。今何氏竟願照此價售脱，是否真值得購，不能無疑。欲請先生助爲鑒定，如有貴友可約請共同鑒定者，亦請代約一位。敝院方面，當由孟真、濟之諸兄隨時與先生接洽，諸承費神，不勝感謝。專此奉托，并祝著綏。弟蔡元培敬啓。七月十八日。

一〇

玉甫先生大鑒：聞昨日吕戴之君在尊處與濟之兄等談判繪園古物問題，備承開導，大有轉機，不勝感荷。惟聞吕君説曾托林康侯君以古物抵押五萬元于新嘉坡某華僑，與《時事新報》上所載抵押於美國銀行不同，未知公能一詢林君，并請其助勸吕君否？至教育部强制執行之説，弟與濟之兄均以爲不妥與尊意同，濟之兄已詳告孟真兄矣。足疾未愈，不能趨訪，專此奉記，并祝著祺。弟元培敬啓。八月十五日。敝寓已裝電話，爲二八五〇二號，尊處電話號數，便中亦希示及。

一一

玉甫先生大鑒：久不晤，惟起居安善。聞柏展畫品近日交到甚多，想籌定付裝亦頗勞神矣。兹有三事奉商：

一、莊君澤宣在廣州中山大學辦理教育研究所數年，成績甚佳，現中大停發該所經費，勢必輟業，惟該所設備係由中華教育文化基金會撥款購置，約值數萬金，棄之可惜，欲請中山文教館接受此項設備，而設一教育研究機關，想中山大學及中基會必能同意。至每月經費，莊君預計可在千元以下。弟憶館中計畫，本有教育一門，現聞政府每月二萬之補助費業已照發，此種不需特籌設備費而即可成立之事業，似乎值得一辦。尊意如何，可否提出常務理事會？

二、接上虞谷伯暘君來函，稱有《明藏》一部待人整理，而又説内有幾種宋版書，未知貴友中有願盡此種整理之義務者否，谷君原函奉覽。

三、何叙甫君之古物，本擬以三萬元售諸研究院，後因款項生波折，現款項有著，而吕戴之君又以已發委托押款書未能即日履行前約。如先生與吕君相識，祈勸其玉成。專此奉托，并祝著祺。弟蔡元培敬啓。七月卅一日。

一一二

〔上缺〕壁間，請其賜其酌定，現得蔣校長復函，擬提出校務會議，甚善。原函奉覽，俟議有辦法，當再奉聞。專此，并祝著祺。弟元培敬啓。八月十八日。

一三

譽虎先生惠鑒：敬啓者，國立音樂專科學校自十六年倡辦，迄今三載，成績卓卓，翕然爲社會人士所稱許。元培雖以事冗，中途離校，而精神所注，仍復一致。現值國内戰事，財政竭蹶，該校一切建築設備均待擴張，而竟以費絀不能進行，殊爲可惜。兹與該校同人商洽，僉擬組織國立音樂專科學校基金委員會，主持該校籌募基金一切事宜，素仰先生熱心音樂教育，敬懇鼎力襄助進行，無任同感。敬候示覆。蔡元培謹啓。十月四日。

擬推請各委員芳名如下以筆畫爲次序：

孔部長　孔部長夫人　王曉籟先生　李石曾先生　張溥泉先生　鈕部長　歐陽榮之先生

楊杏佛先生　葉譽虎先生　趙元任先生　蔣主席夫人　蔣部長　鄭韶覺先生　蔡院長夫人

鍾榮光先生　戴院長

一四

玉甫先生道鑒：五日賜函并《清代學者象傳》一部拜領，謝謝。知公專意攝衛，謝絶酬應，未敢瀆訪。承示棲霞塔工對於雕刻人物，不加修補，石質鬆脆，决用注藥，甚佩。如有誤會者，弟必詳爲解釋。希勿念，敬祝眉壽。弟元培敬啓。十一月廿二日。

一五

玉甫先生大鑒：久不晤，甚系。自青島回滬後，匆匆進京，不及奉訪，至以爲歉。博物館自接九月十五日惠函後，搜索枯腸，無可推薦，直至到京後詢李濟之兄，始知有數人可以備選，但濟之亦係由袁守和兄間接得來者，已不大記得。函詢守和函中并不説明爲上海博物院所需，始得一名單，凡四人。守和所較信任者爲馮君，而明夏可以歸國者，却惟『年較幼』之李君，今將名單及守和原函奉覽單、函均請留存，不必寄還，請酌之。如先生已覓得一相當之人，則無問題矣。

專此，并頌著祺。弟元培敬啓。

附件：蔡元培致省羞先生

省羞先生大鑒：奉復示，并《東北實地調查記》大稿，敬悉一切。大稿材料極有價值，文筆亦甚暢達。弟爲他種工作所羈，未能全讀恐久閣誤印刷之期，亦無暇作序，謹題數字，藉表歡迎。至印費亦非棉力所能籌墊，已商之陳彬龢君，因陳君一方主持日本研究社，編有《滿洲僞國》《義勇軍》等書，對大稿甚有興會。一方渠又在中山文化教育館任出版部副主任，于印刷事可以設法也。弟因未得公同意，不敢示以全稿。僅以第一次見示之目録示之，渠對於校訂及印費兩事均允盡力。兹將原稿奉繳，請持弟介紹片往福煦路八〇三號中山文教館訪之不拘何日，午前十一時左右，面商一切。專此介紹，并候著綏。弟蔡元培敬啓。九月廿八日。

蔡可權（四通）

一

遐公尊右：屢欲上問，握管輒輟，蓋千條萬緒不識從何說起也。近以所事多暇，深慮蹈去人不遠之譏，乃時復於廢籍中討生活，亦藉以養吾知命之真。貧而有樂，及今體味斯語，似乎不盡欺我，近作《孝子玄贊》已録稿寄證剛，俟其題墨見還，將以塵教。舊藏范伯子遺墨兹影印公同好，另封郵奉兩册，祈瀏覽焉，歲將莫，人寒而氣不寒，差足上慰孝友耳。敬承道履。可權謹上狀，小兒孫等侍叩。十月三十日。附詩一紙。

諸從弟各以其婦所形製新茶見寄

兒時釣游遠鄉井，中歲故園風味疏。亂後慰情寄南焙，燈下青目温舊書。勞勞碾緑雨前日，憶憶采芽雷動初。中濡水好亦莫致，杯甌乍濫塵慮除。

瑾存兄屬題《種菊思陶圖》

天涯涕淚故園夢，世路干戈空谷音。幾輩爲官淡榮利，有時出俗相追尋。不妨好爵一炊黍，每憶高躅皆喬林。東籬色相古無二，老汝男子方寸心。

近所爲詩，漫寫二首賸函塵教。葆朽未是草。

二

遐公尊右：奉諭，敬讀悉。弗躬近當康健復常，極爲馳念。吾人固應體佛言，日日是念生，時時預備死。但既不死，則必須使有生趣，心宜泰然，身宜安然。我公深思宏願，素逾儕輩，此時雖不敢以韜晦爲請，然公不可磨滅之勛業，山林廊廟，兩俱赫奕，正可頤養後半生，度優遊之歲月，在此數十年中，謦欬所到，必亦有裨益於社會之處，固無事再着意、再着力也。此亦非權之貢諛語，公論恐必久而彌彰，公其信斯言否？古玉於時代有關，大有研究價值，權之嗜此，别饒滋味，曾草《辨玉小識》一册，友人假去，并慫恿印行，他日當以呈教。權曩於極困時，賴以寄興，得回生趣，出無車，食無魚，而胥歸買玉。當欠薪之際，居然求得善價，沽去若干，藉贍事畜，權之行徑，自問可笑。凡花紋之精者，固亦偶有，其古人名印官印甚至古鉨，尤爲心頭之肉，正擬拓印成册以自娱，拓成必以奉陳鑒賞。

古瓦本不成癖，近年始稍稍搜集之，惟悉係以文字爲主。權所見亦未有足供圖案之研究者，如此所寫箋即臧瓦中所僅見之花紋，因喜其有趣，拓以作箋，此次所印紙極劣，備供塗抹，異日更印佳紙再寄奉。散原丈序日内將録入稿内，全行郵奉，甚望我公爲删定之。前年寄廬山求删改於散老，乃獲書奬掖，且有『無事苛删』之語。已而以序來，小兒即欲付印，權沮之，蓋尚欲推敲之處甚多。若公肯費神，即將仰求斧政矣。匆肅草草，敬請鈞綏。可權拜上。十一月廿八日。

三

遐公侍右：上問久疏，心藏垂問。權自家慈七十稱觴，蒙賜光寵。其時公私交迫，痔恙大發，仍力疾入值，將兩閱月，始將霍然。頃讀鈞教，知政躬曾亦違和，甫告痊可，乃承篤意念舊，錫以佳章，環誦再三，棖觸奚似。權也無狀，琭琭未能自奮。在此惡濁塵壤中，得以奉親教子者，孰謂非我公之賜？年來且得以節縮衣食之餘，稍行其抱殘守缺之志，古玉殘瓦之屬，亦復纍纍可笑。他日擬有以奉呈我公，當不以務其所不急見訶也。權近頃亦頗持佛咒以收放心。然根器不深，難窺正藏三昧，祇欲參悟一二語，聊自灌溉方寸耳。此時困於塵鞅，欲再求如卅年前之毫無羈絆，遊釣自如，了不可得，將來未審能有此清暇否。前塵夢幻，能無惘然。

次韻奉酬遐公病起見懷之作

幽契翛然托莽蒼，半生白日去堂堂。情盟車笠千秋重，世閲滄桑一粟藏。回首前遊多故轍，側身何處是吾鄉。依違玩俗尋常老，臨問煩君意緒長。可權就正。

四

遐公鈞鑒：五月十九號得奉尊示，感慰無似，敬以茀履綏龢爲祝。年來俸入之薄，贍養綦艱，幸天不絕人，間以古物待價而沽，稍資彌縫，以毫無把握之端，作得過且過之計，士夫至此，尚復何言，況愚庸若權者，其該活埋固已不待今日也。津事鷄肋，寧復敢辭？權亦并非薄之而不屑，實以去歲秋冬以還，家大母久病不愈，直至於今，神志錯亂，迄未敢常離左右。兒子牖去臘自鄂返平，後入北平工務局，擢充工師，月俸百金，較在鄂東稍覺合算。權則時時往來平津，聊作鬼混，總欲於北平獲一席地，無如友朋雖不乏人，類皆未能償此鄙願。緣之不遂，無如之何。證剛於赴遼前晤談數次，昨來書，猶述及我公垂詢之殷。權之潦倒如昔，沾滯如昔，真所謂依然故我。然我相之執，早知自戒，緣何如此，又不自解。權詩亦不成詩，安敢與鸞鳳之音相比儗哉？教之爲幸。敬叩鈞綏。功可權謹上。五月廿八號。

蔡嵩雲（一通）

譽老詞宗道席：久疏牋候，延企時深。前由滬友在潭府領到《廣篋中詞》，披讀再三，覺公選取之精，直與復堂原書競美。并蒙不棄葑菲，采及拙製，評語褒飾，慚感交至。走比年遁迹竹西邨中，杜門却埽，殊乏佳致，間亦爲長短句，共唱酬者惟午社諸賢而已。拙著《詞源疏證》出版後，又成《樂府指迷箋釋》一種，此稿約二萬五千餘字，刻在待梓中。記前稿出版時，公允錫以序文，迫不及待，至今引爲遺恨。此稿尚未付梓，欲乞公一言以爲重，不審可否？惟道途阻滯，全稿未繇呈政，郵遞往返又慮不穩。兹先將稿首引言及節録吴霜崖序文呈上，即希鑒定。又，此稿曾由商務印書館接洽承印，以不肯用中紙綫裝，故未成議。海内舊家倘有收稿印文藝叢書者，甚願將此稿讓與，不取代價。公交遊廣，乞代留意。附呈近作二首，并乞郢削，幸甚幸甚。專肅，敬頌道安！蔡嵩雲原名楨頓上。九月一日。

葉批：揚州樸樹灣一號。

法曲獻仙音

春歸矣，遥念北湖花事，用草窗韻賦此。

塵麴波翻，絮萍風蹙，巷陌飛花深淺。唱徹新鶯，聽闌蠻鴂，忙中艷陽偷换。向賸水殘山處，相嬉好春晚。　恁銷黯。遍湖濱、翠陰馳道，都認是、前侶畫輪繡輦。縹緲十洲人，蜃樓成、心意空遠。燕雀堂高，閉閑門、芳草愁滿。恐紅消緑長，暗惹血鵑啼怨。

探春慢

題仇述庵鞠宴詞，倚夢窗聲均。

甚春空，令夢驚故園，歌編殘譜。妙旨無弦，一例含商嚼羽。三巴遠，遲雁影，半淞寬，愁鴂語。蕩滄波，斜陽裹，醉態騷心非故。　還憶瑶京舊路。過野館聽蛩，洲亭尋鷺。逝水流年，幾老黄花風雨。他鄉秋唫更慘，古城曲、何處住？最傷情，烟鬟望斷鍾陵暮。

遐庵先生詞宗評定。柯亭呈稿。

熊希齡（三通）

一

譽虎先生閣下：頃奉手書，敬悉。亡國之禍，即在眉睫，棟折榱崩，僑亦同壓，非徒我公當爲其難，凡屬國民，亦不能坐以待斃也。汪、胡、蔣三公視國家如兒戲，全國無不痛憤。昨日滬上全國國難救濟會議決通電，詞雖激烈，然苟能激動汪、胡、蔣之心奮然而起，亦未始無裨於國府也。至於財政問題，最好不必乞憐國債，只須政府一通令，準各省長官僅就該省之國税、省税除關鹽税外，概行作爲該省主客各軍之費，中央不能再撥分文，此雖有礙統一虚面，事實上各省業已自行扣留。據弟所知，湖南國税每月八十萬，何健自蔣下野即已開軍事會議，照此數支配各軍，不再增加；河北國税每月四百萬，張學良亦開軍會，以六折支配；山東等省亦然。

彼輩知無領款希望，咸皆力謀撙節。各省軍隊本已冒充全額，實則不及六成。即使國府有款加發，亦不過飽充私囊，付存外國銀行而已，非徒無益，而反招爭多給少之害，其不肯禦侮對外仍如故也。國府果能決定此策，每月除付公債本息外，尚有關餘二三百萬兩，足以支持中央政費，省却多少麻煩，杜絶多少覬覦。不過江西軍隊應爲籌足款項支撥，以該省困窘而又當匪衝也。未知我公以爲何如？昨曾面告林次長，尚未了然，望公轉達孫哲生院長采酌爲荷。專此肅布，敬叩台安。弟熊希齡頓首。一月十四日。

二

譽虎先生閣下：頃奉手書，敬悉。弟自回平後，因天氣酷熱，避暑香山，未及將佛教大會事文件寄呈，甚抱歉忱。此事於去年十一月接印度佛學青年會副編輯舍利瓦哈辣君來函，請弟處組織委員會。弟當即復函，允爲組織。嗣以華北長城戰起，遂未遑及。前在滬上與子喬、楚卿諸君商榷，均以爲此事非推我公擔任，不能有成。故與子喬趋候，承兄提倡，感佩無已。兹將該會舍利君來函譯文抄呈台覽，其雜志，俟回平後找出再寄。公於滬上召集同志籌備組織，此間各同志當可一併加入。惟距期不遠，似應速復該處。專泐，敬叩台安。弟熊希齡頓首。八月二日。

葉批：石鮒馬大街十二號。

三

譽虎先生閣下：頃由山回京，奉手示，敬悉貴體違和，至以爲念。弟之别墅，現有歡喜園樓房一座，火爐俱備廚房則可借用旅館，相距甚近。但位置在四十丈之山上，氣候稍嫌冷，見心言房屋亦空，但須安用火爐。最好是香山醫院，冬季無人居住，内有汽管，只須燒用，一切完備電話、電燈、自來水均有。位置山下，交通便利，空氣清爽，廚房亦便。弟意似爲最宜。公可派人先往一視，隨擇一處，均聽卓裁。但恐招待未周，致愧地主之誼。幸勿客氣，是所至禱。專此肅復，敬叩痊安。弟希齡。一月十八日。

鄧　鎔（一通）

遐盦仁兄先生閣下：上年褉飲，挹晤蘭言，判襼以來，南北殊絶，流光電謝，又過重三。辰維宴處超然，四大安隱。每過萬松塔下，如聞十方諸佛同聲讚歎，固知菩提薩埵六度法門檀波羅密爲上首矣。溯自九鼎南移，舊京淪廢，朋儔星散，幽獨寡懽。平中舊居，久題賣宅，承售無主，結束爲難。回憶十年以前，燕都全盛，王侯第宅，盡屬朝賢。下至鯫生，猶有一廛之援。惟有我公始終賃屋，不記平泉之花木，不起萊國之樓臺，故屢次舒卷自如，不爲物累。先幾之哲，公其殆聖已乎！惟三宿桑間，我佛猶戀。想園林勝事，鐘鼓清時，求爓栗於李和，問魚羹於宋嫂。恐公雖了澈六如，亦不無夢華之感也。兹因開成之事，函商伯珩，輒復候起居。該事雖至尾聲，恐非大力主持，亦莫能決。趙唐如大將專梱在外，雖君命有所不受。惟公能堅明約束之，亦若觀音金箍咒之能制孫悟空耳。承賜吴游詩已拜讀，附謝專泐，敬頌道綏。諸惟亮照。不宣。愚弟鄧鎔頓首。四月廿三日。

鄧之誠（二通）

一

遐公總長崇鑒：遵命詳考内坊之印，定爲隋印。别爲《考》一通，呈祈教正。《酌中志》誠處有海山僊館刻本，遍查未見述及内坊之印，唯載有『東廠密封』及『御藥謹封』兩牙印，然實非印也。又傳世『豹房印記』銅印篆法下劣，亦非印也，不能援之以與内坊印相比。此印實人間瑰寶，願珍襲之。肅此，敬叩崇安。之誠敬上。三月廿三日。

二

遐公館長崇鑒：前奉頒賜羅癭公詩、文學士詩，復奉手諭，徵求詞集。誠於此道素未留心，庋藏亦少，唯公盛意，揚榷風雅，表章幽隱，敢不悉心代爲指求。俟鈔成目録，再爲寄呈。另有選輯拙文，容另擬呈。承論《骨董瑣記》另編付印，俟稍暇即爲之續記，已成者僅四五卷之多，披沙揀金，共可得七八卷耳。惟不敢希冀木刻，能得商務代爲付印，保存板權所有，於願足矣。之誠現仍在北大授課，以講師資格支教授之薪，校中主事者已極費調停苦心，因之所得稍多，撫畜外尚可稍還舊債。唯校事、報事兩處牽纏，竟日無暇，賤軀多病，極非所宜，然亦無可如何。《新晨》前次被封，乘便力辭撰述之職，未爲楓圃所允，以至於今無益於人而有損於己。生平所遇，大抵皆此類也。春間返寧，適桂事初起，知其已後無望，故沿危邦不居之例，絶裾而歸。承諭所携雕刻器物六七件亦以匆遽北旋，復携之而返。內有前年所得玉林國師篋子，瑩潤若玉，豪無傷損，極可珍異。所謂玉林國師篋子者，即不啻章皇帝篋子，以其爲傳法之器，故憲帝特爲之題識也。另呈拓本一紙，以供清玩。今夏五月，復於無意中獲天游閣太平硯，可云有緣，此外遂無所得矣。茲有懇者：此間友人中工爲古畫有筆墨者數人，組織中華書畫研究會，已推楊滄白君爲會長。現因會費支絀，尤窘於開辦費。數事叢集，復以此道終非到處揄揚，不易得人之知，故擬推公爲名譽會長。敬寄會員銅板印畫片一份及會章五份，倘蒙許可，務懇不吝吹噓，感同身受。會費除滄白捐助百金外一無所有，致成立會不能即開。再，尊處尚存之誠所藏木刻《汪梅邨先生文集》卷一一本，有汪先生畫象者。如尚可覓，便中希祈擲還爲感。名人畫象預約聞此間已賣出不少，遇便當在《新晨》鼓吹。《新晨》及《日曜畫報》已命其逐日寄滬，想已寓目矣。肅此，敬叩道安。之誠謹啓。十二月十六日。

滑田友（一通）

玉甫先生賜鑒：捧讀三月二十五日大札，敬悉磧砂遺物，盡遷館内，甚慰！《唐塑一覽》已蒙寄陳君，又甚感！佛像誠一問題，友憶最前之一道門外有一小屋，似鎮中公物，空無所用此刻想尚在，且鎮中人亦必可允。略事修葺，將墻下鑿數氣孔，以容佛身，而封其門。如有人能籌資保存最好，否則尚可待之他日。則金剛殿可動工，不知以爲如何？田友覺全部藝術無論雕刻、繪畫以及其他而至人生似有一共通之要點，即如何方美是也。現正以巴黎爲田園全市，以學校爲試驗室，所得似已稍具端倪。今年學校卒業競試，雕刻第三、繪畫第一，總平亦列第三，而得Définitif 者是也。擬再推而求之圖案、器用、建築、林園、市鎮，或可有同等效果。國人之病，在只知用耳與口，不知用目與手，凡事意度而不求正確，田友亦深覺之。既臨歐洲，境覺忽焉開朗，一切人情、環境無不疏暢，其美術之設備誠有大功耶！木板、木雕、油繪、石刻，田友皆願一一嘗試，蓋根本解決，其他當無問題也。田友自隨悲鴻先生來歐後，蒙其解衣推食，視若兄弟。

其在法之畫展成績極佳，國立博物院所購之十二幅已配精匡，特陳一室，較之日本誠高多多。惟其後在德之兩展，在義大利之全部，均甚滿意。今日爲俄政府請往展覽，局面或更不同也。惟其此一年中奔走各國，力疲財盡，負債已達六七千元，而田友實占其近兩千。臨赴俄時又蒙其留兩千，方作歸資，誠不知將何以報之！惟田友此時興味極濃，若歸則所計之目的未達，不歸生活又漸緊逼工作極難找，而歸資已用去其半。且出國時先君身體尚健、精神尚旺，不想一年間遂以病逝世，田友之罪孽誠深且重。臨別時蒙以老父爲問，田友堅不悟，而至今日誠愧悔萬端。若值此一生無掛，不事探討，空空而歸，匪特無以對先人於地下，亦無以慰厚我者之所期。蒙先生知遇，臨別時言過重，銘之於懷。倘蒙鼎力相助，令田友學力充實，有以效于藝林，均先生之賜也。臨穎神馳，不盡依依，專頌大安！晚滑制田友敬上。五月廿日。

學校證明書暑假時方可辦出奉上。附去年 Salon 出品時函件兩紙及出入證一張，不知可須用否？

蔣祖詒（七通）

一

奉示及書二種均收。浙館新出《文獻目》甚詳，上海能仿之著一目，庶不負執事數月辛苦也。蘇州所出之目如一電話簿，可笑之至。秋枚居張園福如里宋家樓上。門牌不能記。葱玉事過期已久，曾來商談數次，詒曾告其以速了爲上。張氏兄弟叔侄性皆遲延，無決斷力，其家失敗，未必不因此也。丈能以半數取物，當代其他處籌款以了之。事半功倍，易於着手也。渠所藏字畫外更無他物，若令其開單，恐佳品未必列入，不如丈指名取之，價格方面詒當告其從實而行。鄙見如何，請示進止。遐公世丈執事，祖詒再拜，即日。老蓮畫册請題一簽，便中擲下，有人索看也。

二

昨得示，謹悉尊旨。頃葱玉來，開單送上。内元明古德、静春堂、四相卷三件尚在情理中，餘則價似不值也。雪齋竹要萬元，不能談。古玉渠處無之。其家叔侄間猜忌頗深，叔馴用侄款甚多，他日以不了了之耳。遐公世丈左右。祖詒拜上。廿七。單中須看者請示知。

附件下爲張葱玉手迹：

元文宗永懷拓本卷，二千元

元明古德册，二千四百元

静春堂題詠雙卷，二千四百元

劉貫道人物卷，二千元

趙大年卷，四千

四象圖卷，二千四百元

王孤雲揭鉢圖卷，二千元

宋人題跋卷，四千元
宋吴允文詩卷，二千元
劉元夢蘇山圖卷，二千元
歐陽圭齋楊公墓銘卷，二千元
元明善詩卷，一千元

三

檢上殘宋本《咸淳臨安志》一頁、《趙忠節公尺牘》一通、汪謝城畫蘭及詞稿各一册，請携杭。《水經注》部帙頗鉅，不欲陳列矣。昨虚齋老人托轉上楊蔭老信，謹附呈。能由杭來一示最妙。莽尺已覓得一支，與尊藏者正同，非吴氏物也。敬上遐公世丈大人執事。祖詒拜上。卅日。

四

遐公世丈執事：大示敬悉。潘、張二處已接洽，俱已首肯，收得即送呈不誤。來示所列明刊六種，《六朝聲偶集》芹伯有之；《海叟集》明刻不止一種，記得北平館及沅叔皆有之；《蟻術詩選》較爲難求，《詞選》則更不易訪矣。其餘四種盋山皆有之，可指名而索也。韓氏出陳大概全係字畫，約有十餘種，其中張東海詩卷出守南安，諸家送行詩、孫雪居山水卷爲呂晚邨之祖所作、高層雲山水册故宫所藏外，所見僅此皆至佳。其舊藏雲間名人詩文稿本已全數捐入松江圖書館，想必全行出展也。尊藏綦富，想必有驚人之品。敝處七縣文物甚少，止一陳臥子《自撰年譜》，其弟子王勝時手録者，未經刊木，較爲可貴耳。專覆，并請撰安。祖始拜上，三日。

芹伯性甚緩，其地址不使人知。前日見面雖已許可，其出品至早當在六月底交。

五

頃奉第二書，適前函已付郵，未及附聞。詒於定公向所頂禮，故所知略詳，兹舉所知奉聞。

定公孝拱遺書多數在杭州高氏，其自刻文集一册多《水仙賦》一篇，在章式之家；自刻詩一册，五年前得於廠肆，爲芹伯强取去；文集清稿四册，孝拱手批者，在龔懷希家；墨迹丁輔之有一册詩卷，議值未成，仍還伯珩丈，未知尚在否。商務有孝拱手批《積古齋彝器款識》，北平館有批本《金石粹編》，其餘屏聯等孝拱所書，流傳尚多，定公則絶無矣。其題跋見於書籍碑版者亦甚罕也。專覆遐公世丈先生左右，祖詒再拜。三日。

六

遐公世丈執事：昨示謹悉。《六朝聲偶》當向芹伯索之。渠尚有吴匏庵鈔《陸士龍集》亦是佳品。潘氏二書已取得，已由詒先書一收據，尚須代其檢點頁數，竣即送上。得此二秘帙，足爲斯會生色。鄙意陳列時須全部展覽。蘇杭宋本皆陳一册，愚意極不謂然。潘書向不出借，此其破例也。敝友薛育津新著《周易與物理》一書刊印將成，擬求大筆題簽以爲光，附上一紙，請一題擲下是荷。此君好學深思，頗爲難得也。專上，并請撰安。祖詒拜上，六日。

七

大示敬悉。《静安八詠》等書尚未取來，當再催索也。老蓮册與此次文獻不合，乃求丈大筆題簽者，能一書擲下，至感。附上薛君所著書一册，請察登。此上遐公世丈左右，祖詒拜上。

《静安八咏》，一册元刊本，又一册萬曆本。

《六朝聲偶集》，七卷二册明華亭徐氏長水書院刊本，黄蕘圃跋，右三種張芷圃藏本。

《詩準》，三卷一册上海陸深舊抄本。

《寶晋英光集》，六卷一册米元章，吴興蔣氏求是齋鈔本，江安傅增湘録黄蕘圃校宋本。

蔣維喬（一通）

玉甫先生大鑒：昨奉惠書，具悉。趙城經卷一時既不付印，鄙見正可趁此時間審查内容，以便將來决定何種可印。弟苦無暇晷，前與江君味農談及，渠願擔任此事。如荷贊同，乞將《傳燈玉英集》《天竺字源》《御製秘藏詮》三種檢交，以便送江君處。三種查完即收回，再换他種可也。手頌台安。維喬頓首。十一月廿七日。

蔣鏡寰（一通）

遐公大鑒：上海文獻會主持賢勞，至以爲念。昨奉快示，敬悉。承屬一節，當商同王佩諍、陳子清、陳子彝諸兄，如命辦理，以副雅望。專復，即請大安。晚蔣鏡寰敬上。六月廿七日。

毓英（二通）

一

譽老道長大鑒：頃奉手示，聆悉壹是。尊款弟因暫不能代墊，種種困難，早經函托李雲老向我公聲明，不卜已達到否？總之，此款既是我公熱心捐助法寶館之用，弟當與裕大極力設法，本息均可不致短少。弟可負責，務乞放心。此請大安。弟毓英謹上。

二

譽虎我兄大鑒：迭奉台函，敬悉。承示覺園法寶館所存裕大之款，既據田玉翁允歸半數，其餘須弟照付，俟與前途接洽後，即當覆命。但該款摺據是否在尊處，便希示覆。弟日昨舊恙又發，順告，覆請大安。弟毓英頓首。五月廿六日。

趙熙（三通）

一

奉讀精衛之作，不懌者數日，欲妄相怡意而未能也。江亭之談，因叔海參事與病山京兆改官作別，非圖飲也，亦無雜賓。尊恙日就荃矣，能强此一行乎玉體非健，苟過苦，則亦不必强也。天定語，或亦養心之助耶？暑中謀聚，至難。特此奉布，別紙附上惡札，乞勿示人。熙頓首。玉父先生

二

頃得延真閣箋，知公不與江亭之譚，甚悵。不知仍艱步履，抑累官事耶？盛暑固難勉强酧

應，區區所甚念者，則以玉體非健，全恃心境怡然，得間雅譚，或可藉祛世論之繆也。如何如何？臨筆馳泝。

玉父先生再鑒。熙頓首。

三

五月江亭路，涼風萬葦間。小譚醒別酒，多病愛禪關。世有群蛙沸，天空一鶴閑。美人應惠我，緤馬向何山。奉約玉父詞長一話江亭，代柬，宣南上草，熙。

趙沆年（一通）

叔雍大弟如握：日前接奉手書，快慰奚似。時適連日患痔甚劇，未能即復，歉然。前仲達回平述及四伯大人福體欠安，想早已元復矣。承詢所藏宣爐兄喜與佛爐爲緣，因之二十年來收羅獨多，除陸續將失入者仍由廠肆售出，現僅存大小五十個，閉門自賞，以爲各有可愛，即有特精之品，在兄亦均平視。近年來，日尋廠肆中，已經年不可得一二矣。葉公識精力宏，收羅所及，兄斷難彷彿萬一，所以此次捧誦來書，不勝雀躍，何幸有緣，將來可由弟俾一開眼界，并以微末所得呈奉名家鑒别也。至詢兄能否割愛酌讓此物西人獨未知妙，尚未收羅及此，所以市價不起。兄所得大小平均每個約費數十元，并無昂價者。惟二十年來所費之時間、心力與所遇之機會，具此三者，以聚集之不易耳。兄寧割愛全讓，不能分愛酌讓。我愛可割，物聚難分。葉公如果能博愛，則兄不妨悉數讓渡耳。囑以南行携帶，隻身實覺未便，年内眷屬或即南歸，届時或終有緣得將所藏悉供賞鑒也。日來交通梗阻，因之兄行須稍緩里中屋事已托莊中希内兄代爲料理，或可無須急行也。將來如必須由海道行，則當先抵滬把晤暢譚，或不甚遠乎！耑復，順請侍安。并頌儷祉。兄沅年手上。

整理者注：此爲趙沅年致趙尊嶽尺牘，趙尊嶽附其致葉恭綽尺牘後者。

趙尊嶽（五通）

一

遐公侍下：昨談爲快，亦終於無可奈何，坐觀花落而已。夜歸，抽暇作小詞以應社課，絶無好致，遂成哀思之音，寫乞正拍。友人來書，乞假黄韻珊《詞綜續編》、姚氏《國朝詞雅》，備補闕佚。會有便人帶杭，敬乞賜檢，日内擲送寒舍，俟前途用過，仍可送上備甄采也。比正理書，想不過瀆清神，餘容再罄。順頌道綏！制尊嶽頓首。廿二。

二

玉公道右：昨緘諒達座前，書估函已照轉愛理，并囑閱後奉繳矣。承示《詞鈔》，按所開雖無孤本，然多出單行零帙。現兹彊邨及四印齋卅一家，雖加印行，中多闕文，蓋大家者傳本較多，校勘較易，此等斷素需縑，苟得精校，固屬佳事。且各家名鈔本，如明之吴文正、梅禹金，清之趙輯寧、勞巽卿等，偶一發現，傳爲秘笈。當時因無總目可稽，而鮑渌飲、黄蕘圃、張月霄等所藏尤足珍弆，故前途開來者，雖據目不爲罕見，而内容或堪正是。左右儻有意羅存，固所雀躍。即不然能覓得全帙一觀一校，又足爲愚考證之資，諸乞圖之。近兹北海購致舊鈔詞集亦不少，趙萬里見告謂校勘輒有勝處也。又此類鈔存當日或不止此數，鈐章每在首册。分散之後，賈人隨所得以彙輯，往往遂無藏記，不足爲原書之病。即津館所藏之吴氏《百名家詞》（明棉紙精鈔），亦迄無印記可資核證。倘能設法俾其運滬一觀，彌欣幸矣。乍得王逸塘函，謂纕蘅不日南來，此事或可以相瀆乎？連日瑣六，遂疏趋陳，日内當圖罄。近者尊體當日漸健復，家李卿兄忽忽由常遵陸北行，未及晤教，并屬致歉，期以明春相晤於北海中央公園也。專陳，順請道安！尊嶽肅上。廿七。

《梁谿詞》未注何人所撰，却無印本相傳，即不購全部，可寄來設法鈔存。又，《撫掌詞》祖本僅見於《典雅詞》，缺失不少，此本或可補證乎？《梅山詞》亦未經見，兩雙溪必爲二家，世僅傳一家耳。

三

拚多情、落帽向空山，華髮漸星星。况蕭辰俊侣，連鑣繡陌，墖院層城。望裏越谿如箭，愁溯劒痕腥。一舸興亡感，消領濤聲。

賸有巉巖片席，問凭琴喚酒，誰醉誰醒。怎秋容寂歷，隨分付丹青。羼光寒、西方摇落，奈雲邊、眉嫵罨遥汀。斜陽外，井梧霜柏，惜取承平。

丙子九日，游靈巖，登琴台，麋鹿前游，蒖囊何世，同人繪畫記勝，施之僧寺，遐庵居士屬作題詞，因和夢窗《甘州》原韻。武進趙尊嶽并記。

四

拜讀大作，鬱伊感愴，彌難爲懷，竊欲貢愚，更希審定。首句『抒恨』擬作『貰恨』較鍊。『遍灑』二字擬作『錯落』，似較『遍灑』之明轉者句法益見直下，此處似無須明轉。『登臨』嫌與上『憑高』微複，此句或用『麋鹿』等少加句勒，按之虚實相間，則用實字益勝於虚詞。『清凉故壟』與下『琵琶孤塚』有犯重之嫌，衡諸字面『琵琶孤塚』較爲流美，二者似可去一留一。『治夢』擬作『鑄夢』較鍊。『清凉』意指秣陵，所謂銷金一例也，然下有『新亭』，已足點出此意而有餘，故换頭句或泛論一切，如『休問千秋宫闕』（此是不佳，惟當以籠罩一切之詞，而不必遽點出『清凉故壠』，俾免與下犯複）等語意。質之方家，當不以爲吹求過甚乎？容圖面罄。敬上，遐公侍右。尊嶽頓首。三日。

遐公招聽劉寶泉鼓詞《馬鞍山》，劉亦湖湘流落之儔也。率賦小詩呈教。尊嶽玨稿。

已忍親絲管，何堪見老成。紅牙消淚影，雪鬢寫宫聲宫聲一去不返，宋人説部云。月旦傳嘉話，風期勵後生。高山流水外，負鼓有餘情。

五

遐公侍右：昨得大豐公司來函，自七月起，三益倉尊事即當開始代理，并將於日内一辦交代。前荷尊允派一妥人監盤，請即日派定，俾可首途，行時請以尊片屬其人往大馬路保安坊女子銀行樓上大生紗廠晤蔣蝦堂先生，當備函介紹并指示路途。因渠須待人到方可前往接收也。文獻展覽成績斐然，具見我公心力之盛。炎天烈日，指揮一切，徒有驚歎佩仰而已。專此，敬請道安！尊嶽敬上。七日。

趙鼎華（一通）

玉公總長先生賜鑒：在青迭蒙賜教，至爲感荷。華回濟後謁見王芳亭先生，即將千佛山佛像以留存本色爲尚轉告，渠對我公極爲欣感，惟云佛像惜非精古，是以當時聽其一新，現尚有兹山之後開元寺有佛像甚古，且聞名塑。而寺則先濟南而有者，擬與靈巖同時興修。因芳公研究佛學有年，是以喜爲佛門護法，上年山東各縣寺産幾至没收，且亦多賴其保全耳。前月又力請韓主席重印《歷史感應統紀》一萬五千部，擬分全省各職員，以爲鑑戒，可謂能得其要，惠而不費矣。頃念此書係近年新出版，東北各省似更少有，如在職人員各能先有一部置之案頭，以爲内有看史不暇、臨事取裁之助，大可裨益吏治、福利民生。我公悲憫爲懷，善行方便，可否親向胡市長一提先得增印若干，散之全市，以爲官民啓信向善之種子，俾法會道場成立之日，聽法者多修持者多之先驅。是書直係全史縮本，即史書亦不過勸善懲惡，春秋褒貶其濫觴也。古云：『教民成俗。』善俗之事，胡公有不願爲之耶？想以其慨允寺基一事驗之，足證大有宿根，是以勇於爲善。倘更肯請張副司令居高一倡，增印十萬分之東北各省各界，俾得之者如長上父兄、嚴師益友以臨其前，勉以善惡因果、輪迴報應之理，則此十萬在職人員居在四民之首，如暗得燈，先資警惕，日惟爲善，不足其轉移人心、增善吏治，又豈少補哉？書所謂『一家仁，一國興仁。一家讓，一國興讓』。其幾如此。仁民者自不可忽，宜思有以化之，則是書之適合國情心理，實爲效用至大，以之施教可謂若網在綱也。且當此全國大灾之時，若不普化官民，咸有急公樂善之心，又何望勇於輪將挽此劫運度此大難？況新學少年動謂因果爲迷信，正苦無以間執其口，近年國之不寧，亦未始非此説有以致之，此書使得一見，總不能再説一部國史爲不足信。又，印老及止淨、雲台二居士創書之本願得以廣播東北，則公可謂釋迦稱讚、彌陀功德矣。書價極廉，每萬部二千五百元，附樣本一部，并韓、王公序二篇。肅此，奉懇。敬頌崇祺。後學趙鼎華謹啓。八、二十。

滕　固（十通）

一

遐庵前輩先生史席：頃奉大示，并兹賜寄莫蕘士先生集四册，欣感莫名。蕘士先生集印出，晚竟未前知，孤陋可哂。徐州出現古窟，晚已注意，日内當與同人一商前往，設法保護也，并當照尊示辦理。滬市文獻展覽會適接市博物館通知，自當設法代爲搜羅。晚只能檢出鄉賢著述，因手迹及畫像若干皆歸族兄保存，當函其檢選，但彼頑固，是否能實現當不可必。唐叔達、婁子柔皆高橋人，嚴永思衍爲江灣人陳援庵藏嚴永思手卷二件，極佳，此等遺迹，似可廣徵之。滬市四境存碑，可速遣人拓，尊意如何？煩爲轉述辦理，匆復。肅頌撰安。晚固叩。五、十。

二

遐公前輩先生史席：頃奉尊示，祗悉。此間徵品正在進行，但看來并不多。晚與蔭亭日内將邀主要人員一叙，作最後會商。晚個人檢送三十種，内多鄉賢著述，其目録已送趙厚生先生矣。一切自當盡力爲之，不一。即頌公安。晚滕固叩，六，二。

三

遐公前輩先生史席：奉示，祗悉。日前晚與蔭亭已將此間情形函致文獻會。晚可搜集者，當俟此間物件一併送奉。此間上周曾約關係人宴叙，決請中華書局代爲收件，二十日左右國學圖書館等恐皆中華書局代收，最好二十號來倘尊處能派人來提取最妙，否則，此間有便人亦可帶上也。不一，即頌公安。晚固叩，六，十五。

四

遐庵先生史席：奉大示，祇悉。即當遵屬由鐵路運輸，現已裝箱，計今日送出，内朱逖先十四種皆係珍秘書籍、國學圖書館十八種各類、柳翼謀一種書籍、胡小石一種竹汀聯，程瑶田聯，爲嘉定山長、顧蔭亭八種書畫、滕若渠二十八種書籍及墨迹，共計約六十種。另有詳目在箱内，凡晚可出品皆填就登記表也，不一。即頌公安。晚固叩，六，廿一。

五

遐庵前輩先生史席：昨奉一函，并同日將書籍一箱、書畫一包已托路局運上，箱子因裝置關係，晚與朱逖先先生之出品，拆包鋪砌，開箱時請飭爲之注意。又，各出品目録亦附在箱内之一大信封中。此次徵集會由晚負責，故將來發還亦可送晚照轉。顧蔭亭請客代墊廿餘元，似應由會交還。專此，即頌。晚固叩，六，廿二。

六

譽翁前輩前輩先生史席：日前大函敬悉。此間各出品人收條晚已填發，存根暫留晚處有一本即從蔭亭處取來，至將來一切結束後繳還。晚與蔭亭之意，此次文展收品必豐，可乘此機會刊行《東南先哲遺書》或稱東吴，或稱蘇松太。選有價值而罕傳之圖籍，予以分期刊布印刷不必求美，排印亦無妨，只要板式一律，設一委員會經辦。其經費，蘇省滬市政府津貼，各縣熱心者滬上聞人之類捐款，及預約入股詳訂辦法，不虞無着。晚意此確爲當前要着，務乞先生與滬方各前輩一談，且由此組織，可陸續徵求人間秘籍，未始發揚文獻之一助也。尊意如何？專此，即頌公安。晚滕固叩，七，五。

七

遐公前輩先生史席：前日奉示敬悉。晚意此次徵集誠一盛舉，機會不可失。《先哲遺書》之刊行亦惟在此時機一股作氣促成之耳。晚之意見如下：

（一）組《遺書》編刊委員會。內分監刊委員名流聞人、捐款者屬之，選材委員各屬學者及關心文獻學者充之，編審委員或與上項合，采訪委員此次文展之成員皆可羅致。

（二）經費。市府撥一千，各縣共籌二千，捐募二千，以此五千爲基本，徐圖發展。

（三）就今次送展之罕傳本，速行選定付鈔，預備編第一期。

（四）刊行可托商務印書館，由會洽濟現款。俾及早實現。

以上各點如決心舉辦，實不困難，鄙見如此，不識有當高明否？惟目前北方情形如此，談此種事或被譏爲不合時代，然及今不圖，將俟何日？一切仍請卓裁，不一。即頌公安。晚固叩，七，十六。

八

譽虎前輩先生史席：關於刊行《遺書》事，晚前有函奉貢其一得，頃接大示，并附印品，拜閱之下，深佩卓見。能爲此發動，合力以赴，不患無成，可慮者强敵搗亂，不令吾人安心爲文化服務也。晚滿擬來滬一行，而京中瑣事太多，不克動身，文展會亦坐失良機矣。一周前有一請客賬單寄奉，不知已邀台核否？不一。即頌公安。晚固叩，七，十九。

九

遐庵前輩先生史席：在目前情勢之下，各方出品人來索物件，望先生即飭妥爲裝箱，將晚所徵集者一併運京爲盼，匆匆。即頌公安。晚固叩，八、三。

一〇

遐庵前輩先生尊鑒：屢次快函，及有一電奉上催運展品，未得尊复，甚爲焦念，昨晤蔭亭，謂先生未收到，殊深詫異。展品不知已交運否？倘已交路局，并懇托路局提前妥運來京。時機不可再緩，因此間無以應付各方也。并乞先行示復，以安出品人心。朱逖先先生函附呈，可知此間爲難也。專此，即頌公安。晚滕固叩，九、十。

劉　復（一通）

譽虎先生道座：昨由清華大學轉到手示，藉悉新得古尺一枝，細閱圖樣，爲之狂喜。兹將弟所揣測及懷疑各點條列於左，仍希有以教之。

一、福開森曾得一古銅尺，與屬鐘同時出土，馬叔平定名周屬鐘尺，製有模型，贈弟一枝。附奉此模型之拓本。據以與尊藏古尺之圖樣相較，有可以注意者三事：甲、兩尺均於一端之半寸處有一圓孔，以爲穿繩之用，此爲今尺所無，古尺中似亦未曾見過；乙、屬鐘尺中央厚而兩面較薄，其縱端之剖面作〇形，尊尺則兩旁徑作斜坡形，其縱端之剖面爲⌓形，此與現代製圖所用之尺同一用意。而吾國舊有之尺均是四面方整，極不合用，可見古時良法美意多有失傳者。丙、以尊尺平面圖與屬鐘尺相較，長短恰合，同爲二百三十一公厘。與弟就故宫莽量推求所得之數目亦恰合。二百三十一公厘損十分之一。但此就平面圖所畫之廓綫而言，若就圖中所注『長二十二公分又一公分之十分之九』而言，則相差至二公釐，不知先生畫圖時所用之公尺精密可靠否？

但無論如何，弟以爲厲尺、莽尺、尊尺必同爲一系統中之物。古時器物，往往因製造不精，錯誤率可大至百分之六七，即如故宮莽量，以本身各部相較，亦有差誤。此所差之二公釐尚不及百之一，不足計也。

二、尊函謂『依吴大澂《實驗考》所論斷，似此尺爲晉式，晉以前漢以後之尺，蓋校《實驗考》所載晉以前尺略小，約一公分之三分之一。而校漢慮俿尺略大，應爲過渡期間之物也』，按《實驗考》所載漢慮俿尺長二百三十五公厘，晉前尺長二百三十四公厘半，弟意不作晉以前尺解，此數目字不可信，已經展轉翻摹也。是尊尺應大於晉前尺而小於漢慮俿尺。尊函云云，疑爲筆誤。

三、據《隋書·律曆志》，周尺即莽尺，亦即晉前尺，今既證明厲鐘尺與莽尺之價值相同，而尊尺又與此二種尺之價值相同，其爲晉前尺無疑，估人言是秦公主墓中物，疑秦晉音近，因以致誤。如其不誤，則誠如尊論，當屬之苻秦。苻秦有國，正值天下大亂，或不暇爲制度上之改造，即襲用晉制，亦事理之所許也。據《隋書·律曆志》，晉前尺亦即祖冲之所傳銅尺。祖氏生於苻秦亡國之後數十年，其時晉前尺猶存，益可見苻秦當國時有借用晉前尺之可能也。

以上是弟一知半解之談，是否有當，殊未敢必，仍乞賜教，所疑各點，亦請示及。倘承以照片見寄，當謹如尊命，撰一短文付《國學季刊》發表。南中不乏良工，如能製爲模型，傳布於世，亦一時盛事也。匆匆，即請大安。弟復頓首。二月廿四日。另包寄奉出板物數種，乞賜教。

劉大鈞（一通）

譽虎先生大鑒：昨談辦法，今日已與陳翰笙兄談明，彼表示同意。對於造府面談，亦可照辦。昨日所云困難，係弟稍有誤會，彼不便自動奉訪，係恐對不起蔡孑民先生耳。唯此次赴無錫，須星期二下午方能回申前日弟誤聽爲星期日。陳君擬請於星期三、四兩日中星期五開船指定時間，以便奉訪，未知届時有暇否，祈示复爲荷。又向太平洋國際學會接洽調查計劃，須有本館信函，方爲正式。而本館既予陳君以名義，亦須彼函复，以免接洽借款成功後，或有變動，故特擬函稿一件，祈賜斧政。如尚可用，并請即日簽字擲下，以便弟持與太平洋國際學會中國分會之幹事弟已口頭與之説過接洽，并譯成英文，與原函同交陳君。同時向彼索取覆信，以爲定局也。此函只爲該項計劃而作，將來如美方無捐款，本館不受任何拘束也。敬頌台綏。弟劉制大鈞鞠躬。

附函稿一件。

再，本館通信調查農村經濟，已囑陳君季民擬表。江西調查團來信，正審閲中。俟擬有辦法，再請斧政。至收發及擬稿辦法，聞事務部在修改中。俟改好再行簽注。又及。

劉太希（一通）

遐庵先生侍下：十年前遊學京師時，于瘿公、養源所讀公文字，耆慕殊甚。榮晦異趣，莫由相逢。前歲大厂居士爲言，先生樂與人善，不立崖岸。於其晤對時，願挾拙詩以進於左右，下走因亦請爲道其仰企鄉往先生者之非一日，而乞先生爲序拙詩。人事逡巡，終亦未果。竭來滬瀆，世變日非。聞先生絶世高居，冥心净業，霞舉鴻引，志慮超然。不自揣其愚蒙，思聞道於君子。下走嘗謂《楞嚴》旨同《齊物》，自餘杭章氏《齊物論釋》成，始暢斯旨。釋學流别，大略爲四，禪、律、教外，附以净土，而四者均不易言。下走最始僅得觀禪宗之書，機鋒相尚，言下了覺，以爲佛學盡是矣。及讀章氏書，間及玄理，甚哉其詳也。不自揆度，稍從窺焉。章氏擅于名物訓故，能講莊釋，而語苦求深，文尤浩瀚，蓋教宗之所爲。下走神解觝滯，無能爲役，復廢然返律與净土，皆彼教中人能之，非學人所可；而持净律者，誠以存之，敬以出之，心光皎然，一掃垢穢，亦非急乘緩戒之士所能爲也。望洋問津，芴然漠然，頑鈍如此，曾何足上語二乘三藏之大，而希馬鳴龍樹之風乎？左右燭物湛明，遺世無悶，此殆深入勇進，而永不退轉者與。瞻企赤松，無任神往。轉輪有願，伫聽法音。舊作數篇附呈郢政。裁書布往，主臣如何。劉太希拜啓。

嘗見先生法書，神采奕奕，并世罕儔，真可寶貴。欲懇賜書楹帖一聯，以爲光寵。倘蒙見許，即當携呈，何如？太希再拜。

劉文興（一通）

後學劉文興敬謹頓首奉啓。（後門東石壟橋東，以爲葉氏手迹）

譽虎先生賽席：久企明教，虔想悳音。僻處里閈，未遑修謁。比歲北來負笈舊京，幸於傅藏園太夫子暨陳公穆世伯所獲闞尊輯《清代學者象傳》，鴻編巨製，昭示典刑。嘉惠士林，得有矜式。并諗先生徵求先伯高祖端臨公、先伯曾祖楚楨公、先伯祖叔俯公遺象，祇㠯先祖佛卿諱嶽雲公故後，舉室南歸。家君日㠯梓行先祖《食舊悳齋叢箸》爲事，亦未遑外出，致先生刊象傳時未能㠯先世遺象附入。昨歲歸去曾㠯此稟之家君，亦已未附入爲憾。兹奉家報，命先㠯端臨公、楚楨公兩象爲贈，并附陳拙輯《端臨公年譜》一通。用敢奉陳，敬希察入，倘蒙指正，尤深企禱。至叔俯公象久已散帙，遺著亦㚆淪落。春間稟承父命，葺出《論語正義補》一通，近已付梓，一俟印出，再當寄陳。先祖箸述達四十種，除曩日張南皮代梓者外，近祇梓行十餘種尚未付印，一俟竣事，再先馳陳。素仰先生留心淮南之學，故敢覼縷奉瀆。敬祈鑒原，不任企幸。專此肅陳，虔請箸安。并頌台綏，不備。後學劉文興再頓首，八月十日。

外，皓象兩幀，年譜一通。

劉成禺（二通）

一

遐庵先生史席：命題賈師憲《花下琴聲》，寫好有便人即帶呈。友人王伯秋專員長樂由馬槽下得三寶太監七次下西洋碑，吴靄林據補《明史》年月次數之不足，今特郵呈一份，請查收。明後日回鄂，與劉商印《全清詞》事也。敬上台安！劉成禺頓首。卅。

廬山有秋壑携弟江西發餉刻石，碑沉龍潭，《廬山志》有拓本，祈一查。

二

遐翁先生教席：三接手示。關於綱師園事，禺於二日返漢與劉某直接談判，究竟如何，當有呈報。秋壑拓本已寫好五絶，因郵寄不能，便人帶上。今又送上易寫之紙，敬祈先生書舊詩多首，并求先生將白宣直裁者畫黑竹數筆，上畫下書詩成爲全幅，爲傳家鎮山之寶，先生必不却也。肅此，專頌祉吉！劉成禺頓首。一日。

劉敦楨（五通）

一

遐庵先生道席：敬覆者，昨自薊縣獨樂寺歸平，奉讀廿三日賜書，敬悉種切。工程做法、出版日期桂老亦以暫時不提爲佳，容後伺機再行補叙。赴滬展覽本歲已來不及，因模型製作須先繪實寸圖，手續頗繁，倉猝中恐籌備不周。現社中擬製遼獨樂寺觀音閣模型一座，日前由楨率領助手二人、模型木工二人赴薊詳細測量，約年内可以竣工。此外再加宋、遼、金各式斗拱分件模型十數種及實測圖像片、彩畫等，於明春四月上旬赴寧滬一帶展覽。三月末在平展覽。如經費充足，并擬附帶講演數次，桂老、思成及楨同時南下。不知能否辦到耳。乾隆鐵尺已覓得一像片，刻正追求原物，容有希望。知念并聞。專此，敬候道祺。晚劉制敦楨謹啓。十月三日。

馬叔平先生所箸《隋書律歷志十五種尺考》，先生處如無此書，即祈賜示，以便購呈。

二

遐庵先生道席：敬啓者，前接夏光宇先生來械，敬悉先生擇用晚所繪乙種圓亭式樣。晚刻正根據原圖繪繕詳圖及説明書，以期早日興工。惟晚尚有疑端數事，兹爲長者陳之：（一）陵園建築物限石與鋼骨水泥二種，石價太昂，衹能采用鋼骨水泥構造。晚前估計亭價約四千元，昨聞夏先生云亭下土工已用去數百元，再加植梅等費，共需二千元，餘款三千元，造亭頗覺不足。（二）中國亭子舊例皆施彩色，惟水泥非木石可比，内含鹼質甚多，易使細油漆變色，須先塗鹽基性藥水一層，使鹼質中和，然後再上彩色。惟我國工人素乏科學常識，將來雖由晚負責監工，洵恐難臻周密，數年後發生變色或剥落等弊，不得不預先聲明。（三）亭名匾額擬報懸外部檐下，紀事匾則懸亭内，未審合法否？以上三項，晚原擬來滬面達，兹因事不果，特此械陳，即祈裁奪賜示爲禱。專此，敬候道安。晚劉敦楨謹啓。十二月廿八日

三

遐庵先生道席：敬啓者，前奉手書，敬悉種切。奉璋尚未來寧，未審另緘內容若干。紀念亭草圖業已全部繪就，并謄正一部分説明書及圖樣，四五日內可全部告竣，送交夏光宇先生招標動工。據晚估計，造價約需三千五百元，惟包工人估價往往稍昂，大約在三千五百元至四千元之間。頃與夏先生商量，此價尚屬相當。先生捐助六千元內，除去亭價四千元外，其餘二千元即充植樹配景之用，不足之數概由陵園支付。聞林子超先生主張亭四周之襯景不可惜費，預計約在一萬二三千元左右云。檐梁高英尺一呎二吋，內梁高一呎三吋，石額高度似宜較梁身低二三吋，以便嵌入梁內。又亭身係圓形，檐梁及內梁與亭身一致，亦作圓形，石額表面須成弧綫形，俾與梁面符合，其弧綫部分尺寸依圓徑而定。檐梁外徑十六呎九吋，內梁內徑六呎。俟日內藍圖曬好寄呈，便可算出。專此奉達，敬候道安。晚劉敦楨謹啓。一月十一日。

四

遐庵先生道席：敬肅者，春間奉上一緘，適先生南遊，未省曾達尊覽否？楨自滬變後，僕僕寧湘途中。嗣中大學閥交哄，有解散之厄，楨應桂老電召，來平暫代文獻一席。自顧學殖淺陋，遽膺此任，恐成不舞之鶴，有負年來長者提掖盛意，私懷惴恧，非言可宣，尚祈時賜箴言，俾有遵循，是爲至禱。學社於前月中旬遷來中央公園，即天安門内西朝房，在公園行健會東側。經費除庚款仍照撥外，桂老前在滬捐募一萬元，足敷本年開支。社中法式、文獻二組專任職員之薪俸由庚款一萬五千元内支給，兼任職員及印刷調查等費，仰給臨時捐款。桂老擬乘兹年度更始及遷居之際，厘訂社章，并組織幹事會，奠學社永遠基礎。前奉呈幹事聘緘未審曾否達到？除先生外，尚有周詒春、孟錫珏、袁同禮、陶蘭泉、陳垣、華南圭、周作民、錢新之、徐新六、裘子元諸位。社中研究事項，刻除圖注《欽定工程做法則例》仍繼續進行外，春間梁思成先生調查薊州獨樂寺及寶砥廣濟寺，皆遼代古刹，足與《營造法式》互相發明，極有價值。楨所測明智化寺，亦足解釋宋、清間大木變遷之一部，年内俱將陸續發表。此外，歷代宮闕制度考證明清宮闕已具眉目，擬上溯遼、金二代。與材料二項，均在賡續進行。就中琉璃與彩畫顏料二種最繁複，亦最重要，社中擬提供材料，與化學專家合作研究。《修理棲霞山隋塔及保存用直塑像經過》，桂老囑轉懇先生早日惠賜，俾可登入《彙刊》，喚起國人維護古物之注意。仰止亭彩畫刻正在施工，其工作程序及監督方針楨離寧前一一面囑陵園楊君代理，現擬旬後南下查驗，并擬趨滬面聆訓言，但未審届時先生在滬否耳。專肅，敬候道安。晚劉敦楨謹啓。八月五日。

五

遐庵先生道席：月前奉上一緘，諒塵左右。桂老前囑楨赴滬報告社中工作，適值舍親中有人病故，未克抽身，擬待廢曆年節前後再南下面陳一切。内政部蔣部長日前又來緘調楨赴寧工作，桂老囑抄録來信及覆緘寄滬，供先生參考，兹附呈緘末，敬祈賜收。又前寄社章草案數種，社中併無副本，桂老并囑轉懇先生費神謄録一份寄平，以便此間諸理事隨時討論之用，不勝感禱。專肅，敬候道祺。後學劉敦楨啓。十二月卅日。

劉承幹（一通）

譽虎先生惠鑒：昨奉手箋，快如良覿。日本漢學家原田淑人謬采虛聲，將欲來滬顧訪，辱公爲介，弟極願倒屣迎之。乃避地潯溪，未克拱候，失之交臂，悵惘奚如！《宋會要》一書，敝處并未付刻，其稿本爲大興徐星伯觀察所輯，惜非全豹，寧宗以下缺如。弟雖已將次就編，約共五百卷，而所缺四朝《永樂大典》無從采補。現在搜采各《史》以補之，累月窮年，尚未竣事，且所補者亦恐未必有當大雅。此書雖不擬刊，然亦不忍湮没，擬將板權送與別人，由渠印以行世，未知有問津者否。原田欲鈔，恐非易易，否則多流傳一部，弟甚樂於從事也。保聖寺石像款項已托夢坡丈矣，不日送呈，先此達意。久别懸懷，他日返滬，當奉謁高齋，藉傾積愫。專泐貢復，敬請台安，伏希荃察。愚弟劉承幹頓首。三月七日。

潘伯鷹（二通）

一

番禺夫子尊右：《天津》半月刊第三期昨日寄呈，想辱鑒及。刊行以來，所幸尚得社會之贊許。據津友前日來滬面談，創刊之第一日門市即售去半數，現一二兩期已完全售罄，而求者尚多，正擬補印。書局要求節後自第四期起，每期加印兩千分，蓋以華北刊物甚少，故偶有一刊物問世，即爲衆注目。若在上海刊物林立之區，決無此好收獲也。現正努力支持，使其能久立，則此刊内容雖不甚佳，而『用自己錢，説自己話』八字規條，庶幾始終不渝矣。吾師論文藝廣義之講稿筆記及近日詩章，可否不以其不可教而不教，賜下少許，以光篇幅，不勝盼禱之至。此刊篇首啓事乃式之私見如是，正擬闢一地，題之爲『現代詩』，以印傳今世之詩，覓稿極不易，吾師爲今世龍門，收稿必多，容借鈔選録，尤感激矣。專此，謹叩道安。受業潘式百拜謹上。十月九日。

二

番禺夫子大人賜鑒：自三國同盟公布以來，滬港情勢又爲頓緊，深以吾師在港居址爲念。而年來疏慵無狀，又兼公私各事無一可以行其志者，久未能以區區之懷上達函丈，每於履川處得聞消息，及見書詩，輒思詳切一陳，又恐遠勞廑念。日昨叔通持示手帖，拜誦之餘，尤增仰止，許由、比干諸人一誼，發前人所未發，而實爲千秋聖哲胸臆間語，得此一誼，則游夏之辭可以無作，凡所以欲持慰杖履者皆不如此明澈心性，不如先生此數語之足以自慰也。今年值夫子耳順之年，在渝門生故吏皆欲刻書以爲慶祝，既壽吾師，且以壽世，其事由履川主持。甚望敵機入秋以後轟炸少間，刻手可以安心從事也。受業諸事無可陳者，自頃一年，沈尹默監察過從甚頻，臨池之興亦高，又有陳松樵君刻苦力學，專攻英國文學，於麥考萊之英國史尤熟，相與約共讀十九世紀名著，受業甚得其益，亦欲以此愛惜光陰，磨煉精力，期恒貞之德，有以自持，但問耕耘，如此而已。香江想尚不甚寒切，冀爲道葆嗇，不盡欲言。專此，謹叩福安。受業潘伯鷹再拜。十月十一日。

公超頃在何所？甚憶之。

潘宗周（五通）

一

譽虎仁兄先生閣下：久違雅教，時切懷思，比稔德躬康泰，百凡如意爲慰。十八日接奉手書，敬悉一切。海源閣楊氏之書，今年春間張菊生君曾將一部分之書目抄示，索價奇昂，無從還價。如台從與楊氏後人可以直接談判，不經書賈之手，或易成事。弟滿擬趨前候教，但連日事忙，未能約定日期，如台從能惠臨敝局，當面討論，極表歡迎。弟自晨早八時半至十貳時、下午三時半至七時在局辦事，無一刻之離。如大駕何時來局，先一日示知，以便恭候，更爲要當。專此，敬頌德安。八月廿一日，弟潘宗周頓。

工部局帳房在江西路廿一號金城銀行對門樓下第一層。電話六一〇〇七，又一貳五七四。

二

譽虎仁兄先生台鑒：九月廿一日接讀十九日手書，敬悉一切。楊氏售書一事，台從聲明無居間經手意味。以閣下之道德文章，爲世景仰，弟雖下愚，斷不敢以小人之心度君子之腹，請勿以此介懷。弟未與吾兄談及楊書時，於七月廿貳日北京富晋書社有函致弟，謂楊氏之書有出賣意，弟覆書請其將書目及價單寄下，遲至八月底始寄來書目一本，共子、集部廿貳種，開價九萬三千元，内中之書與閣下之書目大同小異，惟索價之昂，比尊處之價加倍有多，實屬駭人聽聞。弟已於九月十八日未接閣下第二次信時已經推斷不要。弟對於楊氏之書并無意全買，而尊處開來書目十五種，要價四萬五千元，好歹通扯，每種三千元，仍屬不敢請教。查楊氏之書，以經、史爲最著名，今子、集二部開價已如是之貴，倘將來出賣經、史部，史不知其如何開價也！單内之書，内有數種弟頗有意承買，如《説苑》《新序》，唐人王、孫、岑集及陶詩、三謝詩，并聞世彩堂韓集亦在楊處，敢請閣下再托京友向楊氏接洽，將以上各種每部核實，定一最低之價，以便再行磋商也。閣下前患河魚之疾，想吉人天相，早已喜占勿藥矣。專此，敬頌台安。弟潘明訓頓。十月二日。

三

玉甫仁兄先生偉鑒：月之三日接奉惠函，誦悉一切。弟對於海源閣之書并無意全購，衹欲選擇其精者三、四種。今楊氏既欲全批出售，堅持不允分拆，且其所索之價弟亦不能同意，物雖佳亦只可放棄而已。屢次費心，不勝銘感。專此，敬頌道安。十一月六日，弟潘明訓頓。

四

玉甫仁兄先生閣下：接讀前月廿五日來函，敬悉。楊氏書事北方又有信來。弟前因該書主人索價過昂，斷無成交之望，是以不敢還價。今承我公函示，囑每種至高出價若干，故零開單將欲購之書七種共還價洋壹萬元。若書主人允售，弟可酌加經手貴洋五百元；如書主仍索高價，弟則無力購買矣。今將北方來書附在此函内，祈檢收爲盼。專此，敬頌道安。弟潘明訓抄。十八年元月二日。

五

玉甫先生閣下：一月七日接讀四日來函，敬悉。海源閣十五種書不允分售，鄙意不能實行，前日面晤菊生君商量一切。弟對於聯合數人共承此十五種書極爲贊成，惟於買價一層尚須磋商，因四萬之數仍嫌價昂，且聯買所得之書公同保管似不合宜。弟意最好聯置後再用競買法以決之，誰還價高即歸誰得，豈不爽快！如弟此議可行，弟允擔認入份大洋壹萬元。如何進行，請與菊生君一商爲盼。專此，順頌道安。原單附在函内。一月十六日，弟潘明訓頓。

潘承厚、潘承弼（二通）

一

遐庵老伯惠鑒：賜書祗悉。敝處出品擬目寄呈，以便選定。金石拓片、名賢遺象獨缺，弼僅拓至昆山，昆以上尚未動手也。宗禮白有徐紫珊建昭燈卷及名人圖象，禮白藏名人畫名賢遺像極有名。已托孫伯淵去接洽，或能徵到也。關於十縣金石，如須草一待訪目録，弼願擔任，請示覆爲荷。專覆，順頌台綏。愚侄潘厚、弼敬覆。六、三。

二

遐庵老伯賜鑒：前賜書誦悉。適近廢曆端節，困於俗事，登記表直至今日填齊，出品各件已送圖書館，托陳子清兄帶申。宗禮白處已囑孫伯淵努力將事，渠前幾日即來申，想晤見矣。俟開幕日到申觀光并候教。登記表三十五紙先呈請便交主管機關爲懇。專頌台綏。愚侄潘厚頓首。六、十七、七點。

潘飛聲(四通)

一

遐庵社長先生足下：昨奉大集之賜，謹謝，容一一細讀。尊先德巢南公遺稿，幽光必發，是宜速刻。惟弟少托君家門下，不敢言選也，昔刊《粤詞》二三編，於蓮裳太公、海雲公著作皆轉入揚丈永衍名下，即陳東塾先生不敢選《聽松廬集》但題詩略之意。而編校爲後死者之責。一俟秋凉，謹將全稿細讀一過，加意標其精華而已，尊意以爲何如？行篋舊有《午夢堂集》，久欲奉贈，惟總覓不得，則因遷徙凌亂之故，容再搜索，順及。即頌大安！弟飛聲頓首。七月三十日。

二

遐庵社長先生侍史：再奉手示，并購書票五金，謹悉。當往鍾宅訂購兩部，而主人不在，即取出兩書付其鈔票。據前訂每部二元四角，乃王秋湄云，實是每部二册應二元二角，但弟不管只將五元作算，緣此書弟曾校對也。前晚湯生比石來，即托其將《畫徵録》二册交遞，省得轉折，諒已收到。弟得贈一部，感謝無量。前日在夢坡處晤崔亭渠越日乃北行，未及趨訪，云云。一談，知《扁舟偕隱圖》畫者、跋者本末矣。日來想玉體益有起色，不勝切禱。專覆，敬頌大安。天氣漸寒，院裏自有暖氣，仍囑不可輕卸衣服，以免冒寒也。弟飛聲頓首。十二月。

三

弟久已辭去各校教員，持志本請一星期十鐘點，僅允四鐘點，因每晨往校，即不能題寫各件，午間又須往譚宅也。順告。

玉甫社長先生足下：前在劍丞莊上詢知台從以病未至，且聞現在醫院養痾，不見客，不閲信，以資静養。惟病不過血少，醫生戒以心攝云云。昨奉惠書，悉漸次復元，爲之狂喜。我輩老友寥落無多，總以强健爲祝也。弟此學期在持志大學講詞學，正擬到店購求各書，并致函少白索借，忽得寄惠《曲考》二册，銘感無盡。前日夢坡、虞琴來，議定假息園治素庖，三人補祝王鐵大慶。數日未得虞琴函，昨方函叔雍問公近狀，猶未得覆耳。《嶺南畫徵録》久已出版，每部二册索價至二圓六角，鍾祜慶云如弟來取減去六角云。專復，敬頌痊安！弟飛聲頓首。十二月四日。

憬吾來函，《畫徵録》爲其婿鍾祜慶刊印，歸其一手經理，自己無權，請代告諸友，未能奉贈，乞諒一切云。又拜。

四

遐庵社長侍史：昨陪清燕，又聆偉論，快幸無比。席半家人來告，言有客在舍久待，匆匆遂歸。時客皆未散，不敢驚動主人，故未及道謝，抱罪。返舍始悉，客爲憬吾之子孝博兄弟，囑弟立題芙生丈隸書册，即付影印云。弟隨作致憬吾書，告知兩君現選詞如無《粤東詞鈔》，則吾粤殊失色，而汪、潘兩家先世詞無從覓録。先祖《鐙影詞》在《粤詞》初集，芙生《辛伯詞》及先君《梧桐庭院詞》均在二集。語甚懇切，想渠必允寄來也，謹謝。即頌大安！弟飛聲頓首。九月廿六日上。

昨又寄到許守白新刊詞一册，如尊處未見當呈上備覽。

奭良（四通）

一

譽公總長大鑒：夏季一函申謝，諒登記室。辰維禔躬清吉，撰作敷腴，式如遠頌。昨接小兒滬函，知蒙賜教，垂問鄙詞，兹鈔二十三闋上塵棐几，翹希點注。篇末數行乃倩覓寫官者所爲，不值大雅一粲。下走文集裝訂有日，即當寄呈。寓廬何作遣日？薊門雖復減景，而岑寂尚可取也。上請台安，諸維朗照。奭良再拜。冬月望日。

二

譽公總長鈞座：前奉賜箋，垂詢先集及於小詩，殷殷下問，感紉何如。就維興居日永，采輯雲羅，望重東山，謳思北地。先祖之詞悉載《冰甌》，下走之詩録存者少，詠史無多。師丹老而善忘，以此愧公，轉稽奉答，皇恐皇恐。鄙詞刻竣，先以五帙奉呈，翹企教止。前因文嵐延宕，改組文模易排而刻，而文嵐因亦興起，下餘四種，均已著手寫排。經與鶴亭、漁川兩君商定，各種三百部，五月觀成。迴憶編集之初，旁皇四顧，直至去夏，幸賴我公登高一呼，遐方響應。文集之外，鋟及全部，誠非始願所及，實仁人之所賜也。惟是工用浩增，豪漿垂盡，合尖功德，大君子能勿念乎！發堂之請，悚息待命。奭良閑居無事，校書之外，時以文字自遣，近得十餘首辭，要亦不足觀也。輯刻之詞有崖略否？甚念。縷縷瀆告，上請鈞安，晋祈涵鑒。奭良頓首。穀雨日。

三

譽公總長鈞席：昨呈兩套三帙，諒入籤閣。日者，鶴亭屬題尊府《扁舟偕隱圖》，敬題一闋，兹先録呈郢正。字句小有同異，還乞冰鑑審其孰勝。又聞公春初發啓徵詞，偶誤一字致有違言，此失風雅之趣，輒僭代擬四絶句解之，以博一粲。另箋令兒輩書，不爲外人道。上叩崇安，伏祈涵照。奭良再拜。

四

譽公總長鈞席：前上一椷，附呈詞及摭言各三帙，諒登籤閣。遥諗起居佳善，綏履安和，爲頌以祝。奭良刊刻敝集一事，重賴大德，分金提倡，幸獲訖事，裝套成書。呈上二部，用備鄴架珠塵，仍附末秩三本，以便接前分致。仁人之賜，永志弗諼。尊輯選詞規模宏大，搜羅匪易，校刻尤難，廣厦多賢，勝任愉快可知也。手泐嗚悃，敬叩崇安，伏祈垂察。奭良再拜。七月望日。

水龍吟

早游清淺蓬瀛，省郎晚動歸歟興。簪豪丹陛，分曹粉署，春明晝永。商略萊妻，檢尋琴伴，喚來烟艇。只儒生艷福，流雲散雪，彩鸞杳，孤鴻影。　　敻絶水心高致，去觚稜，爲耽吟詠。藥洲笛唱，花陰笙續，餘音遥聽。三徑猶存，菊經霜傲，松留濤静。待羅浮返棹，蹁躚鳳蝶，是雙棲境。

奭良呈稿。

董康（一通）

玉虎部長勛察：昨傳新命，再起東山，薄海喁喁，靡不爲政府得人慶，固不獨海陬故舊一人額手已也。敝記室姜佐禹兄，茂苑名流，久遊海上，淹通新舊，寫作兼長，在弟處司理箋札已垂十載。商務印書館印行《四部叢刊》《古逸叢書》，板本鑒定、題跋撰述多出其手，尤善校讎之學。性行高潔，器識宏通，爲敝同年張菊生兄所信仰。明公當代龍門，高流宗鏡，似此佳士，當亦樂於接納。弟筆耕野處，力不足以振之，輒敢薦諸左右。倘蒙闢置幕府，洗其寒酸，食之官禄，俾毋終老泥塗，或亦賢者在位所應有事乎？倘部中無可位置，能於滬杭甬、滬寧兩局畀一筆墨優職，亦足以收名定價於君侯矣。唯冀垂意，不盡覼縷。惠復寄西摩路錦文坊七零五號敝寓。專此，敬賀任釐，不具。弟董康頓首。

董修甲（一通）

譽公部長道鑒：日前奉復一函，計邀德照。承寄捐册，囑代募修建保聖寺金剛殿捐款。除修甲個認捐百元外，另代募叁百四十元，册登姓名，自顧主席起至張冰君止。兹將原捐册暨捐款銀四百四十元一併寄上，敬祈察收賜復。至補助唐塑古物館經常費一案，據吴縣建設局錢局長天鵬函稱，業經吴縣縣政會議議決，按月補助三十元，已專呈縣府，轉呈敝廳核簽支票并另函陳明尊處等語。除電飭錢局長就近催促縣府速呈外，一俟公文到廳，當即時分别批准簽發。知關廑念，併以奉聞，專上。祇請崇安。附陳捐册一份銀四百四十元，錢局長原函一件。後學董修甲敬上，十二月廿二日。

再者，册中錢天鵬君自捐拾元，又爲其尊人伯英先生捐助叁拾元。兹錢君來廳交到伯英先生名下捐款叁拾元，其自己所捐拾元，據稱已而交我公，故匯上捐款之總數，較之册列短少拾元，謹函聲明，乞賜察照，彙掣收據爲感。修甲又上。十二，廿三。該款洋四佰柒拾元另由中國實業銀行匯奉。又及。

葛光廷（一通）

譽公部長賜鑒：頃承手誨，知前肅蕪牋已登記室，贖路洪鉅之舉，應隨時局爲轉移。誠如尊諭所云，刻擬將每月撙節餘款，另爲存儲，專備贖路之用。職之所當，爲力之所能，盡在官言官，不敢不勉耳。湛山建刹基，於我公弘願，矗具端倪，斯誠無上功德。光廷承命馳驅，何敢言勞。獎掖有加，彌增慚悚。囑爲倓師先送公函，請任主持，開山有人，外護者亦易募化，自當遵照辦理。劉匪東竄蒙山沂水間，不免滋擾，本路尚未受影響，并以告慰。肅復，伏維爲道自重。不宣。葛光廷肅啓。四月二十五日。

錢天鵬（一通）

廳長鈞座：敬肅者，用直唐塑保管經費，因縣府俟招待費結算後令局併報，業經縣政會議議決，按月補助三十元，有案。兹奉電詢，已不及待縣府將招待費交局併報。職已單獨爲保管費專呈縣府，轉請鑒賜核簽支票矣。知關垂注，謹以肅奉，敬請鈞安。職錢制天鵬謹肅。十二，九。

龍榆生（七通）

一

遐公詞丈：日前郵奉一箋，計承察入。昨晤叔雍，商榷《季刊》事，據稱此事不難於搜集資料，而難於發行推銷，欲長遠維持，必須設法由書局承印。當作一函介見董授經先生，托與大東接洽。董亦該局股東之一，且在彼印刷出版之書籍甚多。如肯贊助，則一切皆較便利。勛本擬即日往謁，適時晏，又爲足疾所苦，遂不果行。竊思叔雍所言至關重要，擬更乞公另函綬老寄勛面致，略言《季刊》旨趣，或并約彼爲發起人，庶大東方面易於接受。出版發行之責果能由書局代負，則會計亦可不必覓人。每期由勛將稿件彙齊，送往付印，一切條件徐與商談可也。如尊意以爲然，即希示覆，以便專謁綬老，藉利進行。叔雍對副理事長一席謙辭不就，并乞公爲勸駕，不勝感禱。彊翁有與夏臞禪論校詞短札，不知圖書館刊合用否？并希示及。祗頌撰安！沐勛敬上。八月卅夕。

二

遐公詞丈撰席：頃承還誨，仰見憂國之忱，兼徵篤舊之誼。生丁末季，維護斯文，非公更誰屬耶？彊丈遺書決先將《語業》卷三及《詩集》刻出，已由勛手録清本，即寄金陵寫樣。昨晤叔雍，面致尊札，允爲贊助，約可籌集千金，頃經言定者有林子有、吴湖帆、沈慈護各一百，連尊處及叔雍已七百元，周湘舲二百，林鐵尊一百，叔雍即往接洽，料必不至推辭，此外不復與他人道及矣。勛與叔雍商酌集款，或交叔雍保管，或存子有銀行，遺書刻出即可陸續撥付。叔雍意除《語業》《詩集》及《滄海遺音》外，如有餘款，即將彊丈手校足本《雲謡集》定本、《夢窗詞》同時付刊，藉酬未了之願，要當視財力如何再行決定耳。《詞學雜志》頗思及早進行，伫候尊從北還指示體例，此間所有資料當先加整理，大抵一二十期不虞缺乏也。暨大在租界開學，月發生活費四成約百金音專三十餘元，事畜之資取給於此，且效東坡居黄州時法，每出安步當車，稍以習勞，尚無所苦。又于音專得一斗室，容膝易安，窗外頗有園亭弦歌之聲不絶於耳，暇輒爲彊丈理遺稿，丈手自圈讀名家詞不下三四十種（□□精審），擬録出爲《彊邨所選名家詞》一書，於諸選家外别樹一幟。亦足稍遣煩憂。但一念托命，外人立足之地都非吾土，未免肝腸欲絶耳。羅浮之游果否？去國之吟料應不廢，亦望賜讀以豁心胸。祇候起居，不一一。沐勛敬上。四月六日。

三

遐庵先生撰席：日前大駕枉臨，藉得暢聆清論，又承以先德詞集見賜，歡幸可言耶？别後爲胃疾所苦，《清詞鈔》事亦久稽報命，猶幸所任不及十家，每家亦僅能選三四闋以至十闋。瞬届暑假，既遭亂無家可歸，當趁此時選録，寄上詞人小傳及評語，當就見聞所及附著於篇。近得永嘉友人夏瞿禪來書，謂其同里梅冷生雨清藏清詞數百種，意其中必有稀見之本，已托夏君轉求其目。可否即請梅君擔任分纂，以免周折，即希示及，以利進行。又聞往時徐又錚藏清詞幾備，不知身後仍可踪迹否？勛擬草《最近五十年之詞壇概况》一文，求復堂、半塘、大鶴、蕙風諸老遺照不得，公能爲我代致否？培老遺照聞大厂已在寶記取得一幀送上，癸叔詞稿已再函催，不知到未？匆上，敬頌撰安！沐勛敬上。五月二十九日。

四

遐公詞丈撰席：自在子有處得承清誨，課事牽率，不獲趨候，時用悵然。兩得叔雍書，大東主事者因故他適，綬老亦往南京典法官試。《季刊》發行印刷尚待旬日後方能接洽進行，每期至少百頁，總在十萬字以上。當先期徵稿，所缺仍爲新著一類，勛意最少須有通論三四篇勛及夏瞿禪當各撰一篇。公對清詞網羅最富，或就已選定各種，稍加綜核爲《清詞概説》題乞公自酌定一文，俾想望風聲者得先窺《詞鈔》之旨要，亦大快事，又不獨爲《季刊》增光彩而已。稿爲一探，何如？頃又頗爲胃疾所苦，彊翁著述及刊藏詞集表，稍遲當草就求教，并遺像寄登《圖書館月刊》。尊處如有《季刊》稿件，亦祈賜下，以便謄録。匆上，敬候起居。沐勛敬上。九月廿三日。

五

遐公詞丈：兩番趨謁，不遇爲悵。《詞刊》三期已於上月底付印，惟詞録一類尚未送往，俟理出當送鑒定，以此排在最後，不須亟亟也。普通社員有繳納社費者，屢承公許以經濟上之援助，擬乞撥下百金作爲特别捐不必每期分撥，於銀行立一存摺，與其他社費同存一處。編輯可不需費，惟外來稿件有多索贈書《詞刊》爲酬者，又有寄書求交换者，百册不敷分配，前兩期勛已自買三四十册補充矣。行銷頗廣，四期出竟，擬别訂合同，或向其他書局接洽。次公近對此頗熱心，數有稿來，并向北平方面宣傳，意殊可感。嚴既澄原爲研究新文學之人，教授北平各大學，頃自來信，於《詞刊》極表同情，似此事尚有可爲也。嚴氏詩詞一册，郵奉采覽。頃所苦仍爲校對方面，勛雖自校二三遍有時不能得代勞者，以學生程度仍不足也，書局常不遵改，至堪悵恨。《彊邨遺書》行將印出，當按捐款分配每百元十部，黄白紙各半，惟印刷每次五十部木板不能多印，不能一次全寄耳。社費一層，叔雍意旨如何？乞爲代詢。勛本期課事特繁，又大爲胃疾所苦，加以環境惡劣校内情形複雜，鬱鬱寡歡。近爲商務編《中國文學小史》，促促鮮暇。公渚交來焦里堂詞卷，不知有無刻本，勛已録副，共三十餘葉，下星期三當可將原卷送上。乞命朱生向《清詞鈔》内一查，何如？敝戚邵蓮士聞曾托楊雲谷先生有所陳説，不知公能爲設法否？便希示及。肅候起居。沐勛敬上。十一月十日。

六

江南好

與大厂相見金陵，歡同骨肉，歸和覺翁此調爲報。

嘶馬還來，舊游曾省，露桃斜入珠櫳。古淮波暖春鬧。瞰嬌容塵拭，光風旖旎，聞騷語。寧假雕龍招邀去，燈樓煮茗，歡對醉顔紅。謳吟聊換日，淞濱悵別。白下欣逢動山林，歸興間響疏鐘。待結杉籬茅舍各相勉。幽鷺冥鴻，真疑夢花漂水。急天際，暮雲重。

三姝媚

春中薄遊金陵，下榻中正街交通旅館，知本散原精舍。海棠一樹，照影方塘。徹夜東風，零落俱盡。感和夢窗。

榮枯經見慣，惜餘春、風飄雨淋何限？遍緑江南，泛軟波蘭棹，酒痕都浣。旅逸塵遥，尋夢影、池緣修蔓。暗省幽吟，愁問重來，畫梁棲燕。花信東闌驚斷。又過却清明，箭虬須短。倦客情懷，向枕函休聽，醉歌酣宴。響絶光沈，啼怨宇、嫣紅俱變。悄倚危樓雪涕，秦淮漲滿。

遐公社長教正。沐勛寫呈。

七

遐公先生道席：違教經旬，曷勝企慕。值邦國多難之秋，我公毅然出膺艱鉅，熱忱毅力，薄海同欽。兹有請者，自彊翁下世，絶學待傳。往時半塘老人所刻詞，不三十年已鮮傳本，彊翁所輯，允爲詞林鉅觀《彊村叢書》前後所印不及三百部，板片過多，殘損尤易，又詩詞遺稿并待校刊，商諸同人擬組刊印。彊村先生遺書會即由勛草擬簡章數則，所冀先賢遺著得廣流布而垂久遠，其關係吾國文學至爲重大，非僅盡舊好之情而已。素仰我公扶持風雅，又與彊翁以《清詞鈔》事往還尤密，對於斯舉定有同心，謹將簡章寄呈另寄，即希指教，并盼慨予捐助以爲之倡捐簿乞掛號寄下，都中朋好凡與彊翁有舊者并盼徵集同意，登高一呼，衆山皆應。念彊翁之盡瘁詞學，知此舉之易成矣。肅頌勛安！龍沐勛頓首。一月九日。

諸宗元（三通）

一

遐庵吾兄大鑒：屢欲詣譚，憚道遠復不相值，故廢然也，跂念無既。承惠新刻《癭公詩》，領誦感荷，癭公友好多有乞轉索者，尚乞轉惠五六册，俾饜其請。兄有它刻，弟多未得，亦睎各以一册垂餉，至爲懇蘄。弟一二日有秣陵之行，歸再趨候。專謝，即頌起居。弟宗元拜啓。四，廿六。

蒲石路慶福里。

二

鶿广吾兄左右：晨示頃方誦悉。篋書淩雜，俟檢出公所需者，寄由莫干山報房蔣生收奉。惟《守山閣叢書》與阮圓海《詠懷堂集》，篋架無此書，先以奉聞。阮詩曾於散原丈見鈔本，纖仄不脱竟陵習氣，似不足觀。至紅柏山莊後改爲王庵，頹圮殆盡。弟於去臘偶然有此機緣，今春已略修葺，仍供佛，隙地則以種稻蒔桑竹。曾爲賦詩，當寫寄公，於山中諷之，即可知其概。山遊歸後，或約兄一晤存，如何？即頌大安。山中得有詩，并盼寫眎，弟寓惠興里二號，郵此爲便。弟宗元頓首。六月廿六日。

三

鶿广吾兄大鑒：聞公來湖上，屢欲詣問，嗣聞公作嚴陵苕上之游，惜未能一舸相從。承函詢陳散原丈住址，其賃宅在白傅路，即葉珊師曾住宅間壁，特以奉復。公一時想不還滬，容再專候。即頌勉祺！弟諸宗元頓首。六月廿二日。

儲皖峰（二通）

一

遐庵先生：頃由中公轉到手示，敬悉動定一切。生半年來生活過於忙迫，請教之機緣較少。值先生玉體違和，又不敢馳書來相干擾。客冬迄春初，曾兩度過府奉問病況，一申嚮往之忱，不敢留片奉達座右，職是故也。今春以醫生囑，不宜長此奔波，遂將中公課辭去，專住浙大。此間所授功課爲中國文學史，此科範圍極大，且無善本可據，不得不從事編述，遂强分爲古代、中代、近代、現代四期。古代文學史計分爲四段：

甲、傳疑時代。本篇首先提出僞韻文辨證、僞散文辨證，最後從金文、卜辭上推測商民族之文學。

乙、《詩經》時代。本篇以《詩經》爲主，以頌、雅、風、南爲次，末有綜論：（一）《詩經》時代的起訖；（二）《詩經》産生的地域；（三）《詩經》的体製，解釋『四始』和『六義』説的間有荒謬；（四）《詩經》的修辭，一造句、二組調、三用字、四用韻。

丙、《楚辭》時代。本篇從『二南』及民歌推測《楚辭》的起源，再述屈、宋及荀卿、李斯等作品。

丁、西漢以前的散文。本篇從《周書》一部份和其他一切可信的散文説起，分歷史方面、哲學方面來叙述，再將西漢一部分散文與周秦散文近似者述之。

生學殖淺薄，組合失當之處必多，甚冀先生有以教之！承詢王文象，南强先生仍未寄來，業已耑函催促，一俟寄到，即行奉上。耆卿詞講稿蕪雜不堪入目，待暇時清寫一過，再呈先生指正也。再者，生日前同姚名達往浙東，在紹興勾留數日，曾上會稽，探禹穴，遊蕺山，登快閣等處。快閣相傳爲放翁故居，面對鑑湖，風景大佳，清末爲姚振宗先生之父購得，現時閣主爲振宗先生子幼槎先生。據云振宗先生著有《快閣叢書》七種，其中《後漢・藝文志》《三國・藝文志》兩種已借刊於《適園叢書》中。又《目録提要》一部，均係振宗先生手稿，當即啓封一閲，覺得振宗先生之搜輯材料，較之章逢之、侯康等爲多，其持論見解亦與章、侯等異。幼槎先生與學術界知交較少，已囑名達徑函菊生先生，商由商務景印，免得將來零散。

幼槎先生曾贈振宗先生像一幀，不知先生書中已收否？如未收，生即以此奉呈。振宗先生無傳，其生之月日亦不見於譜牒，曾於幼槎先生口中得之：振宗先生生於道光二十二年（一八四二）十二月　日，卒於光緒三十二年（一九〇六）七月十六日，享年六十五歲。

即此，敬頌道安！學生儲皖峰上。二十，三，廿六。

二

遐庵先生：暑期過滬，以行程匆卒，未及趨教，至以爲歉。生下學期應援庵師之召，至輔仁大學擔任詩詞等課，每周計十三小時，課忙事冗，致疏箋候，每一念及，悵惘無已。臺静農兄仍在輔大任事，本學期晤談時特多。渠早年在廠肆購得令先德南雪先生《秋夢盦詞鈔》一册，囑生轉寄先生。詞中間加墨圈及改竄字句，不知出誰氏手筆，此人與南雪先生是否相識，何關切一至如此！鄭健庵君所藏清代浙人詞，前度離杭時，曾托邵裴子先生轉請鄭君抄目，已承允許，俟寄來即行奉上。前閱各報登載云先生本月赴歐，不知確否？援庵先生常見面，亦時提到先生。課餘作書，草草不盡欲言。敬頌著安。學生儲皖峰謹上，漱琴附候。二十二年十二月二日。賜示懇寄北平輔仁大學。

譚祖任（三十通）

一

遐公先生鈞座：頃承賜下之《蟄庵詩存》兩本，業已拜領。恰值選詞開會，當述鈞意，贈夏閏枝一本矣。兹寄上閏枝函一件，伯絅函一件函粘書上，并其先德《半巖廬集》一部書另交郵、其世兄《宣爐譜》一部，到乞察收。夏間曾寄呈《浪淘沙慢》詞一闋，中間漏押一韻，殊可笑人。閏枝極譽此詞，亦未看出，尤爲怪事，兹改定寫呈鈞誨。來春我公康復，尚擬求椽筆賜題《聊園填詞圖》一詞也。渴日苦短，寒風怒號，翹企起居，依馳倍切。專肅，恭叩鈞安！祖任謹肅。一月三十日。

二

遐公先生鈞鑒：昨奉三月二日手諭，祇承一一。日來賤疾漸見減輕，仍未全愈。圖書館選詞單領到多日，尚未往訪趙萬里鈞函已先托人交去，一則病軀懶于出門，一則舊詞尚未選完，可以稍緩接洽也。今日交郵局寄上，選出寫定之詞四十五家，到請察入。任精神苦短，而手續甚繁，故進行殊不迅速，良用疚心。大詞氣格高渾，純是北宋人語，如讀陶詩，淡而彌腴，敬佩敬佩。惟煞尾『舞』字一韻，意似稍平，微覺收束不住，乞酌易。一孔之見，姑貢其愚，尚祈鑒誠宥妄爲幸。昨托人帶上銅器二事，小女所畫菊花一軸，未知已蒙賞收否？以不習之物强事購求，恐不能佳，更慮不能有當鈞意，聊表下忱而已。任濫竽之龍江志局，上月已告結束，此後向何項討生活尚無把握，頗盼于北平文化事業中得一小席，月入百數十圓，於願已足，公有機會幸提挈之。次公昨交來其門人詞一卷，意欲公録入《廣篋中詞》中，今附在選詞包裹内寄上。其人僅十八歲，無論如何天縱，詞必不能成家。鄙意此種選例與《清詞鈔》不同，必以嚴格甄録爲宜，不涉敷衍，高明想早抱定此旨矣。先祖《論詞絶句》已付鈔胥，容即寄上。公渚來平盤桓數日，昨已首涂，聞由青島赴滬，未知已晋謁鈞座否？專肅，恭叩崇綏！祖任謹肅。三月十一日。

三

遐公先生鈞座：頃奉四月十一日手諭，祇承一一，并拜《宋詞集聯》之賜，敬謝敬謝。賤況重荷垂念，感澈肺腑。比來書畫將近罄罄，預計端陽以後即不能支，深盼鈞座鼎力玉成，冀可一蘇涸鮒也。伯絅赴遼未歸，聞其欲向班禪取得國民會議西藏代表，果爾則尚須南下也。書衡病黄，其象已深，然猶勉力支持，酬應如故。閏庵選詞甚勤，殊爲難得。惟因向書藏借書往往延擱，遂負此選詞光陰，此亦無可如何者也。鈞體想已復元，報載有南京之行，未審確否？竊意移居北方必能收良好效果，盍早命駕何如？專肅，恭叩鈞安！祖任謹肅。四月二十二日。

《宋詞集聯》二本，彊邨、書端均已分别送去，謹附及。

四

遐公先生鈞座：六月十一日奉到五月廿七日手諭，祗承一一。曩聞伯珩盛談我公三水鄉居之樂，方深健羡，今諗又作桂游，坐對名山，錦囊又增新詞幾許，賤事仰承垂念，慚感何極。當部令免職之初，局中曾去一電，謂譚、鄭、于三員在局各有工作，均甚得力，擬請另換名目，酌減薪水，仍行留用，未邀部准。忽忽兩月有餘。昨曾局長忽傳諭命，以免職三人名義同遞部一呈飭大意在局均有事辦，懇予復職，任擬稿後由曾交劉竹君適因公來平帶京代遞。聞曾尚另有上次長一函，大意謂三人均有工作，能予復職固佳，否則請交局酌量任用等語。竹君與顧同鄉，聞在部亦頗有力量，今已逾旬日，亦未聞有何消息也。荷蒙垂注，謹以贅陳。任亦擬爲滬粵之行，冀有所遇，但毫無把握，細思又动不如静耳。選詞事因公南遊，無所秉承，遂無形停頓。河北圖書館亦未成行。聞該館有先例，可以將書借至北平，不審確否。任索居無聊，亟欲完成此事，夏閏老亦必能合作，惟選總集應如何分任，或由北平專辦，專候鈞示解決，方能著手耳。伯珩失血，住醫院月餘，端午日已出院。穎人免職，經同人代求，始派顧問，舊官僚之爲人厭惡如此，殊可驚愳。專肅，恭叩鈞安！祖任謹肅。六月十三日。

五

遐公先生鈞鑒：昨晤書衡，得讀鈞札爲張文達鑄象事，藉諗起居佳勝，稍慰馳慕。此間選詞，輔仁大學所藏諸詞業已選畢。任當往北平圖書館，擬與趙萬里接洽商借。適趙赴滬，遂晤徐森玉，述明緣由，承其慨諾，刻已將第一批借出，分交夏、邵二公矣。前函所陳，添約朱紹濱師轍選詞，刻彼已欣然擔任，并聞。鈞從返滬已有期否？敬念。專肅，恭叩崇綏。祖任謹肅。九月三日。

六

遐公先生鈞鑒：今日爲我公五十覽揆之辰，恨未能摳衣躋堂敬上九如之頌，馳企何已。本備有小銅器二件宣爐一、張鳴岐手薰一奉獻坐下，惜公超行期太促，未得面托，益公行尚無期，容有便足再賫呈也。選詞圖承命定一名稱，思之累日，戛戛其難，不得已仍抄舊稿，即用前次所云『澄懷園二十友圖』之例，署爲『遐庵選詞〇十〇友圖』如何？雖嫌質實，然尚能包括，一目了然，較之空有詞藻而不貼切者差勝也，鈞意以爲如何？燕大藏詞摘選目録已得收到，因輔仁所藏尚未選畢，故暫未提議。輔仁藏詞雖多，凡稍冷僻者，其詞多不堪入選。近日選得甚快，大有薙草芟藤之象。月來因聞老家中有不如意之事，不免進行稍遲，否則輔仁一部分可早了矣。關於北平圖書館者，向歸鶴亭主持擔任，任不敢過問，伊亦未有宣布也。專肅，恭叩千春，虔請鈞安！祖任謹肅。十一月廿二日。

七

遐公先生鈞座：昨奉十二月廿四日手諭，祇承一一。任以駑庸，屢蒙栽植，顛躓者再，慚悚曷勝。而公眷顧之念曾不少衰，相待抑何厚耶！稍具天良，能無感泣。南行之計殊非得已，北方苟有幾希之望，斷不肯舍此易彼也。近來南方宦途齷齪，任亦略有所聞，證以公言益覺徵實，與言及此，益不敢孟浪從事矣。任多留平綏局僅四日，行動束縛，逾於桎梏，長官辭色，尊於獄吏。蓋受氣之苦甚於挨餓，固生平所未經，亦衰年所難受也。自非鈞座，烏能體恤及之。《詞鈔》業經寫定者，計有七十餘家，兹撿出另開清單交郵局寄呈，到請察收。前函暫不能赴津云云，本係聲明，并非躲嬾，别無他意。當時信筆所之未及檢點，寄後追思殊覺措詞失當，特再瀆陳，乞公涵宥。專此，恭叩鈞安！祖任謹肅。二十二年一月二日。

八

遐公先生鈞座：任自到路局差後，曾上叩謝一緘，計邀垂察。嗣聞鈞座言歸緑野，仍賦遂初，竊意艱鉅之餘正宜修養，故未敢以不急之務上瀆鈞聰。繼悉滬濱戰事爆發，我公居近咫尺，不至有驚險否？下懷尤爲馳系，但冀福星所莅，化險爲夷，斯則任所旦夕禱祝者耳。彊邨翁遽作古人，彌可傷悼，此後選詞總編纂一席是否鈞座賡續辦理？此間同人竊慮鈞座事繁，或請夏閏老擔任，未知鈞座以爲然否？但叢稿必多輾轉郵寄，則總編纂一席究以在滬爲宜，仍求裁酌。至此間，所選北平各書藏詞家專集已大致選畢，將來總集應否專在滬上辦理，抑仍分擔？静候明示。近兩月以來，伯絅患腦充血閉户養痾，次公、公達亦已星散，巋然獨存僅夏閏枝一人，竊窺其精神尚健，筆墨之事尚可擔任也。明知軍務方殷，此種事業無裨危局，然被服儒素，正不能因國家多難而荒其本業耳。路局職務無多，任每日仍遵章到局，以期無負栽植之盛意，謹以附陳。專肅，恭叩鈞安！祖任謹肅。二月二十四日。

九

遐公先生鈞座：向仲堅回平，奉到手諭。并賜鄭校《清真詞》業已拜領，其餘兩部亦分别轉送夏、邵二公矣。嗣聞鈞從有香港之行，因循尚未陳復。河北圖書館藏詞，現由閏老轉托章式之前往接洽，擬托其先抄目録一分。除重複外，倘卷數無多，或可徑借至北平選録，則尤便利也。任於上月杪奉部令免職，同時局中被免者尚有鄭文軒、于善述二人，自維福薄灾生，不特辜負鈞座栽培，即月入三百圓亦無福消受，彌自傷也。聞局中有去電請減薪保留之舉，正未知部意如何耳。鈞從返滬有期否？至念。專肅，恭叩崇安！祖任謹肅。四月三日。

一〇

遐公先生鈞座：前蒙賜寄之精鏐弍百，業於上月二十四日領到，久困得此，頓有生機，銘刻何極。昨又奉到二十五日手諭，敬悉一一。任自上月二十左右忽患齒痛，牽動及腦，眠食俱廢，苦不可言。侵尋旬餘，近始獲愈，然氣體受傷不少矣。今日舉行《詞鈔》茶會，閏枝、伯絅、纕蘅、哲如、公達均到，提議選總集辦法。閏枝主張與我公正同，謂非在一處彙辦不可，因互見者多，若分開數處則益多手續。此外諸公更無表示其他辦法也。至附見者衹可隨見隨采，就令稍有遺漏，然佳作必少，似無甚大關係也。此間燕京大學藏詞業已借到，現正分任選録中，預計一月之後必可畢事。此後總集應如何支配，静候鈞示遵行。哲如謂尚有難得之詞集十數種，俟燕京藏詞畢事後伊即送來，然亦不過旬日内外亦可選畢矣。專肅，恭叩鈞安！祖任謹肅。十二月二日。

再，此次燕京交來之清初人詞約有二十餘家并非專集，即曾王孫、聶先合選之《六十名家詞鈔》中選本而已，因鈞處來單圈出，故仍照選，并此陳明。

一一

遐公先生鈞鑒：八月十八日手諭謹悉。《清詞鈔》總編輯，任意亦以閏老爲宜閏老選詞無成見，亦頗細心，當經面詢，伊亦曾作一度謙遜，若必欲請其擔任，想亦不推辭也。津圖書館目録昨已托人借得，但詞集不甚多，刻正倩人將詞一部分目録鈔出，一俟抄齊，擬先寄鈞座檢閲。且看鈞處總單所無者有若干種，開列示知，任即按照目録往津選録，庶易於就緒也。宗子威已得晤，即以覓蔭樵藏詞相托，彼極欣然。但已近旬日尚無消息，昨今兩日任往訪之，亦不相值，容再催之。樊山詩詞任所見者尚是前清刻本，民國以後似均未編次，容詳細調查再行陳明。姚茫父世兄聞有佳者，近已將茫父遺著一律印出，裒然大觀，亦可見知所急務也。比會近狀，一半日晤春庵，當以鈞意告之。專肅，恭叩鈞安！祖任謹肅。九月七日。

再，平津兩處圖書館本極通氣，并可隨時借書，近因有借無還失書頗多，遂删互借之例，殊可惜也。任附及。

一二

遐公先生鈞右：半月前，有人謂由滬奉命交來美展特刊三函，業已祇領。日來未奉手諭，不審如何處置，乞示下以便遵行。夏閏老手抄章式之詞三紙，屬轉呈鈞座，用備《廣篋中詞》選録，兹寄上，乞察入。此間選詞諸公，聞朱古老去取之嚴，亦一變而爲嚴格，往往全稿不録一首。任則以爲，選一代之詞似以稍寬爲宜，未知鈞座之意以爲如何？吾公法書素所傾佩，臨池之便，未知能書聯條見賜否？專肅，祇叩鈞綏！祖任謹肅。九月十日。

一三

遐公先生鈞鑒：九月十一日曾上一緘，翌日即奉到九月四日手諭，祇承一一。《詞鈔》茶會本在任寓中舉行，此次炸彈盤空而會議不輟，皆諸公學養精神，而任不得居其功也。過承嘉許，彌覺汗顏。美展特别敬拜厚貺，其餘兩函已專人分送夏、邵二公矣。孫公達近常到會，其先代琴西太僕、蕖田學士、仲容比部之詞均已抄來，即轉交伯絅任選。此外，温州人專集未見交來，容徐徐促之。容伯父子近在天津税捐局中各得一小席，鈔詞勢難兼顧。現欲覓一人在任寓中抄録，因各詞均鄭重借來，若聽其携歸家中謄寫，慮有遺失污損之虞也。但目下尚未得其人耳。鈞處存款，現約略計之，當尚敷兩月之用，但此項支出以鈔費爲大宗，倘諸公選詞踴躍，則用完或稍早耳，承詢謹陳。昨晤余戟門，謂公擬在滬開一宣爐展覽會，伊亦頗有携爐與會之意云伊兩代藏爐精品頗多，但未知已定日期否。曼仙并無子女，聞以侄爲後，年尚幼稚云。蹇季常念益近忽自戕服安眠藥而死，亦怪事也。我公致鶴亭函已轉交，哲如處已代申意，知念附及。專肅，祇叩鈞安！祖任謹肅。九月十四鐙下。

一四

遐公先生鈞鑒：日來疊上兩緘，計陳鈞聽。此際節關伊邇，任爲境所困，殊切旁皇，擬仍將春間所談書籍三種《倚聲初集》、孫無言《十六家詞》、錢芳標《湘瑟詞》鬻于我公，或公代爲介紹，悉候裁酌。當時《倚聲初集》以六十圓購入另加裝潢，《十六家詞》及《湘瑟詞》則以九十圓購之哲如者也。任意欲賣壹百五六十圓左右，未知可否？夙荷矜全，諒不責其煩瀆也。此三書擬即交唐益公兄帶呈。臨書皇恐，祗叩鈞綏！祖任謹肅。九月十七日。

再，現在鈔成之詞已有三四十家，一半日即列單寄呈，又及。

一五

遐公先生鈞座：上月曾肅復一緘，計邀垂察。任於上月二十四日奉平綏局令，派在總務處辦事，月給薪水二百圓，業於翌日到差。前函所云曾局長托劉竹君回寧疏通，竹君迄未成行，適曾仲鳴來平，由曾局長面商，允由局酌辦，故有此次之局令也。凡此桑榆之幸獲，無非鈞座之恩波。飲水思源，敢忘所自？惟盼不生灾難，暫藉苟延，則仰托福庇，尤無既極也。夏閏枝近日喪媳，久未晤對。邵伯絅有呈我公吴伯宛集一部，任以鈞座在粵，未知久暫，故尚未交郵，竊擬仍寄至滬，未知可否？候示遵行。專肅叩謝，恭請鈞安！祖任謹肅。七月八日。

一六

遐公先生鈞鑒：兩奉手諭，祇承一一。辱蒙垂憫窮途，加以推轂，感懷盛德，銘鏤何如。履歷無由自達，業加一函，作爲鈞座口氣送去，諒不責其專擅也，函稿另紙寄呈。日來輔仁藏詞業已選竣，將及燕京，俟燕京卒業，再及圖書館也。專此，肅叩鈞安！祖任謹肅。七月廿七日。

一七

遐公先生鈞鑒：日前曾肅布一牋，計邀垂察。青島閑静，遠勝滬上煩囂，似可稍留，或有裨於調攝也。昨得見張石舟小象，原係任所舊藏，今存陳士可家，近又出售，不知流轉何所矣。亟照一片奉呈，畫工頗佳，活畫山西人氣象。惜照得太小，將來或能放大，必較清晰也。此間選詞者少，近擬添約朱少濱師轍充任。朱爲仲我孝廉哲嗣，人極篤實，酷喜爲詞，任已將選詞略例告之。此後當較敏捷也。專叩鈞安！祖任謹肅。八月八日。

一八

遐公先生鈞座：昨日曾上一緘，計邀垂察。頃晤周養庵，據云比國賽會彼經手者計有七人，除此次交到蕭蒸、陳番誥、馬晉、王衡桂及本人外，尚有徐世昌、許堯兩函未知寄至何處，緣此兩份完全係伊經手，頗欲仍寄至伊處，以符原案也。又李居端、李鳳廷二君無人知者，只可將原函寄還，即請察入。又，在郭嘯麓處得晤黄君坦，謂吾公所選之《廣篋中詞》即將付之手民，未知果否？鄙意總以嚴格甄録爲主，似不宜徇情而致他日有遺議也，高明想以爲然。專肅，恭叩鈞安！祖任謹肅。八月十四日。

一九

遐公先生鈞座：昨奉九月十九日手諭，懇切周詳，其爲任謀者甚至，捧誦再四，龍鍾横集。

現值東事突起，求差一層目前恐談不到，運蹇至此，夫復何言。但數米爲炊，眞有迫不及待之勢。仍乞我公隨時留意，不論何項事業，爲任力所能勝者，倘有機會予以提挈，任非敢自逸，更不敢戀戀北平。倘他處有收入稍多，足爲兩地𤱶衍者，斷不固執成見也。夙荷生成，諸求涵察。選詞事近極踴躍，北平圖書館藏詞已選過半，大約一月内即可卒業，皆緣借書手續便利之故。倘將來燕京亦復如此，則今年必可將單開專集全數選出也。專肅，恭叩崇綏！祖任謹肅。

九月二十九日燈下。

新刻陳簡持遺集、夏閏枝《悔龕詞》各一本另交郵寄，呈到請察入。任又肅。

二〇

遐公先生鈞鑒：前上一緘，意在鬻書度節。冒昧陳詞，未知能邀涵宥否？發函後猶惴惴數日也。選詞抄稿所積漸多，兹仍用包裹交郵局寄呈，計有四十三家，連同燕京大學藏詞目一本係照原稿抄出，中多重見，昨日業已付郵矣，到乞察入。燕大詞目請仍照上次輔仁辦法，南中未經有人任選者加圈發下，以便此間覓人任選。天氣漸涼，選録當更踴躍也。叔雍來京，屢得晤談，藉悉鈞座近況，殊以爲慰。專肅，恭叩崇綏！祖任謹肅。九月二十七日。

一二

遐公先生鈞鑒：昨奉手諭，并洋貳百圓，業得祗領，過叨厚惠，慚感交幷。任前者冒昧乞援，寸心已極惴惴。不圖公在病榻，重擾神思，循省之餘，旁皇終夕。鈞恙想已霍然，幸節勞慎護，一切放下爲禱。該書仍擬托益公帶呈，在鈞座或不需此，亦猶野人獻芹之意耳。務乞鑒誠納入，至幸。陳述叔聞作滬遊，未知我公曾許一見否？專此肅謝，恭叩鈞安！祖任謹肅。十月七日。

一三

遐公先生鈞座：月之十二日奉十月三日手書，祗承一一。時局益趨危殆，斡旋之任有待賢者，吾公似宜益加珍衛，儲此有用之身，勿因目前而亟亟也。愚人之言，尚求傾聽。《詞選》寫定者已有九十四家，兹另交郵局寄上。前命鈔先祖《論詞絶句》，共一百七十六首，亦已鈔就，一併附呈，到請察入。任近狀至爲狼狽，荷公慨念窮交，許爲佽助，戴兹高厚，感愧交并。適《詞選》零用亦將告罄，謹開一單恭呈鈞覽，倘承於詞款之外酌分廉泉，俾延殘喘，枯魚窮鳥頓有生機，銘鏤之忱，曷其有極。回憶廿年托庇，久沐恩光，受惠已多，大德不謝。書衡病甫三日，遽作古人，詞侶凋零，彌增感痛。夏閏枝亦患病兩月，不能出門，近已漸愈。聞朱古老久病卧床，未審已霍然否？專肅，恭叩鈞綏！祖任謹肅。十月十四日。

一二三

遐公先生鈞鑒：前奉十月六夕手諭，知鈞體漸愈，正深欣忭。今日《詞選》茶會晤鶴亭，知最近兩得鈞函，氣體益見康復，爲之雀躍。今日到會諸君極盛，除邵次公未到外，一一均請其在任寓中映一小照矣容晒好即寄。猶憶鶴亭去年購得《澄懷園二十友圖》手卷即當時南、上兩齋翰林，質郡王永瑢爲蔡文恭新送行而作也。圖中二十友皆照本人面目摹繪，極爲可觀。我公似可仿之，繪一《選詞圖》，亦盛事也。又聞鈞從有來遊北平之説，尤爲跂盼。北地乾燥，空氣較南方爲佳，如爲調攝起見，遊南不如遊北，鈞座想亦謂然。新華銀行忽然宣告破産，聞我公被其牽累不少，想又不免增一番焦悶耳。天氣漸凉，諸公選詞本極踴躍，適輔仁大學遷入新校，暫停借書，不免稍爲停頓。現商之哲如先行借給，已得伊之許諾。今日且携來數種，分給夏、邵兩君矣。叔雍來平數日，匆匆返滬，昨已得其歸滬後來信，我公想已得晤。專肅，恭叩鈞安！祖任謹肅。十月二十二日。

二四

遐公先生鈞座：月之二十六日由平綏路局送來十月十九日手諭，并諗有精鏐之賜，感此高厚，銘鏤何窮。分及廉泉，尤爲慚悚，熟思審處終覺不安，擬請將此款悉作爲選詞經費。預計北平擔任各專集，倘燕京借書順利現正交涉中，不日即可了事。將來選本如何辦法，尚須續候均示，然當較專集爲速。有此宗經費當可觀成，若時間較短，并可寬裕。區區之意，亦聊盡下忱而已，想我公亦鑒其心迹而許之也。文達造象事，書衡在世時亦曾與任商榷，以款不易集爲言。時百多病，向不與世通，恐亦未必有辦法。文達故舊及門凋零已甚，比年散之四方，北平求一可商量者亦難其人，集款更談不到。擬日内再與章覲瀛曼仙之兄、陳仲騫諸君一談，且看議論如何，再陳鈞聽。夏閏老病雖漸愈，然衰徵已兆與古老同歲，心事亦劣，恐正未易持久也。近聞我公詩詞之興頗佳，時有新作，未知能略示一二否？專肅，祗叩鈞安！祖任謹肅。十月三十一日。

再，蒙賜之款至今尚未寄到，并乞便中飭查，至盼。任又及。

二五

遐公先生鈞鑒：頃奉十月二十三日手諭，祗悉鈞體漸次康復，殊爲欣忭。現在修養時期，仍望節勞慎衛爲禱。選詞諸公照片刻已印成，一半日即可寄出。所餘邵次公，容請其映得再寄。燕大藏詞似無甚佳品，目録中將曾王孫所刻之清初《百二名家詞》殘本及徐積餘所刻之《閨秀百家詞》逐種分列，遂驟覺其宏富耳。現輔仁藏詞已續借來，不至停頓。鈞處校對一層似可暫緩，萬勿亟亟，致勞神思也。述叔土氣甚重，彊邨見面之後想亦必索然。鈞從出遊何時首涂？北平現將省會遷移，毫無政治意味，與鄉鎮等耳，鈞駕惠臨，斷不至招人注目也。專此肅上，恭叩崇安！祖任謹肅。十一月一日。

一一六

遐公先生鈞座：昨奉十月十九日手諭，祇承一一，賤事辱承垂注，感愧何極。任因迭奉鈞示，遵即設法諷其委婉呈復。刻已承其許諾，日內即可寄出。南豐愛惜羽毛，猶慮或有意外，擬再加親筆一函，托彼南豐代遞，未知結果如何也。夙叨愛注，謹先密陳。宣爐事已托夏閏枝前往探聽，據云日內必可得復，俟復到即馳陳。比因心緒不寧，已選之詞尚未付郵寄上。緣任擬先將其年代注明，再行付寄。各詞有已還者，尚須取回一查，否則將來彙總時無從排比也。專肅，恭叩鈞安！祖任謹肅。十一月三日。

《詞學季刊》體例乞賜一分。

再，正封函間適夏閏枝來談，據云已與曹理齋接洽宣爐一事，斷不要錢，商量至再，僅云如葉總長不要白得此物，酌以古董作爲互易亦無不可，云云。所談止此，敬以奉陳。閏老又云，探理齋口氣，各爐之價據云共六爐有值二百金者，有值百餘金者，酌略計之，總超過四五百金之上。因鈞諭有估值不過四五百之語，此亦任托探聽者，如酬報時，似可以此作標準也。專此，再叩起居。任再肅。

二七

遐公先生鈞座：十一月七夕手諭奉悉，《詞鈔》已近觀成，似無中止之理，我公持以毅力，貫澈始終，至爲佩仰。專集照單開，此間未選者僅七十餘家，一俟燕京藏詞送來，一個月内必可畢事。普通專集北平各書藏當有之。此間應分任幾種，示下遵行。至附見一層，任已屢與任選諸君言之，請其隨時注意，但詞集之外附見者應如何搜采，容下次茶會時再與諸君討論，且看有無辦法，再請裁奪。預料選成可較《晚晴詩選》整齊匀稱也。文達鑄象功敗垂成，至爲可惜，此後益難有提議機會矣。時百於月之十五逝世，潛齋舊侣，寥若晨星，可慨也。文達到任郵傳部之第一日，調用八人，仲瑜、姚琴、曼仙、詒重、時百、向辰、次台，任亦與焉。今惟任一人尚存耳。新居想甚安好，敬念。專肅，恭叩鈞綏！祖任謹肅。十一月二十日。

賜款尚未見到，昨因窮極，函詢補蘿，據云并未奉到鈞諭，想必郵局失落，即乞補發一函，至叩。任又肅。

二八

遐公先生鈞座：月之中旬曾上一緘，計邀垂察。昨奉十三日手諭，祇悉。南豐此次失敗完全由於不善應付，而新任海秋素來僅爲馬弁頭目，行政之事既無所知，更不知政體爲何物，笑話日日有之。其爲副者，乃蔡孑民厮役，民國八九年間始拔爲圖書館鈔胥，胸中可想。國家不幸，罔兩晝現，安得不底於淪亡也耶？任心緒奇劣，精神因之昏瞀，已寫定之《詞鈔》久未檢寄，皇悚萬分。現在既無職務羈絆，分當遵諭赴津，無如去差之後囊中不名一錢在差時日用之外尚須陸續還債，即此區區三四十洋之川旅各費，亦復籌措不易。陰曆年内能成行與否，尚不可知。此則期期不敢爲公告而又不能不實陳者，欲公知任并非懈怠，實有萬不得已者在也。童補蘿信早送去，想必徑函陳復矣。專肅，恭叩鈞安！祖任謹肅。十二月廿九日。

二九

遐公先生鈞座：三奉手諭，祇承一一。賤事辱承垂注，兼荷吹嘘，人非木石，能無感激？

惟聲復一層，治一局長以既經函托南豐免予呈復，此時不欲多所動作，擬俟部中倘有催問，再行婉復。任昏瞀之中，亦不知禍福何在，只可聽其自然。知關愛注，用敢直陳。任自遭部詰，日在惴惴之中，蓋日暮途窮，其患失之心較鄙夫爲尤切也。苦未聞道，奈何奈何。詞事久未處理，皇恐萬分。然心緒不寧，勉强爲之，必多叢脞。一俟賤事解決，即當專赴大津，勉竭愚誠，以報鈞命。此間選定之詞尚有數十種，裒然成帙。因春間鈞從南行，久未寄上，日内稍爲清理，即當附郵。王蔭樵藏詞未能即借，前函已陳。適穎人北來，再托陳虞孫前往商量，仍以目前無暇及此爲詞，謂兩三月後如能清理，即行送閲，商量結果如是而已。倫哲如藏詞，本已商允悉數借選，春間交夏閏老選録之《柯氏四家詞》清初柯煜、柯聳昆仲忽然遺失，屢催閏老，至今尚未覓得，遂爲哲如藉口。倘柯氏各家詞能覓得，陸續商借當無異詞也。前商夏閏老，伊亦甚願任總編輯之役，但深以排比時代次序爲極難之事。我公如嫌繁重，或請其幫忙一部分如何，未知能劃分否？前奉鈞諭，謂滬上有《詞學季刊》之舉，并荷賜寄體例一分，然至今未到，務乞再寄一分，藉廣見聞爲禱。任前函所謂俞誠之信，係指誠之致鈞座之信而言，該信内容專述關祖章事，當時已一併封入關伯珩信中遞去矣。鈞座治事之餘，不遺瑣屑，曷勝馳念，尚祈保啬神理，勿稍過勞，蓋有用之身，尤宜珍重也。夙叨垂愛，幸納鄙言。專肅，恭叩鈞安！祖任謹肅。

十月二十一日。

三〇

遐公畫竹遠道寄貽，賦此奉謝，即請誨正。

開緘色喜，寄我琅玕珎一紙。嫋嫋清陰。長抱凌霄傲雪心。　歲寒勁節，君子之懷高欲絶。寫出靈襟。坡可風流尚在今。

《減字木蘭花》。祖任呈稿。

附：譚祖任致曹經沅

公新示及。遐公書件均收到，欣悉大旆榮旋，殊慰馳想。遐公選詞意在廣搜，屢屢言之。公新自滬歸，下次茶會可略爲宣布也。餘俟晤罄。復頌纕蘅社長吟綏！祖任頓首。廿一。

清詞鈔編纂處（一通）

大庵先生左右，徑啓者：

本處前以選詞諸君散居各處，若某人任選某家不由一總樞□定，必有重複疏漏之虞，故前此曾酌擬一單寄請任選，此爲省時省事計，絶非有□成見，亦絶非含有支配指揮之意。如尊處擬改選某家，儘可隨時函商本處□改。其所以必希函商本處者，亦完全爲免去重複漏之故，非謂任選諸君無擇定之自由也。乃近日收到諸公寄來選本彙編後，發見重複者甚多，此實令本處抱歉而又不安，蓋虚糜諸公精力，致令效果較少，于本書之成功上關係頗鉅。□殆由諸公遇指選各家有不能任選之原因時，逐就便改選他家，一時未料同人各不相謀，結果必致重複。爲此，特行奉布如下：

一、本處寄請任選之名單務請見覆，并逐一聲明任選某家與否？如此辦法可將不任選者改請他位任選而已，任選者又可請他位不必再選也。

二、諸公于本處所寄名單外，願任選他家者極所歡迎，但亦請函告本處，得覆後再動手，以免重複。

以上二節，敬祈鑒察爲幸。餘頌纂安！

清詞鈔編纂處謹啓。一月廿二。

韓汝甲（一通）

譽公總長賜鑒：前承介紹英國和尚包樂登到平，原請其暫居聽鴻樓，惟樓簡陋，彼不樂意，遂求援於朱子橋先生。朱請其遷入廣化寺，較合身分，不料只住一夜，又覺飲食居處不太舒適，最後搬至五台山佛教會，煖爐、熱水、澡堂、客廳、僕役、譯員均可享用，方得滿意。察包之爲人，和尚其服，紳士其心，似非釋氏刻苦真信徒也。又承介紹潘君敬來談，讀其詩文，雄偉慷慨，觀其品貌，和平可親，想亦一不得志之士也。閱報悉公創辦文教館，該館章程載有買稿一節，并擬資派人員出洋研究國際問題，未識已實行否？兹有闞伯衡先生之老師姚大榮先生著《西王母》一書，諒公早有所聞。姚公著述歷四十年秘不示人，經甲力勸始編節略報告該書內容，已數年矣，刻又增續篇、補篇若干組。數年前姚公曾將正篇全稿交甲閱覽，歷二月之久，誠獨一無二之奇書，惟非普通學者所能瞭解。刻甲又勸姚公售稿出版，竟索價五萬元，至事實方面，雖五千元亦不易售出。亦爲獨一無二之奇價，惟文教館不妨贈給姚公長子旅費若干，請其携書至滬，一爲審閱，因無副本，恐致遺失，審查之時又恐人剽竊書之内容，故如此慎重。則公得見姚公親筆小楷六十餘萬言，又係獨一無二之奇觀。又，民七年甲著《反切簡法十九種》，約百萬言，適與前書相反，平常簡易，童蒙可讀，當然一錢不值，擬贈予文教館刊行。甲著書本意，因覺吴敬恒之注音字母太無根據，且難通行。注音字母之於中文，頗似世界語之於法文，反切簡法之於中文，即如拉丁文之於法文，用此比喻，足證學之難易、用之廣狹迥然不同。然必俟注音字母風頭出足，終歸失敗，反切簡法始能問世。以上兩書，均非當務之急。更有王氏父子編成《清季外交史料》二百六十六卷，係搜羅前清光、宣兩朝之樞垣、總署、外部，翔實富贍，爲今日最有用之書，現已出版。追憶我公刊《清代名儒像贊》，與王書用意正同，擬請文教館購買此書若干部贈給各機關，似校買稿辦法價廉而易辦，尚乞鼎力維持，則王氏父子三十年苦心庶得表彰，諒公亦不河漢斯言。文教館將來派員至歐美研究國際問題時，請公注意英、德、美、意、比、瑞，法國除外。應派人員順托其往辦各該國之中國學院，以李石曾對此種學院似欲推脱，屢向教部聲明請甲續辦；但拙著《道》一書尚未脱稿，亟願他人前往代理，免久停頓。再，甲近年團結至友五六人，均通西文，崇拜漢學，分留歐美各國，倘文教館能按月每人助以百元上下津貼，即能代作研究，便中進行中國學院事業，較派新人省費多多，豈不一舉兩得！以上四事是否可行，暇乞賜覆爲荷。敬頌春安。韓汝甲上言。

韓立超(G. A. Haley)(一通)

譽虎部長鈞鑒：鄙人謹代表英商卜內門洋鹼有限公司及德國愛禮司洋行，致謝足下本月廿三日在南京接待之厚意。敝公司等各專家對於足下所言，將來設立硫酸錏廠地點須以產煤最豐及鐵路交通最便之河南省爲最相宜之主張，深願予以詳密之考慮，藉副雅注。專此鳴謝，敬請勛安。上海英商卜內門洋鹼有限公司副董事長韓立超謹啓。廿一年一月廿五日。

SHANGHAI 25th January 1932.

His Excellency Yeh Kung Cho,

Minister of Railways,

Nanking.

Your Excellency,

On behalf of the representatives of Imperial Chemical Industries Ltd. and the I G.

Farbenindustrie I wish to thank you for the friendly reception extended to us on the 23rd inst. and for your kindly interest in the work which the joint technical commission has undertaken. I am assured by the technical experts that in considering possible sites for a synthetic nitrogen plant they will give full consideration to your suggestions in regard to the possible use of the coal deposits and the extensive railway system of the province of Honan.

I have the honour to be, Sir,

Yours truly,

G. A. Haley（簽名）

Deputy Chairman

Imperial Chemical Industries（China）Limited

顏世清（十通）

一

示悉。單内所開，内六件。原單略加，兹照購入。注明單内共計減除□，總共一萬一千三百，連前函五件三千五百，共一萬四千八百。倘公分三月期，亦無不可。原此款存作度日，非有他用。惟節關在即，亟需撥歸銀行數千元。公能以七八千元即付下，餘分兩月無不可者，如公今明日不去津，即將撿搜，一律送呈。候示遵照。此候近安，知叩。十七。

外單：

宋李公麟《禮佛圖》　原六千　四千

宋趙子固《蘭花》　原五千　四千

宋夏禹玉《溪山圖》　原五千　四千
揭曼碩真草千文　照原　二千
元八家書卷　照原　八萬
元四家書卷　照原　八萬
明王仲山問詩卷　照原　二萬
明范景文詩卷　照原　三萬
照原值共減四千　共一萬六千一

二

頃細思仇、揭二卷，程孟陽之軸，公似應留，蓋仇、揭至爲難得，可謂孤行本，程畫高冷，歸之俗人，真可惜也清雖割捨，頗有欲得其人而歸之。好在爲數僅三八耳。尊見以爲如何？知叩。

三

示件均照收，甚荷甚荷。其餘統遵來示。恭邸所知者，計陸機《平復帖》，懷素《苦笋帖》，魯公《告身》，韓幹《照夜白》。岱杉卷，係南宋僧牧溪水墨花果禽魚，至難得也。先此奉復，餘容面述。此請大安。知叩。十九。

四

示件均收悉，深紉厚意。所云將來祇付五四，正是如此，請紓廑注。宣傳之道未盡，誠有如來示所云，其實件件精華，彼輩特不識耳。李、周皆外行。且示并支票二批六千元照收，下餘六數，下月或再下月均無不可，悉聽尊便。《洪崖圖》在津一友人處，俟去津時當取來呈閱。今日料理，明日送出瓷件書畫，一切從此斬斷雅緣，頓變俗物矣。畫筆草草奉復，敬請近安。清白，十四。

五

下午客來絡繹，直至於今，手示遲答，職是之故。燕卷歸公此件昨日非收方急追，必出花樣。今日見彼耶神色，可以一望而知。無不可商者，擬即二卷共作八數，仍同尾款，分二次如何？有道公携去唐《四美》、蔣《瑞蔬》、烟客《第一山水》軸、目存《雪景》，皆有名劇迹，爲數僅六九而硬除九數，吾知其幫忙有由來也。此君無利，决不親近，試之累矣。留神留神，秘之秘之。兩恕。

六

近日想尊體安穌，欲一晤，以何時爲宜？示悉趨詣。恭邸除《平復帖》《苦笋帖》，尚有顔書《誥身》、韓幹《照夜白》，惟一時未易使之送出，奈何？東邦有人在京，搜索宋元書畫，主者不出面，未審係何人。昨無意尋八年前公爲各友所書扇面，余竟未畫。瘦公辭世，亦在此列，不勝悲感岱杉豐沛，近争一銀行甚烈，公知之否？清病十日不出門，亦係聞之友人傳述。潤田聞日内來京一行，此頌遐公總長夕安。清白。九日。

七

數日以來，聞公小恙，極以爲念。而清亦以胃病久不出門，今夕勉赴開明，邀伯器觀畹華《西施》。歸來奉手示，足徵愛我者，殘年垂念。敝藏書畫非不欲保守，無如兩年處此惡政府，既不欲靦顔事人，又無圖存之法，衹好忍痛稍稍捨去數種，米老所謂『淚漬蟾蜍』也。承示山谷、法能二卷，東鄰曾以重價要求，不佞嘗唾駡羅、廉，不敢步其後塵。且非嗜利者，雖窮亦不能將數百年僅存珎秘流入海外。公既欲之，誠得所歸，清亦釋然。黄卷購自濰縣陳氏，四數，法能得之韻古，三數。倘公歸還本，即以奉上，親自携來。或公來此小盤桓，亦可面交。但此三數日需款甚殷，免由他處乞貸，則受賜多多矣。又舊欠公四千元，每一思及，如芒刺背，意欲臨李公麟《梵王禮佛圖》抵此一款原物四數購來恰符此數，倘公謂然，當一同檢出，辱愛當能原之。前談水電一事，尚欲與公作一度之詳商，此與部刻下實有救急之莫大利益也。兩婿聞迭托人任化并聞已委紹興電局，推愛及烏，輕一擔負，函致公，此實未經閱歷，殊屬冒昧，有負期許。統容面謝。此頌夕安。敬叩。一月十七夕。

公早間如不見客，望示復時間，即來。

八

頃叔廉來電話，知已接洽，刻物已送去到行。昨云燕卷，尚有一段未經奉告。遊白雲觀之人此君居心深刻，須留意知此物東人曾出重值，今春曾有欲得之意，蓋亦欲轉售東邦獲利起見，彼時未允。今一切出手，彼必如願。回憶東友曾直接出值，堅未允出。今轉他人之手，仍售日本，未免爲原友所譏，故欲公得之耳。聞渠十二時即到行，用特告知，恐彼設法用他話求公奉讓。謹此密布，即頌大安。知叩。即晨。

目録有要者，先告我，無不可商。

九

示悉。今晨大雨如飛瀑懸檐際，書畫箱不能出門，尚可伴我一二日。惟各箱鑰匙昨已先交去。承詢燕畫，此件於民九以四數購自沅叔，當時正拮据，款尚係分三次交。携之東瀛，日人詫爲得未曾有。小川、阿部、山本均欲以三萬元爲交易。當時豪邁，不之許，且以燕畫在本國僅僅有數之物。此外如北苑、米元章、趙子昂《膽巴碑》《秋郊瘦馬》元人題極多、揭曼碩《千文》、元人《四賢像》、元人《揭鉢圖》、沈石田《溪山深秀》較送匏广卷更佳、文衡山《寒原宿莽》，種種不勝枚舉。前日與犬養閲者，皆在出脱之列。惟巨然以畫佳而一無題跋，當代賞鑒家純以耳爲目，故留之，不欲使傖儈展觀裂絹。此外留掛者，僅石溪大幅，廉州、南園三四幅，餘悉付之東流矣。倘公尚欲賈其餘勇，星期一上午十一時准送匯業，我公可下午預約祖思至行樓上飽觀選擇按目而擇。彼樓上自用之屋甚僻静也。即頌午安。知叩，十五。

一〇

前函送出，即知不在滙業目録之列一語，我公不解，蓋我自行記賬也。緣仇山村、石濤、松圓三件未載送出之目，合計弍千六百仍請予我此數方合。昨云弍五亦誤。此款在公處，已同第一批付竟，清欲於燕、趙二卷數目追除耳。最好今明日送下，有急用耳。牧溪卷俟晤岱杉時以語打動之，或尚不甚難。珏生尚購我之揭傒斯、元四家、耶律一卷，此特不能下手，容徐圖之。然渠偶有急需時，或可攫得。此復遐公。請白。十五。

闞鐸（五十二通）

一

夫子大人函丈：奉十月廿八夕手諭，祇悉。安仲山已洽妥，極圓滿。明夕約保管處同人葉小崧、齊景班、黄見亭諸人，與仲山在舍晚飯并商略做法，仲山處已以手書交付，諸乞勿念。書宜早復，因有吉林之行，往返十一日，在行前已知尤榦丞回里與仲山洽妥，其時鈞諭固未到也。伏誦賜函，於病况如此嚴重之際，作如此詳函，純爲無謂之客氣所動，似非攝生之道。乃至以鐸不敢終事爲疑，似更乖於知弟非若師之旨，或者病中思慮過度，如所謂神經過敏者，鐸於函丈心悦誠服，老而彌篤，所以未敢要求收係者，以師門廣博，或不以名義爲重。此次受此刺戟，或即爲定名分之一動機，况古人舉主之誼不逮師門什一乎。至於編書之目的，鐸之目標係永久的，必得如近刊張季直傳記者方爲合作，方足以傳吾師，惜侍側之日淺，又以平日散漫，向未經心，乃至毫無措備，奈何奈何。《徵文啓》之于《弟子記》，雖二而實一，輕率下筆似不如先將彙稿加意搜碞，然後分年入譜，再以軼事孱入，作爲傳記，此非多人所可從事，鐸在世一日即誓了此願。所苦資料不充，學力淺薄，不能表襮盛德大業于萬一耳。匆匆肅復，祇叩福綏，并祝痊喜。受業鐸百叩。十一月十一日。

二

正具函間，奉手諭，并致黄婁生函。頃已與晤談兩小時之久。渠甚欲自效，已議定，俟安仲山處材料送來即與商略。次則陳玉蒼尚書之公子，伊與同司，鐸欲抄取當年鈞座所撰壽序及祭文、挽語以爲吾師風義之證。婁先允往晤洽，并屬於信中詢取玉老行述以爲副作用。又將《張季直傳記》交其帶回細閲，以爲行文之助。知注，敬以附陳，又及。

近日外間有清室登報否認樊山爲尚書之事，殊近滑稽，聞主動者爲胡晴初，亦惡作劇。此老有美新之作，已不滿於人口，重以此事點成鑠金矣。又及。

三

夫子大人函丈：昨上一函，計已賜察。頃奉十六日賜函，祗悉。《類稿》俟桂老回再拜領，并分贈安、葉、齊三君，至於搜料正在進行，乞釋廑注。右善處容即作函。昨晤俞星樞，屬代叩安。渠極盼鈞座北來，於攝生有益也。此叩福履。受業鐸叩。一二、二〇。

四

夫子大人函丈：桂老卅日旋平，交下鈞座賜寄《類稿》四部，又材料一包。敬悉。安仲山等三部即夕送交訖。孫師鄭囑代索一部，將來此類事必多。昨晤曹少章，云鈞座交伊帶來頗多，改日再商議分配云云，不知是何情形。前奉諭調查日方應送書之人名，聞鄭文軒已送去一單，允以底子交來，俟其交到再爲補充。但已催過二次尚未見來，不勝焦燥。桂老云師座有意北來，鐸意於養生養心俱以北方爲宜，乞努力實觀，至盼至盼。鐸新印成《元大都宮苑圖考》

一篇，印在彙刊第二期，已由郵寄上，到時乞鈞誨爲叩。祇叩勛綏，并賀新禧。受業鐸叩卅日。

五

遐老尊座：連日與子剛、公超兩令侄討論編《弟子記》事，公超所見頗見卓絶，桂老與鐸均不能不服從，如但就文化文藝方面著筆，事實固不虞其缺乏，似不足以盡我公之生平。若能用側面抽象的寫之，頰上添毫，或亦可躍然紙上。鐸之魯鈍，自問筆力殊不敢自信，即以材料言之，鐸處充分可用者止有數事，一《醫籍考》，二萬松塔，三敦皇石室，四北大研究所請葉浩吾講演劉元塑象，五角直楊惠之，六親往雲岡訪石窟寺。『夢憶』及『選詞』均有資料，但未充足。以上種種，似乎合格。此外則須仰給資料之來，方能着手。此外又有《唐景星傳略》一事，料已搜集，尚未整理，似可作一段。總之，以第三者立場著論，負其言責，再加矜慎，或不至如《建國詮真》等等授人口實。然第三者所難者，尤在撇開政治上種種經過，此則緦之過慮，亦即公超所著眼者，不知廑慮以爲何如。比日輾轉籌度，如鯁在喉，本欲緘默，終不自安。謹以直陳，不識鈞座何以示教。鐸今日首途出關，在瀋小住，或即赴大連，偕子珍避暑，在彼有若干日之勾留，容再函陳，以便賜復。桂老昨赴海濱，爲其七女公子下葬在彼，約住一月。又及。此行預定一月，大連不可久居，當須赴吉一行也。專此，祇叩鈞綏。鐸謹叩。聞許季香在吉，此行或可相見。又及。

六

遐老尊右：承頒《梁代陵墓考》，極爲感佩。此書以最新式科學方法整理遺物，極爲有用，擬請再賜十册，以便分餉同志。另一單乃大連應送者，務乞俯允。祇叩鈞安。鐸叩。九、一二。

大連圖書館大連滿鐵本社前。

松崎柔甫大連圖書館，此人爲葉奂彬弟子，專於目録之學。

八木奘三郎又，此人即《滿州舊迹志》著者。

中日文化協會大連紀伊町八九。

村田愨磨文化協會理事，前吉長代表。

石田貞藏文化會編纂。

李文權文化會。

任見禪大連楓町一八六，振采之弟。

趙任羹吉林山神廟胡同六號寄園，此人甚博雅。

七

總長鈞鑒：到青以來，倏已二旬。曾以密函迭寄仲宣轉上，嗣聞福體違和，不知曾否上達。近想勿藥有喜，不勝馳仰。查膠濟路員，向有魯案、魯籍兩派，自王儒堂去後，又有高恩洪等魯人極力排斥外省之人，於是兩派之争鬥益烈。例如朱庭祺以副局長而被裁，薩福均以工務處長而被逐，其中惡感不問可知。吴佩孚失敗，魯人益復自危，攝閣又發表朱爲局長，益觸魯人之忌。及鐸來任，適有三處長調部之命，三人之中，孫、周皆爲魯籍，顧係豫人，魯人乃造凡直魯豫人皆排去之謡，又調動車務處課長楊殿卿、段長趙德賢、董希成、工務處課長張聖韞等四人，皆以平日結黨把持，易以該處原有之員。乃彼等勾結客軍，煽惑工役，布散傳單，以罷工相恫嚇。車務總段長馬廷燮亦係魯人，以辭職爲要挾，嗣經省城及青島各方面軍民長官以個人資格勒令馬出任事，并囑鐸對於已撤之人酌量采用以示調停。葉批：誤。當以時届年終，貨運刻不可緩，不得已先將楊、趙、張、董等四人調局辦事，旋因楊殿卿向辦車務文牘，調閱卷宗，文理尚屬通順，適有課長缺出，乃以遞遺之文牘課長令楊代理。又董希成本係濟南車務段長，此次撤任，即以濟南站長陳桂林坐升。乃發表後，董忽電訐陳桂林有盗賣公煤六十噸一案，當即派員密查，一面令陳停職，派鄰段馬慶錫暫兼，旋即將盗賣一案移送法庭。近接咨復，謂盗賣確非事實，宣告免訴。陳桂林正在反訴董希成誣告，尚未完結。魯人方面久欲甘心於魯案系，而以朱庭祺及會計處長陳天驥、車務段長陳承栻等爲目標，非設法逐去伊等不可。陳天驥、陳成栻二人向與青島軍界往還甚熟，此次辦理軍運亦甚合宜。馬廷燮、董希成以陳承栻得軍事運輸專務長有指調全路車輛之權，大爲忿忌，彼時軍事方殷，敢怒而不敢言，現在事定，正欲藉此修怨。二陳一浙一閩，平日鋒鋩過露。葉批：是。未免招怨稍多。此次受謗，又因陳天驥入京一次，伊等謂此次裁員皆所主使，益以平日惡感，遂成不解之仇。葉批：未必。而此間戒嚴司令王某及代理督辦海軍司令温某皆不以朱及二陳爲然，以故魯人氣焰益張。鐸意現在魯作事自不宜予魯人以難堪，朱、陳等意在報復，葉批：可切戒之。亦似不知量力。方風潮正烈之時，王儒堂忽有電函，謂不日來青，及事稍定，又電稱不來，明係一種恫嚇手段，早已爲人看破。其實，王於魯省絶無勢力之可言，朱等一味堅持，葉批：不合。鐸若過拂其意，必至發生衝突。目下幸魯省軍民當局聯絡極洽，所謂罷工等等絶對不能成爲事實。鐸對於各方均不表示何等態度，但空氣散布殊無法可以制止，聞其餘波已到京滬，似可不理，不久自滅。山東人公正之言論皆謂朱、陳等避開爲是，葉批：未必。另覓一無用之魯人爲副局長，或竟裁去，均可安然無事，長此争鬥，終非了局云云。總之，能保雙方平衡已極不易。局内分野，車務爲魯籍，工、機、會三處爲魯案，下級員役則魯籍占大多數。目下，對於魯人擬爲相當之保全，葉批：是。對於魯案亦不示何等變動，并力勸朱、陳等暫勿離此地，默察將來情形，恐魯人必不罷手，如鬧至不得已時，擬先將二陳設法先後離開以避其鋒，葉批：不能。仍以保全朱氏，如朱仍難支持，再設他法。以上三人或由部陸續分起調辦短期之事，電令暫往，庶不示弱於魯人，兼可漸平其氣。管見所及，是否有當，伏乞告知灌青轉函示知，以便因應，不勝企請。專此密陳，敬叩痊喜，伏乞垂鑒。局長鈞鑒鐸謹上，一月廿五日。葉批：此事誤在舉動欠沈着、老練，已囑速來面商壹是。

綽閲。

再者，材料改課一事現正在準備中，但本路情形因改修橋梁、換用枕木及添車加軌各事，與各路之消極不同，故不取十分收縮，以免棘手。原代理處長許傳音辦事尚屬認真，擬改爲總務處副處長，專辦材料一部分之事以資熟手。另調吉長監理課長沈經在吉長甚久，人甚謹飭，葉批：不知其人。可以放心。是否有當，乞訓示祗遵，再叩鈞安。鐸再上。

八

夫子大人函丈：在寶珠子胡同兩奉手諭，祗悉一是。第一函内之黄婁生已與洽晤，并已具復。其手稿軼事，正鐸欲采輯，已録一副本。近來所見資料，止有樊右善所作《收贖京漢路》一篇認爲合格，及見手稿乃益信也。第二函内之張孝維已與見面并以原函呈桂老，社中無女職員，其人亦非尊宦人物，日内正與桂老講求方策以救濟之。至手諭所示編集苦心，讀之墮淚，謹當竭心盡力，勉副盛期。年譜固不易作，却亦不甘罷手，只好一面從物色資料入手，頃已就已送資料者諸君發一通函，一則告以收到，一則告以届期截止，希其再來佳者，不知尚能再有所得否。所收到者分爲公牘及私人記録，共訂二册，交方灌老帶滬，又《醫籍考》與江漢三細校一過，適已完工，有方君之便，亦托帶呈。均乞察收爲幸。耑此，祗叩福綏，并祝痊喜。受業鐸叩首。十一月廿三日。

九

夫子大人函丈：前夕約仲山、小崧、景班、見亭在舍晚飯，并約李子琴、王蔭喬作陪，談搜集材料事，頗有進步。仲山提出先從政府公報箸手，一面將長部任期年月日擬請以此爲根據，再去查報。伊等均極踴躍，今早鐸親赴該保管處談三小時之久，大致之宗旨如下：長部之外，任司長、次長時代更爲切要，彼時有他人具名而鈞座屬草者，可將印本與原稿查對。又前清郵傳部時代亦關重要，處中所存印本如有局報及各單行本，均開一目録來，以憑擇取。呈文類稿，民六爲止，袁德宣所辦名《交通叢報》均擔任物色，前記各印本并調查有無重複，以備剪用。又聞沈稚友接收記事録印本，未將書籍列入，故印本多係册外之物，仲山密允從事，如此可省鈔工。此外檔册可查者已大致設有方法，一面由仲山翻檢，隨時由鐸與之接洽。鈔胥費用，小崧意在不取。仲山密謂給費，結果允照二角千字算給，用紙隨便。《鐵路協會雜誌》擬以桂老及舍下、仲山處、保管處湊成，如得全者更佳。以上各節，它日擬約子琴一爲相助。《申報五十年大事記》中交通一門，此行在長春，悉交行章叔淳行長有此書，已向借交柯季芸鈔寄。頃得柯函云，已借到交鈔。因正值更換局長，約一星期内外可以寄平，此件如到擬交小菘等據以搜輯材料。統計諸册亦已見著，但須想一運用之法。鄙見此次所搜之料或有益於《彙稿》，於《弟子記》似無多少之用處，但須俟全功告竣方可定也。《彙稿》之原料及其來源昏然不知，殊爲納悶。急盼第一輯原本速來，可定標準。保管處於鐵路資料尚有未剔净者，故選材尚較易，但因處中經費不發，同仁爲狀甚窘，且惴惴於結束，故現不安之象。仲山之意，愈速愈佳，亦是一法。拉雜上陳。伏維慈鑒。受業鐸叩首。十一、十、五。

一〇

近日東方文化因僵局太久，頗有覺悟。連日橋川來密議改良之策，據云日方於此爲三頭，即外務省與東西兩大也。外省自認外行，願居被動。東西暗鬥，致蹈此境。橋川年來迭次建議，近日似已有效。服部函來於橋川所議多已許可。如胡綏之刻書允給一萬，即其一例。瀨川久困之餘，此次亦欲以去就争之，橋川密詢方案，鐸告以仿美文化辦法，或于美方所未辦者辨之，或於所已辨者補充之，即如圖書館亦屬駢枝，不如取日本出版物，在平設一館公開之，似較有益。又如測量故宮亦是一事，橋川極以爲然。橋川又云刻胡綏之書一事，當建議時尚有類此者數端，而刻《醫籍考》亦即其一。鐸告以此舉不煩日方，我方已有出資之人。伊云此固不妨。但即使日方刻之，亦決不干涉内容。鐸意如果彼方有出貲之事，而我方之辦法自由可否與議，應先祈示再定，彼方見報紙宣稱桂老總攬文化，李石曾與之合作。故擬從此處着手。鐸亦決不露面。擬俟桂老回平再取進上。又，阪西昨日到此談及明年辦名畫展覽，仍欲鐸東行云云，并謂此次與上次一樣，不同之點在此次與外務省無干。此語與橋川所談殊有吻合之處。或者彼方已知隸於外省之非是邪。鐸近一二年於來平之日友多多忠告，并力言美方之辦法巧妙，以促其反省，或者此種空氣竟成事實，亦未可知。鐸以爲彼方即此時翻然改計，尚不失爲識時務，以後如何，容再密陳。祗叩鈞綏。受業鐸叩上。一二、二〇。

一一

遐厂夫子大人函丈：前上一書，計已賜察。頃將陶刻宣爐四種兩部取交補蘿，諒已奉寄。

晤傅沅叔先生，云前年借奉金廷標所畫張楊園像，想已用畢，乞賜寄還。又許季湘來詢及《醫籍考》付刊之事，不知近作何狀，屬爲奉詢，乞賜諭及之。又，《絲繡叢刊》黄賓虹處久無消息，可否便中一詢催之。以上均乞賜復。鐸四月間恐須東行，如鈞座有命辦之事，乞早示及。祇叩鈞綏。鐸謹上。二、二八。清恙近想痊可，致以爲念。

一二

遐厂夫子大人尊侍：多日未奉手諭，而近日外間多傳鈞座有青島之行。鐸意或是公超密月在彼，因而訛傳，然亦不能證實也。螻老對於本社因英庚緩不繳，兼他方面亦難成事實。而梁思成已辭館而來，乃不能無改組之舉。頃有致文化會一函，屬鈔稿奉閱，伏希賜洽。劉君士能在平日之來社研究學術，的是異材，惜社力太單，未能維縶，致爲可惜。然彼此沆瀣，亦殊吻合也。祇叩鈞綏。弟子鐸謹上。七、二二。

一三

遐老賜鑒：頃自吉林歸，即將許抄《醫籍考》下半部取來三十六至八十，原書未校正，擬約一二友人加以讐校，再爲奉寄，以完成此項工作。桂老日内可回平，社事繼續，工作方多。灌青之行，未及晤對爲歉。祗叩撰福。鐸叩。九、十。

附件：闞鐸致右善先生

右善先生侍右：適自關外新歸，案頭有八月九日賜書，内《遐庵弟子記》稿一通，拜讀數過，佩甚佩甚。承命修正，并屬勿客氣，極見撝謙。弟於此事日夜縈懷，曾取《抱冰弟子記》讀之，覺其行文不能滿意，我輩作文必須忠實而有光輝，足供史料，方爲合作。至於□飈自不侍言，然必須主人翁有不可磨滅之事實，方可下筆。我輩不過搜輯事實，整理文字而已。著者因人而叙事，讀者因事而存人，此義公以爲何如？必如此方不是弄臣媚子歌功頌德之舊套，吾兄不約而同，至可欣感，至文字修正，尚是小事。在今日作文，似宜略用符號等等，以表現時代性。尊意云何？此處苦於資料之不易得，如尊作之原原本本，大可欽服，以後尚乞努力，以底完成。至盼至盼。此間有可成之文亦即次第著手也。此頌撰安。弟鐸再拜。九、十。

一四

遐老賜鑒：奉廿五日賜函，祇悉。購書報告之函係掛號寄大連，不知何以未經轉到。昨在津知亦崇於尊座行後亦即來津，已屬其速函大連宅，檢各函速即寄滬。意者此函或即此時被擱邪。坂西三人十九號可到滬，擬即上謁。此事係東京美術學校一派所辦，亦學閥之一，坂乃請來出官者，此派在彼中與當局頗水乳也。伊等此次在京津所洽，尚算有頭緒。鐸以第一次所印《緣起書》內有『故宫』字樣，頗有人藉口反對。已將此二字删去，另印一文。又渠等初欲大加鑒定，明示去取。鐸告以既已限定名畫，又不濫加接洽，似可寬拓範圍，多携若干件，不過保險費略多千分之三十。到東之後，如太不像樣者，儘可不必陳列，托言館中地狹及其他理由似可不至開罪於人。又各方面要人擇尤推爲贊成員，伊等均甚同意。桂老允出品，至往遊，則到時再定。專此上陳。即叩勛福。鐸叩上。八日。

一五

遐老侍右：今日自金剛山游山歸大連，奉九月五日示，祇悉。《甫里志》已托人向大村家詢問，但前次在東京日，知其遺族分散不在一處，祇見其令侄略與談洽，屬其致意而已。此事恐須今冬赴東京，托北浦設法，但非長時間不可也。《百川學海》事容歸津即與蘭泉交涉，惟蘭泉近就魯豐事在津時少，或多需時日耳。《許書理董》事橋川處當力托。此消息據云以極精密之調查方得知之，似主者頗不公開也。桂老南行聞仍未中止，但離津赴連已有多日，未得一字，不知近作何狀。現鐸在連候航，准廿九可附船赴津，此行游金剛山及京城、平壤諸地，京城訪閔妃陵，平壤訪箕子陵及樂浪墳，又江西三墓里大墳於考古稍有所得。過瀋時未訪明之，聞頗深閟也。胡綏之住北京西城太平橋鴨子廟五十一號，或交鐸轉詞亦可。黄華事并未全仗大叔，以鐸奔波，故未直達。聞灌青云内容頗複雜，容歸京再設法細察之，行裝初卸，匆叩鈞綏。鐸謹上。九月廿三日下午。

一六

尹石公來談，倫哲如以年假回，所述如下。奉天新設萃升書院，以吴辟畺、吴向之、王晋卿爲三老，月致八百元，楊子勤則就修志局事，月亦八百。蓋分門自認以門計值也。又聞《四庫》事係漢卿自認十萬元，官銀號墊五萬，中交共墊五萬。現三行已撥出，而肥配者甚多，張岱老即其一人。又聞定價七千元一部，事前并未估定即已發表，據孫伯恒云，至少七千五百方敷成本。其樣子已見過，乃石印六開本，如《四部叢刊》大小也。商務印書館以不承攬爲幸。此事全係金息侯所爲。本因楊鄰葛所創，故爲督辦制。今則已矣，改爲董事制，聞十萬之外款不易得。現止有倫君得數百元，餘人則不可知，有王竹林名賢賓，津之鹺賈，鈞座前曾允至其家，閲其收藏。此君與李石曾爲交至密，聞李在法營豆腐業，王君即佽助之。前日鐸遇王君，頗以介紹李君自任，再四思維，或於東方文化有所裨益，王君又謂，伊知李君與鈞座莫逆，似可乞一函付之，以爲將伯云云，王於春節前來滬，已由野崎以弟三人口吻爲鐸述經過，大概以備向李説項，以上各情，掬陳左右，伏祈鈞奪可否，并候示復，據聞東北有謂桂老督鐵路之説，但桂老似無所聞。專此，敬叩遐老年祉。鐸叩。五日。

一七

遐老總長尊座：前函在津拜發，旋即來瀋。子珍偕往晤張輔帥，屬意吉幕，現候其回吉，即與偕行。桂老文化事已允三年，每年萬五千元，但鐸如在吉過久，亦殊可慮，桂老在此約尚有十日之留，所事似有端緒也。頃在省署晤許季湘，談及《醫籍考》事，伊已將日本鈔來之半部另鈔一分，尚未完工，以與彼在大高殿所鈔之本相連，將來尚擬將大高本足成全部。冀將來另成一份。伊又細加校閲，有可改者改之，擬先摘録書名，撰人名、卷數，先編目録一部，或交北海圖書館刊入月刊。約二百頁，設法付印，以廣其傳，又物色醫書有爲考所不及，或已有而漏叙或跋及評語者蓋多紀，僅就在日所見而成此書，中土所流傳固不止此也云云。又，島村書來云，下半部已鈔完，但校勘極費事，伊九月來華，可以帶來。伊爲考古協會在北平開會，開會時委員長尚未定人，殊以爲憂，已復函告以我公曾推孑老矣。此間天氣尚凉爽，不知滬杭如何。尊座起居何似，極以爲念。匆匆，祇頌暑福。鐸謹上。七月三日。孫燕翼所云機會迄未得訊，悶悶。

一八

遐老尊座：昨得《清詞鈔》編纂處函，承公推爲編纂，此我公延譽之所致，謹當泥首，但鐸於倚聲未嘗學問，已移書謝之，但任采訪，此書計可鑒及。發起諸公如劉翰老、徐積老、程十髮、林鐵尊、陳□□諸先生皆爲故人，趙叔雍雖未見，亦知其爲人，擬各贈以《女紅傳》一册，菊生先生已另寄。兹別封寄上十册，乞代分致，内容中有未見面而可贈者，即乞代致爲幸。榮淑章談《名人象贊》，伊擔勸銷十部，不日以名單來，餘已徑向商館訂購，謹以附聞。祇叩勛安。

鐸叩上。附《詞鈔》消息二紙。

一九

橋川來談龔橙《許書理董》，現已到京，在三菱公司，極秘密。但可以六百元之押款借出鈔寫副本，并約定不出版、不發表，且以兩個月爲期，還書時將押款收回云云。聞從前有人借物不還，故不得已而出此。此尚不難辦，所躊躕者鈔胥費，書凡四册，内有篆文，非普通人所能從事，且鐸與橋川不日東行，此一個月内無人料理，奈何？如鈞意有借鈔之必要，祈示知。鐸處俟由東回時即可進行。該書在平聞尚可留兩個月也。請示進止。鐸謹上。遐厂總長鈞座。

二〇

瑕老賜察：七月十三日賜示，二十日奉到，祇悉一是。謹分復如下：《醫籍考》脱離機關事，已切實達知，聞彼中正在估價，并聞已籌款付印，想不日即來詳函。坂西等豫定十九日到滬，計此時或已晤對，展覽事恐不能如意，只好聽之。桂老刻絲已編成一册，益以著録大内及古物陳列所所貯成書七册，其見於故宫物品點查報告者一一表出。又古書所記錦、繡、織成、刻絲一一摘出，分紀事、辨物二類，其《元典章》《蜀錦譜》之類亦依類附入，益以《女紅傳》凡四種，此書現已整比，如不及印行，擬先寫一正本，以備赴會時宣傳之用。最近大倉方面來談，喜七郎頗欲做一大事業，如鈔《四庫全書》即其一也。屬製一預算，乃調查各處資料，與援厂、石公洽商，定爲六十五萬八千元，每頁以一角五分計，尤於用墨及描圖校正等加以注意，聞往年疊由東洋文庫等來洽，曾由錢玄同諸人開過預算，係六十萬元，與鐸所開無大出入，此舉若成，可令識字人有二百餘家三年可以存活，不知有此福否。石耕事容日内提示，惟聞目下并不他徙，振采十日已歸津。聞文道希有《純常子》一書，不知尊座已見過否？尹石公云有人藏此稿本也。王義門詩稿在閔保之，許石公云可以借鈔，尊意如何。千元購書事，垂念不計息，感何可言，雪吭回條附閱，敬乞釋念。已與新華洽妥，奉聞。祇叩遊安。鐸謹叩。二十日。

二二

遐老尊侍：頃島村自東京來，交到已鈔成《醫籍考》卅五卷，當查我方所短，似不止此，且大高殿本之中間接富士川本亦尚短數卷，已告知島村，屬其回國時再爲鈔補，其許季湘所鈔之下半部尚留富士川處，派人與藏本互校，且將元堅所增改者以硃筆記入，此項工作現未完成，須另行寄來，此亦島村所報告者。季湘適以悼亡在平，即以此三十五卷出示，伊甚欣然。現借去先細閱一遍，如有錯謬即簽出，以便向富士川商改，并約定不日交回。此《醫籍考》鈔本一部分交到情形也。經費尚未決算。前日李鍾楚談及伊家住一老醫生徐退厂進，數世業醫，所藏醫籍甚多，本人亦邃於醫學，近欲爲之領照，在津懸壺。鐸意此書必須得一專門醫史家爲之校閲，方能放心，此人不知能勝任否？徐醫術甚佳，振采亦試過，年七十極健。如鈞意以爲然，則擬托鍾楚與之交涉，鐸欲俟校定後再繕一定本，即可付印付刊，以上乞酌奪示遵，專此，祗叩鈞綏。鐸謹上，四月六日。

一二二

島村偕來爲原田淑人教授，此二人不日來滬，擬上謁左右。原田要求一見劉漢貽，觀其藏書，且欲鈔《宋會要》一部，屬求鈞座預爲道地云云，此事似可托張菊生一辨，或章一山亦可，鈞意云何？桂老四月一日赴北戴河掃墓，擬住一星期，即赴瀋陽并聞。

一二三

遐老尊座：奉七月七日手諭，祗悉一是。《弟子録》之作久有此願，特以見聞太隘，筆又不健，不敢率爾操觚。重承奬借，悚仄不堪，可否先寄些資料來，鐸再觸類補充，或可仰副諈諉。鐸近從桂老講求作文，頗致力於剥蒜文字，欲漸洗練字練句之舊，但終不能十分鬆快。最近著《元大都宫苑圖考》一卷，約四萬言，即剥蒜之試驗品，不久或可印出，即以呈閲。學社章則已刊入《彙刊》中，昨寄十部計已垂察。校理名色乃專用以待績學有爲之士評議，近雜參校過卑，此桂老春間所定，在事實上亦只有校理一流人相與共晨夕也。許鄭先師遺書爲其如夫人售出，輾轉而入哲如之手，蘇人謂在鐸處，固應聲明，但昭昭昏昏，目下尚非其時，此中苦楚非紙墨所可罄，奈何奈何。許季湘迭函未得復，正在納悶，頃擬月内暫作瀋遊，擬作一澈底調查。今又作一函致其家，此夾攻法或有效。桂老明日可自北戴河回平，子剛借屋事昨已快函托之，計可得一辦法。公超昨來談甚久，英發可佩之甚。渠允爲桂老英譯一文，正在工作中也。洗女士聞不日還粤，此材確不易得，然私心冲冲，微嫌早熟，不知公意云何？匆匆肅復。祇叩勛福。鐸上，七月十五日。

二四

遐老賜鑒：許季湘函呈閲，鈔費由鐸認末數，俟回平即交去，書亦得其令侄來舍留片，俟鐸回即送來。季湘求閲過，仍乞賜還。志航來函及右善寄到《弟子記》大綱略目，拜悉，似可增者尚多，容旅中一一憶及加入，再以求政。又奉。

二五

賜示祗悉，營造學社事容持商桂老，梁師成曾來談，望奢事繁，殊無實效。公超極與桂老針磁相契，子剛在鐸行前與桂老談數次，或已去海濱亦未可知。鐸今日赴吉，兩星期可回，此叩鈞綏。鐸謹上。八月八日。

二六

鐸近從尹石公處借得《王伯弓先生筆記》五册，正在鈔寫，俟將太不足存者節去，設法編印，又成《傳略》一首刊入《文字同盟》十六號，不久出版，此君似可加入清代學者之列，但像不可得，尚在搜訪中。此君筆記於朝鮮及光宣事甚詳。

文化事業方面，彼中於舊人已決不維持，新人雖欲注重浙人之大學派，却擬再拉學者中之有能力者，且重南人。如王晋卿、柯鳳孫均有詬病。竊意鈞座何妨於此局稍措意，鐸亦得隨侍，固謀饘粥，亦似於性爲近，鈞意如何？

前上一詳函，具述島村來談影鈔《醫籍考》三十八卷至八十卷，凡八百餘葉，需費二百六十餘圓，若鈔全部約五百圓等語，并附一各卷葉細單，於十月初一二寄出，不知已賜收否？此事如何決定，此行在日應否辦結，請示。前項卷葉單已鈔交援厂及許季湘等，又及。

二七

遐老尊侍：《醫籍考》事疊與小林細商，最近結果係彼方已決定以此書付印，印一千部，以五百交華方如商務印書館等機關發售，餘由日本岡書院銷行，已交書肆印刷店估計，至印費出自何處，或即由考古學會出資，雖尚未定，但必不中止云云。小林屬代問。安慶、島村定九月十日由東京來華，在京約住一星期。鐸不能坐候，已告小林并與約在連埠相見，旅順老鐵山之發掘大約在十月間，島村或於歸途一答別也。《純常子》事已屢告尹石公，據云此書之起原，乃模仿湘人鄧某《雲山閣筆記》而作，現有人有其一部分，允設法鈔取。王義門詩數十首已借得，付鈔胥録存，鈔成即奉寄。石公以《雲起軒詞》一册有大鶴山人題字者屬爲轉呈，俟便即寄上，新華付款收據一紙并呈。《文字同盟》十六期有拙著《王伯恭先生傳略》一首，其《惓廬隨筆》正在鈔寫，擬加以選擇，一面集資印行，以上拉雜奉陳，伏乞賜察，祇叩鈞綏。鐸謹上。九月一日。

二八

遐老總長尊座：兹因叔雍兄鴻便，乞以别紙呈上。叔兄行期匆促，諸多草草。又以近日桂老有市長之説，人事多忙。其實早經力辭，并與秀峰來時面詳一切矣。此間又見李石曾電漢帥，力主此事之實現，不知效果如何。然此老意中仍不爲動容，稍進步再詳陳。此叩鈞祺。鐸叩上。九月三十日。

二九

遐老賜鑒：本日由大連回津，即與島村晤面，渠云《醫籍考》事已與富士川博士計議影鈔，自三十八至八十卷，凡八百三十六頁，每頁三角，共二百五十圓八角，加書皮訂工共連前二百六十三圓。但伊在京特往大高殿將楊星吾所鈔查對，覺卷數與富士川藏本頗不相符恐楊氏所據非富士川藏本，富士川原計畫之單係根據前次鐸寄去許季湘鈔來之單，而此次在大高殿所見與富士川藏在不能鬥筍，於是發生不能從三八卷着手，必須將八十卷全鈔方能放心。若將前卅七卷重鈔，此時未將葉數開來，不能估計，大約恐亦須二百元左右，總計約在五百圓上下方可集事。此項鈔寫島村説明由富士川招人女工承辦，用薄紙影鈔，可免錯誤云云。此事如決定，即由鐸函島村，將來或於冬間鐸赴東時，面與富士川氏接洽亦可，餘容明早入京與援厂商洽，再以奉聞，祗叩鈞綏。鐸謹上。九月卅夕。

三〇

遐老尊座：坂渡北來，擾擾多日。今已分别東歸。京中如關伯珩、袁珏生、楊蔭北、郭世五諸家出品，共百十餘事。津上如沈硯裔、朱桂老、陳弢老諸家共八十二件，均已交使館領事館，俟税務署交涉妥洽即可運去。鐸等准十三號長城丸行，同行者伯珩、珏生及寶熙臣、楊蔭北、金潛厂拱北之子，天津去者，張岱老、方藥雨等四人，由大連往。謹上，即叩福祉，鐸叩，六日。

三一

遐老侍右：奉示及各封面，祇悉。適蠖老來作吉敦路看紅葉之遊，即以呈閲。吉敦工作堅實，出於豫想之外，每一公里合金十萬，山洞鋼橋在外。蠖老以爲不昂。早八時半自長春，晚七時許到敦化。次早到牡丹江岸，一行看敖東城址即折回，晚到長春，同游者榮淑章、何次衡及鐸之外路員二三人耳。有小詩呈政。國學研究事，榮允與王可耕商妥進行，榮自信者當局之信用，餘則非與王合作不可，蓋王固所司也。此間所難者財用。若非以此爲目的，或尚可商，真苦痛矣。《醫籍考》下半部，島村已携到北平，現在橋川處，亦以不敢郵寄，故擬俟鐸回平時再作延津之合。然後設法寄致左右。現在所最要者接荀處也。擬於此次回平時下工夫，整此之。《絲繡録》已補寄一册，係掛號，想可收到。最痛惜者，去冬在東京得《字貫》一部，即與其他書數部托日人飯島帶滬呈上，其人與王一亭一行同來任東道，且在虹口開書店，似甚可靠，不料去如黄鶴，今近一年矣。托人之難，一何可怖。承命物色詞家，李師子申似可入選。此外聞有湘人汪汝冲者，榮淑章謂其詞爲時人之冠。其人曩在吉林，近已他去，容物色之，并聞刊有詞稿。上海刊詞集尚有一徐積餘乃昌，所收甚宏，不知已通款曲否。此間助手極難得，幸有圖書館可以任便取携。雇一寫手，當可消磨永日耳。祇復，敬叩勛綏。鐸叩，十月十一夕。

三二一

尹石公兩次屬轉陳云，渠與援厂均甚盼我公速書萬松老人塔額署款寄平，以便補刻，因石已砌好，非梯登不能奏工，或者另以一石在地上刻好，再爲換嵌，此則須與匠氏商度云云。石公又云，奉到寄賜《吴遊片羽》，謹謝。前年蒙允寫賜扇面，迄未果行，前於報端見大作《遷居》四律，竊所心折，欲求於一扇書此四律，不知可否。前見爲文，如書舊作，至今眩然也。以上務乞賜覆。此上遐老總長尊座。鐸謹上。五日。

三三

遐老總長尊座：頃接島村孝三郎君來書，有附致杭州米内君一函，爲潭府移杭代托照料。兹將原函奉寄，伏乞察納。鐸月前有函，内附一紙，係乞飭向飯島君取《字貫》者，不知已取得否？順以奉詢。祇叩春祺。鐸叩上。六日。

三四

遐老侍右：到東兩旬，徵逐未已。彼中人忙，亦不可終日，殊無細談之餘暇。鐸此行所附帶者，如鈔《四庫》及同文書院兩者。前者彼方無誠意，後者似尚有所瞻顧。故已知其不成。此外，文化之事聞彼中人意見頗有來年澈底改造之説，但不主張再組委員會云云。狩野服部似不一致也。《醫籍考》事進行尚屬得手，因富氏太忙，常常出外，故至今日方得定議。兹以經過情形報告如别紙。又於書肆得《字貫》一部，今已另寄。交日友飯島帶呈。據古城貞吉君云，在圖書寮見乾隆間原刻本甚精美云云，不知江西何以有如此佳刻也。又購得明人計無名氏《奪天工》鈔本，爲造園林專書，附圖甚多。此書大村西崖氏欲刊行而未果者，價三十金，不忍袖手，當謀之陶蘭泉，設法刊行，庶幾不負此行。頃擬十一晚偕伯珩諸氏赴神户，伊等在京阪尚有勾留。十六日相携附長江丸赴津。展覽會聞將延期四日，所有出品定數陳列，并以作者爲綱，凡屬同人皆陳列一處，此議聞發自衮父公使，似當實現也。匆匆掬陳，祇叩勛福，鐸謹上。十二月九夕。

三五

遐老尊座：憲五兄帶呈函件計已察及，奉諭垂詢副作用，前已略陳。此行於文化事不爲無益，但此事根本不能即决，故于個人亦成慢性，至學校之事則因權不屬日，遂有畏首畏尾之嫌。他若《四庫》抄書事，大倉無此豪舉，且彼時已知東北有印行之計畫，雖不敢必其成，然阻礙進行却甚有力。故在彼時竟不開口也。又奉示黄華等人之事，前函已詳覆，此曹别有會心，又各有環境，故吾人所陳多不入耳。紫無可如何之事。此白江近日在平有帷𦆑之徵，聞專于曲院中求人材，亦是一法。目下似尚無成説，而女公子輩頗重視之也。祗叩冬綏。鐸謹上。一月廿九日。

三六

展覽出品已由日外務省派人送回，所有尊座出品由日改交滬領轉交，日内似已可達到。北方出品在出口時，總税務司對於北平所出已有電令放行，而天津所出則未正式允放，即由日領，照慣例聽税司放行及總司來文則已放行多日，於是總司詰責税司，斥其專擅，税司則執原件運回之説以覆總司，一面極力催日方趕速運回以卸責任，不料前日船到塘沽，忽接報告而核對數目，竟不相符，内中如尊座之出品，亦即問題之一。税司大窘，乃與日領等密商救濟之法。

弟一不在塘沽開箱點稔。由日司令官派兵用小汽船運津，在紫竹林碼頭檢驗，而關監督署亦派人來，却未共謀，乃由扦手喝報，務令與出口時數量相符，即以二爲一、以一爲二之類是也。及驗訖後移交日領館又發現出入口貨單不符之弊，原陳葭厂出品，經其外甥劉驤業在日抽換數件，且又不符原數，此事雖有日方來信，而到津時已在檢驗之後，如此次税司不因被逼而與日領等合作，則件數不符及抽換原貨兩弊一經發覺，非全部没收不可，事後思之，不免毛戴。至由津運平，則由日兵輸送，刻已一一分送完了。其外省來人亦已事畢而旋矣。津方各家出品于交還時并無問題，僅沈硯裔有一明人手卷有二寸許裂痕，不免稍費唇舌耳。專此報告，伏乞鑒察。

三七

正封寄間，奉一月廿二夕諭示，知憲武已到，所托各書均已賜覽，惟尚有佛教書洋裝一册常盤大定所著不知已交上否。《醫籍考》款係由新華借五百元，遵名世之旨，當日曾有由新華向滙業取日金三百之諭，嗣悉此三百金即係前寄朝鮮，備赴龍井村調查古墳者，嗣因折回，已將滙票交由新華售成大洋，收入新華尊户。故日金已不存在。此事當日雪吭允爲函達。故鐸不欲越俎，現在只須函知雪吭，將此次名世之款結束即可無事。將來東方鈔校完竣，由鐸決算，仍以儘五萬以內爲範圍，已函島村，催其速成矣。至乞紓念爲叩。《字貫》係托虹口昆山路日本人飯島翰墨林書店帶呈，已另函查詢。如鈞處有便人或就近一問。附呈一紙，可以持往。內閣字紙聞已成交，此吴季荃來説，聞馬叔平之赴南京，即爲此事，至一次或分期尚未深悉。但最初聞木老不允分期也。木老似已赴奉，爲《四庫》事，柯鳳孫近日名譽甚劣，日人於《新元史》極詆毁之，且謂其購人舊稿而加以武斷。奉方招之，以議薪不諧而罷。蘭泉北來，即赴濟南，年内聞不到津，此君近日爲經濟所迫，非復故態。《百川學海》事容與交涉奉復。補羅事容即告知遵辦，紅渠□□似早出風塵，容探知踪迹再爲道達。遐老總長尊座，鐸謹上，卅一日。

一堂屬轉陳者：票十六年息已發，十七年不久有望云云，伊之所恐公未知，實則紫江早已知之，且爲主動甚矣！此君之迂也。

三八

遐老侍右：美展事又接尊座轉交該會公函及電諭，祗悉。伯老有本星期五起程之訊，潛厂行期亦定，但伯老執定人貨同行并不欲與行李同在一車。頃鐸赴平浦一問，則掛一鐵蓬到浦已須一千九餘元，無他法可以末減，若由海行可省不少。灊厂無所不可，伯老似尚執泥也。又聞周養安亦在徵集出品，但如何運送，亦尚未知。燕翼計已早到，不知布置如何，念念。此叩勛綏。鐸謹上。十一日。

蠖老擬發起『中國營造學會』，先設會所于北平，將已得資料全數提供并開展覽會，公開研究，《緣起》在起草中，定稿後即奉寄。

橋川近日已入文化事業會，據云柯鳳老近又到會，且與書衡先生互薦子侄充研究員，柯等之意，濟案一了，即可照舊領薪，且可取停頓中之欠薪云云。橋川于大連圖書館新購書中得一鈔本，名《舊京遺事》，係吳江史玄弱翁所著，頗多軼聞，現已付印，作爲《文字同盟增刊》，一次印完。昨日漱六來商得一策，托鍾秉鋒以同學資格函戢翼翹局長，謀四洮顧問，次衡以奉諱在平，力任内助，或可得一二百元之局。次衡十五號准回局，知蒙垂注，敢以上陳。蠖老亦欲東行，但行期尚未定，鐸擬隨之一行，亦未定也。

三九

《清史稿》忽有軒然大波，有人電國府謂稿中對民國多詆毀語，且謂明之修《元史》、清之修《明史》無不尊重本朝，此稿對於民國全然不問。謂銷毀此書云云。現聞交兼士、尹默諸位審查，有人主張付還書價，將書取回銷毀，議尚未定。尊處預約券已托人去設法，如不可得，只好候將來決定辦法再説。再，邵伯同之尊人位西先生遭庚申之劫，史稿列入忠義，伯同呈請改列文苑，已經照改。而原書已印，中缺一段，有人以王國維填入，此亦大受攻擊之點也。兼士已全脱同文關係，現有教務長張子秀代理，聞兼之去係因新舊失和，新者即兼士約去之人，面子上不能自令之去。舊者不受指揮，又見新者自爲矛盾，遂亦不睦。兼無可如何，只好自却。此尹石公所聞之兼士者。至文化方面欲得者固多，却無成説。據云於我公尚多推挽者，以援、兼諸人尚知輕重，其新來諸人尚須仰援、兼鼻息，故亦無反汗之餘地。以上姑以上聞，尚祈賜察。兩隱。

四〇

《四庫全書答問》黄陂任啓珊著，十七年八月出版，每部一册價八角，上海四馬路中啓智書局發行，此書發問至二百五十八條，頗具條理，但於全書頁數及徐東海派人督印等事均未之及，又進書表之有注亦未見，餘亦甚粗淺。此書乞就近購閲。莫子偲像，《藝林旬刊》三十期有之，不知已甄采及之否。

再前函有王竹林欲爲鐸向李右曾介紹一事，頃王于昨日由平浦車來滬，欲來奉訪，索去介紹名刺，伊住上海一品香，約有十日之留，特以上陳。又及。

四一

遐老賜鑒：廿八日手諭七日奉到，正合十日之例，神州板權問題，鐸於兹事實無經驗，誠如尊論，非以印刷營生又不以著作混飯，但求有人爲任流通即是厚幸。桂老尤不願瑣瑣，每譏蘭泉有儈意，其實蘭泉之儈，視海上尚隔一舍也。鐸意何不先令黄君開一辦法，鈞座視爲可行，則徑諾之。似此豈不穩便，不過板式太小，桂老未必合式，則亦祇可聽之耳。國光目録前未奉寄示，前有一函略述國光事，鈞函謂已詳示，或即指此。叔雍刊本與第二次文詩十册，昨日奉到。竹君先生廿餘年前曾經見過，叔雍兄少年清雋，久聞其名，今讀所作，欽佩無地，而風義之厚，更不可及。《蕙風詞話》今始全讀，比之《蓮子居》《白雨軒》更覺近人易學，金針度人，尤爲可感也。慈首詞今日甫寄到，連同蓮西詞一併寄上，乞代交公渚。又日友古城貞吉新印《巡禮日記》，此人風骨清挺，其所爲文與時下日賢迥别，寄請一閲。季薌因瀋垣政變有掛冠之説，目下似尚未分明，已托人探詢。至李振五諸君及交通同人皆與許扞格，不知何故。慈首來函則謂振五奉命催索舊作，已由于思白轉達云云。又路金坡事已函托它友轉詢，不日似可得復，祇復，伏叩鈞綏。闞鐸叩上，八夕。

四二

遐老賜鑒：奉十二月賜諭，祇悉。神州印書事，前寄上鈔印各件，曾有數次，不知一一到達否。奉垂詢板税宗旨，鐸亦意在流通，初無斤斤計較之意，想桂老亦不至有何異議，不過能以絲繡各種專占一集，不背叢刊之旨，其《哲匠録》《漆書》則别占一集，固所願也。《學者象傳》正因歲杪四出催人，此邦之人，因循居多，若得展期似非廣告不可。其東京方面，尤盼商館一爲加意。文詩已收十册，榮叔章處已交去，吉林圖書館收到之函附呈。張菊生書來云《女紅傳》所收俞貞女繡《妙法蓮華經》，即其七世祖妣，甚爲訢合，勸别輯同類之書以臻完備，蓋不知有叢刊也。兹以叢刊大略及哲匠目録寄去，如我公晤菊翁時，乞一提及。鐸約一月廿日由此入關，并以上聞。祇叩勛綏。鐸叩，一月五日。

慈首處已移書促之，蓋在陽羨所作，亦尚未寄到其。劉洪度、楊雲史未相識，路金坡未曾通訊，似已回平，頃已設法轉詢，俟得複再以聞。許季薌處亦函詢，穎人復長平漢確否，鈞示百詩云云是指此否，尚未敢告蠖老也。《神州國光集》印《絲繡叢刊》五種，能一集或二集印完更好，尚有沈壽《雪宧繡譜》一卷尤願一同付印，此譜曾與丁佩之《繡譜》合印一册，今丁《譜》收入二集，似不宜令沈《譜》不傳，沈《譜》實有優於丁處，乞便中一告黄君爲幸，又及。如有意收印，鐸可以所藏提供之。再刻絲及刺繡兩書畫係標題，鈞諭應加藏者、地名方醒眉目，極是極是。擬加『清内府藏』或『清大内藏』字樣，乞鈞座於兩者之中擇一冠之，即請賜題於總目之上，至懇，此語未經人指出，微炯眼不能及也。又及。

四三

遐老尊座：一月廿日還平，即往螻老宅中工作，《絲繡叢刊》由國光印行一事，頗爲贊同，板式雖嫌小巧，亦無不同意。《哲匠》係添書，則以與營造學社新改此名有關，擬稍緩再定。二月下旬，此老或到滬出席也。路金坡詞一册今日交到，特奉寄。餘再陳，此叩年禧。鐸叩上。一月廿九日。

四四

《刻絲》、《刺繡》、兩《書畫録》全目及《刻絲》《書畫録》樣本別封掛號寄上，乞查收。國光社印行，希望印成後以若干部見贈，此數量至少不得過百部，至板權問題因須取得桂老同意，可謂暫爲保留，他日再決。其他三種已印成者既欲買收更好，但出讓之數量，容另開送，如決意重印則板式更無問題，《哲匠録》係亦照上項辦理，《女紅傳》即其一部分，亦可作樣本用。《漆書目録》已編出，它日寄呈。國光所印書乞以書録見示，以便決書券之多少，如有大規模之收納，則拙稿陸續付印似無不可，但求以内容賜示，以便陳之桂老也〔下缺〕。

四五

遐老賜鑒：頃聞許季薌已到平，當即往晤，談及《醫籍考》，伊云已交遼省府秘書處，書記長選人分鈔，約二月半舊曆可以竣工，約計一千葉上下，并分派人催校，準不誤事，所有鈔費以每千字洋二角計，大約八十元左右，或由伊與鐸分任亦可云云。謹以馳陳。季薌别有簡目一通，係就多紀之書摘取書目、撰人存佚而别附己見，擬俟抄成另編，别爲刊行，亦以附陳。《學者象傳》延期一個月，現已過去，不知有何效力，蓋此一個月適在新正舊臘間也。匆匆，祗叩鈞綏，鐸謹叩。二、七。

四六

遐老尊座：今交灌公帶上書兩包，内《醫籍考》、《刻絲書畫録》二册、《刺繡書畫録》一册，又詞話一部、詞一册，伏乞照收。《絲繡叢刊》之付印板權，一切遵示。但敝方有已刊之書每種約存三百份，前次本有買收之議，兹因兩録由社付印，擬求特别商之，國光社於印刷時另用毛邊紙洋毛邊，照《女紅傳》大小訂印三百部，以便與已印之三種配成一律，以完成叢刊之願。所有紙價、印工、裝訂由我方照認不誤，桂老恐仍須赴滬。謹此奉呈，即叩鈞安。鐸謹上。二、一七。

四七

遐老賜鑒：兩奉示諭，祇承一是，《絲繡叢刊》付印問題謹遵擘畫，已陳明蠖老，并無異議。内府絲繡兩録三册即托灌青帶上，其餘三種係已刊行之本，不日另寄。因《女紅傳》稍有修正，筆記日内即出版也。一切乞主宰爲幸。林畏廬詞容即函吉林，切催。劉洪度尚未得款曲之法，路金坡已赴遼，或一問季湘如何。牛島件已交訖，象傳展期前已分告，容再促之。《醫籍考》前半部亦托灌公帶呈，餘再呈。此叩，伏維鈞鑒。鐸叩。二、十五。

四八

遐老侍右：昨灌青帶呈一函，計已賜察。兹有贈趙叔雍及龐萊臣二君之書，求賜轉交。又，林畏廬詞已分函吉林伊之長公子，及住平之黄默園、黄秋岳諸人或可一得。又，邵艾廬詞二册不知處已得否，陸彤士〔中闕〕再，《絲繡叢刊》五種擬將自印三種，與國光社所印二種合裝以完成叢刊。昨已詳陳，蓋已印三種，雖有買收之議，似覺累贅，不如備紙添印較爲完善，桂老之意更有《雪宧繡譜》一書，擬請國光社一併印入，以成系統。如允可時，當以善本連同沈壽像及作品印片寄上，至已印三種，不日另行掛號奉寄不誤。再叩著福。鐸再拜。二、一九。

四九

一、《醫籍考》下半部已交江漢三校對，漢三頗不苟且，於考中所引各書，如係可覓必取出斠校，此其忠實於此可見，且俟畢工再議上半部辦法。

一、趙叔雍君晤談至洽，曾托其代索《梁代陵墓考》，此書愛者甚多，尤於營造有關。

一、《弟子記》之資料往往與《類稿》有連，《類稿》未定，或定而未見在事實上，不能放心，此次其一。又，《弟子記》之名義似不甚妥，然尚是易事，但有不可必者，脱稿之期誠如手諭所言『遲則不必急於出版』，但積極進行仍不敢稍涉鬆懈。外間來稿界限不清，多偏於《類稿》一方，只得原件寄滬再酌去留矣。

已收到資料者如下：

譚篆青詩一首，聶肇靈序一首，以上二事，唐益公云已見過。蔡仲甘壽言詩一首，譚耀宗紀録一册。鐸自藏十四年冬徵照片、贈言、啓石印本，以上均奉寄。柯澄助刊資三十元，徐承烈、畢家琛、蘇玉海、任傳榜均來問過刊資事，李桐《言行録》數則，存此待理。

一、王喚刻《營造法式》一事已覓得《姑蘇志》及《蘇州府志》原文，編成紀事一段印入第二期彙刊『餘白』，但因係我公發見，□即用『遐厂』署名，又另收入《哲匠録》係營造一門。

五〇

尹石公處容即與商，義門詩到手即設法鈔存，文道希《純常子枝語》亦擬搜求録副。鐸近得《王伯恭筆記》五册，正在録副也。再叩道福。鐸又拜。

五一

遐老總長尊座：日前忽聞清恙入院之耗，多方探聽，心悸欲絶。仲宣雖至今未面，而各處消息大致從同，正在焦悚萬狀，忽奉手書，如逢赦令。既脱危險，此後似可無慮。近日爲桂老病軀亦屢屢心碎，然不至有巨大變幻，此或者鐸之頑福尚可自幸耶。《弟子記》一事無日不數縈于念，顧各方所寄之資既少且難，即欲就所得而編輯之，體裁萬不能一貫。鈞示欲向安仲山徵求，誠爲得策，但其人屢屢遷居，情狀大異，去年晋方在此終日奔馳，似尚得意。近日久無踪影，或避地他去，亦未可知。細意此君平日或亦未必能得要領，不若尤幹丞或較清晰，擬日內一物色之。鐸近年深知冷淡生活之不適於社交，即如《弟子記》一事所可共語者止有李子琴一人，其他甚至訕笑如振采者，夫復何言。最近一函附上，乞一笑置之。《弟子記》之作，鐸意不如《年譜》，此事前日已函述，極小限度須《類稿》脱稿方能着手，如某事見《類稿》幾卷是也。近日張畜老傳記不知已見及否中華書局出版，竊謂仿其式而苦於資料不如，筆力不如，彼則畜老自撰之日記等足供取裁，真爲不朽之作。我公立身行道何事不如此公，竊願及早搜集資料，他日作此類文字，庶幾不負，但自審材力，談何容易，奈何奈何。近日收到資料如左：

康誥來

航空條約運送郵件咨外交部文（九）

萬國郵會博議大會之完竣經過情形呈文（十）

萬國郵政公約請批准會呈文（十一）

郵政資深人員保證金及紅利呈文（七）

歐戰期間押收德奧各輪請租作商船諮呈文（六）

維持戊通公司酌加官服説帖

釐定航英獎勵條例説帖(九)
致朗君勒函
致湯蟄仙函
茅唐臣來　十一年十月二十九日手函　又　十一月十八日手函　均鈔本　十二年二月三日　手函
權國垣來　發行關辦郵政二十五年紀念票呈文　十
鄔慶時來　《窮忙》小説一册　封面轉録　尊作七絶二首
孫其銘來　《言行紀録》一則
李丁桐來　《言行記録》十則
柳肇嘉來　謝遐道五律一首
葉石鋌來　言行二則　一吴耳似李庶元事　一本身受知事
鐸家中搜出有《清學人象傳啓事》印品二紙,單在内。又,《重修萬松塔呈請立案文》,此文擬編作紀事之附件。鈔件全分附。
又,《申報五十年史》,起同治十一年,迄民國十一年,交通一門有公小像,惜記事不甚翔實，此書在京西市場發見一次，價太昂，不能購存，可否於上海方面覓得鈔出，大約大過三數十頁。

鈞示殷殷，且慮鐸以振采等函而中阻，鐸何一愚至此。謂閱附函即知本不欲以此等敗興之品上污清聽，以鈞函提及，故聽附呈，匆匆，此叩痊喜。鐸叩。十月廿二日。

五二

再富士川游博士前在京都時，探知其在東京，即托有力者介紹，并托岡部先容，今午已見面，坐談甚久。伊尚記得援厂允鈔《醫籍考》及援厂函中所述皆尚在各種，伊又出示柳沜之父所著《櫟園雜鈔》十册，亦是研究醫書之孤本，皆允傳鈔，且云《醫籍考》八十卷不過三十册，京都大學有一鈔本，即從所藏本内鈔出，當由島村力任覓人鈔寫之事，并由鐸贈以書籍多種。伊亦欣然，旋辭出，後島村詢以是否我公所要，答以是的。伊云可由考古學會承辦一切，尊處可以不管，鐸告以鈔費等等由我方出，伊亦以爲可以不必。頃已將援厂函中所列諸書及今日所見《櫟園雜鈔》總開一單，交與島村力托代辦，將來再由我公或館中正式函托島村以敦促之。此事似可有成也。謹此上陳，伏維鑒及。援厂先生處并乞道及。五月二日夕。

再《醫籍考》一事，我方與富士川氏間雖已成立諒解，但進一步謀傳鈔，島村氏雖一力承擔，鐸仍不能完全放心。因此君腦筋不清，於此乃外行，素日又不悉富氏，又有儒緩之習。再四思維，似宜設法救濟以促其成。今擬具辦法如左：一、趁狩野氏在華宜問之，極力稱道此書之需要并富氏之美意；二、向有關係方面表示欲印行此類書籍之意；三、以本館名義再托島氏專辦此事，并由我公署名，或再由援翁以私函致島氏，述明我方需要之切。東京方面應如何加工，已便宜進行，乞勿爲念。

紹興重刊營造法式者之歷史與旁證 遐厂

《營造法式》宋紹興重刊本，末葉結銜爲寶文閣直學士、右通奉大夫、知平江府事王晚。按明王鏊《姑蘇志》卷三九：『王晚，字顯道，華陽人，太師歧國公珪之孫也，爲秦檜妻之兄或云妻弟，紹興中知郡事。時兵火之餘，公署學校靡不興葺，又録入城小舟，出必戴瓦礫以培塘，人以爲便。石之碎者，積而焚之，以泥官舍，不賦於民，而用有餘，其規器多可取者。』光緒《蘇州府志》卷六四稱晚以紹興十四年三月任，此書重刊於十五年五月，蓋知郡事之次年。王志亟稱其興葺及規爲，可见其人於營造夙有專長，而利用餘材又爲明仲法式之要義。其重刊法式迴非尋常刊行官書毫無心得者可比。即謂自崇寧鏤版海行以後，以王氏爲最近傳統亦無不可。

《醫籍考》卷葉數

卷	三八	四六	五四	六二	七〇	七八
葉	一九	二〇	一五	三六	二五	二六
卷	三九	四七	五五	六三	七一	七九
葉	九	二〇	二一	二三	二七	四
卷	四〇	四八	五六	六四	七二	八〇
葉	一七	二七	一八	二一	二〇	二二
卷	四一	四九	五七	六五	七三	
葉	二五	二八	二一	二五	二四	
卷	四二	五〇	五八	六六	七四	
葉	二五	二六	二六	二七	二九	
卷	四三	五一	五九	六七	七五	
葉	一七	二四	二三	四	二一	
卷	四四	五二	六〇	六八	七六	
葉	二〇	一七	二三	一七	二六	

續表

卷	三八	四六	五四	六二	七〇	七八
卷	四五	五三	六一	六九	七七	
葉	二七	二五	二五	三	二九	

共八百三十六頁，每頁三十戔，共二百五十圓八十戔，
外加書皮每册三十戔。以四十册計，
共六百六十三圓。